Christian Grethlein
Kirchentheorie
De Gruyter Studium

Christian Grethlein
Kirchentheorie

Kommunikation des Evangeliums im Kontext

DE GRUYTER

ISBN 978-3-11-056347-4
e-ISBN (PDF) 978-3-11-056362-7
e-ISBN (EPUB) 978-3-11-056369-6

Library of Congress Cataloging-in-Publication Data
A CIP catalog record for this book has been applied for at the Library of Congress.

Bibliografische Information der Deutschen Nationalbibliothek
Die Deutsche Nationalbibliothek verzeichnet diese Publikation in der Deutschen Nationalbibliografie; detaillierte bibliografische Daten sind im Internet über http://dnb.dnb.de abrufbar.

© 2018 Walter de Gruyter GmbH, Berlin/Boston
Einbandabbildung: ullstein bild – Günter Schneider
Druck und Bindung: CPI books GmbH, Leck
♾ Gedruckt auf säurefreiem Papier
Printed in Germany

www.degruyter.com

Inhalt

Tabellen —— XI

Vorwort —— XII

Einführung: von der dogmatischen Ekklesiologie zur praktisch-theologischen Kirchentheorie

§ 1 Ekklesiologie als Thema der Dogmatik —— 3

§ 2 Kirchentheorie als praktisch-theologisches Konzept —— 7
1 Kirche als Institution —— 8
2 Kirche als Organisation sowie Institution, Interaktion und Inszenierung —— 10
3 Kirche als Hybrid —— 12
4 Zusammenfassung —— 16

§ 3 Impulse aus verschiedenen Perspektiven —— 18
1 Kirche – in religionssoziologischer Perspektive —— 18
2 Kirchen- und Gemeindeentwicklung – in evangelischer Perspektive —— 19
3 Kirchenentwicklung – aus katholischer Perspektive —— 21
4 Kirche – aus (evangelisch) kirchenrechtlicher Perspektive —— 23
5 Verschiedene Herausforderungen —— 24
6 Zusammenfassung —— 26

§ 4 Zusammenfassung und Ausblick —— 28

1. Teil Grundlagen: biblische Perspektiven und methodologische Konsequenzen

§ 5 Biblische Perspektiven —— 33
1 Ekklesia in verschiedenen Sozialformen —— 33
2 Inhaltliche Bestimmungen: Kommunikation des Evangeliums —— 36
3 Zusammenfassung —— 39

§ 6 Methodologische Konsequenzen aus der Kontextualität der Kommunikation des Evangeliums —— 41

§ 7 Zusammenfassung und Ausblick —— 44

2. Teil Problemgeschichte: von der Bewegung zur staatsanalogen Institution

§ 8 Von der Nachfolge Einzelner zur geordneten Kirche (bis 300) —— 51
1 Allgemeine Situation und Kontext —— 51
2 Ämter und Struktur —— 52
3 Taufpraxis —— 54
4 Mahlpraxis —— 56
5 Zusammenfassung —— 59

§ 9 Ausbreitung des Christentums und Bemühen um Einheit (300–600) —— 60
1 Allgemeine Situation und Kontext —— 60
2 Ämter und Struktur —— 63
3 Taufpraxis —— 64
4 Mahlpraxis —— 67
5 Zusammenfassung —— 69

§ 10 Formalisierung kirchlicher Praxis (600–900) —— 70
1 Allgemeine Situation und Kontext —— 70
2 Ämter und Struktur —— 72
3 Taufpraxis —— 73
4 Mahlpraxis —— 75
5 Zusammenfassung —— 76

§ 11 Dominante Kirche (900–1200) —— 77
1 Allgemeine Situation und Kontext —— 77
2 Ämter und Struktur —— 78
3 Taufpraxis —— 79
4 Mahlpraxis —— 80
5 Zusammenfassung —— 81

Inhalt — VII

§ 12	Kirche zwischen Scholastik und Volksfrömmigkeit (1200 – 1500) — 82
1	Allgemeine Situation und Kontext — 82
2	Ämter und Struktur — 83
3	Taufpraxis — 86
4	Mahlpraxis — 88
5	Zusammenfassung — 89

§ 13	Orientierung an der Rechtfertigung des Einzelnen (1500 – 1800) — 91
1	Allgemeine Situation und Kontext — 91
2	Lehre — 92
3	Ämter und Struktur — 95
4	Taufpraxis — 99
5	Mahlpraxis — 101
6	Zusammenfassung — 104

§ 14	Ausdifferenzierungen von Kirche und Christentum (1800 – 2000) — 106
1	Allgemeine Situation und Kontext — 106
2	Ämter und Strukturen — 108
3	Christentum am Rand und außerhalb verfasster Kirchen — 111
4	Taufpraxis — 116
5	Mahlpraxis — 117
6	Zusammenfassung — 120

§ 15 Zusammenfassung und Ausblick — 121

3. Teil Bestandsaufnahme: Kirchenmitgliedschaft als Option

§ 16	Statistische Entwicklungen — 129
1	Kirchenmitgliedschaft, -austritte und -eintritte — 129
2	Einstellungen zur Kirche — 133
3	Taufpraxis — 136
4	Mahlpraxis — 140
5	Kontext religiöser und weltanschaulicher Pluralismus — 147
6	Zusammenfassung und Ausblick — 149

§ 17	Staatskirchenrechtliche Bestimmungen — 151
1	Grundgesetz — 151

2	Staatskirchenverträge —— **156**	
3	Kindertagesstätten, Religionsunterricht und Theologische Fakultäten —— **157**	
4	Diakonie —— **160**	
5	Zusammenfassung und Ausblick —— **162**	

§ 18 Programme (in) Evangelischer Kirche —— 163
1. Kirche für andere —— **163**
2. Missionarische Doppelstrategie —— **168**
3. Missionarische Offensive —— **172**
4. Kirche am Ort —— **176**
5. Kirche der Freiheit —— **179**
6. Gemeinwesenorientierte Gemeinde —— **182**
7. Zusammenfassung und Ausblick —— **184**

§ 19 Programme (in) Katholischer Kirche —— 186
1. Zweites Vatikanum —— **186**
2. Pastorale Dienste in der Gemeinde —— **190**
3. Gemeinsam Kirche sein —— **191**
4. Pastoraltheologische Impulse —— **193**
5. Zusammenfassung —— **195**

§ 20 Zusammenfassung und Ausblick —— 196

4. Teil Kontext: Herausforderungen und Chancen

§ 21 Veränderungen der Lebensbedingungen und -formen —— 205

§ 22 Theorien zum heutigen Kontext —— 210
1. Theorie der Risikogesellschaft —— **210**
2. Theorie der Individualisierung —— **212**
3. Theorie der Erlebnisgesellschaft —— **214**
4. Theorie der Mediengesellschaft —— **216**
5. Theorie der Weltbeziehung —— **219**
6. Theorie der Generationen —— **221**
7. Theorie der Metamorphose —— **222**
8. Data Religion —— **224**
9. Zusammenfassung und Ausblick —— **226**

§ 23	**Struktur Evangelischer Landeskirchen** —— **229**
1	Organisationsstruktur —— **229**
2	Finanzierung —— **231**
3	Berufe —— **234**
4	Zusammenfassung und Ausblick —— **238**

§ 24	**Komparative Perspektiven** —— **239**
1	Akteure des Evangeliums —— **239**
2	Fresh expressions of Church —— **241**
3	Emergents —— **243**
4	Zusammenfassung und Ausblick —— **245**

§ 25	**Praxisbeispiele kontextbezogener Kommunikation des Evangeliums** —— **246**
1	Im Modus des gemeinschaftlichen Feierns —— **247**
2	Im Modus des Helfens zum Leben —— **256**
3	Im Modus des Lehrens und Lernens —— **266**
4	In der Kunst —— **274**
5	Zusammenfassung und Ausblick —— **284**

§ 26   **Zusammenfassung und Ausblick** —— **285**

Zusammenfassung und Ausblick: Christsein in und jenseits von Kirche

Sachregister —— **299**

Personenregister —— **303**

Tabellen

1 Evangelische Kirchenmitglieder in Deutschland 1885 bis 1946 —— 129
2 Evangelische Kirchenaustritte und -aufnahmen zwischen 1885 und 1946 —— 130
3 Evangelische Kirchenaustritte und -aufnahmen zwischen 1969 und 2014 —— 131
4 Katholische Kirchenaustritte und -aufnahmen zwischen 1970 und 2014 —— 132
5 Gründe für evangelische Kirchenmitgliedschaft —— 134
6 Orte der Abendmahlsfeiern zwischen 1963 und 1994 —— 141
7 Abendmahlsfeiern zwischen 1997 und 2014 —— 142
8 Veränderung der Lebenserwartung in Deutschland zwischen 1875 und 2013 —— 206
9 Erwerbstätige nach Wirtschaftssektoren (% der Gesamtbeschäftigten) —— 207 f.
10 Typologie des gemeinschaftlichen Feierns mit Anderen —— 253 f.

Vorwort

Es ist nicht mehr von der Hand zu weisen: Kirche befindet sich in einem tief greifenden Veränderungsprozess, der meist als Krise empfunden wird:

- Vielerorts finden sich nur wenige, vorwiegend ältere Menschen sonntags im Gottesdienst ein. Bei der Verabschiedung eines Abiturjahrgangs oder an Weihnachten ist dagegen die Kirche voll; auch haben Rundfunk-Andachten und Fernsehgottesdienste beachtliche Einschaltquoten.
- In einer zunehmenden Zahl von Kirchengemeinden ist es schwierig, eine genügende Anzahl von Kandidat/innen für die Wahl der Kirchenvorsteher/Presbyter zu finden – ganz abgesehen von der mittlerweile häufig unter zehn Prozent liegenden Wahlbeteiligung. Zugleich herrscht vielerorts große Bereitschaft zu ehrenamtlichem Engagement bei konkreten, in ihrem Umfang überschaubaren Aufgaben.
- Es zeigen sich erste Konsequenzen aus der zu geringen Zahl an Theologie-Studierenden in den letzten Jahren. Pfarrstellen vor allem im ländlichen Bereich sind nur noch schwer zu besetzen; die dadurch entstehenden Vakanz-Vertretungen bringen manche Pfarrer/innen an ihre Grenzen. Umgekehrt entstehen neue pastorale Arbeitsfelder wie Notfall- oder Schulseelsorge, die breite Akzeptanz finden.
- Seit Jahrzehnten bewegt sich die Zahl der Kirchenaustritte auf hohem Niveau. Mittlerweile leben in Deutschland etliche Millionen Menschen, die zwar getauft wurden, aber inzwischen aus der Kirche austraten. Sind sie keine Christen mehr? Umfragen zeigen das Verschwimmen von Grenzen, die jedenfalls kirchenrechtlich und teilweise auch in der kirchlichen Praxis vorausgesetzt werden. Es begegnen Menschen, die von sich sagen, nicht an Gott zu glauben, aber Kirchenmitglieder sind – umgekehrt ebenso Nichtkirchenmitglieder, die nach eigenen Angaben zu Gott beten.

Noch viele ähnliche Beispiele könnten angefügt werden. Sie weisen darauf hin, dass sich gegenwärtig bei „Kirche" – jedenfalls in Deutschland – tiefe Umbrüche anbahnen bzw. vollziehen, vielleicht sogar eine Metamorphose.[1] Die institutionelle Gestalt Evangelischer[2] Landeskirchen scheint demgegenüber merkwürdig

---

[1] S. Ulrich Beck, Die Metamorphose der Welt, Berlin 2017.
[2] In diesem Buch wird – abgesehen von Zitaten – das Attribut „evangelisch" klein geschrieben, wenn es vor allem den theologischen Sachverhalt bezeichnet; Großschreibung erfolgt, wenn der institutionelle Aspekt im Vordergrund steht.

stabil – oder soll man sagen: starr? Trifft auf sie die Einschätzung zu, die Michel Serres metaphorisch formuliert: „Ich sehe unsere Institutionen in einem Glanz erstrahlen, der dem jener Sternbilder gleicht, von denen Astronomen uns berichten, dass sie längst erloschen sind."[3]? Tatsächlich werden spätestens, wenn es um die Finanzierung von Kirche geht, die scheinbare Sicherheit und Beständigkeit heutiger kirchlicher Verhältnisse in Deutschland fraglich. Die finanziellen Lücken – durch eine ungewöhnlich lange Phase ökonomischer Prosperität kaschiert[4] – nehmen zu. Daraus folgen die Zusammenlegung von Gemeinden, Einrichtungen, die Schließung und Umwidmung von Kirchengebäuden, das Streichen und Kürzen von Personalstellen. Doch haben solche administrativen Reaktionen Grenzen. Nicht von ungefähr zieht seit einigen Jahren das Thema Salutogenese in die Diskussion um den Pfarrberuf ein.

Zugleich liegt die Notwendigkeit zur Orientierung in der heutigen Gesellschaft auf der Hand. Die Zunahme psychischer Erkrankungen ist hier nur die Spitze eines Eisbergs. Auf der einen Seite äußert sich der materielle Wohlstand vieler Menschen in Deutschland – zumindest wenn man die öffentlichen Kommunikationen im Fernsehen, in Blogs und Zeitungen/Zeitschriften durchmustert – nicht in besonderem Wohlbefinden. Auf der anderen Seite leben Bevölkerungsgruppen wie Alleinerziehende mit ihren Kindern oder formal wenig Gebildete in Armut und damit verbunden in sozialer Exklusion. Allgemein wachsen Zukunftsängste: Wie geht es angesichts weltweit ansteigender Umweltverschmutzung weiter mit dem Klima unserer Erde, wie angesichts der demografischen Veränderungen mit unserem Sozialsystem, wie mit der Arbeitswelt im Zuge der voranschreitenden Digitalisierung und Automatisierungen usw.? Für Kirche gibt es hier genug Herausforderungen, insofern es beim Christentum jedenfalls auch um eine Daseins- und Wertorientierung geht.

In dieser eben nur oberflächlich skizzierten Situation führen weder ein stures „Weiter so" (Stichwort: „so war es schon immer") noch ein hektisches Verändern (Stichwort: „es muss alles anders werden") weiter. Vielmehr müssen Gründe und Kontexte der Veränderungen bzw. der Metamorphose beschrieben und verstanden werden. Tatsächlich bildet sich seit etwa zwanzig Jahren in der Praktischen

---

3 Michel Serres, Erfindet euch neu! Eine Liebeserklärung an die vernetzte Generation, Frankfurt 2013, 23; vgl. ähnlich a.a.O. 62f.

4 In England war bereits Anfang der 90er Jahre des 20. Jahrhunderts die Finanzkrise der Kirche so gravierend, dass es zu einem – in die „Fresh expressions of church" (s. § 23 2.) mündenden – Umdenken kam. Bischof John Finney formulierte knapp: „Money talks" (zitiert nach Dirk Stelter, „Fresh expressions of church" – auch in meinem Kirchenkreis?, in: Evangelische Kirche in Deutschland [EKD] [Hg.], „informieren – transformieren – reformieren". EKD-Zukunftsforum für die Mittlere Ebene 15.–17. Mai 2014 [epd-Dokumentation 44/2014], 70–77, 71).

Theologie im deutschen Sprachraum ein neues Arbeitsgebiet heraus: die *„Kirchentheorie"*. Hier geht es darum, die gegenwärtige Situation von Kirche zu analysieren und Handlungsorientierungen zu entwerfen. Das vorliegende Buch will die bisherigen Ergebnisse dieser Bemühungen zusammenfassen, weiterführende Einsichten präsentieren und Anregungen für die zukünftige Arbeit geben.

Dabei leitet mich die These, dass es bei dem skizzierten Wandel wesentlich um *Kontextualisierungsprozesse* geht.[5] Hatte die Reformation in obrigkeitlich verfassten Staaten zu einer – ebenfalls obrigkeitlich strukturierten – staatsanalogen Institution geführt, erfordert die Kommunikation des Evangeliums in einer pluralistischen Zivilgesellschaft neue Formen kirchlicher Praxis. Emphatisch in Hinblick auf die – durchaus in den Bemühungen um allgemeine Bildung vor allem bei Luther begründete – Transformation zur Bildungsgesellschaft formuliert: Es besteht erstmals die Möglichkeit, die theologische Einsicht in das *Priestertum aller Getauften* (und zur Taufe Eingeladenen) kirchlich Gestalt gewinnen zu lassen. Das hierbei vorausgesetzte Kirchenverständnis beschreibe ich als die Gemeinschaft der durch das Auftreten, Wirken und Geschick Jesu von Nazareth Berührten. Damit möchte ich inhaltlich präzise und sozial offen formulieren und markieren, dass es beim Christsein sowohl um sinnlich Wahrnehmbares, aber auch den materiellen Bereich Übersteigendes geht, eben um Berührung.[6]

Ein solches theologisch bestimmtes Kirchenverständnis enthält aber eine Grundspannung, die das ganze Buch durchzieht. Kirche bezieht sich zum einen umgangssprachlich auf eine Institution (bzw. Organisation), die sog. verfasste Kirche, und zum anderen theologisch – jenseits von konfessionellen und organisatorischen Distinktionen – auf die „zwei oder drei", die im Namen Jesu versammelt sind (Mt 18,20) (s. auch Einleitung zum 1. Teil). Es ist eine wichtige Aufgabe einer praktisch-theologischen Kirchentheorie beide Verständnisse aufeinander zu beziehen und in Zusammenhang zu setzen. Der praktisch-theologi-

---

[5] Dogmatisch rückt damit die Inkarnation in den Mittelpunkt (s. Ralf Kötter, Das Land ist hell und weit. Leidenschaftliche Kirche in der Mitte der Gesellschaft, Berlin 2014, 30 f. Anm. 23 und unter Bezug auf Bugenhagens Theologie a.a.O. 76–85).

[6] Angeregt hat mich zu dieser Begriffsbildung die allerdings dann anders akzentuierte Bestimmung von „Christians" bei Tony Jones, The New Christians. Dispatches from the Emergent Frontier, San Francisco 2008, 57: „In the end, the new definition of ‚Christian' may not be what particular doctrines one believes or which flavor of church to which one belongs but whether (and how thoroughly) one is woven into the fabric of global Christianity." Vgl. auch Ulrich Luz, Theologische Hermeneutik des Neuen Testaments, Neukirchen-Vluyn 2014, 556: „Für mich ist Kirche eine grenzenlose Dialoggemeinschaft von Konfessionen und von Menschen, die auf die Bibel hören und sie auslegen, die unterwegs sind auf einem Weg zu wechselseitigem Verständnis, zu Konsens und zur Liebe."

sche Leitbegriff „Kommunikation des Evangeliums" (s. § 5 2.) bietet dazu den Rahmen.

Für die kirchliche Arbeit und das Selbstverständnis der dort Mitarbeitenden bedeutet dies zum einen eine Entlastung. Das Evangelium wird auch außerhalb kirchlicher Organisationsformen und Veranstaltungen kommuniziert, vermutlich sogar in zunehmendem Maß. Rückgänge im sog. Gemeindeleben bedeuten also nicht automatisch Verluste bei der Kommunikation des Evangeliums. Zum anderen wird dadurch aber ein Machtverlust markiert. Verfasste Kirche verliert den Anspruch, der wesentliche Ort für die Nachfolge Jesu zu sein, und damit auch diesbezügliche Kontrolle. Vielmehr hat sie heute – im Sinn eines Assistenz-Systems – die Aufgabe, die Kommunikation des Evangeliums auch in anderen Sozialformen wie Familie, Schule, Diakonie und Medien zu fördern.[7]

Formal orientiere ich mich an den in RGG[4] vorgeschlagenen Abkürzungen. Literatur wird bei erstmaliger Verwendung in jedem Teil des Buchs ausführlich bibliografiert, dann nur noch mit Verfassername und Stichwort aus dem Titel.

Ich danke Michael Domsgen und Traugott Roser für Gespräche zur Thematik, bei denen ich viel gelernt habe. Dankbar bin ich auch für die Kooperation mit meinen beiden katholischen Kollegen Clauß-Peter Sajak und Clemens Leonhard, mit denen ich in den letzten Semestern gemeinsame Lehrveranstaltungen durchführen konnte und die mir den Blick für Reichtum und Probleme ihrer Kirche schärften. Dazu gaben mir Begegnungen in Predigerseminaren, Pastoralkollegs und auf Pfarrkonventen vielfältige Anregungen und Impulse. Isolde Karle lud mich freundlicher Weise in ihr Oberseminar nach Bochum ein, wo ich einige Thesen und Einsichten dieses Buchs in konstruktiver Weise diskutieren konnte. Vielen Dank! Schließlich wäre auch dieses Buch nicht entstanden ohne die Begleitung von Beate Hannig-Grethlein – und ihr gelegentliches (berechtigtes) Stirnrunzeln.

Widmen möchte ich es meinen Kolleg/innen am Lehrstuhl, die seit etlichen Jahren mit mir arbeiten, nachdenken und, was nicht das Geringste ist, lachen: Erhard Holze, Anna-Katharina Lienau und Claudia Rüdiger. Ich verdanke ihnen viel.

Im Sommer 2017   Christian Grethlein

---

7 Ausgeführt findet sich dieses Konzept im 6. Kapitel „Kommunikation des Evangeliums – in verschiedenen Sozialformen" von Christian Grethlein, Praktische Theologie, Berlin ²2016, 338–459.

Einführung: **von der dogmatischen Ekklesiologie zur praktisch-theologischen Kirchentheorie**

§ 1 Ekklesiologie als Thema der Dogmatik

„Kirche" ist von Anfang an ein wichtiger Gegenstand christlichen Glaubens und der Reflexion über ihn. Dies geht z. B. aus dem bis heute gebräuchlichen, historisch wohl bis in das 2. Jahrhundert zurückreichenden[1] Apostolischen Glaubensbekenntnis hervor. In dessen drittem Artikel werden zentrale Themen hierzu genannt:

> „Ich glaube an den Heiligen Geist,
> die heilige christliche Kirche,
> Gemeinschaft der Heiligen,
> Vergebung der Sünden,
> Auferstehung der Toten
> und das ewige Leben."

„Kirche" ist demnach durch den Glauben an Gott (Heiliger Geist), Gemeinschaft sowie grundlegende Glaubensaussagen bestimmt. Die Taufe als ritueller Vollzug der Mimesis Jesu von Nazareth war ein Ort, an dem und für den ein solches Glaubensbekenntnis entstand.[2]

Zwar spielen die in dem zitierten Bekenntnis genannten Themen durchgehend eine wichtige Rolle in der christlichen Theologie. Sie begegnen z.B. im dogmatischen Locus über die „Heilsmittel" („De mediis salutis"). Doch kam es zu dem eigenen Lehrstück „Kirche" („De ecclesia") recht spät. Es ist ein Produkt der Kirchenspaltung in Folge der Reformation. In diesem Zusammenhang entstand mit Artikel VII der Confessio Augustana eine oft, allerdings ohne Berücksichtigung des konkreten Entstehungskontextes zitierte Kirchen-Definition:

> „Est autem ecclesia congregatio sanctorum, in qua evangelium pure docetur et recte administrantur sacramenta" (Die Kirche „ist die Versammlung aller Glaubigen, bei welchen das Evangelium rein geprediget und die heiligen Sakrament lauts des Evangelii gereicht werden.") (BSLK 61).

Der explizite Fachterminus „Ekklesiologie" für die Lehre von der Kirche kommt schließlich in der zweiten Hälfte des 17. Jahrhunderts auf.[3] Dabei bearbeiteten

---

[1] S. knapp zu den schwierigen historischen Einzelfragen Christoph Markschies, Apostolicum, in: ⁴RGG 1 (1998), 648f.
[2] S. Andreas Müller, Tauftheologie und Taufpraxis vom 2. bis zum 19. Jahrhundert, in: Markus Öhler (Hg.), Taufe (Themen der Theologie 5), Tübingen 2012, 83–135, 102f.
[3] S. Michael Beintker, Ekklesiologie, in: ⁴RGG 2 (1999), 1183.

vornehmlich protestantische Theologen „Kirche" als eigenes Thema, wobei „im Medium der Kirchenlehre (...) stets zugleich die konfessionelle Identität des protestantischen Christentums verhandelt (wurde)."[4] In der Gliederung der entsprechenden Dogmatiken fällt auf, dass zuerst vom „Glauben" und dann von der „Kirche" die Rede war.[5] Dies verrät eine durchgängig festzustellende Akzentuierung. Kirche ist in evangelischer Perspektive kein Selbstzweck, sondern hat eine Funktion, nämlich den Einzelnen in seinem Glauben und Christsein zu stärken:

> „Aus reformatorischer Perspektive lautet hier die entscheidende Frage, wie die geschichtlich gewachsene Vergemeinschaftungsform der Kirche so gestaltet werden kann, dass sie der christenmenschlichen Freiheit des einzelnen nicht widerspricht, sondern entspricht."[6]

Allerdings geriet diese *Einsicht in den funktionalen Charakter von Kirche* in der dogmatischen Arbeit in Vergessenheit. Emanuel Hirsch konstatiert in seiner Theologiegeschichte geradezu eine entgegengesetzte Entwicklung:

> „Der Geschichte der evangelischen Theologie und Kirche im 19. Jahrhundert haftet die Eigentümlichkeit an, daß in einem Maße, welches keinem früheren Zeitalter, auch nicht dem der Reformation, bekannt ist, die Kirche selber, ihr Wesen, ihre Aufgabe, ihre Gestalt und Ordnung, ihr Verhältnis zum Staat und zum allgemeinen Leben überhaupt, der Gegenstand, wo nicht gar Mittelpunkt theologischen und kirchlichen Urteilens und Handelns wird. Langsam läuft die Bewegung in dieser Richtung an, um sich dann mehr und mehr zu steigern und im 20. Jahrhundert vielfach zu der merkwürdigen Erscheinung einer Kirche zu führen, die dadurch Gott und Christus am besten zu dienen meint, daß sie von sich selber, ihrer Hoheit, ihrer Vollmacht lehrt und sich selber – in jedem Sinne des Worts – erbaut und Gott für sich selber dankt und preist."[7]

Das sog. EKD-Impulspapier „Kirche der Freiheit" (s. § 17 5.) kann in manchen Partien als ein letzter Ausdruck dieser Fehlentwicklung gelesen werden. Die Erhaltung – und Vergrößerung – von verfasster Kirche scheint deren Hauptziel zu sein.[8]

---

4 Martin Laube, Die Kirche als „Institution der Freiheit", in: Christian Albrecht (Hg.), Kirche (Themen der Theologie 1), Tübingen 2011, 131–170, 132.
5 Ebd.
6 A.a.O. 133.
7 Emanuel Hirsch, Geschichte der neuern evangelischen Theologie Bd. 5, Münster 1984 (Gütersloh ³1964), 145.
8 S. z.B. Kirche der Freiheit. Perspektiven für die evangelische Kirche im 21. Jahrhundert. Ein Impulspapier des Rates der EKD, hg.v. Kirchenamt der EKD, Hannover o.J. (2006), 13,14,34; vgl. die schneidende Kritik bei Philipp Stoellger, Vom Willen zur Sichtbarkeit der Kirche und der Liturgie als lebendes Bild, in: Alexander Deeg/Christian Lehnert (Hg.), Ekklesiologische Spiegelungen.

Zugleich führten die gesellschaftlichen und kulturellen Veränderungen im Laufe des 20. Jahrhunderts dazu, dass die bisherige Erfassung von Kirche in der Dogmatik, nämlich „im Licht des verpflichtenden Zeugnisses der Heiligen Schrift und des theologischen Erbes der Väter",[9] an ihre Grenzen kam. Es fällt auf, dass neben – und an die Stelle von – „Ekklesiologien" im Bereich der Dogmatik[10] zunehmend Arbeiten aus der Praktischen Theologie treten. Sie firmieren unter „Kirchentheorie". Hier spielen empirische Analysen eine wichtige Rolle. Bevor ich diese Entwicklung näher betrachte, sei ein kurzer Blick auf die Katholische Theologie geworfen. Denn angesichts des In- und Miteinanders der großen Konfessionen im Alltag der Menschen zumindest in Deutschland würde eine Beschränkung auf die Evangelische Kirche die Lebenswelt verfehlen.

In der dogmatischen Konstitution des Zweiten Vatikanischen Konzils *„Lumen Gentium"* (s. § 18 1.) legte 1964 die römische Kirche eine eigenständige Ekklesiologie vor, die den Herausforderungen der Gegenwart gerecht werden sollte. Das hier entfaltete Kirchenverständnis greift in doppelter Hinsicht weit aus.[11] Es bezieht sich zum einen auf Christus in seinem gegenwärtigen und zukünftigen Handeln und richtet sich zum anderen an die Völker der Erde. Beides wird im Verständnis der Kirche als „Sakrament" zusammengefasst. Dabei zeigt sich das Bemühen, die traditionelle hierarchische Auffassung von der Kirche mit der Dynamik ihrer Vollzüge zu vermitteln:

> „Der einzige Mittler Christus hat seine heilige Kirche ... hier auf Erden als sichtbares Gefüge verfasst und erhält sie als solches unablässig; so gießt er durch sie Wahrheit und Gnade auf alle aus. Die mit hierarchischen Organen ausgestattete Gesellschaft aber und der geheimnisvolle Leib Christi, die sichtbare Versammlung und die geistliche Gemeinschaft, die irdische Kirche und die mit himmlischen Gaben beschenkte Kirche sind nicht als zwei Dinge zu betrachten, sondern sie bilden eine einzige komplexe Wirklichkeit, die aus menschlichem und göttlichem Element zusammenwächst." (LG 8)

Den Kontext der Kirchen-Konstitution bildeten Anfang der sechziger Jahre des 20. Jahrhunderts zum einen die Auseinandersetzung mit dem Atheismus und zum anderen eine Öffnung hinsichtlich des soteriologischen Wertes nichtchristlicher

---

Wie sich die Kirchen wiederfinden in der Liturgie (Beiträge zur Liturgie und Spiritualität 28), Leipzig 2016, 117–144, 141.
9 Ulrich Kühn, Kirche (HST 10), Gütersloh 1980, 17.
10 S. z. B. Gunter Wenz, Kirche. Perspektiven reformatorischer Ekklesiologie in ökumenischer Absicht, Göttingen 2005.
11 S. genauer Jan Hermelink, Kirchliche Organisation und das Jenseits des Glaubens. Eine praktisch-theologische Theorie der evangelischen Kirche, Gütersloh 2011, 63–70.

Religionen.¹² Damit wurde die traditionell kontroverstheologische Engführung der Kirchen-Thematik grundsätzlich überwunden und für neue Herausforderungen im Zeichen von Pluralismus und Globalisierung geöffnet. Allerdings blieb die Frage nach einer genauen Bewertung etwa der reformatorischen Kirchen offen und wurde später eher restriktiv interpretiert.¹³ Vor allem zog eine Formulierung in der Konzilskonstitution „Lumen Gentium" die Aufmerksamkeit der Interpreten auf sich, nämlich dass die Kirche „sich verwirklicht" („subsistit", nicht: „est", LG 8) in der hierarchisch gegliederten Katholischen Kirche. Daneben entwickelt sich im Rahmen der „Pastoral", also in Bezug auf das Konzilsdokument „Gaudium et spes", eine empirisch ausgerichtete Bestimmung von Kirche und ihrem Auftrag (s. § 18 4.).¹⁴ Diese Pastoralkonstitution ist heute der Basistext für die meisten pastoraltheologischen Bemühungen um Kirche in der Katholischen Theologie.¹⁵

---

12 S. z.B. Karl Lehmann, Die Heilsmöglichkeiten für die Nichtchristen und für die Nichtglaubenden nach den Aussagen des 2. Vatikanischen Konzils, in: Dorothea Sattler/Volkert Leppin (Hg.), Heil für alle? Ökumenische Reflexionen (DiKi 15), Freiburg 2012, 124–152 (mit im Anhang beigegebenen diesbezüglichen Zitaten aus Texten des 2. Vatikanischen Konzils).
13 S. z.B. Josef Ratzinger, Die Ekklesiologie der Konstitution Lumen Gentium, in: Stefan Horn/Vinzenz Pfnür (Hg.), Communio. Weggemeinschaft des Glaubens, Augsburg 2002, 107–131.
14 S. z.B. Norbert Mette, Einführung in die katholische Praktische Theologie, Darmstadt 2005, 196–206.
15 S. z.B. das Themenheft PThI 25 (2005) H. 2: „Der halbierte Aufbruch". 40 Jahre Pastoralkonstitution Gaudium et spes.

§ 2 Kirchentheorie als praktisch-theologisches Konzept

Der Begriff „Kirchentheorie", wie er sich in der Evangelischen Theologie seit zwanzig Jahren als Bezeichnung für eine praktisch-theologische Disziplin etabliert, hat eine durchaus bewegte Vorgeschichte.[1] Zuerst begegnet er gegen Ende des 19. Jahrhunderts in der Kritik katholischer Antimodernisten gegenüber „modernen" Theologen wie z. B. Adolf v. Harnack. Ihnen wurde mittels dieses Begriffs vorgeworfen, die göttlichen Wahrheiten wie die theologische Legitimation der heiligen Kirche durch historische Arbeit zu destruieren. Vom späteren Sprachgebrauch her ist bereits hier bei „Kirchentheorie" eine deutliche *Front gegen deduktiv dogmatische Auffassungen von der Kirche* zu beobachten, obgleich dies im damaligen Begriffsgebrauch kritisch gemeint war.

Breitere Bedeutung bekommt der Begriff – und jetzt in positiver Bedeutung – seit Mitte der sechziger Jahre des 20. Jahrhunderts, und zwar zuerst wohl im Umfeld des Theologischen Seminars von Herborn. Damit ist er im Kontext der evangelischen Vikariatsausbildung verortet, was sich u. a. in seiner zunächst pastoraltheologischen Ausarbeitung zeigte.[2] Vor allem Karl-Wilhelm Dahm, von 1967 bis 1975 in Herborn und später in Münster Ethik lehrend, profilierte in Aufnahme entsprechender soziologischer Theoriebildung das Konzept einer „funktionalen Kirchentheorie".[3] In Abgrenzung gegenüber der realitätsfremd empfundenen Barth'schen Ekklesiologie, dem verengten individual-existenziellen Ansatz Bultmanns sowie der damals aktuellen marxistischen Religionskritik versuchte Dahm einen Neuansatz. Mit ihm wollte er „die vielfältige Verflechtung des kirchlichen Lebens mit anderen gesellschaftlichen Institutionen und Teilbereichen begrifflich genauer ... erfassen und ... erklären."[4]

---

[1] Meine Ausführungen folgen den instruktiven Hinweisen von Dieter Becker, Kirchentheorie. Geschichte und Anforderungen eines neueren theologischen Begriffs, in: PTh 96 (2007), 274–290.
[2] Vor allem ist hier zu nennen: Karl-Wilhelm Dahm, Beruf: Pfarrer. Empirische Aspekte zur Funktion von Kirche und Religion in unserer Gesellschaft, München 1974, wo allerdings der Begriff „Kirchentheorie" nicht vorkommt.
[3] S. z. B. Karl-Wilhelm Dahm, „Funktionale Theorie" und kirchliche Praxis, in: Friedrich Kaulbach/Werner Krawitz, Recht und Gesellschaft (FS Helmut Schelsky 65. Geburtstag), Berlin 1978, 63–85 (wieder abgedruckt in: Karl-Wilhelm Dahm, Evangelische Kirche im gesellschaftlichen Wandel. Herausforderungen an Kirchenverständnis, Pfarrberuf, Christliche Ethik, Frankfurt 2015, 97–119).
[4] S. a.a.O. 84 (bzw. 118).

Die erste programmatische Entfaltung von „Kirchentheorie" in monografischer Form legte 1997 der Kieler Praktische Theologe Reiner Preul vor.

1 Kirche als Institution

Reiner Preul (geboren 1940) siedelt seine – prominent als „de Gruyter Studienbuch" verlegte – „Kirchentheorie" als „Verbindungsstück zwischen Systematischer und Praktischer Theologie" an:[5]

> „Kirchentheorie bezieht den dogmatischen Lehr- oder Wesensbegriff auf einen gegebenen kirchlichen Zustand mit dem Zweck einer kritischen Beurteilung und gegebenenfalls Verbesserung dieses Zustandes."[6]

Dies arbeitet er in drei Schritten aus: Zuerst entfaltet er ein reformatorisches bzw. genauer sich wesentlich auf Luther beziehendes Kirchenverständnis. Dabei konzentriert sich Preul auf Artikel VII der Confessio Augustana: „Kirche ist wesenhaft nichts anderes als das Geschehen der Verkündigung in der gottesdienstlichen congregatio sanctorum."[7] Dies führt ihn zum einen zur Betonung des Gottesdienstes[8] (und zwar des sonntäglichen[9]) und darin der Predigt sowie dementsprechend des Predigtamtes[10] im Kirchenbegriff. Zum anderen entwickelt Preul aus CA VII ein Verständnis evangelischer Kirche als „einer zur flexiblen Selbststeuerung fähigen Institution".[11] Denn außer Predigt und den beiden Sakramenten erscheint demnach Kirche vielfältig gestaltbar. Dies hat erhebliche Konsequenzen für die „Kybernetik" als praktisch-theologische Teildisziplin:

> „Die außerordentliche kybernetische Leistungsfähigkeit des reformatorischen Kirchenbegriffs besteht darin, daß er geistliche Identität mit einem Höchstmaß an Freiheit in der Gestaltung von Ämtern, Organisationen, Ordnungen und Veranstaltungsformen zu verbinden in der Lage ist."[12]

---

5 Reiner Preul, Kirchentheorie. Wesen, Gestalt und Funktionen der Evangelischen Kirche, Berlin 1997.
6 A.a.O. 3.
7 A.a.O. 82.
8 A.a.O. 98.
9 S. a.a.O. 200.
10 S. a.a.O. 88.
11 A.a.O. 87.
12 Ebd.

Den gegenwärtigen Zustand der Kirche erschließt sich Preul mittels des Konzepts der „Institution", verstanden – in Aufnahme u.a. von Arnold Gehlens Anthropologie – als „regelmäßige Formen gemeinsamen menschlichen Handelns".[13] Genauer charakterisiert er auf der Basis der vorher erarbeiteten reformatorischen Traditionen Kirche als eine *„Bildungsinstitution"*.[14]

> „Der Ausdruck wurde gewählt, um die Kirche einer Gruppe von Institutionen zuzuordnen, die sich an das Bewußtsein, das Gefühl und das Erleben der Menschen wenden und somit in irgendeinem Sinne zu ihrer Bildung beitragen. Das sind die Institutionen des Bildungswesens (vom Kindergarten über die Schule bis zur Universität und Akademie der Wissenschaften), der Kunst aller Stilrichtungen und der öffentlichen Medien."[15]

Diese Bestimmung schlägt sich in einem vehementen Plädoyer für die „Volkskirche" nieder. Daraus resultieren vorwiegend konservative Handlungsmaximen:

> „Zu diesen gewohnten Formen, durch deren Inanspruchnahme dem individuellen Lebenslauf überindividuelle Bedeutung und Würde verliehen wird, gehören die Amtshandlungen der Kirche: Taufe, Konfirmation, Trauung, Beerdigung. ... Zu dieser Form gehört weiter die Teilnahme an den großen kirchlichen Festen, insbesondere der Besuch der Christvesper. Wichtig ist hier ferner die Erfahrung oder wenigstens das Wissen davon, daß man seinen Pfarrer (seine Pfarrerin) hat, der (die) sich zuständig weiß und gegebenenfalls als Gesprächspartner, Seelsorger oder Vollzugsorgan von Amtshandlungen in Anspruch genommen werden kann. ... Wer die Volkskirche ruinieren will, der muß die Amtshandlungen, insbesondere die Kindertaufe, in Frage stellen, das Weihnachtsfest madig machen und das Parochialprinzip antasten."[16]

Positiv ergibt sich von daher ein Blick auf wichtige Leistungen der Kirche für die Lebensgeschichte der Menschen, die Kultur sowie die Politik. Allerdings wird nicht nach deren tatsächlicher Rezeption in der Gegenwart gefragt.

Es ist auf jeden Fall das große Verdienst Preuls, „Kirchentheorie" als ein zugleich theologisches und gegenwartsbezogenes Arbeitsgebiet in einem systematischen Zugriff dargestellt und damit eine Grundlage für die weitere Entwicklung des Fachs gelegt zu haben. Enzyklopädisch steht sein Werk zwischen Systematischer und Praktischer Theologie, verdankt also wesentliche Impulse der dogmatischen Ekklesiologie. Das kommt in ausführlichen Bezugnahmen auf dogmatische Theorien, vor allem von Eilert Herms und Wilfried Härle ausgearbeitet, zum Ausdruck. In praktisch-theologischer Perspektive sind dagegen die

---

13 A.a.O. 129.
14 A.a.O. 141.
15 Ebd.
16 A.a.O. 183.

empirischen Defizite unübersehbar und führten wohl auch dazu, dass die Rezeption dieses Entwurfs eher verhalten war. Insgesamt fehlt eine Auseinandersetzung mit Ergebnissen sowohl quantitativer als auch qualitativer Sozialforschung. Dazu erwies sich der eindimensionale Institutionsbegriff als nur wenig tauglich, um die pluriforme Organisationsstruktur Evangelischer Kirche und ihre abnehmende Bedeutung in der Öffentlichkeit zu erfassen.[17] Grundsätzlich stellt sich bei diesem so stark durch die reformatorische Tradition geprägten Ansatz für die Arbeit an der Kirchentheorie die Frage: „Wie kann aktuelle Wirklichkeit angemessen wahrgenommen werden durch Auslegung historischer Texte?"[18]

2 Kirche als Organisation sowie Institution, Interaktion und Inszenierung

Um die Jahrtausendwende spitzte sich nicht zuletzt auf Grund finanzieller Engpässe die Frage nach einer Kirchenreform vor allem in organisatorischer – und damit auch betriebswirtschaftlicher – Hinsicht zu. Das vom Rat der Evangelischen Kirche in Deutschland (EKD) 2006 approbierte sog. Impulspapier „Kirche der Freiheit" dürfte den Kulminationspunkt der entsprechenden, in den landeskirchlichen Kirchenämtern verschiedentlich vorangetriebenen Überlegungen darstellen. Es ist nicht nur eine Äußerlichkeit, dass an der Abfassung dieses Textes kein Praktischer Theologe beteiligt war. Diese Beobachtung lässt vermuten, dass die Kirchentheorie-Diskussion und die kirchenamtlichen Reformbemühungen nebeneinander herliefen. Allerdings zeigte sich schon bald, dass die theologisch unterbestimmten EKD-Überlegungen zwar Herausforderungen für eine praktisch-theologische Theoriebildung formulierten,[19] in der Praxis aber die erstrebte „Trendwende"[20] ausblieb.[21] So brauchte es fast fünfzehn Jahre, bis ein neuer Gesamtentwurf zur Kirchentheorie erschien. Ihn legte der Göttinger Praktische Theologe Jan Hermelink (geboren 1958) vor.

---

17 S. Becker, Kirchentheorie 284.
18 Ebd.
19 S. Christian Grethlein, Das EKD-Impulspapier „Kirche der Freiheit" als Initialzündung für eine neue Selbstverständigung der Praktischen Theologie, in: Thomas Schlag/Thomas Klie/Ralph Kunz (Hg.), Ästhetik und Ethik. Die öffentliche Bedeutung der Praktischen Theologie, Zürich 2007, 165–180.
20 S. Kirche der Freiheit 7: „gegen den Trend wachsen zu wollen."
21 S. Lutz Friedrichs/Martin Lückhoff, Bilder im Spiel halten. Eine organisationstheoretische Lektüre des Impulspapiers „Kirche der Freiheit" (2006) zehn Jahre nach seinem Erscheinen, in: ThLZ 141 (2016), 1311–1326.

2 Kirche als Organisation sowie Institution, Interaktion und Inszenierung — 11

Er setzt bei den Problemen an, die in Preuls Entwurf offen geblieben waren. So strebt er „eine systematische Theorie der gegenwärtigen kirchlichen Situation" an, also eine „*Verbindung theologisch-theoretischer Reflexion mit empirischer Detailwahrnehmung der gegenwärtigen Verhältnisse*".[22] Dazu geht Hermelink von der Kirche als „Organisation" aus. Doch zeigt ein Durchgang durch die Theorien zur Kirche seit Schleiermacher, „dass die evangelische Kirche als Organisation nicht hinreichend bestimmt ist."[23]

> „Zu ihrer sozialen Gestalt gehören vielmehr drei weitere, organisationsrelativierende Dimensionen: als ‚Institution' steht sie für eine gesellschaftlich vorgegebene religiöse Kultur, die theologisch als Ausdruck der organisatorisch unverfügbaren Freiheit des Geistes zu deuten ist. Als ‚Interaktion' manifestiert sich die Kirche in den gottesdienstlichen Versammlungen wie in den seelsorglichen, diakonischen oder katechetischen Begegnungen, in denen der Glaube unmittelbar ausdrücklich wird. Und als ‚Inszenierung' ist die Kirche insofern zu beschreiben, als sie den christlichen Glauben, seine inhaltlichen Gründe wie sein gemeinschaftliches Leben ausdrücklich, aber auch beiläufig zu öffentlicher Darstellung bringt." [24]

Mit diesen vier Leitbegriffen, Organisation, Institution, Interaktion und Inszenierung, gewinnt Hermelink ein erheblich differenzierteres Instrumentarium als es das Preulsche Institutions-Konzept darstellte. Inhaltlich folgt daraus eine nicht auflösbare Grundspannung:

> „Im Ganzen hat die praktisch-theologische Kirchentheorie die evangelische Kirche daher als eine Organisation zu beschreiben, die den christlichen Glauben gerade darin zur Wirkung und zum Ausdruck bringt, dass sie sich offen hält für die Manifestation des Glaubens *jenseits* der Organisation."[25]

Theologisch kann Hermelink so Grundeinsichten der Reformatoren einholen, wobei auch bei ihm der Artikel VII der Confessio Augustana eine wichtige Rolle spielt. Allerdings markiert er – nach Rekonstruktion verschiedener Äußerungen Luthers und Calvins – Grenzen dieser Bestimmung des 16. Jahrhunderts:[26] Das Verhältnis zwischen personaler Struktur des Glaubens und rechtlich-organisatorischer Form von Kirche erscheint ungeklärt; individuelles Engagement tritt hinter die – in der Standesgesellschaft des 16. Jahrhunderts selbstverständliche – Betonung des Amtes zurück; schließlich werden Formen kirchlicher Selbstorga-

---

22 Hermelink, Organisation 15.
23 A.a.O. 29.
24 Ebd.
25 Ebd.
26 S. a.a.O. 49–51.

nisation jenseits der Ortsgemeinde vernachlässigt. Demgegenüber greift Hermelinks Entwurf weiter aus, indem er „mindestens fünf Organisationstypen" benennt: „eine parochiale, eine landeskirchliche, eine vereinskirchliche, eine konvents- und eine funktionskirchliche Grundstruktur".[27]

Das hohe Maß an Formalisierung und der Aufbau von Spannungsverhältnissen sind in dem Anliegen Hermelinks begründet, die Freiheit christlichen Glaubens in der Organisationsform Kirche zu bewahren. Sie ermöglichen zudem ein Ausgreifen über die Kirche als Organisation hinaus. Konkret liegt das Interesse Hermelinks vor allem bei der Ausarbeitung einer Theorie der Kirchenleitung.[28] Inhaltlich besteht in dem Entwurf eine erhebliche Unbestimmtheit. Es fällt auf, dass sich die theologische Grundlegung bei diesem Konzept lediglich bis zur Reformation erstreckt. Biblische Impulse finden keine explizite Berücksichtigung.

3 Kirche als Hybrid

Wie Hermelink bemühen sich der Bonner Praktische Theologe Eberhard Hauschildt (geboren 1958) und die Kieler Praktische Theologin Uta Pohl-Patalong (geboren 1965) darum, den Wirkungsbereich von Kirche genauer zu bestimmen. Dazu ordnen sie die Kirchentheorie dem Konzept der „Kommunikation des Evangeliums" ein:

> „Wir begreifen Kirchentheorie ... als *Reflexionsinstanz für einen spezifischen Bereich der Kommunikation des Evangeliums* in dem Bewusstsein, dass die Kommunikation des Evangeliums mit dem Gegenstandsbereich der Kirchentheorie nicht umfassend beschrieben ist."[29]

Auch sonst sind sie zum einen um Weitung des Horizonts bemüht. So nehmen sie konfessionell ein „Viererfeld der Kirchenfamilien" in den Blick: die orthodoxen Kirche, die römisch-katholische Kirche, die Kirchen der Reformation sowie die „Pfingstkirchen und andere Heiligkeitskirchen". Dabei ergeben sich jeweils spezifische Stärken und Schwächen:

---

27 A.a.O. 169.
28 S. kritisch hierzu aus der Perspektive der „Vielfalt individueller Mitgliedschaftspraktiken" Thomas Schlag, Öffentliche Kirche. Grunddimensionen einer praktisch-theologischen Kirchentheorie (Theologische Schriften 5), Zürich 2012, 40.
29 Eberhard Hauschildt/Uta Pohl-Patalong, Kirche (Lehrbuch Praktische Theologie 4), Gütersloh 2013, 410.

„Die Kirchen des Sakraments zeigen die *Stärken ritueller Kommunikation*. ... In einer pluralisierten Gesellschaft reicht diese Kommunikation jedoch nicht aus. Interpretationsakte sind nötig, um das Geglaubte zu verstehen, gegen Einwände zu verteidigen und zu differenzieren. ... Religiöse Bildung und offene theologische Debatte werden nötig. Der Protestantismus bearbeitet genau dieses Defizit. ...

Keine Kirchenfamilie ist so durchdrungen von *ritueller Kommunikation* wie die *orthodoxen Kirchen*. Darin liegen ihre Stärken ebenso wie ihre Verletzbarkeit durch ihre Schwächen. ...

Keine Kirche veranschaulicht so wie die *katholische Kirche* die *weltumspannende Einheit*. Hinsichtlich massenmedialer und politischer Aufmerksamkeit ist sie äußerst erfolgreich. ... Aber die Einheitlichkeit hat ihren Preis: Die katholische Kirche ist bislang immer noch eine besonders *undemokratische Organisation,* in der die lokalen und zentralen Kräfte rechtlich schlecht ausbalanciert sind. ...

Keine Kirche kann so wie die *pentekostalen und anderen Heiligkeitskirchen Individuen rekrutieren* und dazu bewegen, ihren Glauben zu personalisieren. ... Ihr transitorischer Charakter passt sich leicht neuen Situationen an, tendiert aber auch dazu, nach innen zu *totalisieren* und die Pluralisierung durch Gründung immer neuer kleiner Kirchen zu externalisieren."[30]

Zum anderen schlagen Hauschildt/Pohl-Patalong für das Verstehen der gegenwärtigen, auf den ersten Blick disparat erscheinenden Situation der Evangelischen Landeskirchen in Deutschland – in Aufnahme des entsprechenden Konzepts von Hauschildt[31] – ein sog. *Hybrid-Modell* vor. Demnach begegnet Kirche heute parallel als Institution, Organisation und Bewegung. Dabei folgt jedes dieser drei Modelle einer unterschiedlichen, den anderen jeweils entgegengesetzten Logik:

„a. die Institutionslogik: Zu ihr gehören bei Dominanz der distanzierten Kommunikation u.a. eine Kirchenleitung durch rechtliche und inhaltliche Rahmensetzungen, automatische kirchliche Sozialisation der Mitglieder, Normalfall distanzierten Institutionsbezugs der Mitglieder und die Existenz bereitstehender Dienste der Institution für alle.

b. die Organisationslogik: Zu ihr gehören bei Ausbau der geplanten Kommunikationswege u.a. zielorientierte Unternehmensleitung und Werbung durch Zielgruppenangebote zur Einbindung der Mitglieder in die aktive Zielerreichung.

---

[30] A.a.O. 243f.: s. noch ausführlicher Eberhard Hauschildt, Zwei Kirchenfamilien im Protestantismus. Ein Beitrag zur Selbstwahrnehmung der protestantischen Großkirche im deutschen Sprachraum heute, in: PTh 106 (2016), 333–357.
[31] Eberhard Hauschildt, Hybrid evangelischer Großkirche vor einem Schub an Organisationswerdung. Anmerkungen zum Impulspapier „Kirche der Freiheit" des Rates der EKD und zur Zukunft der evangelischen Kirche zwischen Kongregationalisierung, Filialisierung und Regionalisierung, in: PTh 96 (2007), 56–66.

> c. die Gruppenlogik/Bewegungslogik: Zu ihr gehören bei Dominanz der Kommunikation der Nähe Zuneigungs- und Angleichungsdynamiken."³²

Alle drei werden – nach Einschätzung von Hauschildt/Pohl-Patalong – auch zukünftig nebeneinander bestehen. Doch muss dies kein Schaden sein, im Gegenteil: Nach dem „Denkmodell ‚Hybrid'" kann jedes Modell die Schwächen der anderen korrigieren.

> „Hybridantriebe gelten in der Automobilindustrie als ein interessantes Zukunftsmodell. Elektroantriebsmotor für die kleinen Strecken, Verbrennungsmotor für die großen. In der Terrorismusforschung gibt es die These, terroristische Gruppen als Hybrid aus informeller Gruppe und hierarchisch strukturierter Organisation zu verstehen ... Vor allem in der Theorie des sog. ‚Dritten Sektors' findet zunehmend die These Aufmerksamkeit, dessen Organisationen als Hybrid aus Marktlogik, Staatslogik und Gruppenlogik zu denken".³³

Für die konkrete Organisation bedeutet dies eine Zurücknahme der seit dem Ende des 19. Jahrhunderts üblichen Konzentration auf die Ortsgemeinden. Vielmehr plädieren die beiden Praktischen Theologen – in Aufnahme eines entsprechenden Konzepts von Pohl-Patalong³⁴ – für ein Mit- und Nebeneinander parochialer und nichtparochialer Organisationsformen. Sie werden *„kirchliche Orte"* genannt und dienen jeweils der Kommunikation des Evangeliums. Gemeinsam ist ihnen nur das gottesdienstliche Leben, das aber nicht aus dem agendarischen Sonntagsgottesdienst bestehen muss.³⁵

Ebenfalls innovativ ist der Vorschlag, zur Kontextualisierung des Kirchenverständnisses *„Relevanz"* als Schlüsselbegriff zu verwenden.

> Relevanz verstehen Hauschildt/Pohl-Patalong „als Überzeugung, dass etwas (die christliche Religion und/oder Kirche) in einer bestimmten Entscheidungssituation eine so hohe Bedeutung für jemanden (ein Subjekt und/oder die Gesellschaft) besitzt, dass es für die Reflexion nicht verzichtbar erscheint und daher einen Einfluss auf das Handeln des Subjekts/der Gesellschaft hat."³⁶

---

32 Hauschildt/Pohl-Patalong, Kirche 216 f.
33 A.a.O. 217 f.
34 Uta Pohl-Patalong, Ortsgemeinde und übergemeindliche Arbeit im Konflikt. Eine Analyse der Argumentationen und ein alternatives Modell, Göttingen 2003.
35 S. Hauschildt/Pohl-Patalong, Kirche 302.
36 A.a.O. 111; s. zu den theoretischen Hintergründen und sich daraus ergebenden Differenzierungen des Konzepts Manuel Stetter, Relevanz. Überlegungen zu einem Postulat kirchlicher Kommunikationspraxis, in: Birgit Weyel/Peter Bubmann (Hg.), Kirchentheorie. Praktisch-theologische Perspektiven auf die Kirche (VWGTh 41), Leipzig 2014, 204–222.

Damit relativieren sie die bisher die theologische Diskussion bestimmende Wahrheitsfrage und tragen der Tatsache Rechnung, dass in der heutigen Mediengesellschaft schon die bloße Aufmerksamkeit ein hohes Gut ist. Erst sie ermöglicht weitergehende Kommunikationen. Wenn sie nicht erreicht wird, bleiben Inhalte, Veranstaltungen, Gemeinschaftsformen u. Ä. schlicht irrelevant – bei allem Anspruch, der sich für sie aus der theologischen bzw. kirchlichen Tradition konstruieren lässt. Positiv ergibt sich daraus – nach Hauschildt/Pohl-Patalong – zugleich eine besondere Bedeutung von Kirche in ihren verschiedenen Formen. Denn angesichts zurückgehender christlicher Bildung in Familie und Schule ist der Kontakt zu ihr heute „entscheidender für die Frage nach Glauben und Gottesbeziehung, als dies in früheren Jahrzehnten der Fall war".[37]

Ähnlich wie Hermelinks Studie offeriert dieses Lehrbuch wichtige Einsichten für die Kirchentheorie. In mehrfacher Hinsicht werden – wie gezeigt – neue Horizonte eröffnet und wichtige Unterscheidungen eingeführt, die die gegenwärtige Situation differenzierter wahrnehmen lassen. Das Gesamtkonzept „Kommunikation des Evangeliums" ergibt als Rahmen einer Kirchentheorie zugleich deren gewisse Beschränkung, insofern Evangelium auch außerhalb von Kirche kommuniziert wird. Ob diese Einsicht allerdings tatsächlich durchgehalten wird, erscheint zumindest manchmal – wenn auf die heute besondere Bedeutung von Kirche angesichts des Traditionsabbruchs hingewiesen wird – zweifelhaft. Auch wird „Evangelium" letztlich lehrhaft bestimmt:

> „als Botschaft, dass Gott auf dem Wege seiner Menschwerdung, Kreuzigung und Auferstehung alle Menschen, die an ihn glauben, hinein nimmt in seine Liebe und seinen Heilswillen für die Welt".[38]

Der mit dem Konzept „Kommunikation des Evangeliums" seit Ernst Lange (s. § 17 1.) verbundene dialogische Charakter des Geschehens[39] tritt hier zurück. Dazu müsste sowohl anhand empirischen Materials als auch theologischer Reflexion auf „Evangelium" als dem zentralen Inhalt christlichen Glaubens überprüft werden, ob das Nebeneinander der drei genannten Modelle von Kirche nicht zumindest auch ein Ablösungsprozess ist. Verdeckt nicht die Metapher des Hyb-

---

37 A.a.O. Hauschildt/Pohl-Patalong, Kirche 114.
38 A.a.O. 421.
39 S. Ernst Lange, Aus der „Bilanz 65", in: Ders., Kirche für die Welt. Aufsätze zur Theorie kirchlichen Handelns, hg.v. Rüdiger Schloz, München 1981, 63–160, 101.

rids die Entwicklungsdynamik?[40] Wie später (s. Einleitung zum 4. Teil) ausgeführt wird, scheint der Institutions-Charakter von Kirche zu schwinden, ein durchaus dramatischer Prozess, insofern nicht zuletzt das Kirchenrecht und die hauptsächliche Finanzierung von Kirche durch die Kirchensteuer[41] hierauf beruhen (s. § 22 2.). Zeichnet sich hier eine Metamorphose von Kirche ab?

4 Zusammenfassung

Offenkundig machen es die tief greifenden gesellschaftlichen und kulturellen Veränderungen seit den sechziger Jahren des 20. Jahrhunderts unmöglich, Kirche ohne schwerwiegenden Realitätsverlust exklusiv bzw. vorwiegend von der theologischen Tradition her zu bestimmen. Im Zuge der Aufnahme empirischer Theorien stellt sich einer praktisch-theologischen Kirchentheorie die *Aufgabe, die gegenwärtigen Erscheinungsformen von Kirche und theologische Inhalte miteinander zu vermitteln.*

Durch den Bezug auf funktionale Theorien begannen im Kontext pastoraler Ausbildung entsprechende Versuche. Preul führte sie weiter, indem er den Charakter Evangelischer Landeskirchen in Deutschland unter Rückgriff auf reformatorische Theorien und das anthropologische Konzept der Institution bestimmte. Wichtige Entwicklungen werden so aber noch nicht adäquat verstanden. Hier weitete Hermelink für die Aufgabe der Kirchenleitung den Horizont durch ein differenzierteres Verstehen von Kirche als Organisation, Institution, Interaktion und Inszenierung sowie eine fünffache Typenbildung hinsichtlich der Sozialform von Kirche. In ähnlicher Weise versuchten Hauschildt/Pohl-Patalong durch ihr Hybridmodell eine präzisere Wahrnehmung von Kirche zu ermöglichen. Ihr Hinweis auf die Relevanz gleichsam als Nadelöhr jeder Kommunikation machte dazu auf den radikal veränderten Kontext kirchlicher Arbeit aufmerksam. Zudem offeriert ihr Rückgriff auf den Begriff Kommunikation des Evangeliums einen Theorierahmen, der eine zugleich theologisch präzise und empirisch weite Bestimmung von Kirche erlaubt.[42]

---

40 Vgl. auch die kritischen Anfragen aus neoinstitutionstheoretischer Perspektive bei Frank Weyen, Kirche in der strukturellen Transformation. Identität, Programmatik, organisatorische Gestalt, Göttingen 2016, 172–175.
41 S. Hermelink, Organisation 208 f.
42 Zur genaueren enzyklopädischen Verortung der Kirchentheorie in der Praktischen Theologie s. Christian Grethlein, Theologizität der Praktischen Theologie, in: Ilona Nord/Thomas Schlag (Hg.), Renaissance religiöser Wahrheit. Thematisierungen und Deutungen in praktisch-theologischer Deutung (VWGTh 49), Leipzig 2017, 17–24, 24.

Wenn ich im Folgenden Impulse aus verschiedenen Perspektiven einspiele, so geht es auf dem Hintergrund des für die konzeptionelle Entwicklung von Kirchentheorie Skizzierten darum, weitere Anregungen für die eigene Theoriebildung zu gewinnen.

§ 3 Impulse aus verschiedenen Perspektiven

Die eben vorgestellten drei monografisch ausgearbeiteten Kirchentheorien etablieren zum einen die neue praktisch-theologische Thematik, zum anderen geben sie Impulse für die Weiterarbeit an einzelnen Fragestellungen und Herausforderungen. Dabei steht meist die zukünftige Orientierung kirchlichen Handelns im Vordergrund. In drei zwischen 2014 und 2016 erschienen Handbüchern und einem Tagungsband finden sich hierzu weitere wichtige Anregungen. Zuerst sei aber auf grundlegende Anfragen an die heutige Form von Kirche aus religionssoziologischer Perspektive hingewiesen.

1 Kirche – in religionssoziologischer Perspektive

Spätestens die Auswertung der 5. EKD-Mitgliedschaftsumfrage machte die tiefe Zerrissenheit gegenwärtiger Religionssoziologie in ihrer Beurteilung der heutigen Situation deutlich.[1] Auf der einen Seite stehen Vertreter einer strikten Säkularisierungsthese, die einen engen Zusammenhang zwischen Kirchenbindung und religiöser Einstellung bzw. Glauben der Menschen behaupten: „Kirchliche Bindung und individuelle Religiosität stehen nicht in einem Ausschließungs-, sondern in einem Ermöglichungsverhältnis."[2] Auf der anderen Seite entdecken Religionssoziologen die tief greifenden Transformationsprozesse von Religion in der Gegenwart, die durchaus Neues entstehen lassen. Entgegen der säkularisierungstheoretischen Fokussierung auf zurückgehende religiöse Sozialisierungsprozesse weisen sie begründend auf „Transzendenzerfahrungen" hin, „die aus anthropologischen Gründen fast zwangsläufig erscheinen".[3]

---

[1] S. Jan Hermelink/Birgit Weyel, Vernetzte Vielfalt: Eine Einführung in den theoretischen Ansatz, die methodischen Grundentscheidungen und zentrale Ergebnisse der V. KMU, in: Heinrich Bedford-Strohm/Volker Jung (Hg.), Vernetzte Vielfalt. Kirche angesichts von Individualisierung und Säkularisierung. Die fünfte EKD-Erhebung über Kirchenmitgliedschaft, Gütersloh 2015, 16–32, 16 f.
[2] Detlef Pollack/Gert Pickel/Anja Christof, Kirchenbindung und Religiosität im Zeitverlauf, in: Heinrich Bedford-Strohm/Volker Jung (Hg.), Vernetzte Vielfalt. Kirche angesichts von Individualisierung und Säkularisierung. Die fünfte EKD-Erhebung über Kirchenmitgliedschaft, Gütersloh 2015, 187–207, 205.
[3] Stefan Huber, Kommentar: Gott ist tot! Tatsächlich? – Transzendenzerfahrungen und Transzendenzglaube im ALLBUS 2012, in: Heinrich Bedford-Strohm/Volker Jung (Hg.), Vernetzte Vielfalt. Kirche angesichts von Individualisierung und Säkularisierung. Die fünfte EKD-Erhebung über Kirchenmitgliedschaft, Gütersloh 2015, 267–276, 268.

Fritz Lienhard hat diese Auseinandersetzung luzide am Beispiel der sich in jeder Hinsicht, also in Methoden, Inhalten und Deutungen unterscheidenden Arbeiten von Hubert Knoblauch und Detlef Pollack rekonstruiert.[4] In kirchentheoretischer Perspektive muss diesem Gegensatz nicht im Einzelnen nachgegangen werden. Denn hier kommen – zugespitzt formuliert – beide gegensätzlichen Ansätze zu einem Ergebnis, nämlich zu einer „Art Auflösung der Religion als System, dessen Paradigma die Kirchen sind".[5] Tatsächlich sind wichtige traditionelle Formen von Kirchlichkeit, angefangen von der Kirchenmitgliedschaft bis zur Teilnahme am sonntäglichen Gottesdienst, in Deutschland rückläufig. Von daher besteht auf jeden Fall Bedarf, kirchliche Praxis kritisch zu reflektieren und gegebenenfalls neu auszurichten. Dabei sind vielfältige Spannungen zu beachten:

> „Insgesamt ist die religiöse Praxis in Beziehung auf die Kirche als Institution offenbar durch ein spannungsvolles Mit- und Nebeneinander von Konvention und Entschiedenheit, von gemeindlicher Zugehörigkeit und Distanz, von parochialer Persistenz und punktuell-selektiver Teilnahme an ‚Gemeinden auf Zeit', von sozialem, auch religiös imprägniertem Engagement ‚bei Gelegenheit' geprägt. Es ist und bleibt die Aufgabe der kirchlichen Organisation, dieses plurale, in sich vielfältige Nebeneinander zu verbinden und immer wieder neu zu vernetzen."[6]

Vorschläge dazu finden sich in den im Folgenden kurz vorgestellten Bänden.

2 Kirchen- und Gemeindeentwicklung – in evangelischer Perspektive

2014 gaben die beiden in Zürich lehrenden Praktischen Theologen Ralph Kunz (geboren 1964) und Thomas Schlag (geboren 1962) ein umfangreiches „Handbuch für Kirchen- und Gemeindeentwicklung" heraus. Dieses ist in mehrfacher Hinsicht bereits formal bemerkenswert. Institutionell ist die Basis dieses Buchs das finanziell wesentlich von der Evangelisch-reformierten Kirche des Kantons Zürich getragene „Zentrum für Kirchenentwicklung" der dortigen Theologischen Fakultät. Kirchentheorie hat hier also – seit 2010 – einen institutionalisierten Ort gefunden. Die Lozierung in der Schweiz sorgt dafür, dass der die bisherigen kir-

---

4 Fritz Lienhard, Zur zeitgenössischen Lage: Die Debatte zwischen Knoblauch und Pollack, in: Ders./Christian Grappe (Hg.), Religiöser Wandel und Laizität. Eine theologische Annäherung (Heidelberger Studien zur Praktischen Theologie 22), Berlin 2016, 55–73.
5 A.a.O. 73.
6 Hermelink/Weyel, Vielfalt 31.

chentheoretischen Beiträge prägende Fokus auf Deutschland und sein landeskirchliches System geweitet wird.

Programmatisch schließt das Handbuch mit „Kirchen- und Gemeindeentwicklung" an bestimmte praktisch-theologische Traditionen an, eben die der Kirchen- und Gemeindeentwicklung. Sie münden jetzt in die Kirchentheorie ein. Aus der Fülle der 57 Beiträge sei nur auf wenige Akzente hingewiesen, die eine Weiterentwicklung der drei vorgestellten Kirchentheorien nahe legen bzw. erfordern.

Deutlich greift das Handbuch über die sonst übliche Fundierung in der Reformation hinaus. Jörg Frey macht in seinem Beitrag auf neutestamentliche Befunde aufmerksam, die die bisherige kirchentheoretische Diskussion irritieren (können). Er weist darauf hin, dass die wichtigsten Begriffe hinsichtlich „Ekklesia" ausgesprochen profanen Charakter haben.[7] Die spätere, bis hin zu Preul und Hermelink selbstverständliche Konzentration auf gottesdienstliche, also kultische Vollzüge ist in keiner Weise von Anfang an im Blick. Auch erscheint in exegetischer Perspektive „die Rede von einem ‚Amt' für die Frühzeit anachronistisch; man kann eher von *Funktionen* und *Diensten* sprechen."[8]

> „Die ekklesiologischen Diskussionen um Amt und ‚apostolische Sukzession', um den Vorsitz beim Herrenmahl oder andere liturgische Befugnisse erscheinen als ein geradezu bizarrer Kontrast zu frühchristlichen Verhältnissen. Hier sind Aspekte in den Vordergrund getreten und dogmatisch verfestigt worden, die nur der Abgrenzung und Machterhaltung dienen und der Dynamik des Evangeliums entgegenstehen."[9]

Dazu weist Frey auf die – bei bloßem Rekurs auf Artikel VII der Confessio Augustana – stets übersehene *Bedeutung der diakonischen Dimension* im Neuen Testament hin:

> „Die ‚sozialdiakonische Praxis', die gemeinsamen Mähler und die Speisung von Armen, die Fürsorge für Kranke, die Bestattung von Toten – all dies war für die frühe Kirche ein wesentliches ‚Qualitätsmerkmal' und trug dazu bei, dass auch immer neue Beziehungen über den Kreis der schon Zugehörigen hinaus geknüpft wurden."[10]

Weiter spielt das Handbuch neue Diskurse in die kirchentheoretische Diskussion ein. Erhebliche Bedeutung dürfte zukünftig der Aufgabe von „*Inklusion*" zukommen. Eine wesentliche Frage für kirchliche Arbeit wird z.B. sein: „Wie kann die

---

[7] Jörg Frey, Neutestamentliche Perspektiven, in: Ralph Kunz/Thomas Schlag (Hg.), Handbuch für Kirchen- und Gemeindeentwicklung, Neukirchen-Vluyn 2014, 31–41, 32.
[8] A.a.O. 35.
[9] A.a.O. 39.
[10] A.a.O. 40.

Inklusionskraft der Kirchengemeinde gestärkt werden?"[11] Ulf Liedke weist in diesem Zusammenhang auf die Bedeutung von Netzwerken und die diesbezügliche Theoriebildung hin.[12] Er überschreitet so die herkömmliche Fokussierung auf Kirchengemeinde und Landeskirche sowie deren bürokratisch-verwaltungsmäßige Ausgestaltung.

Auch wird wiederholt auf die Problematik einer wesentlich auf Selbsterhalt gerichteten, wenig dialogischen kirchlichen Arbeit hingewiesen (s. § 17 5.).

3 Kirchenentwicklung – aus katholischer Perspektive

Weitere Impulse finden sich im wesentlich von katholischen Autorinnen und Autoren verantworteten Handbuch „Kirchenentwicklung". Drei davon seien genannt:

Zum Ersten fällt im Vergleich mit dem eben besprochenen, evangelischen Handbuch der Einstieg auf. Das erste von sieben Kapiteln ist „Die Kontexte – Kirchenentwicklung weltweit" überschrieben. Es enthält Beiträge zur Entwicklung von (katholischer) Kirche in Afrika, Asien, Lateinamerika und den USA. Dazu treten ein – von einem evangelischen Autor verfasster – Bericht zu „Fresh Expressions – Kirchenentwicklung in England" (s. § 23 2.) sowie eine Übersicht zur Entwicklung der Kirche in Frankreich am Beispiel der für ihre Reformarbeit bekannten Diözese Poitiers (s. § 23 1.). Bei diesen Vorstellungen fällt mehrfach der Begriff „Kleine Christliche Gemeinschaften" (KCGs).

> „Die ‚Idee' von KCGs ... kam von den Basisgemeinschaften in Lateinamerika über West- und Ost- nach Südafrika. ... So sieht, was KCG genannt wird, in verschiedenen Ländern sehr unterschiedlich aus. Eine Basisgemeinschaft in Brasilien ist in Südafrika eher eine ‚Außenstation' mit mehreren KCGs. Eine KCG in Südafrika wäre in Brasilien eher ein ‚Bibelkreis' oder eine ‚Straßengruppe'."[13]

---

11 Ralph Kunz, Gemeindeaufbau, in: Ders./Thomas Schlag (Hg.), Handbuch für Kirchen- und Gemeindeentwicklung, Neukirchen-Vluyn 2014, 269–277, 270.
12 Ulf Liedke, Grundlagen und Perspektiven inklusiver Gemeindeentwicklung, in: Ralph Kunz/Thomas Schlag (Hg.), Handbuch für Kirchen- und Gemeindeentwicklung, Neukirchen-Vluyn 2014, 300–308, 306f.
13 Michael Wüstenberg, Kirchenentwicklung in Afrika, in: Valentin Dessoy/Gundo Lames/Martin Lätzel/Christian Hennecke (Hg.), Kirchenentwicklung. Ansätze – Konzepte – Praxis – Perspektiven (Gesellschaft und Kirche – Wandel gestalten 4), Trier 2015, 25–35, 28.

Diese KCGs werden als „eine Sozialgestalt von Kirche"[14] präsentiert und treten ergänzend neben andere bestehende Formen von Kirche. Dabei fördern sie einen Prozess der *Dezentralisierung von Kirche und damit auch von Macht*.[15] Sie stellen zugleich „ein Gegenmodell zu den herrschenden Logiken in unserer Gesellschaft"[16] dar.

Vielleicht liegt es an diesem internationalen Horizont, der den weiteren, dann auf Deutschland konzentrierten Beiträgen vorausgeht, dass die diesbezügliche Situationsanalyse erstaunlich nüchtern – bzw. realistisch – ausfällt. So resümiert Valentin Dessoy für die Reformbemühungen in der deutschen römisch-katholischen Kirche:

> „Das Reformparadigma der letzten 20 Jahre – Rückbau in Salamitaktik oder anders: Konzentration, Verdichtung und Zentralisierung – ist definitiv gescheitert. Der Zusammenbruch schreitet voran, generalisiert und beschleunigt sich. Die Kluft zwischen Kirche und Gesellschaft wird größer, die ungelösten Fragen immer grundsätzlicher."[17]

Als positiver Ausweg aus diesem Dilemma wird u. a. ein „Perspektivenwechsel" für die lokale Kirchenentwicklung empfohlen: „Weg von einer aufgabenorientierten hin zu einer gabenorientierten Pastoral."[18] Deutlich tritt der Ansatz einer Kirchentheorie „von unten" zu Tage. Nicht die Veränderung der zentralen Organisation, sondern die konkreten Kommunikationen zwischen den Menschen sind

---

14 Monika Kling, Aufmerksame Präsenz und Suche. Kirchenentwicklung in Asien, in: Valentin Dessoy/Gundo Lames/Martin Lätzel/Christian Hennecke (Hg.), Kirchenentwicklung. Ansätze – Konzepte – Praxis – Perspektiven (Gesellschaft und Kirche – Wandel gestalten 4), Trier 2015, 37–48, 40.
15 S. unter Verweis auf Überlegungen von Gilles Côtés Valentin Dessoy, Community Organization – Gemeinwesenarbeit – Stadtteilmanagement, in: Ders./Gundo Lames/Martin Lätzel/Christian Hennecke (Hg.), Kirchenentwicklung. Ansätze – Konzepte – Praxis – Perspektiven (Gesellschaft und Kirche – Wandel gestalten 4), Trier 2015, 241–265, 263.
16 Norbert Nagler, Mehr als eine Methode. Kleine Christliche Gemeinschaften und Bibel-Teilen. Herkunft – Initiative – Perspektiven, in: Valentin Dessoy/Gundo Lames/Martin Lätzel/Christian Hennecke (Hg.), Kirchenentwicklung. Ansätze – Konzepte – Praxis – Perspektiven (Gesellschaft und Kirche – Wandel gestalten 4), Trier 2015, 291–302, 301.
17 Valentin Dessoy, Konzentration, Verdichtung und Zentralisierung – Das Reformparadigma der katholischen Kirche, in: Ders./Gundo Lames/Martin Lätzel/Christian Hennecke (Hg.), Kirchenentwicklung. Ansätze – Konzepte – Praxis – Perspektiven (Gesellschaft und Kirche – Wandel gestalten 4), Trier 2015, 101–116, 114.
18 Gabriele Viecens, Ad Experimentum – Charismen als wesentlicher Baustein einer lokalen Kirchenentwicklung, in: Valentin Dessoy/Gundo Lames/Martin Lätzel/Christian Hennecke (Hg.), Kirchenentwicklung. Ansätze – Konzepte – Praxis – Perspektiven (Gesellschaft und Kirche – Wandel gestalten 4), Trier 2015, 437–444, 437.

hier der Ausgangs- und Zielpunkt der Kirchentheorie. Allerdings überrascht bei der Lektüre dieses so weitreichende Reformideen präsentierenden Bandes die Aussparung des Kirchenrechts als des zumindest für die römisch-katholische Kirche mit ihrem hierarchischen Aufbau zentralen Steuerungsinstruments. Besteht hier zwischen Kanonistik und Pastoral kein Kontakt (s. § 19.1.)?

Von daher verdient die Tatsache Interesse, dass 2016 erstmals im deutschsprachigen Raum ein „Handbuch des evangelischen Kirchenrechts" erschien.

4 Kirche – aus (evangelisch) kirchenrechtlicher Perspektive

Die fast ausschließlich von Juristen verfassten Beiträge des Handbuchs beziehen sich lediglich auf die Evangelischen Landeskirchen in Deutschland. So beschreibt im Eingangsartikel der Mitherausgeber Heinrich de Wall den Umfang Evangelischen Kirchenrechts folgendermaßen:

> „Zu den Gegenständen des Kirchenrechts gehören die Verfassung der Kirche im weitesten Sinne, die Ordnung der Kirchengemeinden sowie das Recht der kirchlichen Amtsträger und anderen Mitarbeiter der Kirche; der äußere Rahmen der kirchlichen Amtshandlungen wie Taufe, Konfirmation, Trauung oder Bestattung und allgemein die äußeren Bedingungen von Gottesdienst und Seelsorge gehören ebenfalls zu den Materien des Kirchenrechts. Es regelt ferner die kirchliche Mitgliedschaft, die Pflichten und Rechte der Mitglieder, die Rechtsverhältnisse der kirchlichen Einrichtungen und Werke, die Verwaltung der Kirche unter Einschluss des kirchlichen Vermögens, die kirchliche Gerichtsbarkeit usw."[19]

Dabei erweist sich die gegenwärtige rechtliche Situation in hohem Maß als historisch bestimmt. Im Zuge der Reformation erfolgte die enge Anlehnung der Landeskirchen an, teilweise sogar die Übernahme in die staatliche Obrigkeit. Diese Entwicklung wirkt sich – trotz der in der Weimarer Reichsverfassung ausgesprochenen Trennung von Kirche und Staat – bis heute in weithin *staatsanalogen kirchlichen Verwaltungsstrukturen* aus. Der den Landeskirchen – und Kirchengemeinden – zuerkannte Status einer Körperschaft des öffentlichen Rechts eröffnet dazu den rechtlichen Rahmen.

Inhaltlich zentral erscheint Artikel VII der Confessio Augustana, woraus z.B. direkt eine deutliche Präferenz für die Ortsgemeinde abgeleitet wird, insofern hier in der Regel gepredigt und die Sakramente gefeiert werden.[20] Dementsprechend

---

[19] Heinrich de Wall, Grundbegriffe und rechtstheologische Grundlagen, in: Hans Ulrich Anke/ Heinrich de Wall/Hans Michael Heinig (Hg.), Handbuch des evangelischen Kirchenrechts, Tübingen 2016, 5–45, 6.
[20] S. a.a.O. 25f. u.ö.

„zeichnet das gesamte Kirchenrecht eine hohe Kontinuität aus; die wichtigsten kirchenrechtlichen Rahmenbedingungen sind seit den fünfziger Jahren unverändert."[21] Doch ist die „stärkere religiöse Pluralisierung" auf manchen kirchenrechtlich zu bearbeiten Gebieten unübersehbar. Aus ihr folgen neue Herausforderungen, vor allem im Arbeitsrecht, bei Entwicklungen im europäischen Recht[22] und von beidem in zugespitzter Form betroffen auf dem Gebiet der Diakonie.[23]

Die Beiträge des Handbuchs referieren sehr differenziert die Pluriformität der Bestimmungen auf einzelnen Rechtsgebieten in den verschiedenen Landeskirchen und formulieren so wichtige Herausforderungen für die Kirchentheorie. Demgegenüber finden sich kaum bzw. keine Lösungsvorschläge für die in den beiden anderen Handbüchern beschriebenen Problemlagen. Vor allem die staatsanaloge Struktur der Landeskirchen scheint zunehmend weniger den tatsächlichen Verhältnissen zu entsprechen, ohne dass aber Alternativen diskutiert werden.

5 Verschiedene Herausforderungen

Eine erste Reaktion auf die in 2. und 3. vorgestellten Lehrbücher zur Kirchentheorie stellt eine Tagung der Fachgruppe Praktische Theologie in der Wissenschaftlichen Gesellschaft für Theologie dar.[24] Die bei diesem Treffen gehaltenen Vorträge markieren wichtige Themenbereiche, die zukünftig in einer Kirchentheorie zu bearbeiten sind, u. a.:

Wilfried Engemann erläutert und diskutiert die praktisch-theologische Leitformel „Kommunikation des Evangeliums". Dabei unterstreicht er die Bedeutung eines reflektierten Rahmenkonzepts für eine auf Kirche bezogene praktisch-theologische Theoriebildung.[25]

---

[21] Martin Otto, Neuere Geschichte des evangelischen Kirchenrechts, in: Hans Ulrich Anke/Heinrich de Wall/Hans Michael Heinig (Hg.), Handbuch des evangelischen Kirchenrechts, Tübingen 2016, 128–161, 161.
[22] S. ebd.
[23] S. Norbert Manterfeld, Diakonischer Dienst, in: Hans Ulrich Anke/Heinrich de Wall/Hans Michael Heinig (Hg.), Handbuch des evangelischen Kirchenrechts, Tübingen 2016, 797–818.
[24] So finden sich im diesbezüglichen Tagungsband, Birgit Weyel/Peter Bubmann (Hg.), Kirchentheorie. Praktisch-theologische Perspektiven auf die Kirche (VWGTh 41), Leipzig 2014, auch Besprechungen der beiden Bände von Hermelink und Hauschildt/Pohl-Patalong sowie Repliken der Rezensierten (a.a.O. 232–258).
[25] Wilfried Engemann, „Kommunikation des Evangeliums" als Grundprinzip der religiösen Praxis des Christentums?, in: Birgit Weyel/Peter Bubmann (Hg.), Kirchentheorie. Praktisch-theologische Perspektiven auf die Kirche (VWGTh 41), Leipzig 2014, 15–39.

In eine ähnliche, allerdings soziologisch bestimmte Richtung zielt Stefan Huber, wenn er ein geklärtes Religionskonzept anmahnt, um gegenwärtige Veränderungen wahrzunehmen.[26] Bisherige, an sozialer Praxis und Querschnittsstudien orientierte Untersuchungen, die einem eindimensionalen Säkularisierungsparadigma folgen, erscheinen ihm problematisch. Demgegenüber stellt Huber sein – im Religionsmonitor der Bertelsmann-Stiftung erprobtes, Arbeiten von Charles Glock und Gordon Allport aufnehmendes – Modell von Religiosität vor.[27] Dabei werden soziale und personale Kerndimensionen der Religiosität sowie eine „allgemeine Religiosität" unterschieden. Forschungspraktisch stehen Längsschnittstudien im Vordergrund.

In die kirchenleitende Praxis führt der Bericht über eine Studie, die Interviews kirchenleitender Persönlichkeiten aus unterschiedlichen Landeskirchen zu den dortigen Reformprozessen auswertet.[28] Recht deutlich treten dabei Skepsis bzw. Erschöpfung angesichts des vornehmlich betriebswirtschaftlich orientierten kirchenleitenden Handelns zu Tage. Sie nötigen nach anderen Wegen zu fragen, wie sie etwa in Management-Modellen für Non-Profit-Organisationen vorliegen. Neue Differenzierungen fordern Beiträge, die sich unterschiedlichen Kontexten kirchlicher Arbeit widmen. An den Beispielen Dorf,[29] Ostdeutschland[30] und Schweiz[31] wird die Bedeutung des konkreten Kontextes für kirchliches Handeln herausgearbeitet.

---

[26] Stefan Huber, Anzeichen einer Trendwende? Längsschnittanalysen zum Religionsmonitor 2008 und 2013, in: Birgit Weyel/Peter Bubmann (Hg.), Kirchentheorie. Praktisch-theologische Perspektiven auf die Kirche (VWGTh 41), Leipzig 2014, 94–114.
[27] S. die zusammenfassende Grafik a.a.O. 99.
[28] Isolde Karle/Stefanie Brauer-Noss, Semper reformanda. Die Kirche und ihre Reformdiskurse, in: Birgit Weyel/Peter Bubmann (Hg.), Kirchentheorie. Praktisch-theologische Perspektiven auf die Kirche (VWGTh 41), Leipzig 2014, 40–51.
[29] Gerald Kretzschmar, Kirche auf dem Dorf. Das Ende der Urbanität, in: Birgit Weyel/Peter Bubmann (Hg.), Kirchentheorie. Praktisch-theologische Perspektiven auf die Kirche (VWGTh 41), Leipzig 2014, 52–62.
[30] Michael Domsgen, Kirche in Deutschland. Ein Plädoyer nicht nur für die Regionalisierung der Kirchentheorie, in: Birgit Weyel/Peter Bubmann (Hg.), Kirchentheorie. Praktisch-theologische Perspektiven auf die Kirche (VWGTh 41), Leipzig 2014, 63–79.
[31] Thomas Schlag, Reformierte Kirche im helvetischen Kulturkontext. Deutsch-Schweizerische und deutschschweizerische Perspektiven, in: Birgit Weyel/Peter Bubmann (Hg.), Kirchentheorie. Praktisch-theologische Perspektiven auf die Kirche (VWGTh 41), Leipzig 2014, 80–93.

Schließlich zeigt ein eindrückliches Praxisbeispiel, wie der Wandel in der medialen Kommunikation die Kommunikation des Evangeliums verändert, wenn diese Aufmerksamkeit finden will.[32]

6 Zusammenfassung

Die Vielzahl der – hier nur exemplarisch präsentierbaren – Perspektiven weist auf die *Notwendigkeit einer klaren Rahmenkonzeption* für Kirchentheorie hin. Sie muss weit genug sein, um Raum für Kontextualisierungen und komplementäre Ansätze zu bieten, und inhaltlich präzise, um theologische Anschlüsse zu ermöglichen. Der Religionsbegriff scheint dazu, wie der kurze Blick in die religionssoziologische Auseinandersetzung zeigt, wenig geeignet. Er ist inhaltlich sehr unterschiedlich bestimmbar und transportiert von daher eher anderweitig gewonnene positionelle Vorentscheidungen als dass er ein klärendes Analyse-Instrument zur Verfügung stellt. Zudem ist er theologisch unterbestimmt. So konstatiert der Systematische Theologe Dirk Evers, der in allgemeinen gesellschaftlichen Diskursen den Religionsbegriff für „praktisch unverzichtbar" hält, theologisch:

> Es ist nicht zu erkennen, „wie in ein anthropologisches und als solches durchaus ambivalentes, relatives und partikulares Phänomen wie das von Religion und Religionen der Gottesbezug eingezeichnet werden soll, der für die biblischen Traditionen und das Glaubensverständnis des Christentums entscheidend sein dürfte."[33]

Gegenwärtig dürfte der Begriff *„Kommunikation des Evangeliums"* für eine praktisch-theologische Theorie der Kirche am tauglichsten sein. „Kommunikation" gewährt den mehrperspektivischen Anschluss an empirische Befunde, nicht zuletzt hinsichtlich der neuen Medienentwicklung; „Evangelium" ermöglicht eine klare theologische Bestimmung und Reflexion.[34]

Dazu zeigt die Durchsicht der behandelten Literatur, dass eine Kirchentheorie wenigstens grundsätzlich eine konfessionelle Engführung vermeiden muss. Sie verfehlt sonst gegenwärtige lebensweltliche Entwicklungen. Zudem ermöglichen

---

[32] Siegfried Krückeberg, Mögliche Auswirkungen der Kommunikation des Evangeliums in der Medienwelt auf die Kirchentheorie, in: Birgit Weyel/Peter Bubmann (Hg.), Kirchentheorie. Praktisch-theologische Perspektiven auf die Kirche (VWGTh 41), Leipzig 2014, 223–231.
[33] Dirk Evers, Neuere Tendenzen in der deutschsprachigen evangelischen Dogmatik, in: ThLZ 140 (2015), 1–22, 10.
[34] S. ausführlicher Christian Grethlein, „Religion" oder „Kommunikation des Evangeliums" als Leitbegriff für die Praktische Theologie?, in: ZThK 112 (2015), 468–489.

Blicke in andere, nicht aus der Tradition deutscher Evangelischer Landeskirchen stammender Ansätze wichtige Horizonterweiterungen. Dabei wird vor allem die Selbstverständlichkeit des staatsanalogen Aufbaus Evangelischer Landeskirchen fraglich.

§ 4 Zusammenfassung und Ausblick

Das Aufkommen von „Kirchentheorie" als einem praktisch-theologischen Arbeitsgebiet trägt den gesellschaftlichen und kulturellen Veränderungen Rechnung, die auch die Organisation und Gestaltung von Kirche betreffen.

Die exemplarische Sichtung von hierzu in den letzten zwanzig Jahren vorgelegten Veröffentlichungen zeigt, dass es keineswegs primär um Handlungsanweisungen oder gar Rezepte für die Praxis geht. Vielmehr besteht ganz grundsätzlicher Klärungsbedarf, was Kirche ist und welche Aufgabe sie im 21. Jahrhundert hat. Unterscheidungen zwischen Kirche als Institution, Organisation, Interaktion und Inszenierung (Hermelink) bzw. als Institution, Organisation und Bewegung (Hauschildt/Pohl-Patalong) ermöglichen einen differenzierteren Blick auf die gegenwärtige Situation. Dabei fällt auf, dass dieses Diagnose-Instrumentarium inhaltlich und methodologisch noch genauer zu bestimmen ist.

Hier helfen neuere exegetische Einsichten zu Kirche weiter. Die Offenheit des Auftretens, Wirkens und Geschicks Jesu für grundsätzlich alle Menschen, also sein radikal *inklusiver* Charakter, tritt dabei eindrücklich zu Tage. Komplementär wird sie durch die Begründung in einer und die Ausrichtung auf eine *solidarische(n)* Gemeinschaft ergänzt. Dabei erweisen sich die Beziehung zum und die Bestimmung vom jeweiligen *Kontext* als entscheidende Faktoren für kirchliche Praxis – und dann auch Theologie. Dies ist methodologisch genauer zu analysieren, um Leistungsfähigkeit und Problematik kirchlicher Kontextualisierung in der Christentumsgeschichte und heute beurteilen zu können. Als sowohl theologisch als auch empirisch anschlussfähiger Leitbegriff bietet sich dafür „Kommunikation des Evangeliums" an.

1. Teil **Grundlagen: biblische Perspektiven und methodologische Konsequenzen**

Das Lehnwort „Kirche" bezeichnet in der deutschen Sprache Unterschiedliches: ein Gebäude, die kultische Versammlung, die Sozialgestalt des Christentums und ihre Repräsentanten.[1] Auf die theologisch zentrale Spur führt seine wahrscheinliche etymologische Ableitung von griechisch „kyriakos", „zum Herrn gehörig". Demnach ist der Bezug auf Jesus Christus, den Kyrios (griechisch: Herr), grundlegend.[2] Kirche ist da, wo sich Menschen – in Wort und/oder Tat – auf Jesus Christus beziehen.

Allerdings darf dieser Befund nicht darüber hinwegtäuschen, dass „Kirche" kein eindeutiger neutestamentlicher Begriff ist. Luther verwendete ihn z.B. bei seiner Bibel-Übersetzung nicht, sondern übersetzte „Ekklesia" mit „Gemeine", was bei ihm aber keineswegs auf die Ortsgemeinde beschränkt war.[3] Der theologische Inhalt von „Kirche" muss also sorgfältig erschlossen werden. Dabei treten zuerst Sozialformen von Menschen in den Blick, die sich durch Jesu Auftreten, Wirken und Sterben berühren ließen und so das Evangelium kommunizierten. Von daher ist in einem zweiten Schritt inhaltlich das in Erinnerung zu rufen, was vor allem Paulus sowie Mt und Mk „Evangelium" nennen. Weil man dabei auf dynamische Kommunikationsprozesse stößt, ergibt sich die Notwendigkeit einer methodologischen Reflexion, die die Kontextualität der Interaktionen und der mit ihnen verbundenen Vorstellungen zur Sprache bringt. Dementsprechend sind in einer Kirchentheorie Einsichten gegenwärtiger empirischer Gesellschaftsforschung aufzunehmen, insofern sie neue Perspektiven zum Verstehen des Kontextes kirchlicher Praxis eröffnen (s. § 22).

---

[1] S. Gunter Wenz, Kirche I. Zum Begriff, in: RGG^4 4 (2001), 997–999, 997.
[2] S. Jens Schröter, Die Anfänge christlicher Kirche nach dem Neuen Testament, in: Christian Albrecht (Hg.), Kirche (Themen der Theologie 1), Tübingen 2011, 37–80, 38.
[3] S. Dorothea Wendebourg, Kirche, in: Albrecht Beutel (Hg.), Luther Handbuch, Tübingen 2005, 403–414, 405.

§ 5 Biblische Perspektiven

Grundlegend für eine evangelisch-theologische Reflexion ist – wie das Attribut „evangelisch" nahe legt – der Bezug auf das Evangelium.[1] „Evangelium" bezeichnet dabei eine Reflexionsperspektive, deren inhaltliche Kontur der Bibel zu entnehmen ist. Es ist so nicht als ein statisches Depositum, sondern als eine Interpretation zugänglich. Diese wiederum erfolgt als eine theologische im Kontext der Gemeinschaft derer, die durch das Auftreten, Wirken und Geschick Jesu von Nazareth berührt wurden und werden. Von daher legt es sich nahe, zuerst diese Interpretationsgemeinschaft näher zu betrachten, bevor „Evangelium" inhaltlich bestimmt wird.

1 Ekklesia in verschiedenen Sozialformen

Einen guten Ausgangspunkt, um die Gemeinschaft(en) der von Jesu Auftreten, Wirken und Geschick Berührten genauer zu erfassen, stellt der Begriff „Ekklesia" im Neuen Testament dar.

> „Allerdings ist ekklesia im Neuen Testament nur eine unter zahlreichen Selbstbezeichnungen christlicher Gemeinschaft. Das wird schon daran deutlich, dass sie in mehreren Schriften gänzlich fehlt (Mk, Lk, Joh, 2Tim, Tit, 1/2Petr, 1/2Joh, Jud) und ansonsten Teil eines Begriffsfeldes ist, zu dem etliche Termini und Metaphern gehören, die die Gemeinschaft der an Jesus Christus Glaubenden charakterisieren. Bei Paulus steht sie neben Beschreibungen wie ‚Geheiligte in Christus Jesus' (1Kor 1,2), ‚berufene Heilige' (1Kor 1,2; Röm 1,7), ‚die den Namen unseres Herrn Jesus Christus anrufen' (1Kor 1,2; Röm 110,12; vgl. Apg 9,14.21) oder die ‚Glaubenden' (z.B. 1Thess 1,7; 1Kor 1,21). In anderen Schriften begegnen Ausdrücke wie ... ‚Jünger' ..., ‚die Seinen' ... oder Bilder wie das auf der Wanderung befindliche Gottesvolk (Hebr 4), die Herde (Apg 20), die Reben am Weinstock (Joh 15,5) oder der Leib (1Kor 12,12–27; Röm 12,4f. ...). Diese Ausdrücke bringen auf je eigene Weise zur Sprache, worin das Wesen christlicher Gemeinschaft gesehen wird."[2]

Ekklesia entstammt „dem Bereich des öffentlich-politischen Lebens und bezeichnete ursprünglich die Versammlung der freien Bürger einer Stadt, später

---

[1] Systematisch hat das hier im Hintergrund stehende Theologieverständnis ausgeführt Ingolf Dalferth, Evangelische Theologie als Interpretationspraxis. Eine systematische Orientierung (ThLZ.F 11/12), Leipzig 2004.
[2] Schröter, Anfänge 38f.

dann eine Versammlung überhaupt".[3] Interessant ist, dass der Begriff im Neuen Testament vier verschiedene soziale Formationen umfasst:

> „– Ekklesia bezeichnet die Christen im ökumenischen, also den ganzen bewohnten Erdkreis umspannenden Sinn (1Kor 4,17; Mt 16,18).
> – ‚Ekklesiai' (Plural) begegnen in Städten, etwa in Korinth (1Kor 1,2),
> – oder in Landschaften, z. B. in Syrien und Zilizien (Apg 15,41).
> – Auch die Institution des Hauses, also die soziale Vorform der Familie, wird mehrfach ‚ekklesia' genannt (Röm 16,5; 1Kor 16,19; Phlm 2; Kol 4,13)."[4]

Hausgemeinde, Ortsgemeinde, Gemeinschaft auf Provinzialebene sowie weltweite Gemeinschaft stehen gleichberechtigt nebeneinander. Die Hervorhebung der Ortsgemeinde in synodal-presbyterialen Kirchenordnungen, aber auch im Kirchenrecht de Walls (s. § 3 4.) oder in der Kirchentheorie Preuls (s. § 2 1.) ist also nicht biblisch begründet. Sie hat sich in einem bestimmten, genauer einem agrarisch strukturierten Kontext entwickelt. Dementsprechend ist ihre Angemessenheit angesichts gesellschaftlicher und kultureller Veränderungen zu überprüfen. Dazu ist aus heutiger Perspektive interessant, dass die face-to-face-Kommunikation im biblischen Gebrauch von „Ekklesia" ebenfalls nicht konstitutiv ist. Denn die „Ekklesia" als Ökumene war bei den damaligen Reisemöglichkeiten nur partiell face-to-face erfahrbar, was in gewissem Maß auch für die Ebene der Provinz galt. Entscheidend war allein die Verbindung zu Jesus Christus. Dies nimmt die in späten Schriften des Neuen Testaments begegnende Bezeichnung „Christen" („Christianoi", Apg 11,26; 26,28; 1Petr 4,16) sachgemäß auf.

Ähnliches gilt für andere klassische Themen der Ekklesiologie bzw. dann der Kirchentheorie. Jörg Frey fasst die entsprechenden exegetischen Befunde knapp zusammen:

> „Viele der später virulenten Fragen um Strukturen, Ämter und Ämterfolge, Taufe und Abendmahl etc. sind in den ntl. Schriften noch kein Thema oder zumindest nicht einheitlich gelöst. Eine ‚biblische' Ekklesiologie gibt es daher nicht, und Fragen der Gemeinde- und Ämterordnung lassen sich nicht derart ‚biblizistisch' lösen, dass man bestimmte im NT gegebene Strukturen festschreiben könnte."[5]

---

[3] A.a.O. 38.
[4] Christian Grethlein, Praktische Theologie, Berlin ²2016, 338; s. zu den einzelnen Textbefunden Karl Ludwig Schmidt, Ekklesia, in: ThWNT Bd. 3 (1938/1957), 502–535; s. zum paulinischen Kirchenverständnis Hans-Joachim Eckstein, Gottesdienst im Neuen Testament, in: Ders./Ulrich Heckel/Birgit Weyel (Hg.), Kompendium Gottesdienst, Tübingen 2011, 22–41, 40.
[5] Jörg Frey, Neutestamentliche Perspektiven, in: Ralph Kunz/Thomas Schlag (Hg.), Handbuch für Kirchen- und Gemeindeentwicklung, Neukirchen-Vluyn 2014, 31–41, 31.

Das bedeutet aber nicht, dass biblische Perspektiven für die Kirchentheorie belanglos wären. Die in ihnen begegnende Pluriformität eröffnet einen weiten Gestaltungsraum, der einem unreflektierten Beharren auf Überkommenem entgegensteht. Vielmehr tritt bereits im Neuen Testament der jeweilige *Kontext* als wichtig für die Gestaltung der Gemeinschaft von Menschen hervor, die sich vom Auftreten, Wirken und Geschick berühren ließen. Sie ist also nicht theologisch zu deduzieren, sondern nur in Auslegungsprozessen der konkreten Situation zu gewinnen.

Inhaltlich begegnet im Neuen Testament eine – aus heutiger Sicht – erstaunliche *Zurückhaltung gegenüber „religiösen" bzw. kultbezogenen Begriffen*. So entstammen die im Neuen Testament verwendeten Funktions- bzw. Dienstbezeichnungen wie „Episkopos" (Aufseher, Inspektor; später: Bischof) oder „Poimen" (Hirte als Berufsbezeichnung) anderen Lebensbereichen. Der in der Antike geläufige Begriff des „Hiereus" (Priester) wurde demgegenüber „offenbar konsequent gemieden".[6] Er findet sich vielmehr in zwei neutestamentlichen Spätschriften eigentümlich ausgeweitet, insofern alle Getauften als „Priester" bzw. „Priesterschaft" bezeichnet werden (1Petr 2,5.9; Apk 15; 5,10; 20,6). Dabei fällt jeweils die Verbindung mit dem Königstitel auf, der aus dem politischen Bereich stammt. Die im heutigen Sprachgebrauch übliche Zuordnung von „Kirche" primär zum kultisch-religiösen Bereich, wie sie teilweise durch Bezug auf Artikel VII der Confessio Augustana begründet wird, hat demnach im Neuen Testament kein Fundament. Sie ist auf ihre Sach- und d. h. Kontextgemäßheit anhand der inhaltlichen Bestimmung der Kirche genannten Gemeinschaft der vom Auftreten, Wirken und Geschick Jesu Berührten, also vom Evangelium her zu überprüfen.

Vor allem bei Paulus finden sich neben Ekklesia zahlreiche weitere Bezeichnungen für die sich bildenden christlichen Gemeinschaften.[7] Dabei betont das mehrfach ausgeführte Bild des „Leibes" (1Kor 12,12–27; Röm 12,4 f.; vgl. Kol 1,18; Eph 1,22 f.; 4,15 f.; 5,23) neben der Zugehörigkeit zu Christus die *Gleichheit* der mit ihm Verbundenen:

> „Die Gemeinschaft der an Jesus Christus Glaubenden ist demnach prinzipiell offen für Menschen aus verschiedenen religiösen und sozialen Gruppen und auch im Blick auf die Rollen von Männern und Frauen nicht hierarchisch geordnet."[8]

An dieser Grundbestimmung von Kirche entzündeten sich bereits im Neuen Testament Auseinandersetzungen. Besonders zwei von ihnen verdienen Auf-

---

6 A.a.O. 32.
7 S. die Zusammenstellung bei Schröter, Anfänge 39.
8 A.a.O. 52.

merksamkeit, insofern der Apostel hier wichtige Kriterien für die „Ekklesia" entwickelt. Offenkundig war es in der korinthischen Gemeinde zu Konflikten beim Herrenmahl („kyriakon deipnon", 1Kor 11,20: wörtlich: zum Herrn gehöriges Abendessen) gekommen. Es ergaben sich Spaltungen, die nach Ansicht des Paulus die Mahlgemeinschaft nicht nur störten, sondern sogar zerstörten. Dabei traten die Armen besonders in den Fokus. Ihr Hintanstehen widersprach dem grundlegend inklusiven Charakter der Mahlgemeinschaft, in der die Teilnehmenden miteinander teilten bzw. teilen sollten. Eine Vernachlässigung dieses Teilens zerstört das Herrenmahl, weil dieses „ein direktes Vergehen an Christus selbst" ist.[9] Es geht also im Herrenmahl und damit in der christlichen Gemeinschaft um die *„solidarische Gemeinschaft"*[10] der mit Jesus Christus Verbundenen und deshalb untereinander Gleichen. Ein zweiter Konflikt trat in Korinth angesichts enthusiastischer Praktiken auf. Hier wies Paulus auf die *Bedeutung des Verstehens* bei der Versammlung der Christen hin, damit auch Außenstehende einen Zugang erhalten können (1Kor 14,23). Demnach sind Öffnung und damit – potenzielle – Inklusion für die Gemeinschaft der vom Auftreten, Wirken und Geschick Jesu Berührten konstitutiv.[11] Beide Hinweise – auf die Überwindung sozialer Differenzen und die Notwendigkeit, sich allgemein verständlich zu machen – bringen wesentliche Konturen von „Evangelium" zur Sprache.

2 Inhaltliche Bestimmungen: Kommunikation des Evangeliums

„Evangelium" ist ein Begriff, der bereits vor Jesu Auftreten, Wirken und Geschick sowie der Reflexion darauf vorkam. Zum einen begegnet er im Bereich der Zionstheologie. Die Septuaginta übersetzt das hebräische Verb „bisar" mit „euangelizesthai". Damit wird die Ansage eines bzw. von Freudenboten benannt (Jes 40,9; 41,27; 52,7), die Frieden und Heil verheißen. Zum anderen ist für die Bewohner des römischen Reichs „Evangelium" ein politischer Begriff, insofern er Botschaften des Kaisers bezeichnete. So weist „Evangelium" im Neuen Testament auf die Kontinuität zum von Gott erwählten Volk hin und enthält zugleich einen

---

9 Christina Risch, Die ‚Präsenz' Christi im Herrenmahl, Diss. Theol. Bonn 2011, 279.
10 Christoph Böttrich, Kinder bei Tische ... Abendmahl mit Kindern aus neutestamentlicher Sicht, in: Christenlehre, Religionsunterricht, Praxis 56 (2003), 9–12,9.
11 Ralf Kunz, Aufbau der Gemeinde im Umbau der Kirche (Theologische Studien 11), Zürich 2015, 115 charakterisiert in ekklesiologischer Perspektive „Inklusion als Variation des Missio-Dei-Themas".

herrschaftskritischen Unterton. Ihn nimmt vor allem Paulus auf, um damit den Heilscharakter des Auftretens, Wirkens und Geschicks Jesu auszudrücken.[12] Wie überzeugend ihm das gelang, zeigt schon die Tatsache, dass die vier Schriften des Neuen Testaments, die vom Auftreten, Wirken und Geschick Jesu aus Nazareth berichten, „Evangelium" genannt werden.

In ihnen begegnet „Evangelium" u. a. als personale Interaktion (z. B. Mk 1,14; Mt 4,23). Dieser kommunikative Grundcharakter ergibt sich bereits grammmatikalisch daraus, dass das zu Evangelium gehörende Verb fast nur im *Medium* vorkommt („euangelizesthai"), also einem zwischen Aktiv und Passiv angesiedelten Modus in der griechischen Sprache. Dem entspricht, dass „Evangelium" von Anfang an in unterschiedlicher Weise Gestalt gewinnt. Es ist eben keine feststehende Lehre, sondern ein lebendiger Kommunikationsprozess. Nicht zuletzt die Tatsache der vier Evangelienbücher, die durchaus differieren, drückt die damit gegebene Pluriformität aus.

Thematisch steht die „Gottesherrschaft" im Zentrum des Evangeliums. Auch bei diesem Begriff bildet die Zionstheologie den Hintergrund, die – wie eben zu „Evangelium" gezeigt – eine Freudenbotschaft für die im Exil lebenden Juden enthielt. Im Weiteren wurde der Begriffsinhalt eschatologisch geweitet, so dass die Auferstehung der Toten (Jes 26,19) und dann die Vernichtung des Todes überhaupt (Jes 25,8) verheißen wurden.

Jesus selbst transformierte diese Botschaft in dreifacher Hinsicht: Er erwartete die Gottesherrschaft nicht nur als zukünftiges Ereignis, sondern sah sie bereits in der Gegenwart anbrechen. Er interpretierte sie schöpfungstheologisch. Schließlich wies er auf die Rettung der Verlorenen als Äußerung der Gottesherrschaft hin.

Kirchentheoretische Bedeutung erhalten diese neutestamentlichen Einsichten dadurch, dass die Botschaft von der Nähe der Gottesherrschaft[13] zu vermitteln war und ist. Die Evangelien berichten dabei von drei Kommunikationsmodi im Auftreten und Wirken Jesu: *Lehren und Lernen; gemeinschaftliches Feiern; Helfen zum Leben*. Die verbale Formulierung bei dieser Aufzählung ist nicht zufällig,

---

12 S. Ferdinand Hahn, Theologie des Neuen Testaments Bd. 1. Die Vielfalt des Neuen Testaments, Tübingen 2002, 180 – 322, der die ganze paulinische Theologie anhand der verschiedenen Facetten des Verständnisses von Evangelium her rekonstruiert.
13 So die Überschrift bei Jürgen Becker, Jesus von Nazareth, Berlin 1996, 176, dessen Darstellung (a.a.O. 176 – 233) ich folge.

sondern entspricht dem interaktionellen und damit ergebnisoffenen Charakter des hier Geschehenen.[14]

Das Lehren und Lernen als Modus der Kommunikation des Evangeliums tritt am deutlichsten in den *Gleichnissen und Parabeln* zu Tage. Die Verwendung dieser Gattungen war damals nicht unüblich. Jesus setzte aber zwei besondere Akzente: Er griff sehr häufig auf diese Sprachform zurück und vermied – entgegen dem sonst Üblichen – lange Auslegungen. Liest man Jesu Gleichnisse und Parabeln, treten drei inhaltliche Profilierungen hervor:

> „– Sie enthalten durchgehend eindrückliche Bilder. Das Erzählen eröffnet für die Zuhörenden einen weiteren Interpretationsspielraum als dies bei visuellen Eindrücken möglich ist. Durch die Schallwellen dringen die Bilder gleichsam in die Menschen ein ... und werden dort verarbeitet.
> – Es begegnet häufig das Mahlmotiv. Entsprechend jüdischem Brauch ist dies stets mit Orationen und Benediktionen verbunden.
> – Konkrete Hilfeleistungen durch Jesus werden berichtet. Auch hierbei ist die Gemeinschaft mit Gott, den er seinen Vater nennt, vorausgesetzt."[15]

Diese Motive verweisen bereits auf den Zusammenhang der drei genannten Modi der Kommunikation des Evangeliums. Wichtig für das Erfassen des Charakters des Evangeliums ist noch die Nachricht in den Evangelien, dass nicht alle die Gleichnisse Jesu verstanden (s. eingehend Mk 4,10–12). Selbst bei Jesus war also die Kommunikation des Evangeliums im Modus des Lehrens und Lernens ergebnisoffen. Beim Verstehen kam es zu Lernprozessen dergestalt, dass sich Verhaltensdispositionen und Einstellungen änderten. Dem entspricht, dass Jesus als „Rabbi" angesprochen wurde (z. B. Mt 26,25.49) und seine Anhänger als „Schüler" (mathetes; meist übersetzt als Jünger) galten (z. B. Mt 28,19).

Weiter wurde die Nähe der Gottesherrschaft in *Mahlgemeinschaften* mit Jesus erfahren. Traditionsgeschichtlich steht dabei die Erwartung eines Festmahls am Ende der Zeiten im Hintergrund (s. z. B. Jes 25,6). Dazu trat wohl das weisheitliche Wissen darum, dass Gott alle Nahrung gibt, wie es z. B. in der Brotbitte des Vaterunsers zum Ausdruck kommt (Mt 6,11).

Jesus selbst war als Wanderprediger Gast bei den Mahlzeiten, von denen die Evangelien berichten.[16] Sie wurden – wie damals üblich – von Benediktionen und Gebeten begleitet. Darüber hinaus setzte Jesus wichtige Akzente. Vor allem öffnete

---

[14] S. hierzu den instruktiven Hinweis von Erich Fromm, Haben oder Sein. Die seelischen Grundlagen einer neuen Gesellschaft, Stuttgart 1976, 30 f.; vgl. auch Tristan Garcia, Das intensive Leben. Eine moderne Obsession, Berlin 2017, 88.
[15] Grethlein, Theologie 166.
[16] S. die Zusammenstellung der Mahlberichte in den Evangelien bei Becker, Jesus 201.

er die Mahlrunde für sonst aus rituellen bzw. moralischen Gründen Exkludierte. Dabei wurde deren Hunger nicht nur gestillt, sondern es herrschte Überfluss.[17] Beides irritierte Zeitgenossen und führte zu Angriffen auf Jesus als „Freund der Zöllner und Sünder" sowie als „Fresser und Weinsäufer" (Mt 11,19).

Die Gemeinschaft zwischen Jesus und den mit ihm Essenden und Trinkenden kommt in seinem Abschiedsmahl[18], das er mit seinen Jüngern feierte, in besonderer Weise zum Ausdruck. Hier trat das gemeinschaftliche Feiern als grundlegend für die Kommunikation des Evangeliums zu Tage.[19] Nahrung und Getränk wurden angesichts des bevorstehenden Todes Jesu miteinander geteilt.

In der unmittelbaren Wirkung waren schließlich die *Heilungen* durch Jesus von großer Bedeutung. Dabei zeigt wieder ein Vergleich mit Wundern, die von anderen, etwa zeitgleich lebenden Personen berichtet wurden, eine wichtige Besonderheit. Bei Jesus fehlen die sonst häufig überlieferten Straf- und Selbsthilfewunder.[20] Dazu geht es bei seinen Heilungen jeweils auch um das Gottesverhältnis. Die von Jesus Berührten wurden von ihren Sünden, also ihrer Gebrochenheit im Verhältnis zu Gott, und ihrem Leiden befreit. Damit wurden sie in die anbrechende Gottesherrschaft hineingenommen. Die Inklusivität dieses Handelns tritt bei der im Zusammenhang mit Heilungen berichteten Auseinandersetzung Jesu mit den jüdischen Reinheitsgeboten und dem Sabbatverständnis zu Tage. Niemand ist zu keiner Zeit ausgeschlossen. Ähnlich wie beim Lehren und Lernen sowie gemeinschaftlichem Feiern begegnen beim Helfen zum Leben als Modus der Kommunikation des Evangeliums Störungen. So wird berichtet, dass Jesus dort nicht heilen konnte, wo er nicht akzeptiert wurde (s. z.B. Mk 6,5f.).

3 Zusammenfassung

Wie bereits in den Gleichnissen zu beobachten war, gehören die drei genannten Modi der Kommunikation des Evangeliums inhaltlich untrennbar zusammen. Jesus berührte durch diese Kommunikationen die Menschen und machte ihnen die Gegenwart für das liebevolle Wirken Gottes, also das Anbrechen der Gottes-

---

17 S. Peter-Ben Smit, Fellowship and Food in the Kingdom. Eschatological Meals and Scenes of Utopian Abundance in the New Testament (WUNT II.234), Tübingen 2008.
18 Da Jesus nach neutestamentlichen Berichten auch nach seiner Auferstehung mit Menschen Mahl hielt (Lk 28,30; Joh 21,12), erscheint der verbreitete Ausdruck „Letztes Mahl" problematisch.
19 S. Jürgen Roloff, Heil als Gemeinschaft. Kommunikative Faktoren im urchristlichen Herrenmahl, in: Ders., Exegetische Verantwortung in der Kirche, hg.v. Martin Karrer, Göttingen 1990, 171–200.
20 S. Becker, Jesus 215.

herrschaft durchsichtig. Zugleich waren bei ihm diese Kommunikationen *ergebnisoffen*. Manche Menschen ließen sich nicht berühren, sondern reagierten mit Abwehr – bis hin zum Todesurteil gegenüber Jesus. Dazu fällt in den konkreten Berichten zum einen auf, dass Jesus je nach Gegenüber durchaus unterschiedlich agierte und sprach. Zum anderen sind vor allem im synoptischen Vergleich die Unterschiede in der Überlieferung der Gleichnisse, Mahlzeiten und Heilungen unübersehbar. So prägt von Anfang an der konkrete *Kontext* die – jeweilige – Jesusüberlieferung. „Evangelium" gibt es demnach nicht kontextlos. Es wird nur in konkreten Situationen von konkreten Menschen kommuniziert – und zwar ergebnisoffen. Jesus vertrat also kein feststehendes Lehrgebäude, sondern entwickelte den Inhalt von Evangelium in kommunikativen Prozessen.

§ 6 Methodologische Konsequenzen aus der Kontextualität der Kommunikation des Evangeliums

In der Nachfolge des Auftretens und Wirkens Jesu ist die Förderung der Kommunikation des Evangeliums in den Modi des Lehrens und Lernens, des gemeinschaftlichen Feierns und des Helfens zum Leben die grundlegende Aufgabe von Kirche. Weil diese Kommunikationen jeweils in einem bestimmten Kontext stattfinden, ist dessen Rekonstruktion bzw. Analyse für Kirchentheorie konstitutiv.

Deutlich begegneten die damit gegebenen kommunikativen Hausforderungen im Zusammenhang mit der Mission im 19. Jahrhundert.[1] Denn hier trafen Menschen unterschiedlicher Kulturen aufeinander. Das in der deutschen Evangelischen Theologie damals verbreitete Selbstbewusstsein von der Überlegenheit des (deutschen) Protestantismus stand aber einer entsprechenden Reflexion entgegen. Dazu konnte sich die anfangs sogar recht umfängliche Aufnahme der Missions-Thematik[2] in der Praktischen Theologie nicht durchsetzen.[3] Vielmehr bildeten sich ein eigener Themenbereich und eine dementsprechende Disziplin heraus: die Missionswissenschaft bzw. später die Interkulturelle Theologie. Letztere Fachbezeichnung macht auf die sich dabei stellende Aufgabe interkultureller Kommunikation aufmerksam. Sie wurde und wird in verschiedenen Hinsichten in den einzelnen praktisch-theologischen Disziplinen bearbeitet.

Programmatische Bedeutung gewannen dabei liturgische Studien im Bereich des Lutherischen Weltbundes. Hier erforschte seit 1993 eine international und ökumenisch zusammengesetzte Expertengruppe die „umfassende Beziehung

---

[1] S. hierzu und zur weiteren Entwicklung Wolfgang Ratzmann, Streitfall Mission: Historische Positionen und aktuelle Kontraste. Eine Erinnerung an sieben missionstheologische Positionen, in: Michael Böhme/Bettina Naumann/Wolfgang Ratzmann/Jürgen Ziemer (Hg.), Mission als Dialog. Zur Kommunikation des Evangeliums heute, Leipzig 2003, 11–37.

[2] So nahm bei dem – allerdings unvollendeten – praktisch-theologischen Lehrbuch von Friedrich Ehrenfeuchter (1859) das Thema Mission mehr als die Hälfte des gesamten Werks ein (s. Christian Grethlein/Michael Meyer-Blanck, Geschichte der Praktischen Theologie im Überblick – eine Einführung, in: Dies. [Hg.], Geschichte der Praktischen Theologie. Dargestellt anhand ihrer Klassiker [APrTh 12], Leipzig 1999, 1–65, 17f.).

[3] S. Christian Grethlein, Praktische Theologie und Mission, in: EvTh 61 (2001), 387–399; umfassender: Eberhard Hauschildt, Praktische Theologie und Mission, in: Christian Grethlein/Helmut Schwier (Hg.), Praktische Theologie. Eine Theorie- und Problemgeschichte (APrTh 33), Leipzig 2007, 457–509.

zwischen Evangelium und Kultur".[4] Das Ergebnis findet sich in der „Erklärung von Nairobi über Gottesdienst und Kultur".[5] Sie beschreibt das Verhältnis von Gottesdienst und Kultur in vier Dimensionen:
- Es ist *kulturübergreifend* (30 f.): So werden etwa Taufe und Herrenmahl in den verschiedensten christlichen Gemeinschaften gefeiert. Ebenso lesen Menschen dort die Bibel, beten das Vaterunser und bekennen ihren Glauben.
- Es ist *kontextuell* (31–33): Nur in Verbindung mit der jeweiligen Kultur wird das Evangelium kommuniziert. Dies kann in zweifacher Weise geschehen. Zum einen erweist sich die „dynamische Äquivalenz" (31) als hilfreich. „Durch sie werden Bestandteile des christlichen Gottesdienstes durch Elemente einer lokalen Kultur, die ihnen in Bedeutung, Wert und Funktion entsprechen, neu ausgedrückt." (31) Zum anderen hat sich die „Methode kreativer Assimilation" (32) bewährt. „Dabei werden relevante Bestandteile der lokalen Kultur in den liturgischen ordo eingegliedert, um seinen ursprünglichen Kern zu bereichern." (32)
- Es ist *kontrakulturell* (kulturkritisch; 33). Dabei leitet die Einsicht: „Einige Bestandteile einer jeden Kultur dieser Erde sind sündhaft, der Menschlichkeit abträglich und widersprechen den Werten des Evangeliums." (33) Ausdrücklich werden hier „alle Arten von Unterdrückung und sozialer Ungerechtigkeit" (33) genannt.
- Es ist *kulturell wechselwirksam* (33 f.). Hier geht es um die gegenseitige Bereicherung von Kirche, die deren Verortung in unterschiedlichen Kulturen ermöglicht. Verbunden durch die Einheit der Taufe wird wechselseitig auf Formen von Kunst, Liedern u. a. zurückgegriffen.

Diese Hermeneutik des Gottesdienstes, also des Kommunikationsmodus des gemeinschaftlichen Feierns, kann direkt auf die beiden anderen Modi der Kommunikation des Evangeliums übertragen werden. Denn auch sie finden jeweils in einem bestimmten kulturellen und – so kann ergänzt werden – gesellschaftlichen Kontext statt, zu dem sich die miteinander Kommunizierenden verhalten müssen. So ergibt sich aus den genannten Dimensionen der Kontextualisierung die

---

[4] Anita Stauffer, Gottesdienst: Ökumenischer Kern und kultureller Kontext, in: Dies. (Hg.), Christlicher Gottesdienst: Einheit in kultureller Vielfalt. Beiträge zur Gestaltung des Gottesdienstes heute (LWB Studien), Genf 1996/Hannover 1997, 12–28, 12.
[5] Erklärung von Nairobi über Gottesdienst und Kultur. Herausforderungen und Möglichkeiten unserer Zeit, in: Anita Stauffer (Hg.), Christlicher Gottesdienst: Einheit in kultureller Vielfalt. Beiträge zur Gestaltung des Gottesdienstes heute (LWB Studien), Genf 1996/Hannover 1997, 29–35; die folgenden Bezüge und Zitate auf dieses Dokuments werden durch in Klammern gesetzte Seitenangaben belegt.

Grundlage für eine *kontextualitätstheoretische Methodologie der Kirchentheorie.* Demnach hat jede Kirchentheorie bei ihren Analysen den Zusammenhang von Kirche und ihrem jeweiligen *Kontext* in vierfacher Weise zu berücksichtigen: *hinsichtlich der kulturübergreifenden, der kontextuellen, der kontrakulturellen und der kulturell wechselwirksamen Dimension.*

Falls die kulturübergreifende Perspektive ausfällt bzw. zu kurz kommt, droht der für jede christliche Gemeinschaft konstitutive ökumenische Zusammenhang verloren zu gehen, also die Verbundenheit und Einheit mit allen vom Auftreten, Wirken und Geschick Jesu Berührten. Beim Ausblenden der kontextuellen Perspektive wird die Kommunikation des Evangeliums unverständlich und alltags- bzw. lebensfremd. Umgekehrt führen ein Übersehen oder zu geringes Beachten der kontrakulturellen Perspektive zu einer affirmativen Verzerrung der Kommunikation des Evangeliums. Schließlich kommt heute angesichts des mit Globalisierung beschriebenen vielfältigen Wandels den kulturell wechselwirksamen Prozessen in Kirche große Bedeutung zu. Ihr Ausblenden führt in die Provinzialität. Für jede dieser Gefährdungen und die daraus resultierenden fatalen Nebenfolgen finden sich in der Christentumsgeschichte zahlreiche und anschauliche Beispiele: etwa die Konfessionskriege im Westen; in einer Fremdsprache (wie Latein) durchgeführte oder sonst unverständliche Gottesdienste; Integration von Kirche in die staatliche Obrigkeit; nationale Überformungen des Christentums in einzelnen Kirchen.

Diese kontextualitätstheoretische Methodologie bekommt eine über die Nairobi-Kriteriologie hinausreichende Ergänzung, wenn sie mit einem neuen gesellschaftsgeschichtlichen Modell verbunden wird. So bietet die besondere Beachtung der *Nebenfolgen* bei historischem Wandel ein weiterführendes heuristisches Instrument.[6] Denn diese sind oft für Krisen verantwortlich, die dann wiederum weitere Veränderungen nach sich ziehen. So führte z. B. der theologische Streit um die Wahrheit als Nebenfolge zu furchtbaren kriegerischen Auseinandersetzungen; das Bemühen um die Bewahrung der Tradition durch das Beibehalten einer besonderen Liturgiesprache oder Riten zur Unverständlichkeit der gottesdienstlichen Feier; die Wertschätzung allgemeiner Ordnung zu obrigkeitlicher Funktionalisierung; die Integration des Nationalen zum Verlust der Einheit mit anderen Christen.

---

6 S. Benjamin Steiner, Nebenfolgen in der Geschichte. Eine historische Soziologie reflexiver Modernisierung, Berlin 2015, 33f. (zitiert bei Ulrich Beck, Die Metamorphose der Welt, Berlin 2017, 72f.).

§ 7 Zusammenfassung und Ausblick

Der Einsatz bei den biblischen Perspektiven zur Gemeinschaft der vom Auftreten, Wirken und Geschick Jesu berührten Menschen öffnet zum einen den Blick auf große *Pluriformität*. Kommunikation des Evangeliums vollzog und vollzieht sich stets in vielfältigen Formen. Dabei spielt jeweils der konkrete Kontext eine große Rolle. Zum andern treten grundsätzliche Modi dieser Kommunikation und damit verbundene inhaltliche Prägungen hervor. Das Lehren und Lernen, das gemeinschaftliche Feiern und das Helfen zum Leben vollziehen sich *inklusiv* – wozu aber die Möglichkeit zur Selbstexklusion gehört – und *solidarisch*, also ohne Hierarchie. Dabei ist es wichtig, dass eine – im Einzelnen allerdings recht unterschiedlich akzentuierbare – Verbindung dieser drei Modi zum Evangelium gehört. Die Verabsolutierung etwa des gemeinschaftlichen Feierns führt zum Kult, verliert dabei aber den Anschluss an das Evangelium, zu dem auch das Helfen zum Leben sowie Lehr- und Lernprozesse gehören. Umgekehrt droht bei einer einseitigen Konzentration auf das Helfen zum Leben eine Werkgerechtigkeit, die gerade den Anderen/die Andere und die Gemeinschaft mit ihm/ihr in ihrer Besonderheit zu verfehlen droht. Schließlich führt die Überbetonung des Lehrens und Lernens zu einer Intellektualisierung des Christseins, die die beiden anderen Modi und die damit verbundenen Erfahrungsmöglichkeiten aus dem Blick verliert.

Die ursprünglich auf den Gottesdienst bezogene Erklärung von Nairobi bietet in diesem umfassenden Sinn einen strukturierten Zugang zur Aufgabe der *Kontextualisierung der Kommunikation des Evangeliums* und damit der kirchlichen Praxis. Dabei ist deren Verhältnis zur gegenwärtigen Kultur in vierfacher Weise zu reflektieren. Es gilt, die kulturübergreifende, die kontextuelle, die kontrakulturelle und kulturell wechselwirksame Dimension zu beachten.
- Eine einseitige Konzentration auf das Kulturübergreifende droht das Konkrete vor Ort zu übersehen;
- die Überbetonung der Kontextualität führt zu einseitiger Affirmation der bestehenden Verhältnisse;
- das Absolutsetzen des Kontrakulturellen lässt den Bezug zum Alltag und seinen Erfordernissen verfehlen;
- die einseitige Orientierung auf das kulturell Wechselwirksame bringt Oberflächlichkeit mit sich.

Doch stehen diesen Gefahren die Positiva entgegen, die die Berücksichtigung der jeweiligen Dimensionen erforderlich macht:
- Die kulturübergreifende Dimension lässt die Einheit der Christen erkennen und erfahren;

- die Kontextualisierung ermöglicht Menschen einen alltagsnahen Zugang zum Christsein;
- die kontrakulturelle Perspektive deckt kulturelle bzw. gesellschaftliche Fehlentwicklungen auf;
- die kulturelle Wechselwirksamkeit des Evangeliums eröffnet den Weg zu neuen Ausdrucksformen.

2. Teil **Problemgeschichte: von der Bewegung zur staatsanalogen Institution**

Gegenwart ist stets nur von der Vergangenheit her zu verstehen. Dies gilt auch für die mittlerweile fast zweitausend Jahre alte Gemeinschaft der vom Auftreten, Wirken und Geschick Jesu Berührten, die Kirche. Im Folgenden versuche ich anhand einiger Beispiele eine *problemgeschichtliche Rekonstruktion* von Entwicklungen, die bis heute – und sei es in Abgrenzung – Kirchen bestimmen. Formal folge ich dabei – wie bereits für Taufe[1] und Abendmahl[2] erprobt – dem Vorschlag der wissenssoziologischen Liturgiegeschichte Martin Stringers und bündle die Darstellung im Rhythmus von jeweils etwa 300 Jahren:[3]

- Der erste Abschnitt geht von den Impulsen des Auftretens, Wirkens und Geschicks Jesu aus und reicht bis zum Übergang vom 3. zum 4. Jahrhundert. Hier bildeten sich Grundstrukturen, die sich im Weiteren verfestigten und Kirche zur Institution werden ließen.
- Es folgten tief greifende Umstellungen im Zuge der neuen reichsrechtlichen Stellung von Kirche, innerkirchlicher Auseinandersetzungen und der germanischen Machtübernahme. Kirche wuchs zahlenmäßig stark an. Inhaltlich begegnen zugleich Konzentrationen und Reduktionen. Die kultische Dimension dominierte in dieser „Religion".
- Im Zentrum des nächsten Abschnitts steht die verwaltungsmäßige Konsolidierung der Kirche durch Karl d. Gr. und deren Folgen. Die hier vorgenommene Parochialgliederung reicht strukturell bis heute. Liturgisch kam es in dieser Zeit zu Formalisierung und Verdinglichung.
- In der Folgezeit entwickelte sich Kirche in der Spannung zwischen Scholastik und Volksfrömmigkeit. Organisatorisch erhob das Papsttum einen umfassenden Machtanspruch, ohne diesen tatsächlich verwirklichen zu können.
- Gegen die hierarchische Kirche und ihre Bräuche protestierte die reformatorische Bewegung im 16. Jahrhundert. Sie löste ein neues Nachdenken über Christsein und Glauben und damit auch die Gestalt von Kirche aus. Lehren und Lernen rückten jetzt in den Vordergrund kirchlicher (und staatlicher) Bemühungen.
- Aus dem politischen, ökonomischen, gesellschaftlichen und kulturellen Wandel seit dem Ende des 18. bzw. Anfang des 19. Jahrhunderts ergaben sich neue Herausforderungen für Kirche. Sie werden teilweise erst heute in ihrem Umfang wahrgenommen. Konkret führten die sozialen Umbrüche zur Neubesinnung auf den Modus des Helfens zum Leben in der Kommunikation des Evangeliums.

---

[1] Christian Grethlein, Taufpraxis in Geschichte, Gegenwart und Zukunft, Leipzig 2014, 11–84.
[2] Christian Grethlein, Abendmahl feiern in Geschichte, Gegenwart und Zukunft, Leipzig 2015, 21–106.
[3] S. Martin Stringer, A Sociological History of Christian Worship, Cambridge 2005.

Diese Veränderungen können als umfangreiche *Kontextualisierungsprozesse* verstanden werden. Meist setzte sich eine Anpassung an sonstige kulturelle, politische und ökonomische Entwicklungen durch, also eine affirmative Form der Kontextualisierung. Dazu erstarrten oft neue Kommunikationsformen und blieben bestehen, auch wenn sich der Kontext, auf den sie sich bezogen, veränderte. Doch immer wieder, wenn auch meist nur bei Minderheiten, ist ein Rekurs auf die kontrakulturelle Dimension der Kommunikation des Evangeliums zu beobachten.

Dazu gilt mein Interesse – angeregt durch einen neuen Beitrag zur Gesellschaftsgeschichte[4] – über die Kriterien aus der Nairobi-Erklärung hinaus etwaigen Nebenfolgen (s. § 6). Sie erscheinen aus heutiger Sicht nicht selten wirkmächtiger als die intendierten Ziele.

Den wesentlichen Gegenstand bilden bei der problemgeschichtlichen Rekonstruktion neben der Sozialgestalt und Organisation von Kirche deren stetig praktizierten, kulturübergreifenden Handlungen, nämlich die Tauf- und Mahlfeiern. Sie galten von Anfang an in den christlichen Kirchen als konstitutiv. Inhaltlich lässt sich anhand der Taufe gut das dominante Verständnis von Christsein sowie beim Abendmahl das leitende Konzept von Gemeinschaft erfassen. Mit dem Aufbau und der Struktur der Liturgien ist direkt die Herausbildung von Ämtern bzw. Diensten verbunden, mit denen in der Regel die Leitung der Gemeinde verknüpft ist. Schließlich sind – entsprechend den drei Modi der Kommunikation des Evangeliums – die Lehr- und Lernprozesse sowie das Helfen zum Leben in den Kirchen zu rekonstruieren. Sie traten aber lange Jahrhunderte zurück.

Einschränkend ist eine Begrenzung der Rekonstruktionen anzumerken. Sie beziehen sich auf das westliche, lange von Rom dominierte Christentum. Dieses wirkt bis heute auf unsere Kirchenorganisationen ein – die andere Entwicklung in den östlichen Kirchen[5] hatte nur an wenigen Stellen Einfluss. Sie bedürfte einer eigenen Darstellung, für die mir nicht zuletzt Sach- und Sprachkenntnisse fehlen. Angesichts der Migrationsbewegungen wäre eine solche Erweiterung aber wünschenswert.

---

4 S. Benjamin Steiner, Nebenfolgen in der Geschichte. Eine historische Soziologie reflexiver Moderne, Berlin 2015.
5 S. zum dogmatischen, genauer trinitätstheologischen Hintergrund der anderen kirchlichen Entwicklung im Osten Matthias Haudel, Gotteslehre, Göttingen 2015, 99 f.

§ 8 Von der Nachfolge Einzelner zur geordneten Kirche (bis 300)

Zu Recht macht Martin Stringer am Anfang seiner Ausführungen zur Liturgiegeschichte der ersten 300 Jahre auf ein Grundproblem aufmerksam:

> "One of the biggest obstacles facing scholars in understanding the nature of Christianity in the first few centuries after the death of Jesus is the temptation to read back presuppositions drawn from the subsequent two thousand years of Christian history."[1]

Bereits terminologisch stellen sich erhebliche Probleme. Denn grundlegende Begriffe gewannen erst im Lauf der Zeit ihre heute gebräuchliche Bedeutung.[2] Dazu ist der Quellenbestand recht dürftig und sowohl zeitlich als auch räumlich weit gestreut. So kann es im Folgenden nur darum gehen, einige die weitere Gestaltung von Kirche prägende Entwicklungen als Formen der Kontextualisierung zu skizzieren.

1 Allgemeine Situation und Kontext

Grundlegend waren in den ersten zwei Jahrhunderten die Auseinandersetzung der neu entstehenden christlichen Gemeinschaften mit ihrer jüdischen Herkunft und die Verhältnisbestimmung zum Judentum:

> „Das frühe Christentum verstand sich als ‚neues Israel' ... In der Auseinandersetzung mit Marcion, der die jüdischen heiligen Schriften ablehnte, wurde die Verhältnisbestimmung zu Israel intensiv durchdacht: Die Christen seien, so Justin, ‚das wahre, geistliche israelitische Geschlecht' ... Dagegen sahen Melito von Sardes ... und Irenäus von Lyon ... Israel durch die Kirche substituiert. Tertullian bezeichnete die (Heiden-) Kirche als neues Gottesvolk, aber nicht als neues Israel: Judentum und Christentum stünden nach Gen 25,23 nebeneinander, und das jüngere Volk löse das ältere ab".[3]

Paulus setzte sich hier mit seinem entschiedenen Eintreten für die Heidenmission durch. So entwickelten sich die christlichen Gemeinden im Miteinander und

---

[1] Stringer, Worship 26.
[2] A.a.O. 26f.
[3] Peter Gemeinhardt, Die Kirche zwischen theologischem Anspruch und historischer Wirklichkeit, in: Christian Albrecht (Hg.), Kirche (Themen der Theologie 1), Tübingen 2011, 81–130, 82f. (a.a.O. finden sich die genauen Quellennachweise).

Gegenüber zu zwei Kontexten, dem jüdischen und dem heidnischen, die aber in der hellenistischen Kultur durchaus Berührungs- und Überschnittflächen hatten.

Die *Distanzierung vom Judentum* hatte erhebliche reichsrechtliche Konsequenzen. Galt für das Judentum der Status der „religio licita", so bezeichnete das Reskript des Kaisers Trajan an den Statthalter Plinius (ca. 115) den Namen „Christ" („nomen christianum") als strafwürdig. Damit gerieten die Christen in eine kontrakulturelle Position: „Zum Christsein gehörte die Bereitschaft, mit dem Tod Zeugnis für Christus abzulegen."[4]

Diesem Opfermut korrespondierte das Selbstverständnis der Kirche als „heilig", ein Attribut das später in das Nicaeno-Constantinopolitanum Eingang fand. Die Verehrung von Märtyrern spielte deshalb in den ersten Jahrhunderten eine große Rolle, was u. a. in einen volksfrommen Reliquienkult mündete. Einen Kontext hierzu bildeten kynisch-stoische und pythagoreisch-platonische Traditionen mit dem Bild vom Philosophen als „Resistenztyp der kaiserzeitlichen Gesellschaft".[5]

Allerdings war eine solche Haltung nicht allen Christen möglich. So stellte sich das Problem des Umgangs mit Getauften, die sich etwa an der erzwungenen Kaiser-Verehrung beteiligt hatten. In Nordafrika entzündete sich an diesem Problem nach dem Ende der diocletianischen Christenverfolgungen der donatistische Streit. Die rigoristische Position des Donatus konnte sich nicht durchsetzen.

2 Ämter und Struktur

Eine wichtige Entwicklung vollzog sich bei den Sozialformen und im Bereich der Leitung der Gemeinden. Bei den Zusammenkünften in den „Häusern" dürften anfangs die jeweiligen Hausväter bzw. -mütter als Gastgeber/innen den Vorsitz geführt haben. Als sich die Gemeinden vergrößerten, stellten sich neue Probleme. Bereits in 1Kor 14 begegnet ein Enthusiasmus, der – nach Einschätzung des Apostels – dem Aufbau der Gemeinde abträglich war. Es gab also Regelungsbedarf. Von daher erstaunt es nicht, dass bereits Paulus sog. Charismentafeln entwirft (1Kor 12,8 – 10; 12,28 – 31; Röm 12,4 – 8), die in durchaus unterschiedlicher Weise bestimmte Aufgaben in der Gemeinde benennen. Im Anschluss hieran und an andere neutestamentliche Texte bildeten sich seit dem Ende des 1. Jahrhunderts Dienste bzw. Ämter heraus, die eine Gewähr für Einheit und Ordnung in den

---

4 A.a.O. 83.
5 Wolfgang Wischmeyer, Märtyrer II. Alte Kirche, in: ⁴RGG 5 (2002), 862–865, 863.

Gemeinden bieten sollten.⁶ So betont Ignatius in seinen Briefen die Bedeutung des *Bischofsamts* für die Einheit der Gemeinde, wobei Älteste und Diakone hinzutreten.⁷ Allerdings ist nicht mehr festzustellen, ob hier die tatsächliche Situation in Antiochien im Hintergrund stand oder – was wahrscheinlicher ist – Ignatius ein anzustrebendes Ziel formulierte.⁸ Wirkungsgeschichtlich bedeutsam ist auf jeden Fall, dass Ignatius „Eucharistie" als einen Terminus technicus verwendete und diese Feier mit dem Bischofsamt verband.⁹ Insgesamt dürften sich bis zum Ende des 3. Jahrhunderts der Monepiskopat und damit die Auffassung vom Bischof als „entscheidendem Geistträger"¹⁰ allgemein durchgesetzt haben.

> Er spielte „die wichtigste Rolle beim Gottesdienst (Eucharistiegebete, Epiklese), bei der Taufe (Handauflegung und Siegelung/Ölung als Geistverleihung) und bei der Buße (Entscheidung über Exkommunikation, Festsetzung der Strafen, Vollzug der Rekonziliation). Als Gemeindeleiter führte er die Aufsicht über alle Amtsträger, steuerte die Mittelvergabe der Armenfürsorge und entschied innergemeindliche Streitfälle vor seinem Gericht. Der Aufgabenfülle entsprach die Regel, daß seit dem 3. Jh. ein Bf. hauptberuflich amtierte und von der Gemeinde besoldet wurde."¹¹

Hier bahnte sich eine straffe, amtliche Strukturierung von Gemeinde an, die freie Äußerungen des Geistes zunehmend verdrängte. Zugleich ereigneten sich aber etwa in der Gruppe der Montanisten bis zum Ende des 3. Jahrhunderts dem entgegen stehende spirituell-ekstatische Aufbrüche, nicht zuletzt bei Frauen. Sie wurden aber ausgegrenzt.

Im Kontext der antiken Gesellschaft verwundert es nicht, dass die Entwicklung von Ämtern mit den damals verbreiteten *Reinheitsvorstellungen* verbunden wurde. Es galt die Reinheit der Gemeinschaft der Heiligen zu bewahren. Dies erforderte zum einen Menschen, die hierüber wachten, eben „Aufseher" (Übersetzung von „episkopos"). Zum anderen bedurfte es klarer Regeln der Mitgliedschaft. Damit entstanden zugleich Herrschaftsstrukturen. In der Frömmigkeitspraxis bildete sich in Form der Buße die Möglichkeit heraus, nach Verfehlungen den durch die Taufe erlangten Status der Reinheit von neuem zu erlangen.

---

6 S. in katholisch-ökumenischer Perspektive Theodor Schneider, Das Amt in der frühen Kirche. Versuch einer Zusammenschau, in: Dorothea Sattler/Gunther Wenz (Hg.), Das kirchliche Amt in apostolischer Nachfolge II. Ursprünge und Wandlungen (DiKi 13), Freiburg 2006, 11–38.
7 S. Hermut Löhr, Die Briefe des Ignatius von Antiochien, in: Wilhelm Pratscher (Hg.), Die Apostolischen Väter. Eine Einführung, Göttingen 2009, 104–129, 119–121.
8 S. Stringer, Worship 41.
9 S. mit den einzelnen Belegstellen a.a.O. 42; Löhr, Briefe 121f.
10 Wolf-Dietrich Hauschild, Bischof II. Kirchengeschichtlich, in: ⁴RGG 1 (1999), 1615–1618, 1615.
11 Ebd.

3 Taufpraxis

Im Lauf der Zeit kam der – in der Regel an Erwachsenen vollzogenen – Taufe grundlegende Bedeutung für die Kirche zu. Zuerst war sie die auf Jesu Geschick zurückgeführte Handlung an einem Menschen, der sich zur Mimesis Jesu Christi entschlossen hatte. Das zeigt zum einen anschaulich die – später – in der Traditio Apostolica berichtete Terminierung der letzten Tage vor der Taufe entsprechend der Passion Jesu (TradApost XXf.). Zum anderen fand dies seinen Ausdruck in der Interaktion zwischen dem dreimal fragenden Täufer und dem darauf den Glauben an Gott den Vater, den Sohn und den Heiligen Geist bekennenden Täufling.

Doch rückte zunehmend der Eintritt in die Kirche als – wie erwähnt – die Gemeinschaft der Heiligen in den Mittelpunkt.[12] Ab dem Beginn des 3. Jahrhunderts ist hierzu für Afrika, Rom, Alexandrien und Syrien-Palästina eine eigene Vorbereitung, der *Taufkatechumenat,* bezeugt.[13] Inhaltlich war diese Einrichtung stark durch die Gemeindezusammenkunft am Sonntag geprägt, Katechese und Liturgie waren also unmittelbar miteinander verbunden. Einen gewissen – idealisierten? – Endpunkt dürfte die entsprechende Schilderung des Taufkatechumenats in der dem Hippolyt zugeschriebenen Traditio Apostolica darstellen. Am Anfang werden die Bedingungen zur Zulassung genannt:

> „1. Ehe die Gemeinde eintritt, sollen diejenigen, die neu zum Hören des Wortes geführt werden sollen, zu den Lehrern gebracht werden. / 2. Es soll nach dem Grund gefragt werden, weshalb sie sich dem Glauben zuwandten. Diejenigen, welche sie herbeigebracht haben, sollen für sie Zeugnis ablegen, ob sie würdig sind, das Wort zu hören. /

> 3. Man soll nach ihrem Leben fragen. Hat er eine Ehefrau oder ist er ein Sklave? / 4. Und wenn er Sklave eines Gläubigen ist und sein Herr es ihm erlaubt, soll er hören. Wenn der Herr aber kein Zeugnis über ihn abgibt, so soll er zurückgewiesen werden. / 5. Wenn sein Herr ein Heide ist, so unterweist ihn, daß er seinem Herrn gefalle, damit kein Ärgernis entstehe. / 6. Wenn es aber einer ist, der eine Frau hat, oder aber eine Frau, die einen Mann hat, so sollen sie belehrt werden, daß der Mann sich mit der Frau und die Frau sich mit dem Mann begnüge. / 7. Ist es aber einer, der nicht mit einer Frau lebt, soll er belehrt werden, nicht Unzucht zu treiben, sondern er soll entweder dem Gesetz entsprechend eine Frau nehmen, oder er soll bleiben wie er ist. / 8. Wenn es aber ein Besessener ist, soll er das Wort von dem Lehrer nicht hören, bis er rein ist. /

> 9. Es soll gefragt werden, welches die Gewerbe und Beschäftigungen derer sind, die herbeigeführt werden, um unterrichtet zu werden. / 10. Wenn einer Hurenwirt ist, der Dirnen unterhält, so soll er entweder damit aufhören oder zurückgewiesen werden. 11. Wenn einer

---

[12] S. zum Folgenden Grethlein, Taufpraxis 18–33.
[13] S. zum Einzelnen Eugen Paul, Geschichte der christlichen Erziehung Bd. 1. Antike und Mittelalter, Freiburg 1993, 45–57 (mit allerdings schwieriger Datierung der Traditio Apostolica).

Bildhauer ist oder Maler, so sollen sie belehrt werden, keine Götzen anzufertigen; sie sollen entweder aufhören, oder sie sollen zurückgewiesen werden. / 12. Wenn einer Schauspieler ist oder einer, der Vorführungen im Theater macht, so soll er entweder aufhören oder zurückgewiesen werden. /

13. Wenn einer die Kinder unterrichtet, ist es besser, wenn er aufhört. Wenn er jedoch kein Handwerk hat, so sei es ihm erlaubt. /

14. Ebenso soll ein Wagenlenker, der kämpft und an Kampfspielen teilnimmt, entweder aufhören oder zurückgewiesen werden. ...

20. Eine Dirne oder ein Homosexueller oder einer, der sich kastriert hat, oder einer, der etwas anderes getan hat, das auszusprechen sich nicht schickt, sie sollen zurückgewiesen werden, denn sie sind unrein. ...

25. Wenn wir aber irgendeine Beschäftigung ausgelassen haben, werden die Beschäftigungen selbst euch belehren, denn wir alle haben den Geist Gottes." (TradApost XVI)

Deutlich treten ethische Maximen und das Streben, die Gemeinde *„rein"* zu halten, hervor. Für den Katechumenat selbst wurde eine Dauer von in der Regel drei Jahren empfohlen (TradApost XVII,1f.). Dazu wird ein symbolisch reich ausgestaltetes Taufritual geschildert, das in der Osternacht stattfand und in eine Eucharistiefeier mündete.[14] Durch das Taufkatechumenat ergab sich der Ansatz zu einer *gestuften Form der Kirchenzugehörigkeit.* Denn bereits die Katechumenen wurden – nicht zuletzt von staatlicher Seite – als zugehörig betrachtet. Dies belegt z. B. die Anerkennung des Martyriums als sog. Bluttaufe für Katechumenen.[15] Umgekehrt kamen Gemeindeglieder, die sich verfehlten, in den Status der Pönitenten, der inhaltlich und zeitlich unterschiedlich ausgestaltet werden konnte, aber ebenfalls Auswirkungen auf die liturgische Partizipation hatte. So fordert der 75. Kanon des Basilius als Strafe für den inzestuösen Verkehr mit einer Halbschwester einen folgendermaßen gestuften elfjährigen Gemeindeausschluss:

„(1) ,Drei Jahre soll er weinen und an der Kirchentür stehen und das zum Gebet eintretende Volk bitten, daß ein jeder voller Erbarmen inständige Gebete für ihn zum Herrn schicke.

(2) Danach soll er weitere drei Jahre nur als Hörer aufgenommen werden; nach den Schriftlektionen und der Predigt soll er entlassen werden und nicht zum Gebet zugelassen werden.

---

14 Eine semiotische Analyse hiervon findet sich in Rudolf Roosen, Taufe lebendig. Taufsymbolik neu verstehen, Hannover 1990, 9–54.
15 S. Andreas Müller, Tauftheologie und Taufpraxis vom 2. bis zum 19. Jahrhundert, in: Markus Öhler (Hg.), Taufe (Themen der Theologie 5), Tübingen 2012, 83–135, 90.

(3) Danach, wenn er unter Tränen darum gebeten und sich vorm Herrn mit zerknirschtem Herzen und in tiefer Demut hingeworfen hat, soll ihm für weitere drei Jahre der Platz der Knienden zugewiesen werden.

(4) Und so soll er, wenn er die der Buße angemessenen Früchte vorweist, im zehnten Jahr zum Gebet der Gläubigen zugelassen werden, ohne jedoch an der Eucharistie teilzunehmen, und soll zwei Jahre beim Gebet der Gläubigen mitstehen, und so schließlich zur Teilnahme am Guten (= Eucharistie) zugelassen werden.'„[16]

Erst das Allgemeinwerden der Taufe von kleinen Kindern im 4./5. Jahrhundert veränderte diese Praxis der Stufung von Kirchenzugehörigkeit.

4 Mahlpraxis

In anderer Weise vollzog sich ebenfalls bei der Mahlfeier eine weit reichende Veränderung. Dabei ist zu beachten, dass bereits im Neuen Testament *drei verschiedene Traditionen* nebeneinander begegnen: Berichte von Mahlgemeinschaften des irdischen Jesus; die Szene des Abschiedsmahls Jesu von seinen Jüngern; Mahlzeiten mit dem Auferstandenen.[17]
- Bei den erstgenannten Mahlzeiten war die große Offenheit für sonst segregierte Personen[18] – als kontrakulturelles Verhalten – bemerkenswert;
- beim Abschiedsmahl standen der bevorstehende Tod Jesu und dessen Bedeutung im Mittelpunkt;
- die Mahlzeiten mit dem Auferstandenen eröffneten vor allem einen eschatologischen Ausblick.

Bis ins 3. Jahrhundert begegnen sogar nicht nur verschiedene Formen der Feier, sondern auch Nahrungsmittel:

---

[16] Zitiert nach Klaus Koschorke, Taufe und Kirchenzugehörigkeit im 4. und frühen 5. Jahrhundert, in: Christine Lienemann-Perrin (Hg.), Taufe und Kirchenzugehörigkeit. Studien zur Bedeutung der Taufe für Verkündigung, Gestalt und Ordnung der Kirche (FBESG 39), München 1983, 133 (ohne Kursivsetzung im Original).
[17] S. Michael Theobald, Eucharistie als Quelle sozialen Handelns. Eine biblisch-frühkirchliche Besinnung (BThSt 77), Neukirchen-Vluyn 2012, 25 f.
[18] S. Andrew McGowan, Ancient Christian Worship. Early Church Practices in Social, Historical, and Theological Perspective, Grand Rapids 2014, 72 f.

„Belegt sind Feiern mit Brot und Wein, Käse und Quark, Milch und Honig, Öl, Salz, Obst und Gemüse sowie Fisch. Auffällig ist dabei, dass wohl weder Fleisch noch Wein zum Standardprogramm gehören."[19]

Dazu traten so viele Deutungen, dass Bruce Chilton von *„feast of meanings"*[20] sprach. Peter Cornehl stellt die Fülle der hier herangezogenen Motive und Kontexte knapp zusammen:

„– Brotbrechen und Teilen: die Materialität des Essens, der Zusammenhang von Armut, Hunger, Sättigung (vgl. Mt 6,11; Lk 6,20f., 25f. in Verbindung mit Dtn 10,17f.; Ps 146,7; Jes 58,7; Ez 18,7; Spr 22,22f.; 25,21; 31,8f.; Mt 25,35).

– Das Mahl als Eucharistie und Eulogie: der Dank für die Gaben und der Lobpreis des Schöpfers und der Schönheit seiner Schöpfung (vgl. Ps 104,14ff., 27ff.; Ps 145,15ff. sowie die frühjüdischen und frühchristlichen Mahlgebete, z. B. in Did. 9f.).

– Die Überlieferungen von der wunderbaren Speisung des Gottesvolkes bei der Befreiung aus der Knechtschaft (Passa, Ex 12f.) und beim Zug durch die Wüste (Manna, Num 11; 25,1); die Speisung der Fünftausend unter freiem Himmel (Mk 6,34ff.; 8,1ff. par.; Joh 6) – im Unterschied zu den intimen Mahlzeiten im Hause (Lk 24,30ff.).

– Mahlgemeinschaft und Vergebung samt Festfreude und Jubel (Dtn 12,7; 16,11.14f.: Neh 8,12; Mk 2,15ff.19; Lk 14,12ff.; 15,7.22ff.); aber auch

– der Kontext des letzten Mahls ‚in der Nacht des Verrats' und der Auslieferung (1 Kor 11,23); die Gefährdung der Gemeinschaft von außen und innen (der Verräter ist beim letzten Mahl dabei, Mk 14,18ff.), Bekennen und Verleugnen und die Notwendigkeit ernster Selbstprüfung (‚Herr, bin ich's?').

– Das dunkle Rätsel des Todes Jesu und die Deutung seines Sterbens und seiner Lebenshingabe ‚für uns' durch die kulttheologischen Kategorien Opfer, Sühne, Bundesmahl (vgl. Lev 4,22; 16,14ff., 20ff; 17,11; Jes 43,22ff.; 53,4ff.; Jer 31,31ff.; 38,11; Röm 3,25; Gal 3,13; 2 Kor 5,21; Mk 10,45; Heb 9,11ff.; 10,10ff.; 13,11ff., Apk 1,5; 5,9) – besonders in Verbindung mit dem Kelchwort, Mk 14,24 par.

– Der Zusammenhang zwischen Mahl und Gemeinschaft und die Verbindlichkeit des Leibes Christi (1 Kor 10–12; Röm 12; Eph 4,15ff.).

– Die Erwartung des endzeitlichen Festmahls für Israel und die Völker in universaler Perspektive (Jes 25,6ff.; Lk 13,29; Mk 14,25; Lk 22,29f.).

---

19 Hans Joachim Stein, Frühchristliche Mahlfeiern. Ihre Gestalt und Bedeutung nach der neutestamentlichen Briefliteratur und der Johannesoffenbarung (WUNT II 255), Tübingen 2008, 11 (als Zusammenfassung der Einzelbefunde bei Andrew McGowan, Ascetic Eucharists. Food and Drink in Early Christian Ritual Meals, Oxford 1999, 89–142).
20 Bruce Chilton, A Feast of Meanings. Eucharistic Theologies from Jesus through Johannine Circles (NT.S 72), Leiden 1994.

– Der Zusammenhang zwischen dem Gottesdienst der irdischen und der himmlischen Gemeinde (Apk 3,20; 4, f.; 7,9 ff.; 19,9; Did. 9 f.)."[21]

Dementsprechend gingen – später strikt voneinander abgesetzte – Begriffe wie *„Eucharistia"* und *„Agape"* ineinander über, ohne dass zwischen ihnen inhaltlich unterschieden werden kann.[22] Durch die wachsende Größe der Gemeinden wurde es schwieriger, gemeinsam das (Sättigungs-)Mahl zu feiern. Dazu ist ab Beginn des 3. Jahrhunderts zu beobachten, dass die jetzt nicht mehr der Sättigung dienenden Zusammenkünfte am Morgen – und nicht wie bisher am Abend – stattfanden. Zumindest in Karthago gaben die bei Patronen üblichen „morning salutationes" den neuen sozialen Kontext ab – während dies bisher die abendlichen Symposien waren.[23] Diese tief greifende Veränderung war nicht zuletzt durch die dominante Position des Bischofs ermöglicht, der im Gottesdienst gleichsam seine Klienten empfing. Dabei gab es jetzt Voraussetzungen für die Teilnahme, vor allem die Taufe – erstmals in Did 9,5 in dieser Funktion erwähnt – und Unbescholtenheit („Heilige", Did 10,6):

> „Das hier zum ersten Mal auftauchende Verbot für Ungetaufte, an der Mahlfeier teilzunehmen, stellt ein neues Element in der Entwicklung dar. Es begegnet etwas später wieder bei Justin, dann in der Traditio Apostolica sowie in eigener Weise in den Johannesakten. Diese Anweisung gibt den besonderen Charakter zu erkennen, den das Mahl innerhalb der christlichen Versammlung erhält: Es ist ein Mahl, das die im Namen Jesu versammelte Gemeinschaft zusammenschließt und ihr an dem durch Jesus vermittelten Heil Anteil gibt. Deshalb darf dieses Mahl nicht dadurch entweiht werden, dass Ungetaufte daran teilnehmen."[24]

Pönitenten waren ausgeschlossen. Die ursprünglich mit den abendlichen (Sättigungs-)Mahlzeiten verbundene Versorgung der Armen und Kranken verlor dabei ihren liturgischen Ort und wurde zu einer eigenen Aufgabe.

---

[21] Peter Cornehl, Der Evangelische Gottesdienst – Biblische Kontur und neuzeitliche Wirklichkeit Bd. 1. Theologischer Rahmen und biblische Grundlagen, Stuttgart 2006, 228 f.
[22] S. zum Einzelnen Grethlein, Taufpraxis 27.
[23] S. Clemens Leonhard, Morning salutationes and the Decline of Sympotic Eucharists in the Third Century, in: ZAC 18 (2014), 420–442.
[24] Jens Schröter, Das Abendmahl. Frühchristliche Deutungen und Impulse für die Gegenwart (SBS 210), Stuttgart 2006, 71.

5 Zusammenfassung

Insgesamt veränderten sich Taufe und Abendmahl im Laufe der ersten drei Jahrhunderte erheblich: Aus der mimetischen Lebenswende wurde der Eintritt in die Kirche, die inklusiven Mahlzeiten Jesu nahmen den Charakter exklusiver kultischer Feiern an. Dahinter stand das Ansteigen der Zahl von Christen, das im Kontext einer hierarchisch geordneten Kultur Regelungen verlangte. Auch dürfte bei dem Wandel der Kontext der Mysterienreligionen eine Rolle gespielt haben – wie z. B. der explizite Vergleich des Justin zwischen christlichen Riten und denen des Mithras-Kultes vermuten lässt.[25] Eng mit diesen Veränderungen verbunden ist das Entstehen von Ämtern, die nicht zuletzt exkludierende Funktionen ausübten.

Diese Kontextualisierungen waren erfolgreich, wie das Wachsen der Kirche zeigt. Sie hatten aber auch Nebenfolgen: Die inklusive Grundausrichtung des Auftretens und Wirkens Jesu wich einem Zug zur Abgrenzung, besonders deutlich bei der Zulassung zur Taufe und zum Abendmahl. Weiter wurde der enthusiastische Zweig des Christentums abgespalten. Damit dürfte auch die Marginalisierung der Frauen zusammenhängen, die immer wieder als Prophetinnen agierten. Schließlich traten liturgische Vollzüge und Armenfürsorge auseinander.

---

25 Grethlein, Abendmahl 37.

§ 9 Ausbreitung des Christentums und Bemühen um Einheit (300–600)

Im Zeitraum zwischen 300 und 600 schritten die bereits spätestens im 3. Jahrhundert zu beobachtenden Entwicklungen zur *Institutionalisierung und Formalisierung des Christentums* voran. Zugleich stellten sich kontextuell neue Herausforderungen. Sie wurden in unterschiedlichen Regionen in verschiedener Intensität und Geschwindigkeit wahrgenommen, prägten aber auf Dauer die allgemeine Entwicklung von Kirche.

1 Allgemeine Situation und Kontext

Die Stellung des Christentums innerhalb des römischen Reichs änderte sich grundlegend durch das Toleranzedikt des Galerius (313), die Förderung des Christentums durch Kaiser Konstantin sowie die Anerkennung als *Staatsreligion* durch das kaiserliche Edikt „Cunctos populos" (380). Aus der noch in der diocletianischen Verfolgung unterdrückten Minderheit wurde eine staatlich begünstigte Institution. Sie umfasste am Ende des 6. Jahrhunderts die Mehrheit der Bevölkerung im Reich und darüber hinaus.

> "From a very early date ordinary Christians and Christian missionaries had moved beyond the Empire and set up churches in areas as far apart as Ireland, South India, Ethopia and Siberia. These Christians often developed their own patterns of worship and theology and it is important to see them, not as marginal to the mainstream traditions of Rome and Byzantium, but as central to their own understandings, from which Rome and Byzanthium were themselves seen to be marginal."[1]

Dies äußerte sich darin, dass Kirche zunehmend den Raum der Öffentlichkeit betrat und zu dominieren begann – und zwar räumlich und zeitlich.

An die Stelle der bis dahin üblichen Feiern in Häusern, also im privaten Bereich, traten öffentlich zugängliche Zusammenkünfte in eigens dafür errichteten *Kirchengebäuden*. Dass dies auch bewusst vorangetrieben wurde, zeigt ein Dekret der Synode von Laodicea (zwischen 360 und 370), das häusliche Eucharistiefeiern untersagte: „es darf nicht mehr von Bischöfen und Presbytern in den Häusern das

---

[1] Stringer, Worship 62.

Opfer abgehalten werden."[2] So wurden in den Städten Kirchen gebaut. Kirche löste in der Öffentlichkeit die paganen Religionen mit ihren Tempeln ab.

Damit vollzog sich in diesem Kontext auch eine Wandlung im Verständnis von Kirche. Bezog sich bis dahin das Attribut „heilig" strikt auf Menschen, also die zu Christus gehörenden Getauften, so entstanden jetzt *„heilige Orte"*. Der entsprechende Übergang lässt sich anschaulich am Kirchengebäude beobachten. Hier duplizierten die Christen nicht die Tempel. Der von ihnen bevorzugte Bautyp der Basilika unterschied sich grundlegend von den antiken Tempelbauten mit ihrem Schwergewicht beim nicht allgemein zugänglichen Sacrum. Denn in der Basilika stand der Raum zur Versammlung, eben der „Heiligen", im Mittelpunkt. Allerdings kam es schnell – entsprechend der zunehmend strikteren Unterscheidung zwischen Laien und Klerikern – zu einer räumlichen Separation innerhalb der Kirchen. Der Altarbereich blieb den Priestern vorbehalten, ein neues, allgemein nicht zugängliches Sacrum entstand.[3] In den immer reichhaltiger zelebrierten Kirchweihen kam dies durch besondere Benediktionen sowie die Waschung und Salbung des Altars zum Ausdruck.[4]

Auch auf dem Land präsentierte sich das Christentum öffentlich, und zwar mit Klöstern, in denen die Zellen um einen Kirchbau angeordnet waren. Ausgehend von Ägypten verbreitete sich diese Sozialform ebenfalls in anderen Gebieten und entwickelte sich jeweils zu Zentren im ländlichen Raum. Dies war mit der ursprünglich paganen Differenzierung hinsichtlich der *Reinheit* von Menschen verbunden. Denn die keusch lebenden Mönche – und Nonnen – galten als „rein".

Zeitlich setzte die Festlegung des „verehrungswürdigen Tags der Sonne" als allgemeinem Ruhetag – Feldarbeiten waren allerdings ausgenommen – per Dekret des Kaisers Konstatin eine neue Periodisierung des Alltags.[5] Dem entsprach die Kirche, indem sie die alttestamentlichen Bestimmungen zum Sabbat auf den Sonntag übertrug. Dazu durchdrang der sich seit dem 4. Jahrhundert ausbildende christliche *Festkalender*, mit Ostern und Weihnachten als Grunddaten, die Öffentlichkeit und damit den Alltag der Menschen. Schnell breiteten sich – in der Tradition der paganen Toten- und Heroenkulte – Heiligen- und Märtyrerfeste aus.

---

2 Zitiert nach Cornehl, Gottesdienst 253.
3 S. zu weiteren Einteilungen und Seperationen in der Muster-Basilika, der Hagia Sophia, Stringer, Worship 65.
4 S. Christian Grethlein, Benediktionen und Krankensalbung, in: Hans-Christoph Schmidt-Lauber/Michael Meyer-Blanck/Karl-Heinrich Bieritz (Hg.), Handbuch der Liturgik. Liturgiewissenschaft in Theologie und Praxis der Kirche, Göttingen ³2003, 551–574, 557.
5 S. auch zum Folgenden Christian Grethlein, Grundfragen der Liturgik. Ein Studienbuch zur zeitgemäßen Gottesdienstgestaltung, Gütersloh 2001, 132–135.

Sie waren nicht selten mit Prozessionen verbunden und demonstrierten so die Dominanz der Kirche in Raum und Zeit.

Dies Alles geschah innerhalb eines Kontextes, der durch zahlreiche Umbrüche und Veränderungsprozesse geprägt und von daher offen für den eben skizzierten Wandel war:[6]

- Nichtchristliche Stämme bedrohten aus Osten und Norden das Römische Reich und führten schließlich zu dessen Ende.
- Damit verbunden war vielerorts ein Zusammenbruch bisheriger Infrastruktur.
- Geografisch verschob sich das Machtzentrum vom – auch bevölkerungsmäßig. schrumpfenden[7] – Rom hin zum Osten mit der neuen Kapitale Konstantinopel.
- Auch fielen verschiedene Umweltkatastrophen wie Dürren und Hungersnöte in den Zeitraum.

In einer solchen Zeit der Verunsicherung bedurfte es stabilisierender Impulse. Dementsprechend kam es zu weiteren tief greifenden Veränderungen bei der Kommunikation des Evangeliums. Die anfängliche Euphorie über die staatliche Anerkennung und Förderung – Augustin hatte zunächst ein „Imperium christianum" erhofft – hielt nicht lange vor. Die Wirren der sog. Völkerwanderung verhinderten zumindest im Westen eine herrschende Kirche – später sprach Augustin von einer „ecclesia peregrina".[8] Im Osten entstand dagegen im 6. Jahrhundert unter Kaiser Justinian „eine byzantinische Staatskirche, die de iure keine ‚Heiden' mehr umfasste, die es de facto aber immer noch gab."[9]

Auf jeden Fall verflochten sich *Reich und Kirche* in zweifacher Weise. Die erstmals in Nicäa (325) begegnende Institution des Ökumenischen Konzils fasste für die ganze Kirche verbindliche Beschlüsse, die dann staatlich durchgesetzt wurden. Entsprechend der antiken Staatsdoktrin mit einem einheitlichen „cultus publicus" ging es hier um die Herstellung von Einheit anstelle der anfangs für das Christentum typischen Pluriformität. Dazu glichen sich die Kirchenprovinzen an die staatliche Diözesanstruktur an, so dass sich die Kirche administrativ in den Staat integrierte.[10] Allerdings endete diese Fusion im Westen vorerst mit dem Untergang des weströmischen Kaisertums (476).

---

6 S. zum Folgenden mit weiteren Literaturhinweisen Stringer, Worship 60.
7 S. Arnold Angenendt, Geschichte der Religiosität im Mittelalter, Darmstadt 1997, 31.
8 S. Gemeinhardt, Kirche 88.
9 Ebd.
10 S. a.a.O. 89.

2 Ämter und Struktur

Der eben skizzierte Übergang zeigte sich deutlich im Bereich der Ämter. In soziologischer Perspektive ging es darum, den *Wandel von einer „Märtyrerkirche" zu einer „Volkskirche"* zu gestalten.[11] Dabei trennten sich die Kleriker von den Laien.

Ein Indikator dafür ist die seit dem 4. Jahrhundert aufkommende Forderung nach dem Zölibat der Priester – Frauen waren zu diesem Zeitpunkt nicht mehr im Blick, wenn es um Gemeindeleitung ging. Dabei gab es theologische Argumente:

> „das Ideal vollkommener Jüngerschaft in der Nachfolge Jesu; Vorwegnahme des kommenden Zeitalters, in dem es weder Heiraten noch sich heiraten Lassen gibt (Lk 20,35); die Hingabe an eine geistliche statt eine natürliche Vaterschaft."[12]

Doch wichtiger waren wohl *Reinheitsvorstellungen*. Dabei dürften – auf evolutionsbiologischer Grundlage[13] – antik pagane Vorstellungen der Volksfrömmigkeit leitend gewesen sein. Demnach sollten die Kleriker ständig „rein" sein, um ihren kultischen Pflichten wie Spendung der Taufe oder Eucharistie jederzeit nachkommen zu können. Philosophisch gab es dazu einen Diskurs, der diese Vorstellungen ethisch umdeutete. Hier dominierte die Unterscheidung geistlich – fleischlich.[14] Die Konsequenz war jedoch dieselbe, auch wenn sich in der Praxis der Zölibat erst viel später allgemein durchsetzen ließ. Priester und Laien waren zunehmend voneinander getrennt.

Ein wesentlicher Grund dafür dürfte die platonisierende Hochschätzung der Eucharistie gewesen sein. Unter Bezug auf eine um 390 publizierte Schrift von Johannes Chrysostomus fasst Christoph Markschies entsprechende Vorstellungen zusammen:

> „Es ist das ‚schauerliche Mysterium' ... des Herrn, der geopfert ist und auf dem Altar daliegt ... Es reinigt den andächtigen Gottesdienstbesuchern die Seele, läßt sie vom irdischen Getriebe entfliehen und versetzt sie gleichsam in den Himmel: Der Priester faßt den, der in der Höhe thront, mit Händen, er hilft den Menschen, Geist und Seele zu reinigen und zu erheben, er ist die Ursache unserer Wiedergeburt."[15]

---

[11] S. a.a.O. 87.
[12] Richard Price, Zölibat II. Kirchengeschichtlich, in: TRE 36 (2004), 722–739, 724.
[13] S. Yuval Noah Harari, Eine kurze Geschichte der Menschheit, München [13]2015, 174.
[14] S. Price, Zölibat 724 f.
[15] Christoph Markschies, Apostolizität und Amtsbegründungen in der Antike, in: Theodor Schneider/Gunther Wenz (Hg.), Das kirchliche Amt in apostolischer Nachfolge Bd. 1. Grundlagen und Grundfragen (DiKi 12), Freiburg 2004, 296–334, 325.

Ein noch anderer Kontext begünstigte die mächtige Stellung der *Bischöfe*.[16] Durch die skizzierte Integration der Kirche in den Staat wurde dieses Amt zu einem hohen Staatsamt. Dies zeigten nach außen die Insignien und Ehrenrechte, die jetzt mit dem Bischofsamt verbunden waren, wie der Thron mit Baldachin, das Pallium und das purpurne Gewand. Mit Zerfall der staatlichen Struktur im Westen wurde die Stellung der Bischöfe noch einmal gestärkt. Dabei unterstützte der kirchliche Grundbesitz, über den der Bischof verfügen konnte, seine Stellung.

3 Taufpraxis

Seit der staatlichen Duldung und dann Förderung nahm die Zahl der „Christen" stetig zu. Allerdings kam es bei vielen zu einem *Taufaufschub*, verbunden mit einem langen Verharren im Katechumenenstand. Dieser wurde feierlich mit Eingangskatechese und entsprechenden Riten wie der „datio salis" (Darreichung des Salzes) begonnen, doch folgte dem dann jahrelang nichts Weiteres.

> „Aus dem Katechumenat als einer Zeit der Prüfung und Bewährung mit allen sittlichen Anforderungen wurde eine weniger verbindliche Form des Christseins, eine Art minderer Dauerzustand von Christen, die am Wortgottesdienst teilnehmen und sich so der Kirche zugehörig fühlen durften, sich aber nicht taufen ließen."[17]

Ein prominentes Beispiel für einen solchen Taufaufschub war Kaiser Konstantin, der selbst erst 337 kurz vor seinem Tod die Taufe empfing. Dies hatte einen theologischen Grund:

> „Ein solcher Taufaufschub lag in den hohen ethischen Ansprüchen begründet, die mit dem Christentum verbunden waren. Die Taufe als Reinigungsbad von den Sünden sollte erst im letzten Augenblick durchgeführt werden, um einen sündenfreien Übergang zum Jüngsten Gericht zu ermöglichen."[18]

Dementsprechend differenzierte sich das Katechumenat. Es bildete sich für die Katechumenen, die konkret den Taufunterricht vierzig Tage vor Ostern besuchten, das sog. Photizomenat heraus. Auch trat wohl für manche philosophisch Gebildete die Taufe in ihrer Bedeutung hinter Anderes wie das Schriftstudium zurück. Im Gegenzug hoben Bischöfe wie Basileios von Caesarea, Gregor von Nazianz oder

---

16 S. Hauschild, Bischof 1616.
17 Alfons Fürst, Die Liturgie der Alten Kirche. Geschichte und Theologie, Münster 2008, 115.
18 Müller, Tauftheologie 100.

Gregor von Nyssa die Bedeutung der Taufe hervor und kritisierten die Praxis des Taufaufschubs.[19]

Allerdings traten diese Auseinandersetzungen im 5. Jahrhundert hinter einer neuen Entwicklung zurück, der *Verbreitung von Taufen kleiner Kinder und sogar Säuglingen*. Zwar wurde bei solchen Taufen die bisherige Form soweit wie möglich beibehalten. Doch konnten die kleinen Täuflinge nicht – wie bisher üblich – die Tauffragen beantworten. Übernahmen das damit verbundene Bekenntnis des Glaubens anfänglich die Eltern, so bildete sich hier eine neue Funktion heraus, das *Patenamt*.

> „Es hatte ursprünglich bei noch nicht sprachfähigen Kindern die Funktion, stellvertretend den Glauben zu bekennen (und dem Teufel abzusagen). Daraus entwickelte sich im Lauf der Zeit ein eigenständiges Verständnis dieser Institution, die u. a. bis zur Verantwortung für das Patenkind beim Tod der Eltern reichte."[20]

Bei diesen Umstellungen in der Taufpraxis stand eine dogmatische Lehrbildung im Hintergrund, nämlich die der *Erbsünde*.[21] Zum einen erschien von ihr her bereits ein Säugling der durch die Taufe vollzogenen Sündenvergebung bedürftig. Angesichts der hohen Säuglings- und Kindersterblichkeit waren die Eltern bemüht, möglichst umgehend ihr Kind taufen zu lassen, um dessen Heil im Fall eines frühen Ablebens sicherzustellen. Zum anderen erschienen die Eltern auf Grund dieser Lehre, wie sie besonders Augustin ausgearbeitet hatte, ungeeignet dazu, das Kind zur Taufe zu bringen. Denn sie hatten durch den mit geschlechtlichem Begehren („concupiscentia") befleckten Zeugungsakt das Kind mit der Erbsünde infiziert, von der es die Taufe heilen sollte.

Auf jeden Fall ging im Zuge des Allgemeinwerdens der Säuglingstaufe der bisher in der Einrichtung des Katechumenats bzw. Photizomenats gegebene Zusammenhang der Taufe mit Lehr- und Lernprozessen verloren. Die Konsequenz war die *Verbreitung eines Christseins ohne Glaubenswissen*. Lange Zeit erforderte lediglich die – später allgemein werdende – Beichte gewisse, allerdings vorwiegend moralische Kenntnisse.

---

19 S. mit einzelnen Belegen a.a.O. 101.
20 Grethlein, Taufpraxis 38; inwieweit dieses Patenamt eine Fortsetzung des Amts des „sponsor" bei der Erwachsenentaufe war, der für den Taufbewerber bürgte, kann offen bleiben.
21 S. die Zusammenstellung der zentralen Belegstellen zum wirkmächtigen Zusammenhang von Erbsündenlehre und Eintreten für die Säuglingstaufe bei Augustin bei Wolfgang Lienemann, Taufe – Mitte und Grenze der Kirche. Zur theologischen Vorgeschichte der neuzeitlichen Taufproblematik, in: Christine Lienemann-Perrin (Hg.), Taufe und Kirchenzugehörigkeit. Studien zur Bedeutung der Taufe für Verkündigung, Gestalt und Ordnung der Kirche (FBESG 39), München 1983, 147–191, 162.

Auch liturgisch kam es im Westen zu einer weit reichenden Veränderung. Die bisher mit der Taufe verbundene Handauflegung und Salbung spalteten sich ab. Grund dafür war ein praktisches Problem. In den größer werdenden Diözesen war es dem Bischof nicht mehr möglich, dem Wunsch von Eltern zu entsprechen, ihr Kind möglichst unmittelbar nach der Geburt zu taufen. Deshalb übertrugen die Bischöfe das Taufrecht ihren Priestern, behielten sich aber das Recht der Konsignation vor. So entschied 416 unter Berufung auf Apg 8,14 Papst Innozenz I.:

> „Offenkundig ist es nur erlaubt, daß Bischöfe – und niemand anders – an den Kindern die Konsignation vollziehen. Denn die Presbyter, die zwar Priester der zweiten Rangstufe sind, haben nicht das höchste Amt inne, das des Bischofs. Daß dieser höchste Dienst, d.h. die Konsignation bzw. die Übermittlung des Heiligen Geistes, allein Aufgabe der Bischöfe ist, zeigt nicht allein die kirchliche Überlieferung, sondern in der Tat auch jene Perikope der Apostelgeschichte, die darlegt, daß Petrus und Johannes beauftragt wurden, Leuten, die schon getauft sind, den Heiligen Geist zu übermitteln."[22]

Dadurch kam es zu einer erheblichen Veränderung der Taufe. Bis dahin wurden in ihr *Sündenvergebung* – symbolisiert durch die Wasserhandlung – und *Geistverleihung* – symbolisiert durch die Handauflegung und Salbung – gefeiert. Jetzt reduzierte sich der Sinngehalt auf die durch den Priester vollzogene Sündenvergebung. Die Geistverleihung blieb einem späteren bischöflichen Akt vorbehalten, aus dem dann die *Firmung* entstand. Dies führte im Bewusstsein der Menschen im Kontext einer hierarchisch strukturierten Gesellschaft zu einer deutlichen Abwertung der Taufe, die der rangniedrigere Priester durchführen durfte – und zur Hochschätzung des neuen, dem Bischof vorbehaltenen Rituals.

Insgesamt wurde die Taufe im 4. bis 6. Jahrhundert „von einem riskanten Initiationsritus in eine Minderheitengruppe zum selbstverständlichen Ausdruck der Mehrheitsreligion transformiert".[23] Im Kontext dinglichen Heilsverlangens reduzierte sich ihre Bedeutung in verschiedener Hinsicht erheblich: bei Erwachsenen durch den Taufaufschub bis an das Lebensende; bei den Kindern durch die Aufspaltung von Wasserhandlung und Handauflegung sowie Salbung.

---

[22] Zitiert nach Bruno Kleinheyer, Sakramentliche Feiern Bd. 1. Die Feiern der Eingliederung in die Kirche (GDK 7,1), Regensburg 1989, 195; s. zur Rezeption außerhalb des Bereichs der römischen Liturgie Angenendt, Geschichte 472f.
[23] Grethlein, Taufpraxis 41.

4 Mahlpraxis

Wohl war die Mahlpraxis im 4. bis 6. Jahrhundert durchaus noch mit dem Alltag der Menschen verbunden. Dies zeigt sich daran, dass das übliche häusliche Geschirr, Weinbecher und Brotteller, verwendet wurden.[24] Doch profilierten theologische Reflexionen zunehmend eine besondere Stellung der Eucharistie. Der mailändische Bischof Ambrosius (gestorben 397) konzentrierte sich auf die Deutung der Mahlelemente und verstand sie metabolisch. Dabei kristallisierte sich der Begriff der „*Konsekration*" als zentral heraus:

> „Bevor die Konsekration vollzogen wird, ist es Brot; sobald aber die Worte Christi hinzugekommen sind, ist es der Leib Christi."[25] Und: „Vor der Konsekration heißt es anders, nach der Konsekration wird es Blut genannt."[26]

Demnach bestimmten die Herrenworte des sog. Einsetzungsberichts die Konsekration näher. Dabei ist Ambrosius aber – noch – bewusst, dass es sich bei dem Wandel der Elemente um ein „Bild" des Leibes und Blutes Christi handelt.[27] Doch wurde bald das Geschehen beim Mahl zunehmend dinglicher verstanden – auch abgesehen von den Feiernden.

Wirkungsgeschichtlich ebenfalls wichtig wurde die theologische Deutung des Mahls als *Sakrament* bei Augustin. Er unterschied zwischen „signum" (Zeichen) und „res" (Sache) und entwarf von daher eine Zeichentheorie des Sakraments: „Accedit verbum ad elementum et fit sacramentum" („Das Wort tritt zum Element hinzu und es wird das Sakrament"; Joh.tract. 80,3). Dabei geriet die konkrete Interaktion zwischen den Feiernden aus dem Blick. Sinn- und Feiergestalt traten auseinander.

Diesen theologischen Entwürfen entsprach, dass die Bedeutung der Gemeinschaft für das Mahlfeiern – und damit auch für Kirche – schwächer wurde. Die Einzelnen und ihre konkreten Anliegen rückten in den Vordergrund. So kam es zu dem Brauch, konsekriertes Brot nach Hause zu nehmen und dieses jeweils am Morgen „vor jeder Speise" zu essen.[28] Dagegen ging die Teilnahme an der gottesdienstlichen Mahlfeier zurück, vielerorts auf die drei Hochfeste be-

---

24 S. Karl-Heinrich Bieritz, Liturgik, Berlin 2004, 232.
25 Ambrosius, De sacramentis 4,14.
26 Ambrosius, De mysteriis 54.
27 S. Ambrosius, De sacramentis 4,21.
28 S. die Belege bei Hans-Christoph Schmidt-Lauber, Die Eucharistie, in. Ders./Michael Meyer-Blanck/Karl-Heinrich Bieritz (Hg.), Handbuch der Liturgik. Liturgiewissenschaft in Theologie und Praxis der Kirche, Göttingen ³2003, 207–246, 219.

schränkt.²⁹ Dem entsprach die wachsende Wichtigkeit des *Priesters*, wie an der jetzt stärker werdenden Forderung nach dessen Enthaltsamkeit, also nach dem Zölibat, deutlich wird.

Kirchlich wurden zwar bestimmte ethische Anforderungen für die Teilnahme am Mahl beibehalten. Doch trat jetzt die rechte Lehre bzw. das Bekenntnis zu ihr in den Vordergrund. Die Orthodoxie dominierte die Ethik. So predigte Papst Leo I (gestorben 461):

> „Nicht kann feiern das Pascha des Herrn der Unzüchtige, nicht der Prunkliebende, nicht der Überhebliche, nicht der Geizige; keiner aber entfernt sich von diesem Fest weiter als der Häretiker."³⁰

Auch war hier die Ethik auf die Einzelperson bezogen. Die diakonische Dimension der Mahlfeier war verschwunden.

Im Zentrum der Feier stand ein ausführliches Eucharistiegebet, das im 5. Jahrhundert etwa folgende Form hatte:

> „Bereitung: Herbeibringen der Gaben
> Eucharistischer Dialog (dreigliedriger Wechselgesang)
> Lob- und Dankgebet (Präfation)
> Überleitung zum Sanctus
> Sanctus/Benedictus
> Einsetzungsbericht
> Anamnese und Darbringungsformel
> Epiklese
> Fürbitte (Einheit, Vollendung)
> Doxologie"³¹

So kam es im Westen gegenüber den drei neutestamentlichen Impulsen zum Mahlfeiern (s. § 8 4.) zu grundsätzlichen Veränderungen: Der inklusive Grundzug wich Exklusionen vor allem von sog. Häretikern. Das Todes-Gedächtnis Jesu wurde zu einem Konsekrationsakt. Die eschatologische, auf die universale Gottesherrschaft gerichtete Perspektive reduzierte sich auf das erhoffte Heil für die Einzelnen. Die Trennung von Klerus und Laien sowie der damit verbundene

---

29 S. beispielsweise das Zitat der Regel des Konzils von Agde (506) bei Peter Browe, Die Pflichtkommunion der Laien im Mittelalter, in: Ders., Die Eucharistie im Mittelalter. Liturgiehistorische Forschungen in kulturwissenschaftlicher Absicht, hg.v. Hubertus Lutterbach/Thomas Flammer, Berlin ⁶2011, 43.
30 Leo der Große, Sermo 59,5 (zitiert nach Arnold Angenendt, Offertorium. Das mittelalterliche Meßopfer [LQF 101], Münster ²2013, 63).
31 Schmidt-Lauber, Eucharistie 216.

Reinheits-Diskurs verstärkten diese Tendenzen. Im Osten dagegen blieben vor allem hymnologisch das Todes-Gedächtnis sowie der eschatologische Ausblick weiter präsent.

5 Zusammenfassung

Die kaiserliche Duldung und dann Förderung der Kirche führte ab dem 4. Jahrhundert zu deren zahlenmäßigem Wachstum, das neue Herausforderungen an Sozialgestalt und Verwaltung stellte. Aus einer – potenziell – der Verfolgung ausgesetzten Minderheit wurde die Mehrheit der Staatsreligion. Der sich bereits im 3. Jahrhundert anbahnende *Monepiskopat* gewann im Kontext einer hierarchischen Gesellschaft an Macht. Dazu grenzte sich der *Klerikerstand* zunehmend von den anderen Christen ab. Die mit individuellen dinglichen Heilserwartungen verbundenen Veränderungen in der Taufpraxis (Stichworte: Taufaufschub; Abtrennung der Firmung bei der Kindertaufe) sowie das kultische Verständnis der Eucharistie unterstützten diese Entwicklung. Damit trat die Kirche nicht nur an die Stelle der paganen Kulte, sondern übernahm von diesen auch Ausdrucksformen. *Eine Nebenfolge davon war, dass bei der Kommunikation des Evangeliums die Dimensionen des Lehrens und Lernens sowie des Helfens zum Leben zurücktraten bzw. verschwanden.*

§ 10 Formalisierung kirchlicher Praxis (600 – 900)

In Folge des Zusammenbruchs des Weströmischen Reichs sowie seiner Strukturen und Kultur kam es im Westen[1] zu einer tief greifenden Transformation.

> „Transformation meint, dass sich die Form von Gesellschaft, Kultur und damit auch Religion sehr epochal verändert; es geht dabei um Veränderungen, die nicht schlagartig erfolgen, wie etwa Revolutionen, aber die sozusagen wie permanente kleine Revolutionen die Gesellschaft gleichzeitig an verschiedenen ihrer Teile umwälzen."[2]

Die religiöse Vielfalt der römischen Kultur wich im Kontext der stammesbezogen strukturierten Sozialität der Germanen einer *allgemein verbindlichen Religionsform*.[3] Sie wurde von der Obrigkeit auch mit Gewalt durchgesetzt.

1 Allgemeine Situation und Kontext

Eindrücklich beklagte Papst Gregor I. die allgemeine Situation am Beginn des 7. Jahrhunderts aus römischer Sicht:

> „Überall sehen wir Trauer, überall hören wir Klagen. Die Städte sind zerstört, die festen Plätze überrumpelt, die Äcker entvölkert, das Land zur Einöde gemacht. Kein Bewohner auf dem Land, kaum noch ein Einwohner in der Stadt! Und diese verschwindenden Reste menschlicher Bevölkerung werden noch täglich von weiteren Schicksalsschlägen heimgesucht ... Wir sehen, wie sie teils in die Gefangenschaft geschleppt, teils verstümmelt, teils getötet werden."[4]

Der hier angedeutete *Zusammenbruch öffentlicher Ordnung und überlieferter Kultur* wirkte sich auch kulturell und kirchlich aus. An die Stelle elaborierter theologischer Reflexionen bzw. Spekulationen trat die „Hinwendung zu einfachen Religionsformen".[5] In der Frömmigkeitspraxis begegnet in vielerlei Gestalt

---

1 Zu den teilweise noch stärkeren Prozessen der Kodifizierung und Reglementierung im Bereich von Byzanz s. Stringer, Worship 95 – 107.
2 Hubert Knoblauch, Die Transformation von Religion und Gesellschaft, in: Evangelische Kirche in Deutschland (EKD) (Hg.), „informieren – transformieren – reformieren". EKD-Zukunftsforum für die Mittlere Ebene 15.–17. Mai 2014 (epd-Dokumentation 44/2014), 18 – 23, 18.
3 S. Volker Leppin, Geschichte des mittelalterlichen Christentums, Tübingen 2012, 17.
4 Zitiert bei Angenendt, Geschichte 31.
5 A.a.O. 34.

ein „*Segensverlangen*"[6] als Versuch, möglichst umgehend Gottes Hilfe im Alltag und seinen Widrigkeiten zu erfahren. Dabei veränderten sich auch die konkreten Benediktionen:

> „– das Bittelement dominiert immer mehr,
> – die Handlung über den Dingen wird zur Konsekration,
> – Exorzismen gewinnen an Bedeutung,
> – ein magisches Verständnis, das vor-theologisch nur am korrekten Gebrauch bestimmter wirkmächtiger Handlungen bzw. Worte interessiert ist, tritt deutlich zu Tage".[7]

Im Kontext allgemeiner, auch das Gros der Kleriker umfassender Unbildung wurde die Kommunikation des Evangeliums zunehmend formelhaft. Dies zeigt sich etwa in Form der *schriftlichen Festlegung der Liturgie*. So entstanden – neben Lektionar und Psalter – Sakramentar, Benedictionale und Bußbuch als liturgische, in jeder Pfarrei vorhandene Bücher.[8] Die Messe wurde jetzt „gelesen". Dahinter stand das Anliegen, Gott nicht durch falsche Formulierungen zu erzürnen. Vielmehr galt, wie es Karl d. Gr. in seiner „Admonitio generalis" programmatisch betonte: „Gott sei in der rechten Weise zu dienen, um dadurch sein Wohlwollen für Reich und Kirche und überhaupt für die allgemeine Wohlfahrt zu erlangen."[9]

Konkret verschränken sich dadurch die politischen Interessen Karls mit denen des *Papstes*, insofern der Kaiser durch Rom den rechten Glauben und den rechten Gottesdienst gewährleistet sah. Damit förderte Karl, obgleich er sich als letzte Instanz sah, den zukünftigen Einfluss des Papstes.

> „Weil sein Reich nahezu die ganze westliche Christenheit umfaßte, erlangte die von ihm durchgesetzte rombezogene Kirchlichkeit ein solches Gewicht, daß auch Randländer wie die Britischen Inseln, Nordspanien und die in spät- und nachkarolingischer Zeit christianisierten Ost- und Nordvölker davon mitgeprägt wurden."[10]

Dem religionspolitischen Ansatz Karls entsprach, dass – um des allgemeinen Wohlergehens willen – der Kaiser auch *Gewalt gegen Ungläubige* anwenden ließ. Kontextualitätstheoretisch setzte sich hier die Übernahme von in den germanischen Stammeskulturen gepflegten, gewaltförmigen Kommunikationsformen

---

6 A.a.O. 36.
7 Grethlein, Benediktionen 557 (unter Bezug auf Jakob Baumgartner, Ein geschichtlicher Durchblick durch die Segnungen, in: Ders. [Hg.], Gläubiger Umgang mit der Welt. Die Segnungen der Kirche, Einsiedeln 1976, 50–92, 75–81).
8 S. Angenendt, Geschichte 40.
9 Ebd.
10 A.a.O. 45.

gegenüber dem entgegenstehenden Impuls des Evangeliums durch. Tatsächlich gab es durchaus theologische Einsprüche gegen die gewaltsame Durchsetzung des Christentums. So schrieb – dazu kontrakulturell – Karls Hoftheologe Alkuin:

> „Denn der Glaube ist, wie der heilige Apostel sagt, eine freiwillige Angelegenheit, nicht eine erzwungene. Zum Glauben kann der Mensch wohl gezogen, nicht aber gezwungen werden. Natürlich kann man zur Taufe zwingen, aber das ist kein Gewinn für den Glauben. ... Ein Mensch im Erwachsenenalter muß für sich selbst antworten, was er glaubt und was er will, und wenn er trügerisch den Glauben bekennt, wird er in Wahrheit nicht das Heil gewinnen."[11]

Doch konnte er sich damit nicht durchsetzen. Hier begegnet also eine theologisch gesehen problematische *Bestimmung der Kirche durch den Herrscher.*

Umgekehrt engagierte sich aus den genannten Gründen Karl d. Gr. stark für eine katechetische Grundbildung. So forderte er die allgemeine Kenntnis von Vaterunser und Glaubensbekenntnis, jeweils in der Volkssprache.[12]

2 Ämter und Struktur

Gegenüber der bis zum Untergang des Weströmischen Reichs bestehenden Reichskirche griff eine „ekklesiale Regionalisierung"[13] um sich. Kirche bezog sich im Kontext der germanischen Sippen- und Stammeskultur auf die jeweiligen germanischen Teilreiche. Sie wurde im wörtlichen Sinn zur „Landeskirche".

> „Das Eigenkirchenwesen, das Grundherren eine weitgehende Verfügungsgewalt über von ihnen gestiftete Kirchen und Klöster bot, band diese in das auf persönlichen Loyalitätsverhältnissen beruhende Herrschaftssystem ein."[14]

Die Binnenstruktur gliederte sich in sog. *Parochien,* also Pfarreien. Deren Grenzen ergaben sich aus dem Zehnten, der seit karolingischer Zeit von Feld und Vieh erhoben wurde. Dabei sollte je ein Viertel dieser Einnahmen dem Bischof, dem Ortsklerus, dem Kirchengebäude und den Armen zu Gute kommen.[15] *Kirchliche Struktur und Finanzierung* waren also ab jetzt aufeinander abgestimmt. Eine wichtige Stabilisierung der hier vorausgesetzten Bindung der Parochie-Angehörigen zu ihrem Priester war das von der irischen Kirche ausgehende *Bußwesen.*

---

11 Zitiert nach a.a.O 470.
12 S. a.a.O. 40.
13 Gemeinhardt, Kirche 91.
14 A.a.O. 92.
15 S. Angenendt, Geschichte 326.

„Neu war, daß nun die Möglichkeit einer beliebig häufigen Buße geboten wurde: ein geheimes Bekenntnis der Sünden vor dem Priester, eine ebenso geheime Auferlegung des Bußwerkes und nach dessen Erfüllung die Rekonziliation. Die Bußzumessung geschah – was ebenfalls neu war – nach festem Tarif, wofür eigene Bücher geschaffen wurden: die Paenitentialien."[16]

Hier entstand – später durch die Einführung einer allgemeinen Beichtpflicht rechtlich unterstützt – eine enge Verbindung zwischen Priester und Gemeindezugehörigen.

Insgesamt verbanden sich *Politik und Religion* untrennbar.[17] Kirchlich bestimmten die jeweiligen Metropoliten das Geschehen. Sie waren freilich dem König unterstellt. Erst die pseudo-isidorischen Dekretalien (um 865) setzten dem das – von Papst Gregor I. für die Angelsachsenmission kreierte – Amt des Erzbischofs entgegen. Dessen Inhaber sollte durch den Papst bestimmt und eingesetzt werden. Damit begann eine den nächsten Zeitabschnitt im Westen dominierende Auseinandersetzung zwischen kirchlicher und weltlicher Obrigkeit.

3 Taufpraxis

Mit dem 7. Jahrhundert setzte eine weit reichende Formalisierung auch der Taufe ein. Bis dahin herrschte große Freiheit bei deren Gestaltung. So wies Papst Gregor I. anlässlich einer Anfrage, ob der Täufling ein- oder dreimal untergetaucht werden müsse, darauf hin, dass beim Stehen zu einem Glauben unterschiedliche Formen möglich seien.[18] Das änderte sich im Folgenden grundsätzlich. Die germanische Fixierung auf Anschauliches und Dingliches stand einer solchen Großzügigkeit entgegen. So zweifelte Bonifatius bei einer falsch gesprochenen Taufformel an der Gültigkeit dieser Taufe, „denn die göttliche Kraft genau dieser Worte bewirke die Heiligung".[19] Und Alkuin hielt die dreifache Tauchung für den unaufgebbaren Ausdruck von Rechtgläubigkeit.[20]

Die vielleicht grundlegendste Änderung des Taufritus hing eng mit bereits genannten Transformationen zusammen: dem Allgemein-Werden der Kindertaufe

---

16 A.a.O. 630.
17 Zum komplizierten Ineinander von germanischem Eigenkirchenwesen und antikem Bischofsamt, das aber angesichts des Machtvakuums an politischer Bedeutung gewann, s. Leppin, Geschichte 68–71.
18 „In una fide nil officit sanctae ecclesiae consuetudo diversa." (zitiert bei Angenendt, Geschichte 465f.).
19 A.a.O. 466.
20 Ebd.

und der Herausbildung eines eigenen Klerikerstandes. Beides wurde bei der Kontextualisierung der Kommunikation des Evangeliums für die germanischen Völker und ihre religiösen Vorstellungen sowie politischen Ordnungen aufgenommen und verstärkt. An der Wende vom 7. zum 8. Jahrhundert kam eine feste *Taufformel* auf („Ich taufe dich im Namen des Vaters und des Sohnes und des Heiligen Geistes"). Sie trat an die Stelle der bis dahin üblichen dreifachen Befragung des Täuflings bzw. seines Paten nach seinem Glauben. Damit veränderte sich die Rolle des Täufers und des Täuflings grundlegend:

> „War es bei der interrogativen Spendeformel der Täufling selbst, der mit seinem ‚credo' das entscheidende Taufwort sprach, so ist es nun bei der indikativischen Spendeformel der Spender, der mit seinem ‚ego te baptizo' das Sakrament vollzieht. Als solcher beherrscht er, der normalerweise ein Kleriker ist, das Geschehen, und ihm muß sich der Täufling als Empfänger unterordnen."[21]

Kommunikationstheoretisch gesehen wurde eine Interaktion – zwischen Täufer und Täufling – in einen einseitig vom Priester vollzogenen Rechtsakt transformiert. *Aus der Feier der Taufe wurde deren „Spendung".*

Die neue Taufpraxis (mit Taufformel) brachte eine *Aufwertung der Priester* zum Ausdruck, die im Kontext germanischer Kultur plausibel erscheint. Denn in den germanischen Stämmen waren „heilige Männer" wichtige Figuren. Die Menschen suchten ihre Nähe und ihr heilsames Wirken.

Diese Veränderung war eine wesentliche Voraussetzung für die bei den Karolingern – und später – praktizierte Form der *Zwangstaufe*.[22] Sie steht im Kontext eines bei den Germanen üblichen kollektiven Verständnisses von Religion sowie einer Gefolgstreue der Untertanen ihrem Führer gegenüber. Ihren Ausdruck fand sie in Massentaufen ganzer Stämme, wenn deren Führer sich zur Taufe entschlossen hatte.[23]

Die zügige Christianisierung – und Katholisierung – der germanischen Stämme verdankt sich also einem Ineinander von Übernahme ihrer religiösen Vorstellungen und der Inanspruchnahme ihrer führerzentrierten, am Kollektiv orientierten Sozialordnung. Das daraus resultierende Anwachsen der Kirche ist imposant. Eine Nebenfolge dieses Prozesses war aber ein problematisches Verschmelzen von Kirche und Obrigkeit. Dieses äußerte sich u.a. in den – dem

---

21 Ebd.
22 Nachrichten über Zwangstaufen von Juden liegen bereits vom Beginn des 7. Jahrhunderts aus dem westgotischen Spanien vor (s. Lienemann Taufe 158; s. allerdings auch a.a.O. 170f., wo auf Kritik an Zwangstaufen hingewiesen wird).
23 S. mit Beispielen Stringer, Worship 108f.

Grundimpuls Jesu entgegengesetzten – gewaltsamen Zwangstaufen. Bei ihnen traten christliche Inhalte vollständig zurück.

4 Mahlpraxis

Die bei den Germanen lebendige und vielfältige Praxis des *Opferns* – von Gegenständen wie Waffen oder Schmuck über Tiere wie Pferde oder Hunde bis zu Menschen[24] – stellt den Kontext für ihr Verständnis der ihnen begegnenden christlichen Mahlfeiern dar. Die Feier der Eucharistie trat sozusagen an die Stelle der von den getauften Herrschern verbotenen paganen Opfer. So kam es zu einer „Konkurrenz der Altäre".[25] Zwar gab es durchaus kontrakulturelle Erinnerungen an die „geistlichen Opfer" sowie die Almosen der Christen für die Armen. Doch in der Volksfrömmigkeit und wohl bei den meisten Priestern setzten sich dingliche Opfervorstellungen durch. Die Eucharistie wurde „materialisiert".[26]

Dies schlug sich in der konkreten Liturgie nieder. So gewannen die Wandlungsworte an Bedeutung. Ihr Gewicht wurde durch den Umstand – so der Ordo Romanus I (um 700) – erhöht, dass der Priester nur noch „schweigend" die geheimnisvollen Worte, also den sog. Kanon, betete. Dem entsprach die Transformation der altkirchlichen Geist-Epiklese in eine „Wandlungsepiklese" über den Elementen.[27]

Die schon in der Antike begegnenden, bei den Germanen ebenfalls präsenten *Reinheits-Vorstellungen* zogen auch auf Seiten der Empfangenden Konsequenzen nach sich. So setzte sich im 9. Jahrhundert das Verbot durch, die eucharistische Speise mit der – befleckten – Hand zu empfangen. Der Priester hatte stattdessen die Hostie dem Kommunizierenden direkt in den Mund zu legen.[28] Auch stiegen die Anforderungen an den Kommunionempfang der Laien. So kam es zum Gebot der eucharistischen Nüchternheit.[29] Dazu trat die Forderung nach sexueller Enthaltsamkeit einige Tage vor der Kommunion.[30] Diese Gebote führten wiederum zu

---

24 S. Arnold Angenendt, Offertorium. Das mittelalterliche Meßopfer (LQF 101), Münster ²2013, 92.
25 A.a.O. 95.
26 S. a.a.O. 96.
27 S. Schmidt-Lauber, Eucharistie 220.
28 S. Angenendt, Offertorium 214.
29 S. Peter Browe, Die Nüchternheit vor der Messe und Kommunion im Mittelalter, in: Ders., Die Eucharistie im Mittelalter. Liturgiehistorische Forschungen in kulturwissenschaftlicher Absicht, hg.v. Hubertus Lutterbach/Thomas Flammer, Berlin ⁶2011, 33–38.
30 S. Peter Browe, Die Kommunionvorbereitung im Mittelalter, in: Ders., Die Eucharistie im Mittelalter. Liturgiehistorische Forschungen in kulturwissenschaftlicher Absicht, hg.v. Hubertus Lutterbach/Thomas Flammer, Berlin ⁶2011, 173–198, 193–198.

einer – weiteren – Reduzierung der Kommunionhäufigkeit. Die meisten Menschen kommunizierten nur noch zur Fastenzeit, in der sowieso Askese geboten war.

Schließlich bürgerte sich die Sitte des *Viatikums* (Wegzehrung), also der Kommunion Sterbender, ein. Dahinter stand die Vorstellung von einer Seelenreise nach dem Tod, für die die eucharistische Speise – empfangen wurden Brot und Wein – gut vorbereite.[31]

Insgesamt brachte im Kontext germanischer Religiosität und Kultur die Formalisierung der rituellen Vollzüge die *Transformation der Mahlfeier zu einem Kultakt* zum Abschluss. Dass das Mahl früher mit Gemeinschaft und etwa der diakonischen Zuwendung zu Armen verbunden war, geriet aus dem Blick. Das Verlangen der Einzelnen nach persönlichem Heil dominierte das Ritual.

5 Zusammenfassung

Zwischen 600 und 900 vollzogen sich tief greifende Transformationsprozesse in Kirche. Sie können als *Kontextualisierung der Kommunikation des Evangeliums hinsichtlich germanischer Vorstellungen und Ordnungen* verstanden werden:
- Aus der Reichskirche wurden im Westen Landeskirchen;
- die Obrigkeit stellte diese in ihren Dienst;
- die religiösen Vorstellungen und Vollzüge wurden anschaulicher und dinglicher.

Damit konnte die Kirche den politischen und kulturellen Machtwechsel nicht nur überstehen, sondern sich weiter ausdehnen. Wichtige aus dem Auftreten, Wirken und Geschick Jesu von Nazareth resultierende Impulse rückten dabei aber an den Rand bzw. wurden vergessen. Die wohl gravierendste Nebenfolge der engen Verbundenheit von Kirche und Staat waren die Zwangstaufen, die aus der Logik der germanischen Herrschaftsdoktrin resultierten. Sie standen in schroffem Widerspruch zur Freiheit des Glaubens – wie auch zeitgenössische Theologen bemerkten. So zeigt sich „eine umfassende Neubestimmung des Christentums, deren prägende Faktoren nicht der biblischen Botschaft entstammten, sondern den neuen kulturellen Rahmenbedingungen."[32]

---

31 S. Angenendt, Offertorium 224–226.
32 Leppin, Geschichte 105.

§ 11 Dominante Kirche (900 – 1200)

Zwar war die Kirche schon länger, und teilweise sehr energisch, durch die jeweiligen Machthaber – angefangen bei Konstantin bis hin zu Karl d. Gr. – gefördert worden. Doch erst mit Ende des ersten Jahrtausends stellt das Christentum unbestritten den dominanten Diskurs dar:

> „By the eleventh century, however, especially in Western Europe ... the sense of being on the defensive about Christianity had largely disappeared, and Christian discourse had a confidence and sense of 'rightness' that profoundly affected the way in which liturgy was performed and understood. ... The way in which the world was conceived was determined by Christian reflections, including the taken-for-granted nature of heaven, hell, purgatory, angels and the great chain of being. Art, architecture, music, politics, economics, the agriculture cycle, law who could marry whom, and the very landscape – all were determined by self-consciously Christian modes of thought."[1]

Allein an den Außengrenzen des Reichs kam es in Form der Kreuzzüge zu Auseinandersetzungen mit Andersglaubenden.

Jetzt standen *die Kleriker und das priesterliche Handeln* unbestritten im Zentrum der Kirche. Bei näherem Hinsehen vollzogen sich in diesem Rahmen weitere Veränderungen, Aufbrüche und Reduktionen.

1 Allgemeine Situation und Kontext

Seit dem neuen Jahrtausend veränderten sich die sozialen Bedingungen des Lebens. Die Bevölkerung wuchs – in endlich befriedeten Verhältnissen – stark an.[2] Das führte zu Stadtgründungen und dem Größerwerden von Städten, verbunden mit wachsendem Handel und einem gewissen kulturellen Aufschwung.[3] Damit wurde aber auch das Zusammenleben komplizierter. Von daher erklärt sich, dass als erste „gelehrte Schule" in Bologna Ende des 11. Jahrhunderts eine juristische Fakultät entstand.[4]

Zugleich gab es in der Mitte des 11. Jahrhunderts große Auseinandersetzungen und Friktionen:
- 1046 setzte Heinrich III. drei Päpste ab;
- 1054 fand das endgültige Schisma zwischen Ost- und Westkirche statt;

---

1 Stringer, Worship 120 f.
2 Angenendt, Geschichte 44.
3 A.a.O. 54.
4 S. a.a.O. 44.

- 1056 begann nach dem plötzlichen Tod Heinrichs III. der Investiturstreit.

Diese Auseinandersetzung war mit einem tiefen Umbruch verbunden, insofern den Herrschern ihre Sakralität abgesprochen und damit eine bis dahin selbstverständlich in Anspruch genommene Legitimation für Herrschaft erschüttert wurde.

Auch sonst begann mit dem 12. Jahrhundert „ein neuer Stil zu denken, zu empfinden und zu argumentieren".[5] Einen wichtigen Impuls gab hierzu Anselm v. Canterbury (gestorben 1109) mit seinem Ansatz, aus Vernunftgründen Theologie zu treiben, ohne allerdings den Glauben und seine Bedeutung zu leugnen. Schroffer, und zwar dezidiert traditionskritisch setzte Peter Abaelard (gestorben 1142) in seinem Werk „Sic et non" an. Hier stellte er einander entgegengesetzte Aussagen der Tradition – einschließlich der Bibel – gegenüber, ohne die sich dabei ergebenden Widersprüche aufzulösen.

Schließlich brachen zu dieser Zeit *neue Frömmigkeitsbewegungen* auf:[6] Es entstand ein Eremitentum; Frauen schlossen sich zu frommen Gemeinschaften zusammen, einzelne wie Hildegard von Bingen (gestorben 1197) traten spirituell hervor; mit den Humiliaten begegnet eine Bewegung derer, die sich „vor Gott demütigten" und nur mit Mühe in die kirchliche Organisation eingegliedert werden konnten.

Insgesamt ergibt sich so ein sehr buntes, pluriformes Bild von Kirche.

2 Ämter und Struktur

Das eben genannte Streben nach Vollkommenheit ging auch am Klerus außerhalb der Klöster nicht vorbei. Schon 818 war im karolingischen Reich eine Kanoniker-Regel erlassen worden. Sie sah gemeinschaftliches Leben der Kleriker unter einem Propst in einem Stift vor. Kanonikerregeln im 11. und 12. Jahrhundert verschärften dies, indem u. a. der Verzicht auf Besitz gefordert wurde. Dahinter stand eine klare Orientierung am klösterlichen Leben als Vorbild.

Auch sonst bekamen die *Klöster* eine wichtige Funktion für die Kirche. In Cluny gelang eine tief greifende Klosterreform. Sie führte zu einer nicht mehr zu steigernden Fülle frommer Übungen:

> „Nach dem geistlichen Programm unter Abt Hugo dem Großen (1049–1109) sang der Konvent jeden Tag zwei feierliche Hochämter. Da die Mehrzahl der Mönche Priester war, folgten

---

5 Ebd.
6 S. zum Folgenden genauer a.a.O. 54–62.

täglich noch zahlreiche Privatmessen, wobei die besonders Eifrigen sogar mehrere feierten. Eingebunden wurden diese Zelebranten in das Stundengebet; dieses umfaßte in Cluny neben den althergebrachten Gebetszeiten eine Vielzahl von zusätzlichen Gebeten, zumeist Psalmen, obendrein die kleinen Gebetsoffizien zu Ehren aller Heiligen und der Gottesmutter. Auf diese Weise erreichte Cluny an manchen Tagen bis zu 215 Psalmen, während das benediktinische Stundengebet gerade 37 vorsah. Weiter las man im Verlauf eines jeden Jahres die ganze Bibel mitsamt erklärenden Vätertexten."[7]

Deutlich tritt hier ein *dingliches und meritorisches Frömmigkeitsverständnis* hervor, das in der germanischen Kultur unmittelbar plausibel erschien.

Systematisch entstand also ein neues Modell innerkirchlicher Differenzierung, das die Spannung zwischen Alltag und ethischem Anspruch zu vermitteln versuchte. Dabei kam den Mönchen eine Stellvertretungsfunktion für die anderen, nicht „rein" Lebenden zu.

3 Taufpraxis

Insgesamt verlor die Taufe weiter an Bedeutung.[8] Das frühere – Erwachsene voraussetzende – Katechumenat war auf wenige rituelle Verrichtungen reduziert. Die Verbindung zum Kirchenjahr – in Form des Tauftermins zu Ostern bzw. auch zu Pfingsten oder an Epiphanias – fand sich nur noch in den liturgischen Büchern. Tatsächlich wurde möglichst unmittelbar nach der Geburt, etwa am zweiten Lebenstag getauft. Der Priester vollzog den liturgischen Akt in lateinischer Sprache, die in der Regel niemand verstand. Zudem war die Taufe – mit der Ausnahme von Juden – verpflichtend. So bestand im Kontext kollektiver Kirchenzugehörigkeit kein Zusammenhang mit einem individuellen Glauben.

Eine weitere Isolierung vom sonstigen kirchlichen Leben bedeutete der ab dem Ende des 12. Jahrhunderts geforderte und schnell im Westen allgemein umgesetzte *Wegfall der Taufkommunion*. Bis dahin hatte selbst der Säugling bei seiner Taufe in Form von Wein kommuniziert, den er vom Finger des Priesters saugte. Diskussionen über die auch vom Säugling einzuhaltende eucharistische Nüchternheit zeigen die Selbstverständlichkeit dieses Vollzugs. Die Taufkommunion schloss die Taufe an die sonntägliche Feier an. Durch die Betonung der kognitiven Dimension des Glaubens in der aufkommenden scholastischen Theologie erschien aber die Säuglingskommunion obsolet. Der Eucharistieempfang wurde im Westen an die Unterscheidungsfähigkeit der Eucharistie von an-

---

7 A.a.O. 55.
8 S. auch zum Folgenden Grethlein, Taufpraxis 48–52.

deren Speisen gebunden und höherem Alter („anni discretionis"; deutsch: „Jahre der Unterscheidung") vorbehalten (s. § 12 3. und 4.).

Im Taufritual selbst wurden die Exorzismen vermehrt. Dämonische Vorstellungen bildeten den Kontext hierfür, was in den Bildprogrammen romanischer Taufsteine bis heute sichtbar ist.[9] Auch die Reinheitsvorstellungen beeinflussten das Ritual. So wurden zu Beginn des 11. Jahrhunderts erstmals Kerzen im Taufritual überreicht.[10] Der Begleitspruch dazu bezog sich auf Jesu Gleichnis von den klugen Jungfrauen (Mt 25,1–13).[11] Kerzen galten als Ausdruck der Reinheit – und durften deshalb auf dem Altar stehen.

Es strömten also neue Inhalte in die Taufe. *Dämonenabwehr sowie die Unterscheidung Reinheit – Unreinheit traten an die Stelle der Mimesis Jesu.* Dagegen wurde das an menschlichen Fehlleistungen und Leistungen orientierte Bußsakrament zum „mittelalterlichen Grundsakrament".[12]

4 Mahlpraxis

Die gottesdienstliche Feier war jetzt endgültig „Klerusliturgie":

> „Die Gläubigen spielen außer bei der Gabendarbringung und bei der selten gewordenen Kommunion kaum noch eine Rolle, zumal auch die Gesänge und Akklamationen, trotz entgegengesetzter Bemühungen in der Karolingerzeit, von Sängern und Klerikern übernommen wurden."[13]

Der Vollzug des Rituals hatte sich vom Alltag der Menschen entfernt. Das seit dem 9. Jahrhundert aufkommende Ersetzen des – im Westen lange Zeit gesäuerten – Brots durch *Hostien* aus ungesäuertem Teig dokumentiert diesen Prozess sinnenfällig. Damit fiel auch die Geste des Brotbrechens weg, die bisher wenigstens grundsätzlich den Gemeinschaftscharakter der Feier zum Ausdruck gebracht hatte. Dagegen wuchsen die priesterlichen Handlungen immer weiter an.[14] Mehrfaches Händewaschen verlieh dem Bemühen um Reinheit Gestalt. Ständige Begleitgebete und Segenshandlungen drückten die Heiligkeit des Geschehens

---

[9] S. z.B. Hartmut Mai, Taufbecken und Taufständer – Geschichte und Ikonografie, in: Bettina Seyderhelm (Hg.), Tausend Jahre Taufen in Mitteldeutschland, Regensburg 2006, 156–172, 157.
[10] S. Kleinheyer, Feiern 136.
[11] S. Angenendt, Geschichte 411.
[12] Reinhard Meßner, Einführung in die Liturgiewissenschaft, Paderborn ²2009, 115.
[13] Hans Bernhard Meyer, Eucharistie. Geschichte, Theologie, Pastoral (GDK 4), Regensburg 1989, 206.
[14] S. exemplarisch die sog. Rheinische Messordnung, zitiert a.a.O. 205f.

aus. Die lateinischen Formeln sowie die leise gesprochenen Kanongebete erhöhten die geheimnisvolle Atmosphäre der Handlung.

Theologisch zog die Klärung der *Präsenz Christi in den Elementen* die Aufmerksamkeit auf sich. Dabei setzten sich radikal realpräsentische Vorstellungen durch. So zwang Papst Nikolaus II. (1058–1061) Berangar von Tours zu folgendem Bekenntnis, nämlich dass:

> „Brot und Wein, die auf dem Altar liegen, nach der Weihe nicht nur Sakrament sind, sondern der wahre Leib und Blut unseres Herrn Jesu Christi sind und in sinnfällig dinglicher Weise, nicht nur sakramental, sondern in Wirklichkeit von den Händen der Priester berührt und gebrochen und von den Zähnen der Gläubigen zermalmt werden" (DH 690).[15]

In der Feierpraxis der Menschen führte dies zu einer Ausgestaltung und Hochschätzung der Elevation, also der nach der Konsekration stattfindenden Erhebung der Hostie – und später auch des Kelchs (s. § 12 4.).[16] So entfiel nicht nur der Gemeinschaftscharakter, sondern zunehmend auch die Kommunion in Form des Essens einer Hostie. Die diakonische Dimension der Feier war schon seit Längerem vergessen.

5 Zusammenfassung

Das Allgemein- und Selbstverständlich-Werden des Christseins – von der Obrigkeit erzwungen (mit Ausnahme der Juden) – integrierte die Kirche in die Kultur bzw. verkirchlichte diese. In diesem Kontext kam es zu verschiedenen Aufbrüchen, wobei vor allem die Klöster voranschritten. Das Mönch- bzw. Nonne-Sein erschien in einer Kirche, die wesentlich durch das Streben nach kultischer Reinheit und durch dingliche Vorstellungen nicht zuletzt hinsichtlich von Dämonen geprägt war, als vorbildliche Lebensform.

Demgegenüber trat die Taufe – als selbstverständliches Ritual am Anfang des Lebens – zurück. Die Mahlfeier wurde eine klerikale geheimnisvolle Handlung. Der Glaube an die Realpräsenz Christi in den Elementen und die daraus folgende individuelle Frömmigkeitspraxis traten an die Stelle der gemeinschaftlichen Feier. Damit verschwanden wichtige Impulse des Auftretens, Wirkens und Geschicks Jesu. Verschiedene Reformbewegungen versuchten sie wieder zu Gehör zu bringen.

---

[15] Zitiert und interpretiert bei Volker Leppin, Das Ringen um die Gegenwart Christi in der Geschichte, in: Hermut Löhr (Hg.), Abendmahl, Tübingen 2012, 95–136, 106f.
[16] S. Angenendt, Offertorium 377.

§ 12 Kirche zwischen Scholastik und Volksfrömmigkeit (1200–1500)

In diesem, häufig Hochmittelalter genannten Zeitraum entfalteten und differenzierten sich viele Ansätze und Bewegungen der vorhergehenden Jahrhunderte aus. Die Kirche mit dem Papsttum an der Spitze erweiterte ihre Verwaltung und Herrschaft, kam dann aber durch innere Auseinandersetzungen an ihre Grenzen. Die Frömmigkeitsbewegungen mündeten in neue Organisationsformen, in und – als sog. Ketzer – jenseits der römischen Kirche. Im liturgischen Leben begegnen fromme Devotion und gleichzeitig ein ökonomisch bestimmter Massenbetrieb. Dazu traten neue Herausforderungen: in intellektueller Hinsicht das – über islamische Gelehrte vermittelte – Bekanntwerden der Schriften des Aristoteles; in existenzieller Hinsicht die Pest als verheerende Seuche.

1 Allgemeine Situation und Kontext

In geistig intellektueller Hinsicht konnte das 13. Jahrhundert die Früchte früherer Bemühungen ernten. Die verschiedenen Wissensgebiete verfügten über Grundlagen-Bücher, auf die aufgebaut werden konnte und wurde:

> „das Jus den Iustinianischen ‚Codex Iuris', das Kirchenrecht das ‚Decretum' des Mönchs Gratian, die Bibelauslegung die ‚Glossa Ordinaria', die Dogmatik die ‚Sententiae' des Petrus Lombardus (†1160)".[1]

Dazu traten für andere Fächer wie Medizin, Geographie, Algebra und Optik neue Erkenntnisse, nicht zuletzt auf Grund von Anregungen aus der islamischen Welt, die über Spanien und Sizilien bzw. Süditalien das Abendland erreichten.[2]

In sozialer Hinsicht prägten im Westen verschiedene Entwicklungen den Zeitraum: Die Städte wuchsen und damit die ihnen eigene, zentralistischen Tendenzen entgegenstehende Kultur. Das Ordenswesen differenzierte sich aus, dazu traten neue Gemeinschaftsformen wie die Beginen. Ab 1200 entstanden in Städten – zuerst Bologna, dann Paris usw. – die ersten *Universitäten*. Sie bildeten Räume der Reflexion, die über die Theologie in die Kirche ausstrahlten. Dabei wurde eine Internationalität selbstverständlich, die sich etwa an den Stationen des Wirkens bei scholastischen Theologen wie Thomas v. Aquin ablesen ließ.

---

1 Angenendt, Geschichte 51.
2 S. a.a.O. 51f.

Dieser lehrte in Köln, Paris, Rom und Neapel – ermöglicht wurde das durch die einheitliche Gelehrtensprache des Lateinischen. Etwa gleichzeitig – und teilweise damit verbunden – bildeten sich *neue Ordensgemeinschaften*. Sie brachten – parallel und damit komplementär zum Ausbau der päpstlichen Macht – eine nicht zu unterschätzende innere Differenzierung in die von außen gesehen zunehmend zentralistischer auftretende römische Kirche. Dazu führten sie durch wichtige Theologen zu einer Blüte der theologischen Wissenschaft, die sich seit dem 12. Jahrhundert vorbereitende sog. *Scholastik*. Dass dabei die Integration der neuen Gemeinschaften nicht ganz einfach war, zeigte sich exemplarisch anhand des Franziskaner-Ordens.

Existentiell sorgten Epidemien, allen voran die *Pest* für tiefe Erschütterungen auch im Glaubensleben und in den Gewohnheiten der Menschen. Von daher schlägt die Historikerin Marianne Gronemeyer sogar vor, mit dem ersten Pestjahr 1348 die Neuzeit beginnen zu lassen. Denn hier begegnete ein „Tod, der alle Ordnung außer Kraft setzt, dem weder Rituale noch Haltungen noch Glauben gewachsen sind": [3]

> „Das heißt: der Tod ist nicht länger ein heilsgeschichtliches Ereignis, ein Übergang zum wirklichen Leben. Es kommt vielmehr die düstere Ahnung auf, daß er endgültiges Ende ist, eine Ahnung, deren Unerträglichkeit man noch lange durch eine immer zaghafter und kleinlauter werdende Jenseitshoffnung zu mildern trachtet. Dieser im Pestinferno entstandene Tod ist es, der das Lebensgefühl der Moderne entscheidend prägt. Die ungeheure Anstrengung der Weltverbesserung, die die Moderne auf sich nimmt, ist eine Kampfansage an diesen Tod."[4]

Schließlich traten Theologie und Frömmigkeit vollständig auseinander. Während sich die häufig an Universitäten wirkenden Doctores in zunehmend subtileren Reflexionen etwa zur Sakramentenlehre verstiegen, orientierten sich die ungebildeten Menschen an den unmittelbaren Notwendigkeiten des Lebens und bauten sich eigene religiöse Vorstellungen auf.

2 Ämter und Struktur

Politisch und zugleich kirchlich erreichte das *Papsttum* einen Höhepunkt an Machtfülle. Programmatisch in der Bulle „Unam Sanctam" von Bonifatius VIII.

---

[3] Marianne Gronemeyer, Das Leben als letzte Gelegenheit. Sicherheitsbedürfnisse und Zeitknappheit, Darmstadt 1993, 10.
[4] A.a.O. 15.

(gestorben 1303) formuliert, reklamierte es nicht weniger als die absolute Vorherrschaft in politischen und geistlichen Dingen für sich:

> „Beansprucht und realisiert wurde die Primatstellung als kirchliche Universalgewalt. Weil sich die Päpste als Haupt der Christianitas und als Vikare Christi verstanden, bedeutete ihre Vollgewalt Leitung der Gesamtkirche: letztgültige Entscheidung in allen Glaubensfragen und Rechtsfällen, die Einberufung und Bestätigung von Konzilien, die Kanonisation von Heiligen, die Verfolgung von Ketzern mittels der Inquisition, die Gewährung von Privilegien, ein ständig sich erweiterndes Recht auf Stellenbesetzung, zuletzt noch hierokratische Ansprüche aufgrund der Zwei-Schwerter-Lehre (vgl. Lk 22,38)."[5]

Dazu stand in Spannung das wesentlich in Rivalitäten zwischen Frankreich und Italien begründete Schisma in der westlichen Kirche zwischen 1378 und 1417. Das Nebeneinander von zwei, zeitweise sogar drei Päpsten schwächte deren Einfluss. Theoretisch prallten jetzt Positionen unversöhnlich aufeinander: auf der einen Seite die sog. Papalisten wie Aegidius Romanus (gestorben 1316), denen zufolge jede Gewalt vom Papst allein abhängig war; auf der anderen Seite die Legisten wie Marsilius von Padua (gestorben 1343), die eine Unterwerfung der Kirche unter die Staatshoheit forderten.[6]

Auch im Weiteren erwies sich die Gründung neuer Ordensgemeinschaften als wichtig: *Franziskus von Assisi* (gestorben 1226) vollzog „einen radikalen Bruch mit dem herkömmlichen Mönchtum". Zum einen lehnte er die eine Hierarchie unter den Ordensangehörigen voraussetzenden Ordnungen ab: „Und keiner soll ... ‚Prior' heißen, sondern alle sollen schlechthin ‚Mindere Brüder' heißen."[7] Zum anderen stand für ihn die Hinwendung zu den Armen im Vordergrund. So konstatiert Angenendt: „Gott führt zum Verlassen der Welt, aber nicht ins Kloster, sondern ins Leprosorium".[8] In der Begegnung mit den Kranken und Ausgestoßenen fand Franziskus seine spirituelle Erfüllung. Den Hintergrund bildete eine auch sonst damals zu beobachtende Hinwendung zum leidenden Christus.

> „Das Ziel ist, Christus in die Nähe und in die Mitte derjenigen zu bringen, die in dem bisherigen spirituellen System nicht berücksichtigt worden waren oder auf Distanz gehalten wurden, was vor allem für die Armen galt."[9]

---

5 Angenendt, Geschichte 60.
6 S. a.a.O. 79.
7 Zitiert aus der nichtbullierten Regel des Franziskus a.a.O. 60.
8 Ebd.
9 Charles Taylor, Ein säkulares Zeitalter, Frankfurt 2009, 166.

Am Rand dieser radikalen Armutsbewegung bildeten sich Gemeinschaften, die nicht in die hierarchische Kirche eingegliedert werden konnten bzw. wollten.[10] Hier blitzte inmitten der sonstigen affirmativen Kontextualisierung der Kommunikation des Evangeliums ein *kontrakulturelles* Berührtsein vom Auftreten, Wirken und Geschick Jesu auf. Es stand quer zum Funktionieren der hierarchischen Kirche, ihrer Macht und ihrem Reichtum. In der Zuwendung zu den Armen fand der Modus des Helfens zum Leben bei der Kommunikation des Evangeliums neue Aufmerksamkeit und wurde in eine spirituelle Lebensform transformiert.

Einen anderen innovativen Impuls gab der Spanier *Dominikus* (gestorben 1221). Er und dann sein Orden wendeten sich der Predigt als Aufgabe zu, also dem – ebenfalls lange zurückgetretenen – Modus des Lehrens und Lernens bei der Kommunikation des Evangeliums. Konkret widmeten sich die Dominikaner der Predigt zu sog. Ketzern, den Waldensern und Katharern. Hierfür war Dominikus die Theologie wichtig. Deshalb forderte er von seinen Anhängern eine wissenschaftliche Ausbildung. So nahm das Studium breiten Raum beim Zutritt zum Orden ein. Auch sonst brachen Menschen in der Sehnsucht nach einem gottgefälligen Leben auf. Um Klöster bildeten sich Kreise von Laien. Die ins Kloster Eintretenden hießen Konversen, die anderen Familiaren.[11]

Schließlich traten Gruppen auf, die sich *gegen die verfasste Kirche* richteten. So bemühte sich der Wanderprediger *Petrus Waldes* (gestorben vor 1218) um eine Reinigung des Klerus. Der wohlhabende Kaufmann gab selbst seine Güter auf und trennte sich von seiner Familie, um das Evangelium predigen zu können. Der dadurch entstandene Konflikt – die Predigt war nach kirchlicher Lehre ihren Klerikern vorbehalten – konnte durch den Papst anfangs entschärft werden, indem dem jeweiligen Ortsbischof das Recht zur Erteilung der Predigterlaubnis zugestanden wurde. Doch kam es immer wieder zu Zusammenstößen von Waldes und seinen Anhängern, „Arme von Lyon" genannt, mit dem Ortsklerus bzw. den jeweiligen Bischöfen. So bildete sich eine eigene kirchenkritische und bald als Ketzer verfolgte Gemeinschaft Frommer heraus. Als zweite wichtige, ebenfalls lehrmäßig dissidente Gruppe sind die *Katharer* zu nennen. Sie gingen von einem in den verschiedenen Untergruppen wiederum unterschiedlich ausgelegten Dualismus aus. Im Kontrast zum wachsenden Reichtum in bestimmten städtischen Schichten entstand mit ihnen eine ländliche Armutsbewegung. Ihre Kritik an der eng mit der Geldwirtschaft verbundenen Sakramentspraxis der Kirche trennte ihre Anhänger von der Papstkirche, die ihrerseits mit gewaltsamen Ver-

---

10 Sehr plastisch und atmosphärisch dicht lässt in Romanform Umberto Eco, Il nome della rosa, Mailand 1980 diese Spannungen hervortreten.
11 S. Angenendt, Geschichte 54.

folgungen antwortete. Sie fanden in den sog. Albigenser-Kreuzzügen ihren Höhepunkt. Auch die letzte sog. Ketzerei, die des *Jan Hus* (verbrannt 1415), hatte einen wesentlichen Konfliktpunkt in der Sakramentspraxis. Hus kritisierte die vielfach als unwürdig empfundenen Sakramentsspender („geistlose Pfründeninhaber"[12]). Konkret forderte er u.a. den sog. Laienkelch, also den Genuss von Wein für Laien. Dazu kritisierte er den Papst als Antichrist. Dieser beantwortete die Kritik mit dem Scheiterhaufen auf dem Konzil von Konstanz.

Machtvolle Einheit der Kirche und demgegenüber kritische, teils in die Kirche integrierte, teils als Ketzer diffamierte und von der Inquisition verfolgte Gemeinschaften standen also neben- und gegeneinander. *Orden und andere Gemeinschaften brachten die beiden in der verfassten Kirche vernachlässigten Modi der Kommunikation des Evangeliums, das Helfen zum Leben und das Lehren und Lernen, von neuem zur Geltung.*

3 Taufpraxis

Innerhalb der westlichen Kirche schritt auch in dogmatischer Hinsicht der Marginalisierungsprozess von Taufe voran. Die Abspaltung von Handauflegung und Salbung hatte zur Reduktion des Sinngehalts auf die Gabe der Sündenvergebung geführt (s. § 9 3.). Dagegen blieb die lange mit der Taufe verbundene – und in den orthodoxen Kirchen bis heute praktizierte – rituelle Geistverleihung dem bischöflichen Handeln in der *Firmung* vorbehalten. Sie gewann rasch an Bedeutung. So definierte Thomas v. Aquin die Firmung wirkmächtig:

> „in sacramento confirmationis datur plenitudo spiritus sancti ad robur" („im Sakrament der Firmung wird die Fülle des Heiligen Geistes zur Stärke gegeben", Summa Theologiae III,65,1 ad 4).

Rituell entwickelte – auch abgesehen von der rechtlichen Fixierung als Sakrament – die im Laufe des 13. Jahrhunderts zu beobachtende Verbindung der Firmung mit dem aus der Ritterweihe stammenden Backenstreich große Anschaulichkeit und Plausibilität.[13] Dazu spaltete sich zu Beginn dieses Jahrhunderts – wiederum nur im Westen – die Eucharistie von der Taufe ab (s. § 10 3.). War bis dahin die Kommunion des Säuglings bei der Taufe selbstverständlich, so betonten die

---

12 Zitiert a.a.O. 80.
13 S. Wilhelm Maurer, Geschichte der Firmung und Konfirmation bis zum Ausgang der lutherischen Orthodoxie, in: Kurt Frör (Hg.), Confirmatio. Forschungen zur Geschichte und Praxis der Konfirmation, München 1959, 9–38, 16.

Scholastiker die kognitive Dimension im Glauben. Von daher erschien die Kommunion erst dann möglich, wenn zwischen der heiligen Speise und sonstigen Mahlzeiten unterschieden werden konnte (sog. „anni discretionis"; „Jahre der Unterscheidung"). Dazu trat die allgemeine Ehrfurcht vor dem heiligen Sakrament, die einer Säuglingskommunion entgegenstand. Schließlich reduzierte die sich jetzt verfestigende Lehre von der Siebenzahl der Sakramente die theologische Bedeutung der Taufe.

In der *Volksfrömmigkeit* und deren Praxis begegnen dazu gegenläufige Entwicklungen. Zum einen hatte das Taufwasser große Bedeutung in Liturgie und Alltag. Bei Umzügen und Prozessionen kam es zu Besprengungen. Menschen nahmen Taufwasser nach Hause, um dessen benediktionelle Kraft „zum Schutz von Leib und Seele und von Hab und Gut",[14] also für den Alltag zu nutzen. Dabei unterschied die ungebildete Bevölkerung nicht zwischen Tauf- und Weihwasser.[15] Auch fand das „heilige" Wasser Eingang in den Heiligen- und Reliquienkult. Zum anderen zeigt sich an der in der Erbsündenlehre begründeten Sorge von Eltern um vor der Taufe verstorbene Kinder ein verbreiteter, von der Kirche unterstützter magischer Glaube an das Sakrament.

> „Schon 1310 bestimmt das Reformkonzil von Trier, dass Hebammen im Falle einer gefährdeten Geburt den Kopf eines Kindes taufen sollen, da in diesen Situationen kein Priester zugegen sei. Hebammen hatten bereits mit Beschluss der Synoden von Mainz (1233) und Trier (1277) Taufunterricht zu erhalten."[16]

Verstärkt wurden solche Bestrebungen durch kirchliche Verbote, ungetaufte Säuglinge in geweihter Erde zu bestatten. Damit wurden sie Gehenkten und Selbstmördern gleich gestellt und aus der christlichen Gemeinschaft exkludiert. Wie sehr dies Eltern erschütterte, zeigen Nachrichten, dass sie ihre bereits bestatteten Kinder wieder ausgruben und versuchten, ihnen ein Lebenszeichen zu entlocken, das eine Taufe mit geweihtem Wasser ermöglichte.[17] Entsprechende Wallfahrten erfreuten sich regen Zustroms. Taufe richtete sich hier nicht mehr auf das irdische Leben, sondern ausschließlich auf das Jenseits.

---

14 Adolf Franz, Die Kirchlichen Benediktionen im Mittelalter Bd. 1, Freiburg 1909, 52.
15 S. zu den vielfältigen Verwendungen solchen Wassers im Mittelalter a.a.O. 43–220.
16 Traugott Roser, Taufpraxis in poimenischer Perspektive – am Beispiel von Taufen im perinatalen Kontext, in: Franziska Beetschen/Christian Grethlein/Fritz Lienhard (Hg.), Taufpraxis. Ein interdisziplinäres Projekt, Leipzig 2017, 209–241, 223.
17 S. z.B. die diesbezügliche Auswertung süddeutscher Mirakelbücher bei Walter Pötzl, Die Taufe totgeborener Kinder. Inchenhofen, Hohenwart und Tuntenhausen, Bergatreute und Ursberg – „Sanctuaires à répit" in Süddeutschland, in: Bayerisches Jahrbuch für Volkskunde 2012, 105–142.

4 Mahlpraxis

Eine wichtige Station für das Verständnis der Eucharistie in der römischen Kirche stellt das 4. Laterankonzil (1215) dar. Hier wurde die *Transsubstantiationslehre* dogmatisch festgestellt, nämlich dass

> „Leib und Blut im Sakrament des Altars unter den Gestalten von Brot und Wein wahrhaft enthalten sind, wenn durch göttliche Macht das Brot in den Leib und der Wein in das Blut wesenhaft verwandelt sind" (DH 802).

Dazu ordnete das Konzil – bis heute kirchenrechtlich verbindlich – die jährliche Kommunion (und Einzelbeichte; DH 920) an.

Hinsichtlich der Zulassung zur Eucharistie wurden – wie bei der Taufpraxis erwähnt – die „anni discretionis" bestimmt. Allerdings trafen hier scholastische Gelehrsamkeit und tatsächliche Praxis der Menschen direkt aufeinander. Wollten die Theologen eine bewusste Kommunion ermöglichen, stand für manche Menschen die mit der Kommunion verbundene finanzielle Verpflichtung im Vordergrund. So bemühten sich Eltern, die Zulassung ihrer Kinder zur Kommunion zu verzögern, um das dann fällig werdende Entgelt für den Priester aufzuschieben.[18]

Ebenfalls finanzielle Gründe standen hinter einer weiteren Einschränkung der Teilnahme an der Kommunion. Sie war – wie erste Berichte seit dem 9. Jahrhundert zeigen – an die Zugehörigkeit zur Pfarre gebunden. Denn hier wurden der Zehnte sowie weitere Opfergaben entrichtet. Außerhalb dieser Verwaltungseinheit, an die der Einzelne finanziell gebunden war, gab es keinen Zugang zur Kommunion. Finanzielle Interessen dominierten also die dogmatisch behauptete Bedeutung des Sakraments.

Umgekehrt erfreute sich die Eucharistie im Sinn der *Schaufrömmigkeit* – nicht der aktiven Kommunion – großer Beliebtheit. Das wohl eindrücklichste, bis heute reichende Beispiel ist die Entstehung des Fronleichnamsfestes im 13. Jahrhundert.[19] Hier stand – und steht – das fromme Anblicken der unverhüllten Hostie im Mittelpunkt, die in einer Prozession durch Straßen und Felder getragen wird. „Damit war eine klare kirchliche Machtdemonstration verbunden, wie etwa der Baldachin über dem Allerheiligsten zeigt, ein Würdezeichen des Herrschers."[20]

---

[18] S. Peter Browe, Die Kinderkommunion im Mittelalter, in: Ders., Die Eucharistie im Mittelalter. Liturgiehistorische Forschungen in kulturwissenschaftlicher Absicht, hg.v. Hubertus Lutterbach/ Thomas Flammer, Berlin ⁶2011, 89–114, 106f.
[19] S. Angenendt, Offertorium 379f.
[20] Grethlein, Abendmahl 69.

Komplementär hierzu, nämlich direkt auf die dingliche Dimension bezogen, war eine weitere Facette eucharistischer Frömmigkeit. Die Hostie zog in verschiedener Hinsicht die Aufmerksamkeit auf sich. So mehrten sich die Berichte über sog. Hostienwunder, vor allem dass Blut aus diesen hervortrat bzw. sogar strömte.[21] Dazu finden sich Berichte von magischen Hantierungen, bei denen die Hostien funktionalisiert wurden, etwa im Zuge eines Liebeszaubers[22] oder einer Steigerung der Fruchtbarkeit von Tieren.[23]

Gleichsam kirchlich kanalisiert waren solche dinglichen Auffassungen in der Form der *Messstipendien*. Hier hatten sog. Messpfaffen die Aufgabe, an Seitenaltären oder in Kapellen in Auftrag gegebene – und bezahlte – Messen zu zelebrieren, ohne dass dabei eine mitfeiernde Gemeinde notwendig erschien. Dies entwickelte sich in den spätmittelalterlichen Städten zu einem erheblichen wirtschaftlichen Faktor.[24]

Dagegen protestierten Einzelne wie John Wicliff (gestorben 1384) oder Jan Hus, ohne aber zu einer durchgreifenden Reform der Missstände durchzudringen. Vor allem die Forderung des Laienkelchs erwies sich als populär und führte zur Bezeichnung ihrer Anhänger als „Utraquisten".

5 Zusammenfassung

Hohe Theologie und volksfromme Bräuche traten – jetzt unübersehbar – auseinander. Eine gewisse Verbindung, wenn auch inhaltlich ganz unterschiedlich ausgelegt, bestand in der *Dinglichkeit des Glaubensverständnisses*. Sie begegnet philosophisch-theologisch elaboriert in der bei Thomas durch die Unterscheidung von Substanz und Akzidenz ausgearbeiteten Sakramentslehre, bei vielen Ungebildeten in magischen Praktiken mit Tauf- bzw. Weihwasser und Hostien. Neben dem Machtfaktor traten ökonomische Überlegungen in der kirchlichen

---

21 S. Peter Browe, Die eucharistischen Verwandlungswunder des Mittelalters, in: Ders., Die Eucharistie im Mittelalter. Liturgiehistorische Forschungen in kulturwissenschaftlicher Absicht, hg.v. Hubertus Lutterbach/Thomas Flammer, Berlin ⁶2011, 265–289, der in einer sieben Seiten umfassenden Tabelle Ort und Datum solcher „Wunder" präsentiert.
22 S. Peter Browe, Die Eucharistie als Zaubermittel im Mittelalter, in: Ders., Die Eucharistie im Mittelalter. Liturgiehistorische Forschungen in kulturwissenschaftlicher Absicht, hg.v. Hubertus Lutterbach/Thomas Flammer, Berlin ⁶2011, 219–231, 219.
23 S. Beispiele bei Franz, Benediktionen Bd. 2, 134.
24 S. Leppin, Ringen 111.

Praxis hervor.[25] Bei den Messstipendien verquickten sich soteriologische Hoffnungen der Menschen und klerikales Gewinnstreben miteinander.

Allerdings begegnen neben diesen affirmativen Formen der Kontextualisierung immer wieder Aufbrüche Einzelner und sich schnell um sie scharender Gemeinschaften, die vor allem durch die Armut Jesu und seinen Einsatz für die Armen berührt waren. Teilweise wurden sie – wie die Franziskaner – in die Kirche integriert, teilweise als Ketzer verfolgt.

So standen Berührt-Sein durch das Auftreten, Wirken und Geschick Jesu und Macht- sowie Profitstreben merkwürdig mit-, neben- und gegeneinander.

---

[25] S. Berndt Hamm, Den Himmel kaufen. Heilskommerzielle Perspektiven des 14. bis 16. Jahrhunderts, in: JBTh 21 (2006), 239–275.

§ 13 Orientierung an der Rechtfertigung des Einzelnen (1500–1800)

Das 16. Jahrhundert war in mancherlei Hinsicht eine Umbruchszeit. Die von Wittenberg ausgehende – und dann auch in Zürich und Genf begonnene – Reformation stellt einen tief reichenden Einschnitt in der westlichen Christentumsgeschichte dar. Sie nahm ihren Ausgang von der Wittenberger Universität. *Durch die Betonung der Bibel rückten die Reformatoren – im Kontext der Bildungsbewegung des Humanismus – den seit langem vernachlässigten Modus des Lehrens und Lernens bei der Kommunikation des Evangeliums wieder in den Vordergrund.* Dazu markiert der reformatorische Aufbruch – jenseits der konkreten Ereignisse – grundlegende Fragen und Herausforderungen für das Verständnis von Kirche. Ihnen gilt im Folgenden die Aufmerksamkeit.

1 Allgemeine Situation und Kontext

Heinz Schilling beschreibt in seiner Luther-Biografie einleitend anschaulich die Situation um die Wende vom 15. zum 16. Jahrhundert unter der Überschrift „Die Christenheit im Aufbruch".[1] Dabei hebt er u. a. hervor, dass Luthers Reformation sich „in protestantisch-kleindeutscher Perspektive"[2] vollzog, etwa verglichen mit Aufbrüchen in Spanien oder Portugal. Tatsächlich scheinen die Entdeckungen neuer Länder außerhalb Europas für Luther und seinen Kontext keine Rolle gespielt zu haben. Doch heißt dies nicht, dass der Wittenberger Reformator nur einen provinziell beschränkten Horizont hatte. Politisch war ihm die osmanische Bedrohung – „die Türken vor Wien" – wohl bewusst. Er verstand sie allerdings – traditionell – als Zeichen für das nahende Ende der Welt. Dazu war er – nicht nur als Seelsorger, sondern existenziell – mit der zumindest in Deutschland die Menschen beschäftigenden „transzendentalen Unruhe"[3] vertraut.

> „,Wie gewinne ich einen gnädigen Gott?' oder ‚Wie ist es um mein persönliches Seelenheil bestellt?' – diese Fragen, die durch Luther weltgeschichtliche Bedeutung erhielten, stellten sich die Menschen vor allem nördlich der Alpen, besonders in Deutschland."[4]

---

[1] Heinz Schilling, Martin Luther. Rebell in einer Zeit des Umbruchs. Eine Biographie, München 2012, 23–55.
[2] A.a.O. 27.
[3] A.a.O. 52.
[4] Ebd.

Den Hintergrund dazu stellten – jedenfalls aus heutiger Sicht – tief greifende Wandlungen dar, z. B.: Der Bevölkerungsanstieg im 16. Jahrhundert förderte zum einen die wirtschaftliche Entwicklung, brachte zum anderen aber in Folge von Missernten und Seuchen große Not und Armut mit sich. Dabei standen sehr wenige Reiche – etwa exemplarisch greifbar in der Augsburger Kaufmannsfamilie Fugger – vielen Armen gegenüber. Kulturell kam es im Zug der Renaissance zu einer Hinwendung zum Menschen. Der Humanismus brachte einen wissenschaftlichen Aufschwung.[5] Kirchlich war seit der Mitte des 15. Jahrhunderts in Form von Konkordaten eine zunehmende Regionalisierung von Kirche im Gang.[6] Das Papsttum befand sich einerseits durch die „institutionell-bürokratische ‚Modernität' der Kurie" sowie den Machtgestus des Renaissance-Papsttums auf einem Höhepunkt; andererseits zeigte der „Sacco di Roma" (1527), als habsburgische Truppen Rom stürmten und der Papst sich in der Engelsburg verschanzen musste, seine Schwäche.[7] Ungewissheit und Zerrissenheit herrschten also überall.

Nur als Katastrophe können die auch konfessionell bedingten Auseinandersetzungen des Dreißigjährigen Kriegs (1618–1648) bezeichnet werden. Sie dezimierten die Bevölkerung in Mitteleuropa erheblich und verwüsteten die Infrastruktur so stark, dass noch Jahrzehnte nach dem Westfälischen Frieden Aufbauarbeiten notwendig waren. Erst im 18. Jahrhundert erfolgte ein neuer Aufschwung in Form von Absolutismus und Aufklärung.[8]

2 Lehre

Schon die Tatsache, dass Luther auf dem Höhepunkt seiner Auseinandersetzung mit dem Papsttum – zwischen 1520 und 1530 – drei ausführliche Schriften zum Thema Schule verfasste, zeigt die Bedeutung, die bei ihm dem Kommunikationsmodus des Lehrens und Lernens zukam:

> „An den christlichen Adel deutscher Nation von des christlichen Standes Besserung" (1520);
> „An die Ratsherren aller Städte deutschen Lands, daß sie christliche Schulen aufrichten und halten sollen" (1524);
> „Eine Predigt, daß man Kinder zur Schule halten solle" (1530).

---

5 S. a.a.O. 47.
6 S. a.a.O. 33.
7 S. a.a.O. 38.
8 S. Albrecht Beutel, Aufklärung in Deutschland (Die Kirche in ihrer Geschichte Bd. 4, 02), Göttingen 2006, 174–177.

Hier hob Luther – an die Obrigkeit adressiert – die *Bedeutung der Erziehung und Bildung* für Christsein hervor. Einen Hintergrund für dieses Plädoyer stellte das eklatante Bildungsdefizit in der breiten Bevölkerung dar, wie es z. B. in zeitgenössischen Visitationsprotokollen zum Ausdruck kommt. So berichtet ein Pfarrer:

> „Ich habe unlängsten einem alten Mann bei 80 Jahren das Abendmahl reichen sollen. Als ich gefragt, wie viel Götter wären, hat er geantwortet: sechs. Darüber ich ihn erinnere, wo er hingedächte, wäre so alt worden und hätte nit soviel gelernet, daß ein einiger Gott und drei Personen in dreieinig Gottheit wären. Darauf er gesagt: ,Ei, sollte das nur einer sein, hab ich je gemeint, es sein sechs'. Eben das ist mir diese Woche bei einer alten Frau, die noch krank ist, begegnet, die hat mir auch zur Antwort gegeben, es sein drei Götter."[9]

Dazu kam, dass die Reformatoren eine wesentliche Stütze des damaligen Schulwesens, die Klosterschulen, durch ihre Grundsatzkritik am monastischen Leben in Frage stellten. Die von ihnen verfolgte Auflösung der Klöster hatte die Abschaffung dieser Elite-Schulen zur Nebenfolge. Entsprechend der Grundeinsicht der Reformation, dass jeder Mensch selbstverantwortlich sein Verhältnis zu Gott gestalten könne und müsse, erstreckten sich Luthers Schulpläne auf die gesamte Bevölkerung – einschließlich Mädchen, was damals ungewöhnlich war. So wurde Luther gelegentlich euphorisch als Begründer der deutschen Volksschule gefeiert. Auf jeden Fall hatte er entschieden eine allgemeine Schulpflicht für alle Kinder gefordert.

Parallel zu diesem Engagement für ein allgemeines, von der Obrigkeit zu finanzierendes Schulwesen unterstützte Luther die Erziehung im Haus. Sein *Kleiner Katechismus* richtete sich auch an die Hausväter. Er prägte – fortgesetzt durch die in seiner Nachfolge entstehenden weiteren Katechismen sowie deren katholische Gegenstücke – über Jahrhunderte die christliche Erziehung in Deutschland. Didaktisch sehr geschickt aufgebaut und wichtige Traditionen aufnehmend präsentiert der Kleine Katechismus die wesentlichen Dimensionen des christlichen Glaubens:

- Er beginnt „mit dem Dekalog (Zehn Gebote). Hier erfolgt eine – theologisch begründete (1. Gebot!) – ethische Grundorientierung. Interessanterweise hat dieser Einsatz bei der Ethik eine lange Tradition. Schon das altkirchliche Taufkatechumenat bestand wesentlich aus ethischer Unterweisung (die Glaubenslehre wurde erst nach der Taufe, also der Geistverleihung, unterrichtet).

---

9 Zitiert nach Klaus Leder, Kirche und Jugend in Nürnberg und seinem Landgebiet 1400 bis 1800, Neustadt a. A. 1973, 159.

- Es folgt das Glaubensbekenntnis, konkret das Apostolicum. Hier erhält der Mensch Kenntnis von seiner Beziehung zu Gott als seinem Lebensgrund, seinem Erlöser und Erneuerer.
- Im Vaterunser wird in die persönliche Beziehung zu Gott eingeübt. Dabei kommen die Bedürfnisse und Nöte des Menschen zur Sprache.
- Es folgen Ausführungen zu Taufe und Abendmahl (und später zur Beichte) als den für christliches Leben grundlegenden Vollzügen.
- Dann leiten Morgen- und Abendsegen (sowie später ein Tischgebet) zu christlicher Zeiteinteilung an. Dabei ist – aus pädagogischer Perspektive – interessant, dass sogar Anweisungen zum leibhaften Vollzug – Bekreuzigen und eventuell Niederknien – gegeben werden.
- Abgeschlossen wird der Kleine Katechismus durch eine Haustafel, also auf die jeweilige soziale Situation bezogene Verhaltensregeln, die – pädagogisch gesprochen – eine Differenzierung der Lernenden vorsehen".[10]

Weiter entfalteten die neuen Lieddichtungen[11] ein erhebliches pädagogisches Potenzial. Sie wurden nicht nur im Gottesdienst, sondern auch in den Häusern und auf der Straße gesungen und kommunizierten so das Evangelium.

Schließlich gab *Philipp Melanchthon* (1497–1560) für das höhere Schulwesen, also die Lateinschulen, wichtige Impulse. Als Inhalte des Unterrichts hob er – neben Vaterunser, Glaubensbekenntnis und Zehn Geboten – „leichte Psalmen" sowie das Matthäus-Evangelium hervor. Dabei betonte er die vermittelnde Aufgabe – „Denn es ist nicht fruchtbar, die iugent mit schweren und hohen büchern zubeladen". So riet der „Praeceptor Germaniae" ausdrücklich von der Behandlung des Propheten Jesaja, des Römerbriefs und des Johannesevangeliums ab.[12]

Diese Hinweise zur Aufgabe der – in heutiger pädagogischer Sprache – Didaktik traten aber in der Folgezeit zurück. Die ursprünglich von Luther alltagsnah formulierten Erklärungen zu den einzelnen Katechismusstücken gerannen zu Memorierstoff, mit dem bis in die zweite Hälfte des 20. Jahrhunderts Kinder traktiert wurden. Häufig schlecht ausgebildete Lehrer fanden durch die enge Bindung an den überlieferten Wortlaut einen Halt; orthodox gesinnte Pfarrer als geistliche Schulaufsicht bestärkten sie darin.

---

10 Christian Grethlein, Fachdidaktik Religion, Göttingen 2005, 34 (ohne Kursivsetzung im Original).
11 S. Albrecht Beutel, Lied V. Kirchenlied, in: HWRh 5 (2001), 270–275; Jürgen Heidrich/Johannes Schilling (Hg.), Martin Luther. Die Lieder, Stuttgart 2017.
12 S. mit jeweiligen Belegen Grethlein, Fachdidaktik 36.

So kann man zwar insgesamt das Reformationszeitalter „als das katechetische Zeitalter der Kirchengeschichte" bezeichnen. „In keiner anderen Epoche hat es derart zahlreiche und vielfältige Versuche gegeben, die christliche Lehre neu zu formulieren".[13] Doch erstarrte dieses Bemühen schnell wieder zu fest fixierten Traditionsbeständen, die in der Aufklärung am Kind und dessen Verstehensmöglichkeiten orientierte Pädagogen kritisierten. Also begegnet auch hier im Kommunikationsmodus des Lehrens und Lernens ein Festhalten an Formen der Kommunikation des Evangeliums über Veränderungen im Kontext hinaus. Der Katechismus, der ursprünglich allen Menschen einen Zugang zum Christseins ermöglichen sollte, wurde im Lauf der Zeit zu einem alltagsfernen Memorierstoff.

3 Ämter und Struktur

Schon seit längerem waren Kirchenkritiker aufgetreten. Doch erst mit Luthers Frontalangriff gegen das Papsttum bekam diese Bewegung einen die bisherigen Kirchenstrukturen (im Westen) sprengenden Charakter. Vor allem bestimmte der Wittenberger Theologie-Professor die Bedeutung von Kirche neu. Systematisch fasst diesen Impuls wohl am besten, auf jeden Fall am wirkmächtigsten der Artikel VII der – von Philipp Melanchthon verfassten – Confessio Augustana zusammen:

> „Est autem ecclesia congregatio sanctorum, in qua evangelium pure docetur et recte administrantur sacramenta. Et ad veram unitatem ecclesiae satis est consentire de doctrina evangelii et de administratione sacramentorum." („ ... eine heilige christliche Kirche ..., welche ist die Versammlung aller Glaubigen, bei welchen das Evangelium rein gepredigt und die heiligen Sakrament lauts des Evangelii gereicht werden." BSLK 61)

Eindeutig ist hier das „Evangelium" der Kirche vorgeordnet. Dabei wird explizit auf zwei Modi der Kommunikation des Evangeliums Bezug genommen, das Lehren und Lernen sowie das gemeinschaftlich Feiern. Auch andere weiterführende Äußerungen Luthers zu den „notae ecclesiae" nehmen dies auf, wenn er etwa Beichte und Sündenvergebung, Glaubensbekenntnis, Vaterunser u. Ä. aufzählt.[14]

---

[13] Johannes Schilling, Katechismen, in: Albrecht Beutel (Hg.), Luther Handbuch, Tübingen 2005, 305–312, 305.
[14] S. die entsprechenden Zitationen bei Gemeinhardt, Kirche 100.

In medientheoretischer Perspektive führte die *Orientierung an der Bibel* zu einer tief greifenden Neuorientierung der Kommunikation des Evangeliums.[15] Die bisherige Ausrichtung an den Priestern und dem Papst wurde kritisiert.

> „Die Flugschriften Luthers formulieren damit die Absage an zwei traditionelle Menschmedien und bestreiten tendenziell die Relevanz medialer Vermittlung überhaupt, denn die Thesen von der Bedeutungslosigkeit der Heiligen Messe sowie die These vom Priestertum aller Gläubigen negieren mit den traditionellen Steuerungs- und Orientierungsfunktionen der Gemeinschaft sowie des christlichen Stellvertreterpriesters bzw. Papstes eigentlich grundsätzlich jedes Herrschaftsmedium".[16]

Die Ansicht von der Notwendigkeit der priesterlichen Vermittlung wich einer *Unmittelbarkeit zu Gott*. Eindrücklich zeigen dies zeitgenössische Darstellungen des predigenden Luthers. Vor ihm liegt auf der Kanzel ein Buch, die Bibel. So wird auch – bei aller Hochschätzung der Predigt – der Prediger als Menschmedium relativiert, nämlich in ein Verhältnis zu einem anderen Medium, der Bibel, gesetzt. Zugleich kam es aber durch die Übernahme der mittelalterlichen Drei-Stände-Lehre bei Luther zu einer neuen Hochschätzung des Pfarrerstandes (s. § 23 3.).

Inhaltlich fällt auf, dass der Modus des Helfens zum Leben fehlt.[17] Hier sah Luther – und noch stärker Zwingli und Calvin in ihren Stadtstaaten – eine Aufgabe der Obrigkeit. Als Glieder der Gemeinde hatten sie für die Armen zu sorgen. Dazu stand die Kritik an der Werkgerechtigkeit einer Betonung der ethisch-diakonischen Dimension entgegen.

Bei den Schweizer Reformatoren begegnet dagegen an anderer Stelle durchaus eine ethische Ausrichtung. Neben Predigt und den beiden Sakramenten trat bei ihnen die Kirchenzucht als dritte konstitutive Äußerung von Gemeinde bzw. Kirche.

> „Die Kirchenzucht wird von Predigern ausgeübt, die von der Gemeinde (mit Hilfe des Geistes) gewählt werden. Die Struktur der Kirche bildet also hier in höherem Maße als in der Wittenberger Reformation ihr geistliches Fundament ab, ohne die Unterscheidung von sichtbarer und unsichtbarer Kirche zu verwischen."[18]

---

15 S. auch zum Folgenden Christian Grethlein, Luthers Reformation als Medienereignis, in: ZThK 113 (2016), 291–304.
16 Werner Faulstich, Medien zwischen Herrschaft und Revolte. Die Medienkultur der frühen Neuzeit (1400–1700) (Geschichte der Medien Bd. 3), Göttingen 1998, 162.
17 S. zu den verschiedenen historischen Gründen hierfür und den sich daraus ergebenden systematischen Problemen zusammenfassend Christian Grethlein, Praktische Theologie, Berlin ²2016, 315f.
18 Gemeinhardt, Kirche 105f.

In der römischen Kirche kam es in dem auf die Reformation antwortenden Tridentinischen Konzil zu keiner ausgeführten Ekklesiologie. Allerdings gehen deren Fundamente implizit aus der „Professio fidei" hervor, die nach Konzilsbeschluss vor der Priesterweihe zu sprechen war:

> „Die heilige katholische und apostolische römische Kirche anerkenne ich als Mutter und Lehrerin aller Kirchen und dem römischen Bischof, dem Nachfolger des seligen Apostelfürsten Petrus und Stellvertreter Jesu Christi, gelobe und schwöre ich wahrhaften Gehorsam" (DH 1868).[19]

Deutlich kristallisiert sich hier das Papstamt als konstitutiv für das Kirchenverständnis heraus.

Demgegenüber entwickelte sich im Bereich Evangelischer Kirchen die hervorgehobene Stellung der Einzelnen weiter, denen die Gemeinschaft zu dienen hat. Diese *Individualisierung des Christseins* wurde durch die zunehmende Lesefähigkeit unterstützt, die die Rezeption von Büchern ermöglichte. Es bildete sich eine institutionsunabhängige Frömmigkeit für Gebildete heraus:

> „Vor allem im städtereichen und verbürgerlichten Nordwesten Europas, den Niederen Landen an der See, und von dort ausstrahlend in der Mitte Europas hatten Humanismus und Devotio Moderna die eigenständige Lektüre gefördert und ein neues Frömmigkeitsideal entstehen lassen. Es galt, für Frauen ebenso wie für Männer, ‚met een boekje in een hoekje' – sich mit einem Buch in eine ruhige Ecke zurückgezogen in selbstbestimmter geistlicher Lektüre ein eigenes Urteil zu bilden."[20]

Ende des 17. Jahrhunderts entstanden im *Pietismus* Konventikel („collegium pietatis"), in denen sich die Frommen versammelten und – in der Formulierung Philipp Jakob Speners (gestorben 1705) – eine „ecclesiola in ecclesia" bildeten.[21] Hier wurde das bereits nach der Aufwertung des Christentums im 4./5. Jahrhundert begegnende Problem, Christusnachfolge in einer (fast) alle Menschen umfassenden Kirche zu leben, in neuer Weise angegangen.

Auch in der wesentlich durch Protestanten geförderten *Aufklärung* rückten das Individuum und seine Verantwortung in den Mittelpunkt des Interesses, dem Kirche zu dienen hatte. So bezeichnete Immanuel Kant (1724–1804) die Kirche als

---

19 Zitiert nach a.a.O. 110, wo auf dessen Ursprung in Bellarmins Kirchenverständnis hingewiesen wird.
20 Schilling, Luther 31f.
21 S. mit Belegen a.a.O. 103.

„Republik nach Tugendgesetzen" und „freiwillige, allgemeine und fortdauernde Herzensvereinigung".[22]

Auf der Ebene der Kirchenverwaltung bildeten sich trotzdem eigene Ämter, wobei der Bischofstitel eher selten Verwendung fand. Weil nur wenige katholische Bischöfe in der Reformationszeit sich zur neuen Glaubensauffassung bekannten und deren Bistümer auch nur kurz Bestand hatten,[23] blieb die kirchliche Aufsicht lange in den Händen der Obrigkeit.

> „Die Reformatoren sahen den evangelischen Landesherrn als custos utriusque tabulae an. Die erste Pflicht des magistratus pius war die Sorge für die erste Tafel des Gesetzes, die custodia primae tabulae, auch cura religionis genannt. Zwei Hauptpflichten ergaben sich aus der cura religionis: die Förderung der wahren Religion und die Bekämpfung öffentlicher Irrlehren, sowie die Durchführung und Veranstaltung von Kirchenvisitationen."[24]

Dementsprechend richteten die evangelischen Landesherren sog. Konsistorien zum Vollzug ihres *landesherrlichen Kirchenregiments* ein, in denen Theologen als Staatsbeamte tätig waren. Damit vollzog sich eine Kontextualisierung hinsichtlich der staatlichen Verwaltung. Sie hatte eine affirmative Bindung an die Obrigkeit als Nebenfolge. So mussten die Pfarrer etwa Bekanntmachungen des Landesherrn in den Evangelischen Kirchen von der Kanzel verlesen. Genau genommen handelten sie zwar im Dienst des Landesherrn als summus episcopus. Tatsächlich wurde so aber die Unterscheidung der beiden Reiche eingezogen, die die Kritik an den weltlichen Funktionen der Bischöfe in der Reformationszeit (s. CA XXVIII) begründet hatte. Auch die Struktur der Evangelischen (Landes-)Kirchen bildete die jeweiligen staatlichen Grenzen ab.

Auf katholischer Seite hatten sich das Ineinander von geistlicher und weltlicher Macht in den geistlichen Fürstentümern sowie die innere Differenzierung durch Orden und Klöster weiter verfestigt. Allerdings kündigten sich in der zweiten Hälfte des 18. Jahrhunderts bereits erste Säkularisierungen an:

> „Zu erinnern ist an die Einziehung der Besitztümer der Jesuiten nach ihrer Vertreibung aus den bourbonischen Staaten und an die Säkularisation des Bistums Ermland als Folge der ersten polnischen Teilung von 1772. In Österreich hatte Kaiser Joseph II. im Zuge seines Reformwerkes während der 1780er Jahre mehr als 700 kontemplative Klöster aufgehoben.

---

[22] S. mit Belegen aus Kants „Die Religion innerhalb der Grenzen der bloßen Vernunft" a.a.O. 104.
[23] S. Gerhard Tröger, Das Bischofsamt in der evangelisch-lutherischen Kirche (JusEcc 2), München 1966, 27.
[24] A.a.O. 28.

Die weitreichendste aller Säkularisationen war dann in Frankreich auf Beschluß der Nationalversammlung vom 2. November 1789 geschehen."[25]

4 Taufpraxis

Theologisch stellte Martin Luthers Theologie einen Neueinsatz hinsichtlich der Taufe dar. Er lehnte sowohl die scholastischen Spekulationen und Definitionen zum Sakrament als auch die magischen volksfrommen Bräuche ab. Sie gaben den Menschen nicht die Heilsgewissheit, nach der sie verlangten. Demgegenüber rückte Luther die Taufe in den Mittelpunkt seiner Theologie. Soteriologisch betonte er die Wirksamkeit der Taufe, allerdings nicht im Sinne eines ex-opere-operato-Geschehens (wie bei Thomas von Aquin). Vielmehr hob der Reformator den Zusammenhang von Glauben und Sakrament hervor. Von daher wurde ihm der *Prozesscharakter der Taufe* wichtig:

> „Das sacrament odder zeychen der tauff ist bald geschechen, wie wir vor augen sehen, aber die bedeutung die geystliche tauff, die erseuffung der sund, weret die weyl wir leben, und wirt aller erst, ym tod voln bracht, da wirt der mensch recht yn die tauff gesenckt, unnd geschicht, was die tauff bedeut. Drumb ist diß ganz leben nit anders, dan eyn geystlich tauffen an unterlaß, biß yn denn todt." (WA 2,728)

Durch den Zusammenhang von Glauben und Taufe stellte sich aber das Problem der Säuglingstaufe. Luther versuchte sie in unterschiedlicher Weise zu begründen:

> „Er bezog die Taufe auf den Glauben und das Bekenntnis der Paten; er nahm einen Kinderglauben (‚fides infantium') an; er betonte die Rechtmäßigkeit der Taufe durch Gottes Handeln, nicht den Glauben, der später dazukommen kann. Offenkundig genügte dem Reformator keine dieser Begründungen."[26]

Insgesamt regte Luther also eine neue theologische Bestimmung der Taufe an. Hinsichtlich der Reform der tatsächlichen rituellen Praxis war er aber sehr zurückhaltend. Die etwa dreihundert Jahre vorher vollzogene Abspaltung des Abendmahls (s. § 11 3.) behielt er unhinterfragt bei. Anfangs übernahm er auch die zahlreichen Zeichen, die sich dem Taufritual angelagert hatten:

---

25 Kurt Nowak, Geschichte des Christentums in Deutschland. Religion, Politik und Gesellschaft vom Ende der Aufklärung bis zur Mitte des 20. Jahrhunderts, München 1995, 45.
26 Grethlein, Taufpraxis 60.

> „dreimaliges Anblasen des Kindes, Signifikation von Stirn und Brust mit dem Kreuzzeichen; Salzgabe, Öffnung der Ohren; Absage an den Teufel; präbaptismale Salbung auf der Brust und zwischen den Schultern; postbaptismale Salbung; Westerhemd und Taufkerze."[27]

Erst im Lauf der Zeit reduzierte er hier, damit das Wort deutlicher hervortreten konnte. Dies führte allerdings als Nebenfolge dazu, dass die Wassergestalt und damit die leibliche Dimension der Taufe in den Hintergrund traten. So bereitete er – gegen seine theologische Einsicht und Intention – die folgende „theologische Legitimationskrise der Taufe"[28] vor.

Zwar schlossen sich – trotz einiger anderer Akzentuierungen[29] – die beiden Schweizer Reformatoren dem Festhalten an der überkommenen Praxis der Säuglingstaufe an. Doch bildeten sich bald Gruppierungen, die hiergegen protestierten und sog. Glaubenstaufen, also Taufen nur an Erwachsenen forderten. So lehrte z. B. 1527 das Schleitheimer Bekenntnis:

> „Die Taufe soll all denen gegeben werden, die über die Buße und Änderung des Lebens belehrt worden sind und wahrhaftig glauben, dass ihre Sünden durch Christus hinweggenommen sind, und all denen, die wandeln wollen in der Auferstehung Jesu Christi und mit ihm in den Tod begraben sein wollen, auf dass sie mit ihm auferstehen mögen, und allen denen, die es in solcher Meinung von uns begehren und von sich selbst aus fordern. Damit wird jede Kindertaufe ausgeschlossen, des Papstes höchster und erster Greuel".[30]

Die, die solches bekannten, wurden als sog. Wiedertäufer reichsweit verfolgt, so dass sich ihr Anliegen erst Jahrhunderte später in eigenen Glaubensgemeinschaften allgemeiner Geltung verschaffen konnte. Die Taufpraxis der beiden im Augsburger Religionsfrieden (1555) – und dann später drei (einschließlich Reformierten) – reichsweit anerkannten Konfessionen hatte sich mit gewaltsamer Unduldsamkeit verbunden.

Tatsächlich spielte die Taufe in Pietismus und Aufklärung eine recht geringe Rolle. Hier trat jeweils der Kommunikationsmodus des Lehrens und Lernens hervor, was zu einer Betonung der *Konfirmation* führte.[31] Auch wurde jetzt die

---

27 A.a.O. 61.
28 Rudolf Roosen, Taufe lebendig. Taufsymbolik neu verstehen, Hannover 1990, 67.
29 S. genauer a.a.O. 62f.
30 Zitiert nach Karl Pinggéra, Martin Luther und das evangelische Taufverständnis vom 16. bis 18. Jahrhundert, in: Christian Lange/Clemens Leonhard/Ralph Olbrich (Hg.), Die Taufe. Einführung in Geschichte und Praxis, Darmstadt 2008, 102.
31 S. Bjarne Hareide, Die Konfirmation in den Kirchenordnungen der Reformationszeit, in: Kurt Frör (Hg.), Zur Geschichte und Ordnung der Konfirmation in den lutherischen Kirchen. Aus den Verhandlungen des Internationalen Seminars des Lutherischen Weltbundes in Loccum 1961 über Fragen der Konfirmation, München 1962, 58–82, 61–68.

Taufe in den *Standes- und Moraldiskurs* einbezogen. Herrschaften höheren Standes ließen ihre Kinder zu Hause taufen, was sog. einfachen Menschen verwehrt blieb.[32] Und sog. Hurenkinder, also unehelich Geborene, wurden zwar getauft, aber separiert von ehelichen Kindern. Ihre Mütter wurden im Taufgottesdienst wegen ihrer Unkeuschheit vermahnt. Teilweise mussten diese in der Regel materiell armen Frauen dafür sogar dem Pfarrer noch höhere Taufgebühren bezahlen.[33]

5 Mahlpraxis

Die Reformatoren lehnten in zweifacher Weise die römische Eucharistielehre ab: Sie wiesen den auf Gegenseitigkeit beruhenden Opfergedanken mit Hinweis auf die Rechtfertigungstheologie sowie die Transsubstantiationslehre als ebenfalls unbiblisch zurück. Damit war in mehrfacher Weise grundlegende Kritik an der damaligen Kirche verbunden. Die als gegenseitiges Opfer zelebrierte Eucharistie war nämlich eine wesentliche Grundlage der Finanzierung von Kirche. Insofern stellte die Reformation einen wichtigen Pfeiler des damaligen kirchlichen Finanzsystems in Frage – und das in einer Zeit hoher päpstlicher Ausgaben, etwa für den Petersdom. Zudem begründete das Opfer-Konzept die besondere Stellung der Priester. Frömmigkeitsgeschichtlich hatte die Transsubstantiationslehre erhebliche Konsequenzen, wie bereits exemplarisch der Hinweis auf das neue Fest Fronleichnam (s. § 12 4.) zeigte. Sie war die Basis für eine verbreitete *Schaufrömmigkeit,* die schließlich sogar in den Brauch der sog. Augenkommunion mündete. Nachdem seit dem 12. Jahrhundert – wohl aus „Sorge vor Verunehrung"[34] – im Westen auf die Kelchkommunion der Kommunikanten (mit Ausnahme des Zelebranten) verzichtet wurde, bildete sich die Elevation aus, bei der die Hostie gezeigt wurde.

> „Der neue Ritus im Zentrum der Feier bezeugt auf seine Weise die Bedeutung, die man der Realpräsenz beimaß, und kam dem Verlangen nach Schau und Verehrung des Sakramentes entgegen. Er wurde ausgestaltet durch Glockenzeichen, die auf den Augenblick der Elevation aufmerksam machen sollten, durch das Anzünden von (sogenannten Wandel- oder Sanctus-)Kerzen, durch stille Gebete des Priesters und der Gläubigen, durch eucharistische Gesänge. Der Priester, die Assistenz und die Gläubigen knieten nieder. Letztere klopften an die Brust, während sie das Sakrament anschauten, wozu sie durch Ablässe und die Überzeugung

---

32 S. zum Einzelnen Kathrin Ellwardt, Taufe zwischen Familienfest und Policey-Ordnung, in: Bettina Seyderhelm (Hg.), Tausend Jahre Taufen in Mitteldeutschland, Regensburg 2006, 94–105.
33 S. mit Beleg Grethlein, Taufpraxis 68.
34 Meyer, Eucharistie 499.

motiviert wurden, daß der Anblick der Hostie dieselbe Wirkungen habe wie das Anhören der ganzen Messe bzw. eine geistliche (Augen-)Kommunion darstelle. Das Anschauen der Hostie und in der Folge die Aussetzung des Allerheiligsten wurden daher nicht nur bei der Meßfeier selbst möglichst ausgedehnt, sondern dort, wo Meßfeier oder Meßbesuch nicht möglich waren, zu deren Ersatz."[35]

Dem setzten die Reformatoren die Feier des *Mahls in beiderlei Gestalt* entgegen, wobei auch hier das Wort in Form der biblisch hergeleiteten Einsetzungsworte im Zentrum stand. Der Opfergedanke wich bei Luther dem der Sündenvergebung, wofür – allein – Mt 26,28 den biblischen Beleg gab. Funktional gesehen trat also das Abendmahl die Nachfolge des Ablasses an. Auch diese kontextuell verständliche inhaltliche Akzentuierung verselbstständigte sich im Lauf der Zeit und wurde später in anderen Kontexten zum Problem.

In der theologischen Interpretation des Mahlgeschehens unterschieden sich die Reformatoren beträchtlich. Das führte bis 1973, dem Jahr der Leuenberger Konkordie, zu getrennten Mahlfeiern auch innerhalb der evangelischen Konfessionsfamilie. Konkret ging es um unterschiedliche Auslegungen der Gegenwart Christi im Abendmahl.[36]

Daraus resultierten Differenzen in der Mahlpraxis. Im Zentrum der Abendmahlsfeier in der lutherischen Tradition stehen die vom Pfarrer gesprochenen Einsetzungsworte. Sie wurden – bereits bei Luther – zunehmend konsekratorisch verstanden.[37] Demgegenüber galt in der Tradition Zwinglis das Mahl als eine „Action" der Gemeinde, bei der der Pfarrer durchaus zurücktritt:

> „Es geht um eine volle, bewusste und aktive Teilnahme des Volkes an der liturgischen Feier: Das Gloria, das Apostolische Credo und das Dankgebet sollten im Wechsel zwischen ‚man' und ‚wyber' gesprochen werden. Vom Pfarrer, den Zwingli ‚wechter' oder ‚hirt' nennt, wurden im Abendmahl nur das Kollektengebet, der Einleitungssatz zum Gloria und derjenige zur Danksagung, ein Satz des Dankgebetes, Segen und Entlassung gesprochen, aber nicht die Einsetzungsworte. Eine wichtige liturgische Rolle spielten die ‚diener', auch ‚diacon' genannt. Sie sprachen, zusammen mit dem Volk, einen Respons (‚Gott sye gelobt') nach der Epistel, die Einleitung zum Evangelium und zum Credo (‚Der herr sye mit üch'), die

---

[35] A.a.O. 233.
[36] S. historisch zur Entwicklung von Luthers Abendmahlsverständnis und zu seiner Auseinandersetzung mit Zwingli Reinhard Schwarz, Selbstvergegenwärtigung Christi. Der Hintergrund in Luthers Abendmahlsverständnis, in: Dietrich Korsch (Hg.), Die Gegenwart Christi im Abendmahl, Leipzig 2005, 19–49; s. zur systematischen Differenz Ulrich Kühn, Sakramente (HST 11), Gütersloh 1985, 45–67.
[37] Dorothea Wendebourg, Taufe und Abendmahl, in: Albrecht Beutel (Hg.), Luther Handbuch, Tübingen 2005, 414–423, 421.

Abendmahlsvermahnung mit Vater Unser, das Abendmahlsgebet und vor allem die Einsetzungsworte. Für die beiden Lesungen waren ‚Leser' vorgesehen."[38]

Stärker als in der lutherischen Tradition wird hier die Besonderheit der selten, etwa viermal im Jahr begangenen Feier gegenüber dem sonst am Sonntag üblichen Predigtgottesdienst als agendarischer Normalform herausgestellt.

Neben diesen – wie erwähnt – auch reichsrechtlich erlaubten Mahlfeiern gab es aber *grundlegende Infragestellungen* des Rituals. Spiritualisierende Gruppen wie die Schwenckfeldianer lehnten das Abendmahl als Gnadenmittel ab. Sie wurden – in der Allianz von (angeblicher) Rechtgläubigkeit und obrigkeitlicher Gewalt – gnadenlos verfolgt.

In der *Aufklärung* trat die Brisanz der Streitigkeiten um das Verständnis des Mahlfeiern, besonders der Gegenwart Christi dabei, hinter allgemeinere ethisch-moralische Diskurse zurück. So schrieb der berühmte Aufklärungstheologe Johann Spalding 1785 zum Abendmahl:

„Eben so dienet das von unserm Erlöser ausdrücklich zu seinem Gedächtnisse gestiftete Mahl auf eine sehr angemessene Art dazu, das Andenken an diesen göttlichen Freund und Wohlthäter der Menschen, der dasselbe hiedurch noch so kurz vor seinem Tode auch auf die Folge in dem Herzen der Seinigen erhalten wollte, mit der innigsten Rührung von Dank und Liebe zu erneuern, seine unschätzbaren Verdienste um die Welt vermittelst seiner Belehrung, seines Tugendwandels, seiner Aufopferung im Tode, uns kräftiger in unsere Vorstellung zu bringen, den Gedanken von unserer heiligen Verpflichtung gegen seine weisen und glücklich machenden Vorschriften thätiger bey uns aufzuwecken, und dann auch das edle Band des Wohlwollens und der aufrichtigen Liebe zwischen uns und allen denen, die gemeinschaftlich mit uns an seinen Wohlthaten und seinen Verheißungen Theil haben, so viel genauer und fester zu knüpfen."[39]

Hier findet also der lange Zeit vernachlässigte bzw. vergessene Bezug des Mahlfeierns zum Lehren und Lernen als Modus der Kommunikation des Evangeliums neue Beachtung.

Einen interessanten Neuaufbruch stellt das Feiern eines *Agapemahls* in der Herrenhuter Brüdergemeine dar. Hier wurden wieder allgemeine Kommunikationsformen wie Gespräch, Gesang und Vorlesen von (Gemeinde-)Nachrichten in

---

[38] Ralph Kunz, Eucharistie neu entdeckt – Zur Wirkungsgeschichte der reformierten Abendmahlstheologie, in: Ders., Der neue Gottesdienst. Ein Plädoyer für den liturgischen Wildwuchs, Zürich 2006, 57–74, 61 f.
[39] Johann Spalding, Von dem Werth äußerlicher Religionsgebräuche (1785), in: Ders., Kleinere Schriften 1 (SpKA I/6–1), hg.v. Olga Söntgerath, Tübingen 2006, 352–363, 356 f.

das Zusammensein integriert.[40] Den Kontext dazu bildete der Barock mit seinen weltlichen Geselligkeiten, denen die „Brüder" ihr frommes Zusammensein – kontrakulturell – entgegensetzten.

Auf katholischer Seite erneuerte das Tridentinum die Lehre von der Transsubstantiation (DH 1642). Mit ihr war und ist eine besondere Auffassung vom Priesteramt verbunden, die bis heute allen ökumenischen Bemühungen um eine gemeinsame Mahlfeier entgegensteht.

6 Zusammenfassung

Die durch die Reformation angestoßene kirchliche Entwicklung ist in der Perspektive der Kommunikation des Evangeliums ambivalent. Der entschiedene Rückgriff auf die Bibel macht die Dimension des Lehrens und Lernens bei der Kommunikation des Evangeliums neu bewusst. Von der Konzentration auf den Menschen und seiner Frage nach dem Heil her verliert die Kirche ihr Eigengewicht, wie es das Papsttum bisher machtvoll zu repräsentieren versuchte. Ihr kommt nur subsidiäre Bedeutung zu, eben für die Lehre des Evangeliums sowie die Feier der Sakramente – und in reformierter Tradition: für die Kirchenzucht.

Allerdings kam es auf Grund der politischen Umstände geradezu zu einer Verkehrung dieser Einsichten. Denn die Destruktion der überkommenen kirchlichen Hierarchie hatte die Nebenfolge, dass die *Landesherren* die Führung der „Landeskirchen" übernahmen. Die für Luther grundlegende Unterscheidung der Regimente Gottes wurde dadurch in der Praxis unterlaufen. So entstanden Schulen, in denen – obrigkeitlich angeordnet – das zwangsweise Memorieren des Katechismus im Vordergrund stand, ohne auf die Veränderungen im Kontext und damit beim Verstehen der Kinder einzugehen. Mittels des Lernens von „Religion" wurde zugleich Gehorsam gegenüber der Obrigkeit eingeübt. Ähnliche Ambivalenzen begegnen bei Taufe und Mahlfeier. Zum einen wurden sie entklerikalisiert und jedenfalls teilweise auf die biblischen Grundimpulse bezogen. Zum anderen verband sich ihre Praxis aber in den Evangelischen Kirchen mit ethischen und moralischen Diskursen, die der inklusiven, die Gleichheit aller Menschen als Kinder Gottes betonenden Grundintention des Evangeliums entgegenstanden. Vor allem der Konnex von Sakramentspraxis und Gewalt – gegenüber den Vertretern der Erwachsenentaufe und spiritualisierenden Gruppen – ist nur von der reichsrechtlichen und landesherrlichen Funktionalisierung von Kirche her zu

---

[40] S. Hans Christoph Hahn/Helmut Reichel (Hg.), Zinzendorf und die Herrnhuter Brüder. Quellen zur Geschichte der Brüder-Unität von 1722–1760, Hamburg 1977, 236.

verstehen. Sie steht aber in schroffem Widerspruch zum Evangelium. Schließlich rückte im Zuge der Reformation das Thema der Finanzierung von Kirche in die Diskussion. Scharf protestierten die Reformatoren am Beispiel des Ablasses gegen die Verquickung von Soteriologie und Finanzen. Zwar bemühten sie sich um pragmatische Lösungen angesichts des Wegfalls bisheriger Zahlungen, doch gingen sie die damit gegebene Herausforderung nicht grundlegend an.[41] Die Eingliederung der neuen Kirchen in die jeweiligen Landesherrschaften verdeckte die damit gegebene Problematik.

---

41 S. Andreas Stegmann, Reformation und Geld, in: PrTh 52 (2017), 69–74.

§ 14 Ausdifferenzierungen von Kirche und Christentum (1800 – 2000)

Der jetzt vorzustellende Zeitraum führt bis zur Gegenwart. Er ist voll tiefer und grundlegender politischer, gesellschaftlicher und kultureller Umbrüche. Sie betreffen auch die Kirchen. Allerdings zeigen sich in Deutschland diese zugleich in auffälliger Weise institutionell stabil bzw. erstarrt. Veränderungen des Kontextes führen oft erst mit erheblicher Verspätung zu Anpassungen. Dadurch bereitet sich eine Problemlage vor, die im dritten Teil ausführlich reflektiert wird.

1 Allgemeine Situation und Kontext

Politisch konstatiert Thomas Nipperdey am Anfang seiner dreibändigen „Deutschen Geschichte" wohl zu Recht: „Am Anfang war Napoleon."[1]

> „Die Geschichte der Deutschen, ihr Leben und ihre Erfahrungen in den ersten eineinhalb Jahrzehnten des 19. Jahrhunderts, in denen die ersten Grundlagen eines modernen Deutschlands gelegt worden sind, steht unter seinem überwältigenden Einfluß. ... Gewiß, die Grundprinzipien der modernen Welt sind mit der Französischen Revolution ins Leben (und ins Bewußtsein der Zeitgenossen) getreten, sie hat in der Weltgeschichte Epoche gemacht. Aber für die Deutschen ist der Umsturz der alten Ordnung reale Erfahrung erst unter Napoleon und in der Form des Militär-Imperiums geworden."[2]

Als 1806 der Kaiser – unter Druck Napoleons – die Krone niederlegte, war die fast tausendjährige Geschichte des Heiligen Römischen Reiches deutscher Nation zu Ende, die in den letzten Paragrafen den selbstverständlichen politischen Rahmen abgab.

Durch den kurz zuvor erfolgten Reichsdeputationshauptschluss (1803) hatte sich die territoriale Struktur grundlegend verändert. Aus mehr als tausend Herrschaften waren wenig mehr als dreißig geworden. *Konfessionspolitisch* hatte dies zur Folge, dass sich entgegen der bisherigen weitgehenden konfessionellen Einheitlichkeit der Territorien die Konfessionen im Alltag der Menschen vermischten. Damit waren tief greifende, die unmittelbare Lebenspraxis der Menschen – etwa in Form von jetzt zunehmend erlaubten sog. Mischehen –, aber auch die kirch-

---

1 Thomas Nipperdey, Deutsche Geschichte 1800 – 1866. Bürgerwelt und starker Staat, ⁵1991, 11.
2 Ebd.

liche Struktur betreffende Konsequenzen verbunden: „Konfessionspolitisch war die Mischlage der Bevölkerung zu verarbeiten."³

> „Es ging um die Regelung der kirchlichen Finanzen, die Ausbildung der Geistlichen, das Verhältnis von Kirche und Schule, das Universitätsleben, die Besetzung von Pfarrstellen beider Konfessionen, von Bischofsstühlen, den Bau von Kirchen, die Knüpfung von Fürsorgenetzen ..."⁴

Lebensweltlich lösten sich – von Gebildeten ausgehend – bis dahin selbstverständlich geltende Ordnungen auf.

> „Der Mensch hat sein Leben nicht mehr traditionsgeleitet in seinem Geburtsstand, sondern er wird ‚innengeleitet', gewinnt ‚persönlichen Stand', aus Leistung und Bildung. Der Einzelne erhebt gegen die Welt der vorgegebenen Bindungen Anspruch auf einen freien Raum der Betätigung wie der Selbstvergewisserung, der Zwecksetzung, der Reflexion."⁵

Diese Individualisierungstendenz wirkte sich auch auf die religiösen Einstellungen und kirchlichen Bindungen aus.

Wissenschaftlich tritt mit dem *Historismus* eine grundsätzlich relativierende Betrachtungsweise hervor. Sie bestimmte in der Theologie, beginnend mit der Diskussion um das „Leben Jesu" von David Friedrich Strauß,⁶ Jahrzehnte die gelehrte Diskussion.

Gesellschaftlich formierten sich im 19. Jahrhundert verschiedene *Emanzipationsbewegungen*, die bis heute reichen: die Arbeiter-, die Frauen- und die Umweltbewegung. Sie hinterfragten jeweils radikal bis dahin übliche Verhaltensweisen und Umgangsformen. Ihr Kontext waren soziale, ökonomische und gesellschaftliche Verwerfungen bzw. Veränderungen. Von christlicher Seite ist hier vor allem der Aufbruch der Diakonie (bzw. später der Caritas) zu nennen. Er stellte eine allerdings weitgehend außerhalb der kirchlichen Institutionen stattfindende Bemühung von Christen dar, konkrete Notlagen zu lindern.

Schließlich weitete sich im 19. Jahrhundert endgültig der Horizont über Europa hinaus. Forscher stießen bei ihren Reisen nicht zuletzt auf bis dahin unbekannte Formen des Umgangs mit Transzendenz. So kam es schnell zu Vergleichen zwischen der christlichen Religion und anderen Kulten, was nicht zuletzt einen geschärften kritischen Blick auf das Christentum eröffnete.⁷

---

3 Nowak, Geschichte 52.
4 Ebd.
5 Nipperdey, Geschichte 265.
6 David Friedrich Strauß, Das Leben Jesu, kritisch bearbeitet, 2 Bde., Tübingen 1835/36.
7 S. Nowak, Geschichte 16.

Politisch bestimmten die beiden *Katastrophen der Weltkriege* das 20. Jahrhundert. Die deutsche Niederlage 1918 führte mit der Abdankung des Kaisers zur Trennung von Thron und Altar und damit für die Evangelischen Landeskirchen zur Notwendigkeit, eigene Strukturen und ein eigenes Kirchenrecht aufzubauen. Die Liaison weiter Teile der evangelischen Christen mit dem Nationalsozialismus – die Deutschen Christen gewannen die Kirchenwahlen am 23. Juli 1933 – erzwang nach dem Zusammenbruch der Nazi-Herrschaft ein grundlegendes Nachdenken über Gestalt und Auftrag der Kirche.

Auf dem Gebiet der DDR kam es rasch zu einer staatlich propagierten *Marginalisierung der Kirchen*. Seit dem Ende der sechziger Jahre des 20. Jahrhunderts ist auch in der Bundesrepublik ein solcher, allerdings erheblich langsamer und ohne äußeren Druck verlaufender Prozess unübersehbar. Die etwa tausendjährige, staatlich gestützte Selbstverständlichkeit der Kirchenmitgliedschaft geht in eine Optionalität über.

2 Ämter und Strukturen

Im 19. Jahrhundert begannen sich in mehrfacher Hinsicht Vorstufen einer größeren Eigenständigkeit der Evangelischen Kirchen gegenüber dem Staat abzuzeichnen, obwohl es dazu auch gegenläufige Tendenzen[8] gab. So begegnet nach 1815 in Reformprogrammen regelmäßig die Forderung nach Beteiligung am landesherrlichen Kirchenregiment durch *Synoden*.[9] War hier zuerst an Zusammenkünfte von Pfarrern gedacht, kam es bald zur Mitwirkung sog. Laien, also Nicht-Ordinierter. Nach 1918 erhielten die jeweiligen Landessynoden grundsätzliche Bedeutung, wobei kleinere Unterschiede zwischen den verschiedenen Konfessionen bestanden. Reformbemühungen begegnen auf Gemeindeebene seit dem Ende des 19. Jahrhunderts im Zuge des Bevölkerungswachstums in den Städten und damit unübersichtlicher Gemeindegrößen und im Kontext der sozialen Umbrüche. Vor allem der Dresdner Pfarrer Emil Sulze (1832–1914) fand im Gegenüber zu den sozialistischen Vereinigungen mit seinem *Gemeindeaufbau*-Programm allgemeine Beachtung.[10] Sein Versuch, Kirchengemeinde vereinsförmig zu organisieren, schloss an die damals modernste Sozialform an. Im Zuge dessen ent-

---

[8] S. etwa die Selbstkrönung Wilhelms I. 1861 in Königsberg (s. Gemeinhardt, Kirche 115).
[9] S. zu den einzelnen Kirchen Wolf-Dieter Hauschild, Synode I. Geschichtlich, in: ⁴RGG Bd. 7 (2004), 1970–1974, 1972f.
[10] S. Wolfgang Lorenz, Kirchenreform als Gemeindereform dargestellt am Beispiel Emil Sulzes, Diss. theol. Kirchliche Hochschule Berlin 1981.

standen Begriffe wie „Gemeindeleben" und die Gebäudeform des Gemeindehauses.

Einen letzten allgemeinen Ausdruck der engen Verbindung von Staat und Kirche stellte die Kriegsbegeisterung im Ersten Weltkrieg dar. In Gottesdiensten beteten Gemeinden für den Sieg. Das Reformationsjubiläum 1917 wurde ebenfalls weithin in diesem Sinn funktionalisiert.[11] Diese Haltung der Identifikation setzte sich in negativer Hinsicht in der Verweigerung gegenüber der demokratischen Verfassung der Weimarer Republik fort.[12]

Auf jeden Fall war es nach 1918 notwendig, *Aufbau und Arbeit der Evangelischen Kirchen ohne landesherrlichen Rahmen* selbstständig zu regeln. Die seit 1919 in Deutschland übliche Kirchensteuer gab dazu die finanzielle Grundlage.[13] Sie stellt – regional schon teilweise seit einigen Jahrzehnten erhoben – für beide großen Kirchen in Deutschland eine staatsanaloge Finanzierungsform dar, die von der Selbstverständlichkeit der Kirchenmitgliedschaft ausgeht. Rechtlich wurde diese aber mit dem im Kontext des Kulturkampfes erlassenen preußischen Gesetz zum Kirchenaustritt[14] 1873 aufgehoben. Größere Bedeutung gewann diese Regelung aber erst im 20. Jahrhundert (s. § 16 1.).

Nach 1918 führten verschiedene Landeskirchen das Bischofsamt ein, wobei es sich um ein „synodales Bischofsamt" handelte. Der Bischof – und seit einigen Jahren auch die Bischöfin – wird von der Synode gewählt und leitet mit ihr sowie einem kollegialen Gremium (Landes- oder Oberkirchenrat bzw. Konsistorium) die Kirche.[15]

Eine weitere Akzentuierung bekam das evangelische Ämtergefüge durch den Kirchenkampf. Im Gegenüber zu deutschnationalen Kirchenregimenten bildeten sich in der Bekennenden Kirche Bruderräte. Die hier praktizierte kollegiale Leitung findet sich noch heute im Rat der EKD als oberstem Leitungsgremium.

Trotz der Abschaffung der Staatskirche in der Weimarer Reichsverfassung und im Gegenüber zur zunehmend kirchenfeindlichen nationalsozialistischen Politik herrschte in der Bundesrepublik von Anfang an eine kirchenfreundliche Atmosphäre. Das Grundgesetz übernahm direkt aus der Weimarer Reichverfas-

---

11 S. Peter Cornehl, Materialschlacht an der Heimatfront. Das Reformationsjubiläum 1917 stand im Schatten des Ersten Weltkriegs, in: Zeitzeichen 18 (2017), 40–43.
12 S. Gemeinhardt, Kirche 115.
13 S. zur geschichtlichen Entwicklung im Einzelnen Felix Hammer, Rechtsfragen der Kirchensteuer (JusEcc 66), Tübingen 2002, 3–77.
14 S. Ernst Rudolf Huber/Wolfgang Huber (Hg.), Staat und Kirche im 19. und 20. Jahrhundert. Dokumente zur Geschichte des deutschen Staatskirchenrechts Bd. 2, Berlin 1976, 610.
15 S. am Beispiel der Evangelisch-Lutherischen Kirche in Bayern Christian Grethlein, Evangelisches Kirchenrecht. Eine Einführung, Leipzig 2015, 79–87.

sung die Bestimmungen zu einem inhaltlich durch die Kirchen verantworteten Religionsunterricht sowie zu Theologische Fakultäten an staatlichen Universitäten. Die in Artikel 4 des Grundgesetzes auch positiv formulierte Religionsfreiheit verpflichtet den Staat zu solchen und anderen Förderungen.

Auf jeden Fall aber dominierten und dominieren – ungeachtet des reformatorischen Konzepts des Allgemeinen Priestertums – auch in den Evangelischen Landeskirchen die Pfarrer.[16] Die Ordinationsgottesdienste ließen und lassen augenfällig werden, dass hier ein Stand – mit eigener Tracht (Talar) – gefeiert wird. Dienstrechtlich wurden und werden die Pfarrer gegenüber anderen Mitarbeiter/innen in der Kirche durch einen beamtenähnlichen Status hervorgehoben und privilegiert. Schließlich blieb die je nach Landeskirche in unterschiedlicher Geschwindigkeit geführte Diskussion zur Frauenordination[17] auf die Geschlechterfrage beschränkt. Lediglich die damit verbundene Einführung der Teilzeittätigkeit für Pfarrer/innen, die nach wie vor meist Frauen in Anspruch nehmen, setzte einen gegenläufigen Akzent. Sie verdankt sich entsprechenden allgemein gesellschaftlichen Diskursen zur Erwerbstätigkeit sowie zur Frauenrolle und steht dem patriarchal bestimmten, überkommenen Standes-Konzept entgegen.

In manchem ähnlich, in manchem ganz anders verlief die Entwicklung in der römisch-katholischen Kirche. Die obrigkeitliche Funktionalisierung war hier geringer als im Protestantismus, obgleich die allgemeine nationale Stimmung im Ersten Weltkrieg und die Begeisterung für die nationalsozialistische Bewegung ebenfalls katholische Kleriker und Gläubige ergriffen. Doch stand dem das Papstamt als nichtdeutsches Amt entgegen. Seit dem I. Vatikanum war es offiziell mit dem Prädikat der Unfehlbarkeit von Kathedralentscheidungen in Lehrfragen ausgestattet. Die modernen Kommunikationsmittel unterstützten seine Bemühungen um Zentralisierung in einem vorher so nicht möglichen Ausmaß. Besonderen Wert legte man – angeregt durch entsprechende Weisungen des Tridentinums – seit dem Beginn des 19. Jahrhunderts auf die Priesterausbildung. So wurde neben dem wissenschaftlichen Studium der Besuch eines Priesterseminars verpflichtend. Dementsprechend hohe Ansprüche wurden an die Priester – etwa im Zuge der Rechristianisierungsversuche in den 50er Jahren des 20. Jahrhunderts – herangetragen.

> „‚Lehren, Heiligen, Führen', so benannte beispielsweise der Münsteraner Bischof Michael Keller programmatisch die drei pastoralen Aufgaben priesterlicher Sendung. Durch die Feier

---

16 S. zu diesem bereits bei Luther beggnenden Problem Hans-Martin Barth, Einander Priester sein. Allgemeines Priestertum in ökumenischer Perspektive, Göttingen 1990, 48–53.
17 S. zur weltweiten Situation Cornelia Schlarb, Frauenordination weltweit. Zur Gleichstellung der Frauen im geistlichen Amt, in: DtPfrBl 117 (2017), 64–69.

der Eucharistie, die Spendung der Sakramente und die Verkündigung solle der Priester, allen säkularen Tendenzen der modernen Zeit zum Trotz, die Seelen heiligen. Als Teilhaber an der Führungshoheit des Papstes und der Bischöfe sei der Priester explizit zur Führung seiner Gemeinde bestimmt, wobei sich dieser Anspruch immer am Vorbild Jesu Christi zu orientieren habe."[18]

Einen neuen Schub in der Kontextualisierung der Kommunikation des Evangeliums erhielt die römische Kirche – durch mancherlei Reformbewegungen vorbereitet – im *II. Vatikanischen Konzil*. Bereits der erste Satz der Kirchen-Konstitution „Lumen Gentium" eröffnet einen weiten Horizont: „Christus ist das Licht der Völker." (LG 1)[19] Von daher gewinnt Kirche ihr Ziel im Reich Gottes (LG 9):

> „Während die Kirche der Welt selbst hilft und von ihr viel empfängt, strebt sie einzig danach, dass das Reich Gottes komme und das Heil des ganzen Menschengeschlechts wiederhergestellt werde" (GS 45).

Eine mögliche Offenheit im Kirchenverständnis selbst zeigt dann die Formulierung:

> „Diese Kirche, in dieser Welt als Gesellschaft verfaßt und geordnet, ist verwirklicht in der katholischen Kirche, die vom Nachfolger Petri und von den Bischöfen in Gemeinschaft mit ihm geleitet wird." (LG 8).

Der mit „verwirklicht" übersetzte lateinische Begriff lautet im lateinischen Original „subsistit". Dass hier nicht mit „est" („ist") formuliert wurde, sorgte für Aufsehen und regte vielfältige Interpretationen hinsichtlich der Ökumene mit anderen Kirchen an (s. § 19 1.). Allerdings verbleiben die dann das Amt betreffenden Passagen des Konzil-Textes in den überkommenen Bahnen. So werden „das gemeinsame Priestertum der Gläubigen" und „das Priestertum des Dienstes" zwar einander zugeordnet, gelten aber als „dem Wesen und nicht bloß dem Grade nach" unterschieden (LG 10).

3 Christentum am Rand und außerhalb verfasster Kirchen

Bisher war nur die Rede von der institutionellen Kirche. Doch zeichneten sich das 19. und dann auch das 20. Jahrhundert durch christlich begründete Aufbrüche in

---

18 Thomas Großbölting, Der verlorene Himmel. Glaube in Deutschland seit 1945, Göttingen 2013, 243.
19 S. hierzu Reinhard Feiter, Einführung in die Pastoraltheologie, in: Clauß Peter Sajak (Hg.), Praktische Theologie. Theologie studieren – Modul 4, Paderborn 2012, 27 f.

unterschiedlicher Hinsicht aus, die sich jedenfalls anfangs außerhalb der verfassten Kirche vollzogen. Theologisch gesprochen bringen sie das Allgemeine Priestertum aller Getauften bzw. Gläubigen[20] anschaulich zum Ausdruck. Dabei bekamen Menschen ohne hervorgehobene kirchliche Ämter große Bedeutung für den Protestantismus. Die drei im Folgenden genannten Aufbrüche beziehen sich schwerpunktmäßig jeweils auf einen Modus der Kommunikation des Evangeliums.

Zuerst das *Helfen zum Leben:* Die lange vergessene Bedeutung dieses Modus für die Kommunikation des Evangeliums brachte *Johann Hinrich Wichern* (1808–1881) von neuem zu Bewusstsein. Er kam – nach erfolgreich abgelegtem ersten theologischen Examen – lange über den minderen Status eines „Kandidaten der Theologie" nicht hinaus, prägte aber weit über die Landeskirchen hinaus die Kommunikation des Evangeliums im Modus des Helfens zum Leben. Aus dem Motiv „der rettenden Liebe" heraus startete Wichern wichtige Initiativen, die schließlich in der *„Inneren Mission"* eine konzeptionelle, wirksame Form fanden. Sie zielte auf eine am Reich-Gottes-Konzept orientierte Erneuerung der Christenheit:

> „Als Innere Mission gilt uns nicht diese oder jene einzelne, sondern die gesamte Arbeit der aus dem Glauben an Christum geborenen Liebe, welche diejenigen Massen in der Christenheit innerlich und äußerlich erneuern will, die der Macht und Herrschaft des aus der Sünde direkt oder indirekt entspringenden mannigfachen äußeren und inneren Verderbens anheim gefallen sind, ohne daß sie, wie es zu ihrer christlichen Erneuerung nötig wäre, von den jedesmaligen geordneten christlichen Ämtern erreicht werden."[21]

Wichern strebte „eine Transformation der Landeskirchen von einer obrigkeitlichen Anstalt hin zu einer geschwisterlichen Gemeinschaft"[22] an. Theologisch begründete er dies mit dem Verweis auf das Allgemeine Priestertum aller Gläubigen.[23] Dieses fand „im Vereinswesen seine konkrete organisatorische Gestalt".[24] Demgegenüber wies Wichern etwaige pfarramtliche Dominanzansprüche ebenso

---

20 Beide Formulierungen finden sich permiscue in der Literatur. Luther begründet seine These vom Allgemeinen Priestertum im Wesentlichen von der Taufe her (WA 6,407,13f.,22f.; s. Barth, Priester 34f.). Doch ist die Taufe untrennbar mit dem Glauben verbunden. Von einem ebenfalls von Luther formulierten prozesshaften Verständnis der Taufe her scheint es mir im Kontext gegenwärtiger Taufpraxis (s. § 15 3.) sogar möglich vom Allgemeinen Priestertum aller Getauften und zur Taufe Eingeladenen zu sprechen. Damit wird auch der lange selbstverständlichen Stufung der Kirchenzugehörigkeit etwa in Form des Katechumenats Rechnung getragen.
21 Johann Hinrich Wichern, Sämtliche Werke Bd. 1, Berlin 1958, 180.
22 Traugott Jähnichen, Johann Hinrich Wichern. Eine Erinnerung anlässlich seines 200. Geburtstages, in: ThLZ 133 (2008), 355–370, 363.
23 S. Barth, Priester 79–103.
24 Jähnichen, Wichern 363.

zurück wie eventuelle staatliche Einflussnahme.²⁵ Für die Kommunikation des Evangeliums nahm die Initiative der Inneren Mission den lange Zeit in der Kirche hinter die liturgische und katechetische Praxis zurückgetretenen Modus des Helfens zum Leben als zentral wieder auf. Das heutige Diakonische Werk steht in dieser Tradition. Wirkungsgeschichtlich gab Wichern auch einen allgemein gesellschaftlichen Impuls, insofern die diakonische Initiative zur Ausbildung neuer Berufe führte. Bei den Diakonissen kam es zu einem weiblichen Beruf, der sich später auch in säkularer Form bewährte.

Ein zweiter wichtiger Impuls, diesmal zum Modus *des gemeinschaftlichen Feierns*, stellt der ökumenisch begründete Aufbruch dar, der in Deutschland in den *Kindergottesdienst* mündete.²⁶ Die Industrialisierung und die mit ihr verbundenen Probleme wie die Kinderarbeit führten am Anfang des 19. Jahrhunderts in England zur Einrichtung sog. „Charity Schools". Sie waren diakonisch-elementarpädagogisch ausgerichtet. In den USA transformierten sie sich – im Kontext des dort fehlenden schulischen Religionsunterrichts – zu „Sunday Schools". Diese wurden in der zweiten Hälfte des 19. Jahrhunderts nach Deutschland vermittelt. Dabei gab es erhebliche Probleme bei der Einführung:

> „1. Das Unterrichten von Kindern durch ungeübte Laienkräfte war vielen ein Dorn im Auge. 2. Etliche stießen sich daran, daß so viele Frauen mitwirkten in den Sonntagsschulen, was in ihren Augen nicht mit dem Schweigegebot aus 1. Korinther 14,34f. sowie 1. Timotheus 2,11f. vereinbar war. 3. Negativ wurde auch beurteilt, daß die Gruppen während der Gruppenunterweisung in einem Raum blieben, denn dies betrachtete man zum einen als Angriff auf die Heiligkeit des gottesdienstlichen Raumes, zum anderen als schädlich für die Kinder."²⁷

So kam es in Deutschland – wie bereits der Namenswechsel von Sonntagsschule zu Kindergottesdienst andeutet – zur pastoralen Domestizierung dieser ursprünglichen Laienbewegung. Aus den Sonntagsschullehrerinnen wurden Kindergottesdiensthelferinnen usw. Mit dieser Adaption trat die ursprünglich diakonisch-sozialpädagogische Ausrichtung hinter das liturgische Profil zurück. Trotzdem blieb die Organisationsform des Kindergottesdienstes eigenständig.²⁸ Es kam – 1871 zuerst in Württemberg – zur Gründung von Landesverbänden für Sonntagsschule und Kindergottesdienst. Sie schlossen sich häufig der Inneren Mission, nicht den Landeskirchen an. Allerdings beendete spätestens die

---

25 S. a.a.O. 364.
26 S. für die Entstehungsgeschichte und Entwicklung nach wie vor grundlegend Carsten Berg, Gottesdienst mit Kindern. Von der Sonntagsschule zum Kindergottesdienst, Gütersloh 1987.
27 So die Zusammenfassung wichtiger Kritikpunkte 1903 durch den – kindergottesdienstfreundlichen – Pädagogen und Theologen Otto Eberhard, zusammengefasst a.a.O. 66f.
28 S. hierzu am Beispiel der entsprechenden Satzung in Bayern a.a.O. 88f.

Gleichschaltungspolitik der Nationalsozialisten diese Eigenständigkeit. Um der Eingliederung in die nationalsozialistischen Jugendbünde zu entgehen, wurden die Kindergottesdienstverbände in die Landeskirchen integriert.[29] Neues Ziel des Kindergottesdienstes war jetzt die Heranführung der Kinder an den Gottesdienst der Erwachsenen. Noch 1964 erschien eine an der Agende 1[30] orientierte Ordnung für den Kindergottesdienst in der Vereinigten Evangelisch-Lutherischen Kirche in Deutschland (VELKD).[31] Sie erwies sich aber schnell als unpraktikabel.

Eine Öffnung über die institutionalisierten Kirchen hinaus für die Kommunikation des Evangeliums ermöglichte die seit Ende des 19. Jahrhunderts zunehmend rasanter voranschreitende *Medienentwicklung*. Dabei kam es zu einer interessanten Bereicherung vor allem des *Lehrens und Lernens* als Modus der Kommunikation des Evangeliums. Anfangs gestaltete sich ebenfalls der Zusammenhang mit den verfassten Kirchen als schwierig. Schon in der ersten Hälfte des 19. Jahrhunderts kam es entsprechend der unterschiedlichen kirchen- und theologiepolitischen Positionen zu Diversifizierungen im Bereich der christlichen Presse. Auch hier zeitigte Wicherns Vorstoß zur „Inneren Mission" wichtige Resultate in Form der Gründung von Presse-Vereinen.[32] Dabei stand – deutlich kontrakulturell, obgleich im Nachhinein problematisch – das Ziel im Vordergrund, „Gottentfremdung und Unsittlichkeit"[33] zu bekämpfen. Eine weitere Verbreitung ermöglichte der Hörfunk, in dem bereits 1924 eine erste religiöse „Morgenfeier" ausgestrahlt wurde, allerdings in Verantwortung des Intendanten. Hier begegnet die Initiative von Menschen, die kein Amt in der verfassten Kirche innehatten. Vielmehr leisteten Kirchenvertreter erheblichen Widerstand gegen die vermeintliche Konkurrenz zu den Gottesdiensten in Kirchengebäuden – was sich etwa ein halbes Jahrhundert später hinsichtlich des Fernsehgottesdienstes wiederholte.[34] Umgekehrt monierten – der Kirche grundsätzlich wohl gesonnene – Rundfunk-Intendanten die wenig mediengerechte Gestaltung kirchlicher Sendungen.[35] Dagegen bedienten sich etwa in den USA evangelikale Gemeinschaften

---

29 S. hierzu und den damit verbundenen konzeptionellen Bestimmungen a.a.O. 97–109.
30 S. Christian Grethlein, Abriß der Liturgik. Ein Studienbuch zur Gottesdienstgestaltung, Gütersloh ²1991, 114–147.
31 S. Berg, Gottesdienst 142f.
32 S. Roland Rosenstock, Evangelische Presse im 20. Jahrhundert (Christliche Publizistik 2), Stuttgart 2002, 53.
33 Zitat aus einer entsprechenden Satzung a.a.O. 46.
34 S. Wilm Sanders, Gottesdienstübertragungen im Rundfunk – Hörfunk und Fernsehen, in: Hans-Christoph Schmidt-Lauber/Michael Meyer-Blanck/Karl-Heinrich Bieritz (Hg.), Handbuch der Liturgik. Liturgiewissenschaft in Theologie und Praxis der Kirche, Göttingen ³2003, 929–939, 934–937.
35 S. z.B. die Kritik von Kurt v. Boeckmann, abgedruckt in Grethlein, Theologie 444.

schnell und mit großem Erfolg zuerst des Rundfunks[36] und dann der neuen Medien („electronic church").[37] Die Entwicklung erreicht im Internet einen vorläufigen und wiederum schnell sich in einzelne Anwendungen ausdifferenzierenden Höhepunkt. Nicht zuletzt die konfessionellen Grenzen werden dadurch zunehmend überschritten bzw. spielen keine Rolle mehr.

Eine Integration von verschiedenen Aufbrüchen in den drei Modi der Kommunikation des Evangeliums durch „allgemeine Priester" stellt die Initiative des *Deutschen Evangelischen Kirchentags* ab 1949 dar.[38] Sie verdankt sich, vermittelt durch die Person des Gutsbesitzers und Juristen Reinhold v. Thadden-Trieglaff, wesentlich ökumenischen Impulsen sowie Lehren aus dem Kirchenkampf. Von Anfang an verstand sich der Kirchentag als eine Laien-Initiative. Sie verfolgte stets das Ziel der Kirchenreform mit. Die ab 1957 im Zweijahres-Rhythmus stattfindenden Treffen geben dem offenen protestantischen Diskurs ein Forum mit erheblicher massenmedialer Wirkung. So entwickelte der Kirchentag für das neue geistliche Liedgut ebenso wichtige Impulse wie für die Feier des Abendmahls. Immer wieder begegneten kirchliche Vertreter dieser Offenheit mit Skepsis. Doch dürfte demgegenüber mit Harald Schroeter-Wittke gelten: „Die Stärke des K. aber war es immer schon, daß er durch das Erleben Fakten schafft, die die theol. Lehre allenfalls nach-denken läßt."[39]

Insgesamt sind also in den verschiedenen Modi der Kommunikation des Evangeliums seit dem 19. Jahrhundert Aufbrüche zu beobachten, die sich neben, z.T. sogar in kritischer Auseinandersetzung mit den Landeskirchen vollzogen. Dabei waren oft Menschen ohne besondere kirchliche Ämter initiativ, erwiesen also Dynamik und Potenzial des von Luther reklamierten Allgemeinen Priestertums der Getauften bzw. der Gläubigen.

---

36 S. Hansjörg Biemer, Christliche Rundfunksender weltweit. Rundfunkarbeit im Klima der Konkurrenz (CThM.PT 22), Stuttgart 1994.
37 S. William Fore, Electronic Church, in: Religion Past & Present. Encyclopedia of Theology and Religion 4 (2008), 400 f.
38 S. ausführlich Harald Schroeter, Kirchentag als vor-läufige Kirche (PTHe 13), Stuttgart 1993. Die namensgleichen „Kirchentage" von 1848–1872 und 1919 bzw. 1922–1930 verdanken sich einem anderen Kontext und bleiben hier wegen ihrer zeitlichen und sachlichen Beschränkung unthematisiert.
39 Harald Schroeter-Wittke, Kirchentag, in: ⁴RGG 4 (2001), 1303–1306, 1306 (a.a.O. 1305f. eine Tabelle mit allen Orten, Losungen und Präsidenten der Kirchentage von 1949 bis 2003).

4 Taufpraxis

Im 19. Jahrhundert verändert sich – nach etwas tausend Jahren – der Rechtsstatus der Taufe grundlegend. 1847 trennte die preußische „Verordnung, betreffend die Geburten, Heirathen und Sterbefälle, deren bürgerliche Beglaubigung durch die Ortsgerichte erfolgen muß."[40] zwischen Kirchenmitgliedschaft und bürgerlichen Rechten. Mit der Möglichkeit zum Kirchenaustritt wurde darüber hinaus die bisherige Kopplung zwischen Taufe und lebenslanger Kirchenmitgliedschaft aufgehoben. Sie besteht zwar bis heute kirchlich und theologisch, aber nicht mehr nach staatlichem Recht. Die Kirchen reagierten auf die erst wenigen, dann aber in einigen Wellen zunehmenden und seit dem Ende der sechziger Jahre des 20. Jahrhunderts kontinuierlich hohen Kirchenaustritte (s. § 16 1.) mit Kirchenzuchtmaßnahmen. Vor allem wurden den Ausgetretenen Kasualien, etwa Trauung oder Bestattung, verwehrt. Allerdings kam es dabei zu Härten, insofern von solchen Exklusionen auch treue Kirchenmitglieder – etwa der potenzielle Ehepartner oder die Hinterbliebenen – betroffen waren. Zunehmend wurden deshalb Ausnahmen aus seelsorglichen Gründen möglich. Allerdings blieb die grundsätzliche Frage nach der jedenfalls theologisch bleibenden Bedeutung der Taufe bei diesen Konflikten merkwürdig unbedacht.[41]

Neben diesen innerkirchlichen Problemen kam es seit der Mitte des 19. Jahrhunderts in Deutschland zu einer jedenfalls grundsätzlichen *Pluralisierung der Taufpraxis* hinsichtlich des Alters. 1834 wurde in Hamburg die erste baptistische Gemeinde gegründet, weitere folgten.[42] Seitdem ist es in Deutschland rechtlich möglich, sich einer Glaubensgemeinschaft anzuschließen, die nur die Taufe Erwachsener bzw. Mündiger praktiziert. Dazu führte im 20. Jahrhundert die Frage nach der Kindertaufe mehrfach zu theologischen Auseinandersetzungen, ohne dass es zu historisch oder systematisch endgültig überzeugenden Lösungen kam.[43] Allerdings taten sich auch schwierige Nebenschauplätze auf, wenn z. B. in

---

[40] Abgedruckt in: Barbara Schmal, Das staatliche Kirchenaustrittsrecht in seiner historischen Entwicklung (JusEcc 102), Tübingen 2013, 199–302

[41] S. Jan Hermelink, Taufpraxis in kirchenrechtlicher Perspektive. Das Recht der Taufe und das Selbstverständnis der kirchlichen Organisation, in: Franziska Beetschen/Christian Grethlein/Fritz Lienhard (Hg.), Taufpraxis. Ein interdisziplinäres Projekt, Leipzig 2017, 161–182, 171–173.

[42] S. zur Konstituierung des Baptismus in Deutschland im Einzelnen Birgit Marchlowitz, Freikirchlicher Gemeindeaufbau. Geschichtliche und empirische Untersuchung baptistischen Gemeindeverständnisses (APrTh 7), Berlin 1995, 7–26 sowie zur weiteren Entwicklung a.a.O. 27–65.

[43] S. z. B. Hans Hubert, Der Streit um die Kindertaufe. Eine Darstellung der von Karl Barth 1943 ausgelösten Diskussion um die Kindertaufe und ihre Bedeutung für die heutige Tauffrage, Frankfurt 1972; Andreas Müller, Taufpraxis in kirchenhistorischer Perspektive, in: Franziska

der Hermannsburger Mission zeitweise die Taufe geistig behinderter Menschen auf dem Missionsfeld abgelehnt[44] und so die Inklusivität der jesuanischen Botschaft in ihr Gegenteil verkehrt wurde.

Für die Taufpraxis gibt es im 20. Jahrhundert mehrere wichtige neue Impulse. So gewann die Taufe im Zuge der Wiederentdeckung der Osternachtfeier wenigstens ansatzweise einen Platz im Zentrum des Kirchenjahres[45] und damit Anschluss an eine wichtige Feierpraxis. Angesichts zunehmender Distanz von Menschen zu den überkommenen kirchlichen Kommunikationsformen rückte die pädagogische Dimension der Taufe wieder ins Blickfeld. Dabei wurden die Taufgespräche mit den Eltern und, soweit möglich, mit den Paten zur pastoralen Pflicht. Hinzu traten in manchen Gemeinden Angebote zur Taufvorbereitung in Seminarform.[46] Ab 1988 wurde in Aufnahme von Anregungen aus Norwegen im Gemeindekolleg der VELKD sogar ein symboldidaktisches Konzept für einen tauforientierten Gemeindeaufbau (s. § 24 1.1) ausgearbeitet.[47]

Auf römisch-katholischer Seite gab das II. Vatikanum für die Taufliturgie einen wichtigen Impuls. Erstmals wurde offiziell auf der einen Seite gefordert, den Ritus tatsächlich der Situation von Säuglingen anzupassen. Dem entsprach auf der anderen Seite die konziliare Anregung einer *Ordnung für die Erwachsenentaufe*,[48] nach Einschätzung des katholischen Liturgiewissenschaftlers Reinhard Meßner „vermutlich die wichtigste Innovation der gesamten Liturgiereform nach dem Konzil".[49]

5 Mahlpraxis

Im 19. Jahrhundert hatte das Abendmahl in Gegenden mit konfessioneller Homogenität eine öffentliche Bedeutung. Es war gewissermaßen die Feier des

---

Beetschen/Christian Grethlein/Fritz Lienhard (Hg.), Taufpraxis. Ein interdisziplinäres Projekt, Leipzig 2017, 119–138, 124–126.
44 S. Grethlein, Taufpraxis 75.
45 S. Hansjörg Auf der Maur, Die Wiederentdeckung der Osternachtfeier in den abendländischen Kirchen des 20. Jahrhunderts, in: BiLi 60 (1987), 2–25.
46 S. z.B. aus der Schweiz Christa Gäbler/Christoph Schmid/Peter Siber, Kinder christlich erziehen. Gruppengespräche mit Eltern zum Thema Taufe, Gelnhausen ²1979 (1976).
47 Reiner Blank/Christian Grethlein (Hg.), Einladung zur Taufe – Einladung zum Leben 2 Bde., Stuttgart 1993/1995.
48 S. Franz-Peter Tebartz-van Elst/Artur Waibel, Feier der Eingliederung in die Kirche, in: Benedikt Kranemann/Eduard Nagel/Elmar Nübold (Hg.), Heute Gott feiern. Liturgiefähigkeit des Menschen und Menschenfähigkeit der Liturgie, Freiburg 1999, 182–195.
49 Meßner, Einführung 131.

"cultus publicus", der die soziale und sittliche Ordnung zur Darstellung brachte und zugleich bestätigte. So beschrieb der preußische Generalsuperintendent Carl Büchsel die Kommunion in einer Landgemeinde:

> „Zuerst der Patron und seine Familie, dann die verheirateten Männer, zuerst der Schulze, die Gerichtsmänner, die Bauern usw., dann die unverheirateten jungen Männer, darauf die Frauen und Witwen, dann die Mädchen und zuletzt die Gefallenen."[50]

In konfessionell gemischten Gebieten verlor das Abendmahl allerdings diese öffentliche Funktion und wurde zur Feier lediglich einer Gruppe.

Marginal erscheint seine Stellung in der unierten Agende des preußischen Königs Friedrich Wilhelm III. von 1829.[51] Dort standen die liturgischen Elemente am Anfang, den Abschluss bildete die lange Predigt. Das Abendmahl wurde selten als Anhang gefeiert, wobei in der Regel die meisten Gemeindeglieder vorher die Kirche verließen und nur wenige zur Mahlfeier blieben.

Von daher überrascht die Klage der Pastoren das ganze 19. Jahrhundert hindurch über die niedrige bzw. abnehmende Kommunionhäufigkeit nicht. So erinnert sich der eben zitierte Büchsel an seine pastorale Tätigkeit in den 30er und 40er Jahren des 19. Jahrhunderts:

> „Fast in allen Gemeinden finden sich jetzt leider Personen, die selten oder gar nicht zum Tische des Herrn kommen, andere, die jährlich einmal etwa in der Passionszeit sich einfinden, und eine geringe Zahl, die fleißig dies Gnadenmittel empfängt."[52]

Neben den liturgischen Problemen begegneten bis weit ins 20. Jahrhundert noch weitere Hindernisse:

> „Die Scheu vor dem Gang zum Tisch des Herrn wurde durch das umständliche und inquisitorische Verfahren einer besonderen Vorbereitung mit einer stets sich wiederholenden Warnung vor einem ‚unwürdigen Genuß' des Abendmahls, in manchen Gebieten auch durch Maßnahmen der Kirchenzucht, vermehrt. Die geringer werdende Zahl der Kommunikanten ließ die Teilnahme am Abendmahl zu einem Bekenntnisakt werden, zu dem sich nicht jedermann verstand. Weder die Predigt noch der Konfirmandenunterricht noch die zahlreich verbreiteten Kommunionbücher vermochten den Zugang zu einem sachgemäßen Ver-

---

50 Carl Büchsel, Erinnerungen aus dem Leben eines Landgeistlichen, Berlin ⁹1907 (1. Aufl. 1861), 327.
51 Der Ablauf ist abgedruckt in Grethlein, Abendmahl 98 f.; zur Nachfolge-Agende von 1895 s. Alexander Völker, Die Abendmahlsordnung der preußischen Unionsagende, in: Irmgard Pahl (Hg.), Coena Domini II. Die Abendmahlsliturgie der Reformationskirchen vom 18. bis zum frühen 20. Jahrhundert (SFS 43), Freiburg (CH) 2005, 92–100, 97–100.
52 Büchsel, Erinnerungen 467.

ständnis des Abendmahls zu eröffnen; das führte in weiten Kreisen zu einer Unsicherheit, die in zunehmendem Maß den Gang zum Abendmahl verhinderte."[53]

Verschiedene liturgische Reformversuche, etwa durch die Berneuchener Bewegung oder die Kirchliche Arbeit Alpirsbach blieben dagegen erfolglos. Erst im Zuge des Kirchenkampfs und der damaligen politischen Bedrohung kam es in manchen Gemeinden zu häufigeren, manchmal sogar zu wöchentlichen Mahlfeiern, um sich stärken zu lassen.[54] Ebenfalls der Kontextbezug spielte bei den Reformvorschlägen Ernst Langes (s. § 17 1.) eine Rolle. Angeregt durch seine Mitarbeit im Ökumenischen Rat der Kirchen stellte er das im weiten Sinn politische Potenzial der Mahlfeier heraus. Angesichts vielfältiger Bedrohungen in einer vom „homo faber" geprägten Kultur verstand er das Mahl als „das christliche Hoffnungszeichen" für den zu leistenden Widerstand, die „Feier des Kommenden".[55] Die „Lorenzer Ratschläge" des Evangelischen Kirchentags 1979 führten dieses Verständnis weiter und präsentierten mit dem Feierabendmahl eine entsprechende Feierform.[56]

Noch stärkere Beachtung fand die Eucharistie auf katholischer Seite. Bereits 1903 rief Papst Pius X. mehrfach zum häufigeren Besuch der Messe auf. Odo Casel gab (mysterien-)theologisch mit dem Programmbegriff des *„Paschamysteriums"* eine Richtung vor, in der die heilige Handlung Fundament und Zentrum der Kirche bildete. Irmgard Pahl fasst seine biblische Begründung und theologische Orientierung präzise zusammen:

> „Es geht in der gesamten Heilsgeschichte ‚um die von Gott gewährte und von den Menschen angenommene Lebensgemeinschaft (Bund, communio). Sie wird begründet in einem Gründungsereignis.' Im Ersten Bund ist dies der Auszug aus Ägypten mit dem Durchzug durch das Rote Meer und dem Bundesschluß am Sinai, im Zweiten der Tod und die Auferstehung Christi mit dem kirchenbegründenden Pfingstereignis. Immer geht es dabei um ein transitus-Geschehen: hier der Durchgang durch die Todesfluten des Meeres, dort der Durchgang durch den Kreuzestod. Der höchst dynamische Begriff des ‚pesah' versucht dies ins Wort zu bringen: Zunächst nur auf das ‚schonende Vorübergehen' Jahwes an den Häusern der im Aufbruch begriffenen Israeliten (Ex 12,13.23.27) angewandt, wurde er schließlich zum

---

53 Alfred Niebergall, Abendmahlsfeier IV. 20. Jahrhundert, in: TRE 1 (1977), 310–328, 312.
54 S. Edmund Schlink, Der Ertrag des Kirchenkampfes, Gütersloh ²1947, 17.
55 Ernst Lange, Bemerkungen zum Abendmahl heute. Mit einer Einführung von Rüdiger Schloz, in: PTh 91 (2002), 346–360, 349 (dieser Aufsatz geht posthum auf das Manuskript eines 1969 von Lange gehaltenen Vortrags zurück).
56 S. hierzu Georg Kugler (Hg.), Forum Abendmahl, Gütersloh 1979.

Inbegriff des gesamten rettenden Handelns Gottes beim Auszug aus Ägypten wie auch in der Auferweckung des Gekreuzigten."[57]

Dementsprechend forderte die Liturgie-Konstitution des II. Vatikanums die *„plena, conscia atque actuosa participatio"* („volle, bewusste und tätige Teilnahme"; SC 14) am Gottesdienst. Damit wurde zumindest theologisch die Gemeinschaft der Feiernden wieder betont. In der Praxis dagegen standen und stehen dem vielerorts die Wandel-Kommunion sowie der Kelchentzug entgegen. So klafften und klaffen bis heute Sinn- und Feiergestalt auseinander. Tatsächlich geht auch in den deutschen Gemeinden der römisch-katholischen Kirche die Kommunionhäufigkeit zurück.

6 Zusammenfassung

Traditionen und Reformversuche sowohl auf der Ebene der Kirchenstruktur als auch bei den liturgischen Feiern überlagern sich vielfach und erschweren ein einheitliches Bild. Allerdings kann konstatiert werden, *dass Kirchenmitgliedschaft und Teilnahme an kirchlicher Praxis sich von einer staatlich lange Zeit erzwungenen Selbstverständlichkeit zu einer Option für die Menschen veränderten*. Auch nahmen die Pluralisierung und Individualisierung im Bereich der Daseins- und Wertorientierung weiter zu. In und außerhalb der verfassten Kirchen, hier vor allem im Bereich der Diakonie, begegnen neue Aufbrüche, in denen der jeweilige Kontext ernst genommen wird. Die Gemeindeaufbau-Bewegung mit ihrem Anknüpfen an die damals moderne Sozialform des Vereins ist ein Beispiel hierfür. Allerdings zeigen sich bei näherem Hinsehen die Probleme auf Grund der Beharrungskräfte solcher Innovationen. Bei verändertem Kontext tragen sie eher zur Lähmung als zur Förderung der Kommunikation des Evangeliums bei. Strukturell tritt im Kontext der mehrfachen politischen Brüche die Bestimmung des Verhältnisses von Kirche und Staat als besondere kirchentheoretische Herausforderung hervor. Zu ihr gehört auch die Frage einer angemessenen Finanzierung von Kirche.

---

[57] Irmgard Pahl, Das Paschamysterium in seiner zentralen Bedeutung für die Gestalt christlicher Liturgie, in: LJ 46 (1996), 71–93, 74 (unter Zitat von Hans Bernhard Meyer).

§ 15 Zusammenfassung und Ausblick

Der Durchgang durch die (westliche) Kirchengeschichte ergab einige Grundeinsichten:

Kirche und ihre Praxis sind stets kontextbezogen. Dabei überwiegt seit dem 4. Jahrhundert eine affirmative Übernahme von bzw. Verbindung mit staatlichen bzw. obrigkeitlichen Organisationsformen. Die schnelle Ausbreitung des Christentums förderten seit Konstantin die jeweiligen Herrscher. Dabei wurde auch die Umstellung im Zuge der germanischen Machtübernahme gut bewältigt. Allerdings war dies mit einer Funktionalisierung des Christentums für herrschaftliche Zwecke verbunden. Von daher wurde die Durchsetzung des – (sog.) rechten – Glaubens mit Gewalt betrieben. Theologisch begründete Einsprüche dagegen setzten sich nicht durch.

Auch kulturell erwies sich die Kirche als anpassungs- und adaptionsfähig. Die Übernahme paganer Vorstellungen, wie sie etwa im Reinheitsdiskurs begegnen, erleichterte vielen antiken Menschen den Zugang. Zugleich entstand – im Kontext des eben genannten Zusammenhangs mit den Herrschenden – eine kirchliche Amtshierarchie, die eine straffe Organisation ermöglichte. Allerdings trat damit das Anliegen einer solidarischen Gemeinschaft unter den Christen als Gleichberechtigte in den Hintergrund. Ähnliches gilt für die grundsätzliche *Tendenz zur kultischen Transformation des Christseins*. Hier begegnen – begründet in bzw. begünstigt durch Reinheitsvorstellungen – bald und zunehmend Exklusionen. Sie stehen in deutlichem Widerspruch zu Texten des Neuen Testaments, die vom radikal inklusiven Auftreten Jesu berichten. Am Beispiel der Tauf- und Mahlpraxis treten diese Entwicklungen deutlich hervor.

Darüber hinaus zeigt sich für die *Taufe* eine beträchtliche Marginalisierung. Der Ausfall des Kommunikationsmodus Lehren und Lernen, zuerst im Taufkatechumenat verankert, machte den Zugang zur Kirche zweifellos niedrigschwelliger. Allerdings war damit die Gefahr inhaltlicher Entleerung verbunden. Die Umstellung von den Tauffragen zwischen Täufer und Täufling auf die vom Priester gesprochene Taufformel führte zu einer erheblichen Veränderung der Feiergestalt. Aus einer kommunikativen Interaktion wurde die Spendung des Sakraments. Sie ging einher mit der Hervorhebung des Priesters und einer Minderung des Allgemeinen Priestertums. Die Abtrennung von Handauflegung und Salbung als Zeichen der Geistvermittlung sowie der Kommunion von der Taufe stellten weitere gewichtige Einbußen dar. Sie wurden solange nicht bemerkt, als die Taufe – durch die Obrigkeit gestützt und erzwungen – selbstverständlich erschien. Das rechtfertigungstheologisch begründete Bemühen der Reformatoren, die Bedeutung der Taufe als Ausdruck der Heilsgewissheit hervorzuheben, scheiterte letztlich daran, dass dies zwar verbal ausgeführt, aber nicht rituell inszeniert wurde. Auch hier blieb jedoch die Taufe über Jahrhunderte hinweg selbstverständlich. Die bürgerlichen Rechte waren an sie gebunden. Bei dem Übergang zur allgemeinen Plausibilität der Optionalität von Taufe seit den siebziger Jahren des 20. Jahrhunderts wurden die so entstandenen inhaltlichen Defizite unübersehbar.

Ähnliches gilt für das *Mahlfeiern*. Durch die Abtrennung von der Sättigungsmahlzeit ging nicht nur eine wichtige Verbindung zum Alltag, sondern auch die diakonische Dimension hinsichtlich Armer verloren, die sich beim Mahl sättigten. Die Umstellung vom abendlichen Symposion auf die morgendliche Klientensalutation vollzog sich mit der *Herausbildung hierarchischer Strukturen*. Der Bischof übernahm die Rolle des Patron. Dabei geriet die solidarische Gemeinschaft der gleichermaßen mit Christus Verbundenen, also der Gleichberechtigten aus dem Blick. Dies fiel in einer hierarchisch strukturierten Gesellschaft nicht weiter auf, sondern ermöglichte vielen mit der Sozialform der Morgensalutation Vertrauten den Zugang. Ebenfalls als Kontextualisierung, und jetzt hinsichtlich des damaligen philosophischen Diskurses, kann die Konzentration auf die Mahlelemente und deren Deutung verstanden werden. Als Nebenfolge hatte sie aber – verbunden mit germanischen Opfer-Vorstellungen – ein Zurücktreten der für Jesu Mahlfeiern zentralen Gemeinschaft. Auch entstand mit der Schau-Frömmigkeit, wie sie etwa bei der Fronleichnam-Prozession zu Tage tritt, eine für viele attraktive Möglichkeit der Religionspraxis. Der Zusammenhang mit dem Auftreten, Wirken und Geschick Jesu war dabei, wenn überhaupt, nur noch rudimentär zu erkennen. Insgesamt führte die Verbindung von Scheu vor dem Heiligen, Angst vor Unwürdigkeit, düsterer Atmosphäre u. Ä. dazu, dass die Kommunionhäufigkeit recht gering war. Die evangelischen Versuche einer schriftgemäßen Mahlfeier stellten die Einsetzungsworte ins Zentrum. Aber auch hier hatte die bei Luther an die Stelle des Opfergedankens getretene Betonung der Sündenvergebung die Nebenfolge eines insgesamt düsteren, wenig einladenden Rituals. Bei Wegfall pastoraler Aufsicht wurde die teilweise nur im Anhang zum sonstigen Gottesdienst gefeierte Mahlfeier zur Angelegenheit weniger Frommer.

Systematisch steht fast immer hinter den Erfolgen bei der Ausbreitung des Christentums, aber auch inhaltlichen Reduktionen und teilweise Verfälschungen der Kommunikation des Evangeliums das besondere *Verhältnis der Kirche zur jeweiligen Herrschaft*. Ihm muss deshalb in der Gegenwart das besondere Augenmerk gelten. Dazu sind die jeweiligen kulturellen Kontexte nicht nur zu rekonstruieren, sondern auch hinsichtlich ihrer Anschlussfähigkeit an die bzw. ihres Widerspruchs zu der Kommunikation des Evangeliums zu untersuchen.

Schließlich begleiten immer wieder von neuem Aufbrüche von Christen und sich um sie bildender Gemeinschaften die kirchliche Praxis, teils ergänzend, teils kritisch, manchmal sogar im gewaltmäßig unterdrückten Widerspruch. Vor allem im 19. und beginnenden 20. Jahrhundert traten hinsichtlich der drei grundlegenden Modi der Kommunikation des Evangeliums solche Reformversuche zu Tage: beim Helfen zum Leben die Innere Mission bzw. dann Diakonie; beim gemeinschaftlichen Feiern der Kindergottesdienst; beim Lehren und Lernen neue Kommunikationsformen in Medien. In Veranstaltungen wie dem Deutschen Evangelischen Kirchentag kamen sie mitunter zusammen. Dabei fällt auf, dass die wesentlichen Initiativen zu diesen Aufbrüchen sich dem Ernstnehmen von Kontexten verdanken, und zwar meist durch Christen, die in der verfassten Kirche kein besonderes Amt bekleiden. Hier bildet sich also immer wieder eine Art *Kirche der vom Auftreten, Wirken und Geschick Jesu Berührten neben der verfassten, hierarchisch strukturierten Kirche* heraus – eine Entwicklung, der für die Gegenwart und Zukunft besondere Aufmerksamkeit gebührt.

Insgesamt begegnet in der Christentumsgeschichte, wenn sie in der Perspektive der Kommunikation des Evangeliums rekonstruiert wird, ein Changieren zwischen deren drei Modi. Zu Beginn waren sie – ausgehend vom Impuls des Auftretens, Wirkens und Geschicks Jesu – eng miteinander verbunden. Die Transformation zum „cultus publicus" und die damit verbundene Herausbildung einer Ämterhierarchie ließ das rituelle Feiern in den Vordergrund treten, wobei das Helfen zum Leben zurücktrat. Gegenüber einer sich im Mittelalter verfestigten kultischen Überformung des Christentums betonten die Reformatoren von neuem den Modus des Lehrens und Lernens, wie ihr vielfältiges katechetisches Engagement zeigt. Zwar hatten immer wieder – teilweise dissidente – Gruppen und Gemeinschaften durch ihre Praxis die Bedeutung des Helfens zum Lebens, also die diakonische Dimension der Kommunikation des Evangeliums herausgestellt. Allgemeinere Bedeutung bekam diese meist von Menschen, die kein Amt in der kirchlichen Hierarchie bekleideten, getragene Bewegung in Deutschland durch den Aufbruch der Inneren Mission. Heute erfreut sich die aus diesem Impuls entstandene Organisation der Diakonie – wie im dritten Teil gezeigt wird (s. § 17 4.) – großer Wertschätzung in der breiten Bevölkerung. Ist dies der Beginn eines Aufbruchs der „allgemeinen Priester" zu einer über die verfassten Grenzen hinausreichenden Kirche?

3. Teil **Bestandsaufnahme: Kirchenmitgliedschaft als Option**

Kirchenmitgliedschaft ist heute in Deutschland eine Option. Diese zuerst rechtliche Feststellung hat mittlerweile auch empirisch beobachtbare Konsequenzen im Verhalten und in der Einstellung der Menschen. Sie sollen in diesem Teil in kirchentheoretischer Perspektive näher analysiert werden.

Der Verweis auf die seit Jahrzehnten anhaltend hohe Zahl von jährlichen Kirchenaustritten begegnet in fast jeder heutigen kirchentheoretischen Reflexion an prominenter Stelle. Ihm will ich am Anfang nachgehen. Es folgen Ergebnisse aus Umfragen, die Einblicke in die Einstellung der Menschen zur Kirche und deren Entwicklung geben. Dabei konzentriere ich mich – in Weiterführung des im zweiten Teil Dargestellten – auf die Tauf- und Abendmahlpraxis. Weiter sind die rechtlichen Bestimmungen zur Kenntnis zu nehmen, die die Stellung der Kirche in der Öffentlichkeit, gegenüber dem Staat, aber auch im Leben der Einzelnen regeln.

Seit dem Ende der sechziger Jahre des 20. Jahrhunderts beginnen die Evangelischen Landeskirchen und Kirchenbünde auf die neue Situation programmatisch zu reagieren. Auch gaben Praktische Theologen neue konzeptionelle Impulse zum Verständnis und zur Organisation von Kirche. Ähnliches ist etwas zeitverzögert ebenfalls in der römisch-katholischen Kirche in Deutschland zu beobachten. Dabei gab das – bereits erwähnte – II. Vatikanum wichtige grundsätzliche Impulse, die auf Länder- und/bzw. Diözesanebene weiter ausgearbeitet wurden.

§ 16 Statistische Entwicklungen[1]

Eingangs nenne ich ausgewählte Daten aus den kirchlichen Statistiken, wobei die Kirchenaus- und -eintritte den Rahmen abgeben. Sie werden in einem zweiten Schritt in bestimmten Hinsichten differenziert. Es folgt ein Blick auf die Taufpraxis. In ihr wird heute die Eingliederung in die Kirche vollzogen. Die Frage nach der konkreten Gemeinschaft in der Kirche wird bei Beobachtungen zur Mahlpraxis fokussiert. Einen breiteren Horizont eröffnen die Daten und Entwicklungen im Bereich anderer Religionen bzw. Weltanschauungen. Dabei bleibt der Fokus auf Deutschland beschränkt.

1 Kirchenmitgliedschaft, -austritte und -eintritte

Rechtlich gesehen wird seit dem im Kulturkampf erlassenen Preußischen Kirchenaustrittsgesetz von 1873 die Kirchenmitgliedschaft zu einer Option.[2] Denn jetzt wurde der Kirchenaustritt möglich, die bürgerlichen Rechte waren unabhängig vom Verhältnis des/der Einzelnen zur Kirche. In einem ersten Schritt gilt es die konkreten Auswirkungen der neuen Gesetzeslage, die sich dann auch in anderen deutschen Ländern zeigte,[3] anhand der entsprechenden Statistiken zu durchmustern. Bis zum Ende des II. Weltkriegs liegt der Anteil der Evangelischen an der Gesamtbevölkerung in Deutschland recht gleichmäßig bei gut 60 %.

Tabelle 1 Evangelische Kirchenmitglieder in Deutschland 1885 bis 1946

Jahr	Bevölkerung	Evangelische	%-Anteil
1885	46.707.000	29.369.847	62,9
1905	60.314.000	37.646.852	62,4
1925	63.166.00	40.014.677	63,3
1933	66.027.000	40.865.258	61,9
1939	69.314.000	42.636.218	61,5
1946	63.694.000	38.497.604	59,7

---

1 Die Zahlen in diesem Abschnitt entstammen den kirchenamtlichen Statistiken, die unschwer über die entsprechenden Homepages zugänglich sind.
2 Abgedruckt findet sich dieses Gesetz bei Barbara Schmal, Das kirchliche Kirchenaustrittsrecht in seiner historischen Entwicklung (JusEcc 102), Tübingen 2013, 304 f.
3 S. a.a.O. 171–183.

https://doi.org/10.1515/9783110563627-019

Allerdings zeigt ein Blick auf die Austritts- und Aufnahmezahlen, dass es innerhalb dieses zuerst in etwa gleichbleibend erscheinenden Bestands durchaus Veränderungen gab. Dies gilt seit dem Ende des 19. Jahrhunderts, also seit Menschen aus der Kirche austreten dürfen:

Tabelle 2 Evangelische Kirchenaustritte und -aufnahmen zwischen 1885 und 1946

Jahr	Kirchenaustritte	Aufnahmen[4]
1885	1.836	3.432
1890	3.726	4.417
1905	6.049	9.798
1906	17.492	9.245
1908	27.150	9.585
1914	25.672	9.294
1915	3.658	7.421
1919	237.687	11.172
1920	313.995	19.425
1921	256.936	38.046
1924	84.169	35.288
1926	201.500	35.874
1931	243.514	42.478
1934	29.331	150.275
1937	319.708	37.684
1939	377.721	21.145
1944	22.459	11.943
1945	9.493	41.908
1946	22.856	77.817

Man muss nicht viel von deutscher Geschichte wissen, um anhand dieser Zahlen entsprechende politische und soziale Umbrüche zu entdecken. Die beiden Weltkriege, die Weltwirtschaftskrise sowie der Wechsel in der nationalsozialistischen Politik gegenüber der Kirche fanden ihren direkten Niederschlag in den ent-

---

4 Ohne Kindertaufen.

sprechenden Daten. Auf jeden Fall zeigt sich, dass zumindest bei den Evangelischen bereits in der ersten Hälfte des 20. Jahrhunderts keine allgemeine Selbstverständlichkeit der Kirchenmitgliedschaft bestand.

Tatsächlich waren bis 1961 mehr als die Hälfte der Deutschen Mitglieder in einer Evangelischen Landeskirche (50,1 %). Ab dann sinkt dieser Prozentsatz stetig ab, auf gegenwärtig (2016) 26,5 %. Dazu tragen – neben Migrationseinflüssen und Altersfaktoren – die Kirchaustritte bei, die seit 1969 durchweg im sechsstelligen Bereich liegen. Auch hier schlagen sich im Einzelnen wieder bestimmte politische Veränderungen, etwa hinsichtlich der politischen Vereinigung, aber auch der Steuer- und Abgabengesetzgebung nieder:

Tabelle 3 Evangelische Kirchenaustritte und -aufnahmen zwischen 1969 und 2016

Jahr	Austritte	Aufnahmen[5]
1969	111.576	23.217
1970	202.823	20.990
1985	140.553	38.414
1991	320.635	67.645
1992	361.151	58.894
1997	196.602	61.522
2010	145.250	37.948
2014	270.003	27.142
2015	211.264	26.870
2016	190.000	25.000

Auf Seiten der römisch-katholischen Kirche verläuft die Entwicklung ähnlich, wenn auch sowohl hinsichtlich der Aus- als auch der Eintritte in der Regel auf niedrigerem Niveau.

---

5 Aufnahmen beinhalten alle Kircheneintritte, die ohne Taufe vollzogen werden, also Wiederaufnahmen (nach vorhergehendem Austritt) oder Konversionen aus anderen Kirchen, meist der römisch-katholischen Kirche.

Tabelle 4 Katholische Kirchenaustritte und -aufnahmen zwischen 1970 und 2014

Jahr	Austritte	Aufnahmen
1969	38.722	7.308
1970	69.454	5.957
1985	74.112	8.667
1991	167.933	8.649
1992	192.766	7.771
1997	123.813	11.465
2010	181.193	11.086
2014	217.716	9.123
2015	181.925	9.159
2016	162.093	9.035

Nur 2010 übertraf die Zahl der Austritte aus der römisch-katholischen Kirche die aus den Evangelischen Landeskirchen. Als wichtigster Grund dafür legt sich der damals breit in der Öffentlichkeit diskutierte Skandal sexuellen Missbrauchs durch Priester nahe.

Auf jeden Fall zeigt die Statistik zum einen, dass von einer Selbstverständlichkeit der Kirchenmitgliedschaft – wie noch bis zum Ersten Weltkrieg – in Deutschland seit mehreren Generationen nicht mehr ausgegangen werden kann. Zum anderen weist sie darauf hin, dass mittlerweile in Deutschland einige Millionen Menschen leben, die getauft sind, aber keiner Kirche angehören. Seit 1969 traten über sieben Millionen Menschen aus einer Evangelischen Landeskirche aus, wobei jüngere Menschen in höherem Maß diesen Schritt vollziehen als ältere. Von daher ist gegenwärtig davon auszugehen, dass – nimmt man die allerdings in etwas geringerem Umfang austretenden Katholiken hinzu – etwa acht bis neun Millionen Menschen in Deutschland leben, die getauft sind, aber keiner verfassten Kirche angehören.[6] Schon von daher lässt sich zumindest theologisch eine Gleichung zwischen Zahl der Kirchenmitglieder und der Christen nicht halten. Dass dafür auch empirische Gründe sprechen, zeigt ein Blick in aktuelle Umfragen.

---

6 S. Christian Grethlein, Praktische Theologie, Berlin ²2016, 385f.

2 Einstellungen zur Kirche

Schon eine genauere Analyse der eben referierten Daten erbringt interessante Differenzierungen. Zum ersten gehören Mädchen und Frauen in höherem Maß der Kirche an als Männer und Jungen.

> „Während der Frauenanteil an der Gesamtbevölkerung 51% beträgt, liegt er unter den (sc. evangelischen, C.G.) Kirchenmitgliedern bei 55%. Dieser Wert ist seit Jahrzehnten nahezu konstant (1987: 54%). Er variiert in den einzelnen Landeskirchen zwischen 53% und 61%."[7]

Dies dürfte auch (!) mit der sich zwar abschwächenden, aber nach wie vor signifikanten höheren Erwerbsneigung der Männer und deren damit verbundenen höheren Austrittsquote zusammenhängen, um Kirchensteuern zu sparen.[8] Hier schlägt sich die allgemein erst seit 1919 bestehende, in einzelnen Regionen allerdings weit ins 19. Jahrhundert zurückreichende direkte Verbindung von Kirchenmitgliedschaft und -steuerpflicht nieder.

Eindeutig ist die höhere *Austrittsbereitschaft* bei jüngeren Menschen – was auf deren geringere Bindung an die verfassten Kirchen schließen lässt, wie auch einschlägige Ergebnisse der Jugendforschung bestätigen.[9] Doch sind hier weitere Korrelate zu berücksichtigen. So sind jüngere Menschen in Deutschland durchschnittlich formal höher gebildet als ältere. Auch ist ihr Personenstand häufiger ledig. Da sich für die Faktoren höhere Bildung und Familienstand „ledig" ebenfalls eine Korrelation zu einer höheren Kirchenaustrittsneigung ergibt, dürfte es sich jeweils um nicht eindimensional auflösbare Interdependenzen handeln. Allerdings betrifft die Generationenspezifik die Zukunft der verfassten Kirchen am stärksten. So ergab eine Detailstudie zu (evangelischen und katholischen) 18- bis 35jährigen Menschen, dass die meisten von ihnen bereits einmal die Möglichkeit eines Kirchenaustritts bedachten.[10] Bei der Auswertung entsprechender Interviews ergab sich, dass „ein Kirchenaustritt Resultat eines Prozesses ist", der in der Regel auf Grund eines konkreten Impulses von außen vollzogen wird.[11] Auf jeden

---

[7] Studienzentrum der EKD für Genderfragen (Hg.), Atlas zur Gleichstellung von Frauen und Männern in der evangelischen Kirche in Deutschland. Eine Bestandsaufnahme, Hannover Februar 2015, 10.
[8] S. schon sehr differenziert Andreas Feige, Kirchenaustritt. Eine soziologische Untersuchung von Ursachen und Bedingungen, Gelnhausen ²1977, 68.
[9] S. Shell Deutschland Holding (Hg.), Jugend 2015. Eine pragmatische Generation im Aufbruch, Frankfurt Oktober 2015, 176–178.
[10] S. Michael Ebertz/Monika Eberhardt/Anna Lang, Kirchenaustritt als Prozess: Gehen oder bleiben? Eine empirisch gewonnene Typologie (KirchenZukunft konkret 7), Münster 2012, 171.
[11] A.a.O. 209.

Fall kann bei Jüngeren kein „Zwang" mehr festgestellt werden, Kirchenmitglied zu bleiben.[12] Das Beibehalten der Kirchenmitgliedschaft ist ebenso eine Option wie der Austritt.

Erleichtert wird diese Einstellung dadurch, dass zumindest die Mehrheit der evangelischen Kirchenmitglieder, die über einen Kirchenaustritt nachdenken, dem Item zustimmen, dass „ich auch ohne Kirche christlich sein kann" (53,5% „trifft zu"; 13,7% „teils-teils"; 32,8% „trifft nicht zu").[13]

Ansonsten ergibt – auch – die letzte EKD-Mitgliedschaftsumfrage eine Vielzahl von Gründen für die Kirchenmitgliedschaft:[14]

Tabelle 5 Gründe für evangelische Kirchenmitgliedschaft

Item	trifft zu	teils-teils	trifft nicht zu
„weil ich einmal kirchlich bestattet werden möchte."	73,5	10,4	16,1
„weil meine Eltern auch in der Kirche sind bzw. waren."	71,3	12,4	16,3
„Weil sie etwas für Arme, Kranke und Bedürftige tut."	68,3	11,2	20,4
„weil mir die kirchliche Trauung wichtig ist."	65,6	13,4	21,0
„weil sie wichtige ethische Werte vertritt."	65,2	14,1	20,7
„weil mit der christliche Glaube etwas bedeutet."	63,6	12,3	24,1
„weil sie zum Zusammenhalt der Gesellschaft beiträgt."	60,2	13,4	26,4
„weil ich religiös bin."	58,7	13,4	27,9
„weil Kirchengebäude im Dorf- bzw. Stadtbild nicht verschwinden dürfen."	57,8	15,2	27,0
„weil sich das so gehört."	56,7	15,1	28,2
„weil sie mir inneren Halt gibt."	54,7	11,8	33,5
„weil ich die Gemeinschaft brauche."	49,6	14,2	26,2

Hier stehen konventionelle und inhaltliche Gründe – durch die vorgegebenen Items bedingt – nebeneinander, ohne dass im Ergebnis klare Präferenzen zu er-

---

[12] S. a.a.O. 184.
[13] Heinrich Bedford-Strohm/Volker Jung (Hg.), Vernetzte Vielfalt. Kirche angesichts von Individualisierung und Säkularisierung. Die fünfte EKD-Erhebung über Kirchenmitgliedschaft, Gütersloh 2015, 489.
[14] Die Zahlen finden sich a.a.O. 473 (Rechtsschreibfehler wurden korrigiert).

kennen wären. In kirchentheoretischer Perspektive formuliert gehen Kirche als Institution, als Organisation und als Bewegung ineinander über (s. § 22.).

Einen anderen Einblick in die Einstellung der Menschen zur Kirche eröffnet ein Blick auf aktive *Formen der Partizipation*. Hierzu gehört die Teilnahme am gottesdienstlichen Leben. Es zeigen sich unterschiedliche Befunde. Auf der einen Seite ist die Teilnahme an vielen Gottesdiensten in Kirchengemeinden am Sonntagvormittag gering. So ergab die EKD-Erhebung 2015 für den Sonntag Invokavit eine Beteiligung von 722.094 Menschen, also 3,2% der Kirchenmitglieder. Allerdings muss hierzu die etwa in derselben Größenordnung liegende Einschaltquote des ZDF-Fernsehgottesdienstes hinzugerechnet werden, den etwa in gleichem Maß – meist über sechzigjährige – evangelische und katholische Kirchenmitglieder sehen. In der römisch-katholischen Kirche nehmen an einem durchschnittlichen Sonntag mittlerweile etwa zehn Prozent der Mitglieder an der Messe teil, mit weiter sinkender Tendenz. Doch gibt es auch Beispiele für hohe bzw. sogar steigende Gottesdienstteilnahme. So wurden 2015 in Evangelischen Kirchen am Heiligabend 8.336.167 Mitfeiernde gezählt (entspricht 36,8% der Kirchenmitglieder); 1975 kamen erst etwa 5,6 Millionen Menschen an Heiligabend in eine Evangelische Kirche, was damals 20,8% der Kirchenmitglieder entsprach. Ähnliches kann bei manchen kasuell bedingten Gottesdiensten beobachtet werden. Der Soziologe Michael Ebertz schlug angesichts dieser disparaten Befunde sowohl für die Evangelische als auch die Katholische Kirche überzeugend vor, zwischen „einseitigen und zweiseitigen liturgischen Handlungen" zu unterscheiden.

> „Während die Funktionsträger der Kirchen ihre Erwartungen gegenüber den Kirchenmitgliedern vor allem auf deren Befolgung ekklesiastischer Kriterien und Normen richten und etwa am sonntäglichen Kirchgang messen, konzentrieren sich die Erwartungen der Mehrheit der übrigen Kirchenmitglieder um den Gesichtspunkt, ob die kirchlichen Deutungsschemata und symbolischen Handlungen ihnen helfen, ihre Interaktionen fortzuführen und ihre jeweilige Lebenssituation zu bestehen, symbolisch zu markieren und festlich zu begehen, und zwar unabhängig von sonstigen kirchlichen Bedingungen, die über das Getauftsein und die Zahlung von Kirchensteuern hinausgehen."[15]

Von daher trifft also die nicht zuletzt massenmedial verbreitete Rede von den „leeren Kirchen" nur teilweise zu. Tatsächlich ergab eine milieutheoretisch ausgerichtete Mikrostudie in einer Evangelischen Kirchengemeinde in Münster eine

---

[15] Michael Ebertz, Einseitige und zweiseitige liturgische Handlungen. Gottes-Dienst in der entfalteten Moderne, in: Benedikt Kranemann/Eduard Nagel/Elmar Nübold (Hg.), Heute Gott feiern. Liturgiefähigkeit des Menschen und Menschenfähigkeit der Liturgie, Freiburg 1999, 14–38, 27.

insgesamt hohe liturgische Partizipation der Kirchenmitglieder, allerdings eben nur zu einem kleineren Teil am Sonntagsvormittagsgottesdienst.[16]

Ähnliches zeigen Studien zum *ehrenamtlichen Engagement* in Kirche und Diakonie. Kontext hierbei ist eine bei Jüngeren sogar steigende Bereitschaft, sich ehrenamtlich (bzw. in Form von Freiwilligenarbeit) zu engagieren.[17] Dabei ist eine Umakzentuierung beim Engagement in den letzten Jahren unübersehbar. Neben die Orientierung am Gemeinwohl treten eigene Interessen wie vor allem Selbstverwirklichung und Freude an einer Tätigkeit. Dazu erscheint für viele eine deutlich markierte zeitliche Begrenzung der Aufgabe wichtig. Im Vergleich zu anderen Formen entsprechenden Engagements fällt im kirchlichen Bereich auf, dass sich Frauen häufiger ehrenamtlich betätigen. Dies dürfte wohl darin begründet sein, dass sie sich auch sonst stärker im Bereich zwischenmenschlicher Beziehungen einsetzen, während beim ehrenamtlichen Engagement von Männern der Einsatz für Sachthemen Priorität genießt. Insgesamt steht aber „Kirche/Religion" nach wie vor im gesamten Bereich der Freiwilligenarbeit recht weit vorn. So sind hier 6,9 % aller Ehrenamtlichen tätig.[18]

3 Taufpraxis

Die Analyse der Taufstatistiken ergibt „*Kontinuität und Wandel*"[19]. Auf der einen Seite ist die Taufe von Kindern ein für die Mehrheit der Deutschen, teilweise auch Nichtkirchenmitglieder, attraktives Ritual. So ist die Bereitschaft der „sehr", „ziemlich" sowie „etwas" kirchenverbundenen Evangelischen, ein Kind taufen zu lassen, in allen fünf bisherigen EKD-Kirchenmitgliedschaftsumfragen sehr hoch.[20] Allerdings geht diese Bereitschaft – so ergibt die 5. Umfrage – bei den Jüngeren etwas zurück. Hier gab ein Fünftel der Evangelischen an, ein Kind nicht

---

16 S. zum Einzelnen die entsprechende Tabelle in: Stephanie Barthel, Kommunikation in einer Münsteraner Kirchengemeinde. Eine empirische Untersuchung (Wissenschaftliche Schriften der WWU Münster Reihe II Bd. 6), Münster 2013, 79–81.
17 S. insgesamt Bundesministerium für Familie, Senioren, Frauen und Jugend, Hauptbericht des Freiwilligensurveys 2009. Zivilgesellschaft, soziales Kapital und freiwilliges Engagement 1999–2004–2009, München 2010, 8.
18 S. a.a.O. 7.
19 S. Christian Grethlein, Taufpraxis zwischen Kontinuität und Wandel, in: ZThK 102 (2005), 371–396.
20 S. auch zum Folgenden Detlev Pollack/Gert Pickel/Anja Christof, Kirchenbindung und Religiosität im Zeitverlauf, in: Heinrich Bedford-Strohm/Volker Jung (Hg.), Vernetzte Vielfalt. Kirche angesichts von Individualisierung und Säkularisierung. Die fünfte EKD-Erhebung über Kirchenmitgliedschaft, Gütersloh 2015, 187–207, 194.

taufen lassen zu wollen. Ob sich da ein neuer Trend abzeichnet, der die bisherige, vierzig Jahre zu beobachtende Konstanz grundsätzlich in Frage stellt, kann erst in weiteren Befragungen geklärt werden.

Auf der anderen Seite verändert sich die Taufpraxis gravierend. Dem soll im Folgenden die Aufmerksamkeit gelten. Matthias Kreplin fasste die entsprechenden Befunde aus den EKD-Statistiken übersichtlich zusammen:

> „So ging der Anteil der (bis zum 14. Lebensjahr) getauften Kinder, deren Eltern bei der Taufe beide Mitglieder einer Landeskirche waren, von 78,6% im Jahr 1963 kontinuierlich auf 39% im Jahr 2013 zurück. Umgekehrt wuchs die Zahl der (bis zum 14. Lebensjahr) getauften Kinder, bei denen ein Elternteil evangelisch und der andere katholisch war, von 15,0% im Jahr 1963 kontinuierlich auf 26,1% im Jahr 1990. Seit der Wiedervereinigung ist dieser Wert wieder rückläufig und liegt gegenwärtig bei ca. 20%. Der Anteil (bis zum 14. Lebensjahr) getaufter Kinder, bei denen ein Elternteil bei der Taufe einer nicht-christlichen Religion angehörte oder konfessionslos war, wuchs kontinuierlich von unter 2% im Jahr 1963 auf knapp 9% im Jahr 1990 und schnellte dann nach der Wiedervereinigung in die Höhe, um danach weiter kontinuierlich zu wachsen. Er liegt gegenwärtig bei ca. 20%. In diesen Zahlen spiegeln sich die religiöse Pluralisierung (höherer Anteil an Konfessionslosen und Mitgliedern anderer Religionen) und die Auflösung traditioneller konfessioneller Milieus.
>
> Während in den 1960er Jahren fast alle bis zum 14. Lebensjahr getauften Kinder mindestens einen evangelischen Elternteil hatten, fiel diese Rate bis zur Wiedervereinigung auf ca. 97% und seitdem weiter auf einen Wert von ca. 95% in den letzten zehn Jahren. Das bedeutet, dass gegenwärtig im Schnitt jedes 20. evangelisch getaufte Kleinkind keinen evangelischen Elternteil hat.
>
> Interessant ist, dass die *Zahl nicht-ehelich geborener Kinder*, die zur Taufe gebracht werden, absolut gesehen noch nicht den Stand der Zahlen aus den 1960er Jahren erreicht hat. Sie umfassten allerdings damals nur ca. 3,5% und jetzt ca. 10% aller bis zum 14. Lebensjahr getauften Kinder. Wird jedoch beachtet, dass gegenwärtig bei mehr als einem Drittel der Kinder die Eltern zumindest bei der Geburt dieser Kinder unverheiratet sind (Quelle: Statistisches Bundesamt), dann zeigt sich hier, dass die Taufquote bei (Klein-)Kindern, deren Eltern unverheiratet sind, deutlich niedriger liegt als bei verheirateten Eltern. Offenbar gibt es hier besondere Schwellen, die Eltern von der Taufe abhalten ...
>
> Eine weitere Entwicklung ist von Bedeutung: Der *Anteil der spätgetauften Kinder*, also von Kindern, die nach dem ersten und bis zum vollendeten 14. Lebensjahr getauft wurden, stieg von 7,4% aller Kindertaufen im Jahr 1963 auf 12,6% im Jahr 1990 kontinuierlich an. Nach der Wende ergab sich hier ein erheblicher Sprung auf knapp 30%. Inzwischen liegt die Quote der spät getauften Kinder bei über 35%. Dabei umfassen seit Beginn der statistischen Erfassung im Jahr 1983 die Taufen anlässlich der Konfirmation jährlich recht konstant um die 7 bis 8% aller Taufen. Bei den – nicht anlässlich der Konfirmation – getauften Kindern unter 14 Jahren dürfte es sich vor allem um Kindergarten- und Grundschulkinder handeln.
>
> Schließlich sei noch ein Blick auf die *Erwachsenentaufen* geworfen. Ihr Anteil wuchs seit den 1960er Jahren von anfänglich 1% aller Taufen auf ca. 5% in den 1980er Jahren. Mit der

Wiedervereinigung stieg der Anteil 1991 auf über 7% und wuchs dann bis auf 11% im Jahr 2006. Seit einigen Jahren stagniert er bei ca. 10% aller Taufen."[21]

Auf der Basis dieser Befunde macht Kreplin auf folgende Veränderungen aufmerksam:
- Taufe und Geburt treten auseinander.[22] Zwar werden nach wie vor die meisten Menschen in Deutschland im Kleinkindalter getauft. Doch sind sie bei ihrer Taufe meist bereits etliche Monate alt oder haben sogar bereits Geburtstag gefeiert. So werden mittlerweile 35% der bis zum 14. Lebensjahr Getauften erst nach Vollendung des ersten Lebensjahres getauft. Neben dem Nachlassen bzw. wohl meist Wegfall traditioneller Vorstellungen wie der Erbsündenlehre dürfte dabei zum einen eine grundsätzliche Veränderung des Settings im Umfeld der Geburt eine Rolle spielen. Die Medizin bereitet mit zahlreichen Vorsorge-Untersuchungen eine Geburt vor; es schließen sich engmaschig Nachuntersuchungen an. In ihnen äußert sich die – früher religiös rituell kommunizierte – Für- und Vorsorge für das Kind. Zum anderen erfordern die Vorbereitungen des mit einer Taufe meist verbundenen Familienfestes in einer zunehmend mobileren Gesellschaft mehr Zeit, was ein Hinausschieben des Tauftermins begünstigt. Taufe ist demnach stärker in einen familiär-alltagsbezogenen als einen kirchlichen Kontext eingebettet.
- Viele Taufeltern leben offenkundig in erheblichem Abstand zu Kirche und Kirchengemeinden. Dies zeigt sich formal daran, dass zunehmend ein Elternteil von Täuflingen kein Kirchenmitglied ist. Die damit verbundene Fremdheit könnte zu verzögerten Taufanmeldungen führen. So beobachtet ein Pfarrer der badischen Landeskirche:

„Zudem unterliegt die Anzahl der Taufen sehr hohen Schwankungen. Wir hatten schon Jahre mit 70 Taufen und im folgenden Jahr 35 Taufen. Es ist so, als ob sich die Menschen dazu verabreden oder es sich auf dem Spielplatz herumspricht und dann gehen alle taufen. Danach ebbt die Welle wieder ab."[23]

---

21 Matthias Kreplin, Veränderungen bei der Kasualie Taufe und angezeigte kirchliche Reaktionen, in: Franziska Beetschen/Christian Grethlein/Fritz Lienhard (Hg.), Taufpraxis. Ein interdisziplinäres Projekt, Leipzig 2017, 17–37, 25 f.; vgl. auch die recht komplexe Grafik a.a.O. 23.
22 A.a.O. 27 f.
23 Zitiert a.a.O. 30 Anm. 23.

Dem entspricht, dass die meisten Menschen „religiöse" Themen im Familien- und engeren Freundeskreis besprechen.²⁴ Demnach reicht also die Attraktivität der Taufe über den direkten Bezug zur verfassten Kirche hinaus und steht in Zusammenhang mit lebensweltlich wichtigen Sozialformen.

- Offenkundig besteht bei einem alleinerziehenden Elternteil, meist Müttern, eine erhebliche Reserve gegenüber der Taufe. Bereits in den achtziger Jahren des 20. Jahrhunderts fiel auf, dass Kinder von ledigen evangelischen Müttern erheblich weniger getauft wurden als von verheirateten Müttern.²⁵ Allerdings wurde dieser Befund in der Folgezeit kirchlich nicht beachtet. Das ist aber heute angesichts des rapiden Anstiegs von Geburten außerhalb der Ehe nicht mehr möglich. Verschiedene Gründe dürften für den geringeren Umfang der Taufbegehren durch nichtverheiratete Mütter verantwortlich sein: die lange Diskriminierung solcher Mütter durch die Kirche; milieubezogene Vorbehalte gegenüber Kirche; materielle Armut, die einer als angemessen erscheinenden Tauffeier entgegensteht.²⁶
- Die Zahl älterer Kinder, teilweise bis zum Jugendalter, für die die Taufe begehrt wird, nimmt zu. Nicht selten sind dabei Kontakte der Kinder, etwa in der kirchlichen Kindertagesstätte oder der Grundschule und dann besonders der Konfirmandenunterricht, Anlass für die Taufanmeldung. Bei Jugendlichen verbinden sich seit Längerem Anmeldung zum Konfirmandenunterricht und Taufanmeldung miteinander. Etwa 7 % bis 8 % der Konfirmanden und Konfirmandinnen werden erst während der Konfirmandenzeit getauft. Dazu treten seit der politischen Vereinigung Deutschlands und neuerdings im Zuge der Zuwanderung vermehrt Erwachsene, die für sich die Taufe begehren.
- Schließlich ist zu beobachten: „Taufe wird von vielen jungen Familien als Event gestaltet."²⁷ Damit vollzieht sich von den jungen Familien her ein Anschluss an sonst übliches Verhalten, was allgemein als Ästhetisierung der Lebenswelt (s. § 21 3.) beschrieben werden kann. Eine Pfarrerin berichtet dazu:

> „Vielen Eltern ist das Ritual und der Gottesdienst an sich fremd. Deshalb bevorzugen sie Taufen, die anscheinend nicht so ›streng‹ ritualisiert sind wie z. B. die [Taufgottesdienste am Fluss] [...]. Hier geschieht keine Konfrontation mit der Gottesdienstgemeinde, die einem

---

24 S. den entsprechenden Befund in: Heinrich Bedford-Strohm/Volker Jung (Hg.), Vernetzte Vielfalt. Kirche angesichts von Individualisierung und Säkularisierung. Die fünfte EKD-Erhebung über Kirchenmitgliedschaft, Gütersloh 2015, 505.
25 S. die Tabelle bei Christian Grethlein, Taufpraxis heute. Praktisch-theologische Überlegungen zu einer tauftheologisch verantworteten Taufpraxis im Raum der EKD, Gütersloh 1988, 50.
26 S. Kreplin, Veränderungen 33 f.
27 A.a.O. 35.

anderen Milieu angehört – ›Pelzmantel trifft Tattoo‹ und umgekehrt. [Der] Eventcharakter solcher Taufen wird gerne angenommen. Eltern kommen zum gemeinsamen Vorbereitungsabend, bringen Vorschläge, Texte, Musik mit ein und lassen sich auch gerne auf Vorschläge der Liturgien ein."[28]

Unübersehbar steht die in vielen Kirchengemeinden übliche Integration von Taufen in den Gottesdienst am Sonntagvormittag in Spannung zu diesem Feierkonzept.

Insgesamt ist keine einheitliche Reaktion in der kirchlichen Praxis auf diese Veränderungen erkennbar: Manche Gemeinden bieten für Taufeltern Taufvorbereitungskurse an; vor allem im Zuge des EKD-weiten Jahres der Taufe (2011) fanden vielerorts parochialübergreifende Tauffeste, teilweise im Freien, statt (s. § 25 1.1); manche Gemeinden vor allem in der römisch-katholischen Kirche feiern mit erwachsenen Taufbewerber/innen ein liturgisch gestuftes Erwachsenenkatechumenat.[29] Andere taufen nur innerhalb des Sonntagsgottesdienstes in der Kirche.

4 Mahlpraxis

Auch hier gilt ein erster Blick den kirchenamtlichen Statistiken. Allerdings sind sie sorgfältig zu interpretieren, insofern wohl gerade bei der Mahlfeier ein deutlicher Unterschied zwischen verschiedenen Partizipations- bzw. Nichtpartizipationsformen besteht. Es folgt der Hinweis auf eine genderspezifische Perspektive sowie auf Ergebnisse eines ökumenisch angelegten Schreibaufrufs. Abschließend mache ich auf konkrete, aber regional unterschiedlich vollzogene Veränderungen in der Feierpraxis aufmerksam.

Ein Blick in die Abendmahl-Statistik zwischen 1963 und 1994[30] macht auf eine Veränderung aufmerksam, die heute weitgehend vergessen ist und damit selbstverständlich erscheint, aber zu einem Verlust des Lebens- und Alltagsbezugs der Feiern führte. Sie bezieht sich auf den Ort, an dem Abendmahl gefeiert wird:

---

[28] Zitiert a.a.O. 35 Anm. 36.
[29] Eine Übersicht über diese und andere Modelle findet sich mit entsprechenden Literaturhinweisen bei Christian Grethlein, Taufpraxis in Geschichte, Gegenwart und Zukunft, Leipzig 2014, 141–153.
[30] Die Tabelle ist entnommen: Christian Grethlein, Abendmahl feiern in Geschichte, Gegenwart und Zukunft, Leipzig 2015, 126.

Tabelle 6 Orte der Abendmahlsfeiern zwischen 1963 und 1994

Jahr	Abendmahls-feiern insgesamt	innerhalb des Gottesd.	im Anschluss an Gottesd.	als selbst. Gottesd.	Haus-/ Kranken-abendmahl	Gesamtzahl der Kommunikanten
1963	268.387	52.347	85.558	30.302	100.189	ca. 7.700.000
1974	263.253	98.469	67.108	25.334	72.342	6.813.718
1978	262.371	123.525	45.440	26.875	66.531	8.379.591
1982	273.634	146.287	34.657	27.297	65.393	9.541.109
1986	292.481	177.004	27.795	25.525	62.157	9.776.665
1990	283.736	186.589	20.278	23.794	53.075	9.390.600
1994[31]	333.273	233.986	21.072	22.806	55.409	10.766.887

Zuerst ist zu beobachten, dass die Zahl der Abendmahlsfeiern in den betrachteten dreißig Jahren ansteigt. Dies erscheint noch gravierender, wenn die seit 1969 – mit einer Ausnahme – durchgehend im sechsstelligen Bereich liegenden jährlichen Kirchenaustrittszahlen sowie der Rückgang der am sonntäglichen Gottesdienst Teilnehmenden berücksichtigt werden. Rechnet man diese Zahlen entsprechend auf die der evangelischen Kirchenmitglieder um, so ergibt sich, dass 1974 jeder/r vierte Evangelische einmal im Jahr bzw. jede/r alle vier Jahre einmal kommunizierte, zwanzig Jahre später jede/r dritte bzw. alle drei Jahre. Allerdings kann diese Umrechnung in die Irre führen. Denn wahrscheinlich ging und geht eine relativ kleine Gruppe von evangelischen Kirchenmitgliedern häufiger zum Mahl, während das Gros beharrlich fern blieb und bleibt. Dafür spricht auch die signifikante Verschiebung im Ort der Feier. Seit 1974 setzte sich zunehmend der sonntägliche Gottesdienst als dominant durch. Die bis dahin üblichen Haus- und Krankenabendmahlsfeiern sowie selbstständige Abendmahlsgottesdienste traten demgegenüber zurück. Dementsprechend differenziert ab 1996 die kirchliche Statistik nicht mehr die vier bis dahin unterschiedenen Modi der Feier. Es ergibt sich jetzt folgendes Bild:[32]

---

31 Die Zahlen für 1994 beziehen sich auf Gesamtdeutschland.
32 Die Tabelle wurde entnommen aus Grethlein, Abendmahl 128 und um die Daten der beiden letzten Jahre ergänzt.

Tabelle 7 Abendmahlsfeiern zwischen 1997 und 2014

Jahr	Gesamtzahl der Abendmahlsfeiern	Haus-/ Krankenabendmahl	Gesamtzahl der Kommunikanten
1997	329.657	47.992	10.887.937
1998	325.876	46.391	10.803.572
1999	315.261	44.577	10.693.215
2000	314.052	41.079	10.721.971
2001	305.161	38.440	10.497.827
2002	302.163	37.644	10.595.127
2003	298.763	35.505	10.672.789
2004	297.503	33.819	10.899.269
2005	293.686	32.817	10.829.367
2006	290.937	28.333	10.677.900
2007	286.106	30.790	10.475.362
2008	281.063	28.853	10.149.648
2009	274.314	27.979	9.920.059
2010	265.855	25.311	9.549.506
2011	265.746	23.877	9.496.627
2012	260.330	23.153	9.402.318
2013	259.989	21.922	9.258.515
2014	253.155	20.919	9.044.880

Auch hier ist die Korrelation zu den zurückgehenden Kirchenmitgliedern für das Verständnis wichtig. Dann erscheint nämlich die bis zur Mitte der neunziger Jahre des 20. Jahrhunderts angestiegene Mahlhäufigkeit in den folgenden Jahren recht konstant, ebenso der weitere Rückgang der Haus- und Abendmahlsfeiern. Dabei ist eine stete *Verkirchlichung der Mahlfeiern* unübersehbar. Die früher häufigen Mahlfeiern im Haus und am Krankenbett gehören weithin und zunehmend der Vergangenheit an – eine gravierende Veränderung, die, soweit ich sehen kann, bis jetzt nicht angemessen reflektiert wird.

Insgesamt bleibt wohl bis heute die Teilnahme am Abendmahl die Angelegenheit einer kleinen Minderheit der evangelischen Kirchenmitglieder – was auch zunehmend auf die Katholiken zutrifft. Genaue Zahlen hierüber gibt es aber nicht. Denn in den EKD-Mitgliedschaftsumfragen wird zwar gefragt, was „unbedingt zum Evangelisch-Sein" gehöre. Bei den zehn Antwortvorgaben fehlt aber das Abendmahl. Offensichtlich haben sich sowohl die kirchlichen Auftraggeber als auch die Forschenden damit abgefunden, dass hier eine eklatante *Diastase zwischen theologisch behaupteter, soteriologisch begründeter Notwendigkeit und tatsächlichem Verhalten* besteht. Nach der EKD-Logik, wie sie in den im zehn Jahres-Rhythmus wiederholten Befragungen der Kirchenmitglieder zum Ausdruck kommt, gehört – trotz des sonst stets in kirchenamtlichen Dokumenten zitierten Artikels VII der Confessio Augustana – die Teilnahme am Abendmahl nicht zu den Kennzeichen des Evangelisch-Seins.

Auf diesem Hintergrund haben die folgenden qualitativen, also nicht repräsentativen Einsichten zur *Einstellung von Menschen zum Abendmahl* nur einen begrenzten Aussagewert. Die Befragten bei den in den neunziger Jahren des 20. Jahrhunderts geführten Interviews dürften überrepräsentativ Kontakte zur verfassten Kirche und zu ihrer liturgischen Praxis gehabt haben. Trotzdem kam es zu erheblichen Irritationen, wie Zitate aus Interviews zeigen, in denen die sog. Einsetzungsworte thematisiert wurden:

> „‚Das ist mein Leib, das ist mein Blut, das ist mir viel zu – medizinisch. Das ist mir zu wenig, das hat ja überhaupt nichts mit Liebe und Geben zu tun!'
>
> ‚Dies ist mein Leib, dies ist mein Blut, vergossen – und leider immer in Verknüpfung mit Vergebung der Sünden! Da hör' ich dann für mich selbst immer ganz schnell weg, weil ich das für mich nicht miteinander verknüpfen möchte.'
>
> ‚Ich übersetze für mich das mit dem Blut: ‚Das ist mein Leben für euch'! Und ich verstehe damit etwas anderes, eine andere Weise von Leben und Lebensvollzug, die in die Welt hineingekommen ist als z. B. das Gesetz des Blutes, die Blutrache ... Daß da Blut vergossen ist nicht zur Rache und zur Vergebung, sondern daß da neue Lebenskraft, eine andere Art von Leben in uns hineinkommt.'
>
> ‚Nicht: Christi Blut, Christi Leib für dich gegeben', sondern: ‚Nimm hin und iß vom Blut des Lebens', damit konnte ich etwas anfangen. Und dann: ‚Trink aus dem Kelch des Heils', dann fühlte ich mich heil. Dann fühlte ich mich als eine von Gott Angenommene, in dem ganz archaischen Sinne, also im wirklichen Angenommensein, und nicht in der gesamten Überhöhung.'
>
> ‚Also, von den Einsetzungsworten glaube ich kein Wort.'" [33]

Deutlich prallen zwei Sprach- und Vorstellungsebenen aufeinander, die des Alltags und die der liturgischen Tradition mit ihrem Ursprung in früheren Kontexten. Offenkundig erschließen sich die alten Worte auch kirchlich Zugewandten – je-

---

[33] Zitiert bei Ute Grümbel, Abendmahl „Für euch gegeben"? Erfahrungen und Ansichten von Frauen und Männern. Anfragen an Theologie und Kirche (AzTh 85), Stuttgart 1997, 200 f.

denfalls teilweise – nicht mehr. Eine genderspezifische Differenz ergab sich hinsichtlich der opfer- und sühnetheologischen Deutung des Todes Jesu. Frauen zeigten sich hier mehr irritiert als Männer.[34]

Weitere interessante Einsichten ergab ein Schreibaufruf im Zuge der Vorbereitung des Ökumenischen Kirchentags in Berlin 2003. Das Magazin „Chrismon" und die Wochenzeitschrift „Christ in der Gegenwart" baten am 10. Januar 2003 die Leser/innen, sich schriftlich zu Eucharistie und Abendmahl zu äußern: „Was verbinden Sie mit der Feier von Eucharistie und Abendmahl?"[35] 1.514 Zuschriften gingen ein. Eindrücklich spiegelte sich in vielen Texten der Schreiber/innen „eine tiefe eucharistische Frömmigkeit"[36] wider.[37] Eine 35-jährige Evangelische schrieb beispielsweise:

> „... Für mich hat das Abendmahl die Bedeutung einer Tankstelle. Es erfüllt mich immer wieder mit Ehrfurcht, wenn ich beim Abendmahl mit anderen Menschen am Altar stehe. Es ist für mich eine Mischung aus unverzichtbarer Gemeinschaft mit anderen (allein dort zu stehen und das Abendmahl zu empfangen, würde in mir Unwohlsein hervorrufen) und gleichzeitig einem Gefühl, von Gott persönlich angesprochen zu sein ..."[38]

Andere berichteten vom Wandel ihrer Abendmahlsfrömmigkeit:

> „Ich bin in den fünfziger Jahren im Württembergischen konfirmiert worden. An das Gefühl bei meinem ersten Abendmahl konnte ich mich noch gut erinnern. Es war vergleichbar mit dem Gang zu einer Beerdigung, eine Mischung aus Beklemmung und Angst, der Angst, im Augenblick der Austeilung etwas Falsches zu denken oder zu empfinden, denn das Verdikt ‚Wehe dem, der dies Mahl unwürdig empfängt' hatte sich mit dem Konfirmandenunterricht eingeprägt.
>
> Auch die Einsetzungsworte mit ihrer Blutmetaphorik und der starken Betonung von Schuld und Sühne empfand ich als furchterregend und ich bin daher noch viele Jahre nur sehr ungern zum Abendmahl gegangen.
>
> Erst wesentlich später erlebte ich im Badischen andere Formen und ein neues Verständnis des Abendmahls, nämlich als eines Mahls der Gemeinschaft, in dem es nicht um die Gewissensprüfung des einzelnen armen Sünders geht, sondern um die gegenseitige und gemeinsame Verbundenheit in Christus. Als besonders befreiend und verbindend erlebte ich schon damals ökumenische Abendmahlsfeiern, bei denen der evangelische neben dem

---

34 S. insgesamt zum diesbezüglichen Befund zusammenfassend a.a.O. 362f.
35 Das Anschreiben findet sich in: Dorothea Sattler/Friederike Nüssel, Menschenstimmen zu Abendmahl und Eucharistie. Erinnerungen – Anfragen – Erwartungen, Frankfurt 2004, 14f.
36 Winfried Rottenecker, Die Idee: Geschichte und Methode einer Befragung, in: Dorothea Sattler/Friederike Nüssel, Menschenstimmen zu Abendmahl und Eucharistie. Erinnerungen – Anfragen – Erwartungen, Frankfurt 2004, 11–21, 19.
37 Die folgenden – und weiteren – Zitate finden sich abgedruckt und ausführlicher kommentiert in Grethlein, Abendmahl 132–141.
38 Sattler/Nüssel, Menschenstimmen 138.

katholischen Geistlichen vor dem Altar stehend sekundiert von seinen Ältesten die Hostien austeilte und die Gläubigen wählen konnten, in welcher Form sie diese zu sich nehmen wollten. ...„"[39]

Auch sonst begegnet in den Zuschriften die ökumenische Problematik. So erinnerte sich ein 82jähriger Evangelischer an die Nachkriegszeit:

> „... Etwas Besonderes waren die Abendmahlsfeiern in der Kriegsgefangenschaft unter einfachsten Bedingungen. Damals hatte niemand nach der Konfession gefragt. Das war Ökumene, wie man sie sich heute wohl wünschen würde. Statt Wein hatten wir Saft von eingeweichten Rosinen. Es zeigte mir, dass es Ökumene gibt – ganz unabhängig von den hohen geistlichen Herren, die manchmal nur um Formulierungen streiten ..."[40]

Dazu tauchen in manchen Texten Mahlgemeinschaften auf, die in der Perspektive herkömmlicher Kirchenlehre nicht als „Abendmahl" bzw. „Eucharistie" gelten, aber von den Menschen als solche/s erlebt und ausdrücklich so deklariert werden. So erinnerte sich ein 47-jähriger Mann (ohne Konfessionsangabe):

> „... Einmal besuchten meine Freundin und ich auf dem Land einen befreundeten Skulpteur, der einer freien christlichen Gemeinschaft angehörte. ... Es war Wochenende, wir sprachen über dies und jenes, und er schlug spontan vor, mit uns zusammen nebenan, im Meditationsraum, einen ‚short service' zu zelebrieren. Vielleicht war noch jemand aus seiner Familie dabei. Wir lasen uns Bibelstellen vor, und er wiederholte die Worte der Einsetzung. Er bot uns ein bisschen frisches Brot an, und ließ einen hohen Tonbecher mit Rotwein herumgehen, aus dem jeder von uns gemächlich mehrere Schlucke nehmen konnte.
> In diesem Moment dämmerte es mir, dass es ganz ähnlich zwischen Jesus und seinen Freunden gewesen sein muss. ..."[41]

Ähnlich persönlich, wenn auch in ganz anderem Kontext berichtete eine 50-jährige Katholikin:

> „... Mein vor knapp zwei Jahren an Krebs verstorbener Mann wurde während seiner letzten vier Lebensmonate intravenös ernährt. Bei der Umstellung ermutigte ihn die Ärztin jedoch, deshalb nicht auf jegliches Essen und Trinken zu verzichten, sondern sich zu gönnen, was ihm noch Freude machte und den Körper nicht belaste. Gegen ein Glas Wein am Abend sei z. B. nichts einzuwenden.
> Wir machten es uns von da an zur täglichen Gewohnheit, abends noch gemeinsam ein Gläschen Wein zu trinken, manchmal auch noch eine Praline o.Ä. zu genießen. Bei diesen Gelegenheiten konnten wir uns ganz offen zeigen und mit-teilen, über unsere Ängste, Sorgen, Wünsche sprechen, aber auch unsere Beziehung (inkl. aller Schwierigkeiten und Ver-

---

[39] A.a.O. 56.
[40] A.a.O. 24.
[41] A.a.O. 153.

letzungen in über 25 Jahren Ehe) in einem guten Licht betrachten, und unsere Liebe als ‚endgültig' erkennen. (‚Das kann uns in Ewigkeit keiner mehr kaputtmachen.')
  Im Rückblick erscheint mir dieses ‚Abendritual' als unsere persönliche ‚Abendmahlsgeschichte', die sowohl meinem Mann als auch mir Kraft gegeben hat bzw. gibt für den je eigenen weiteren Weg ..."⁴²

Es ist offenkundig: Für viele dieser Menschen hat das Mahlfeiern eine große soziale Bedeutung, ohne dass diese aber in Zusammenhang mit der verfassten Kirche und ihrer liturgischen Praxis stehen muss. *Die in der Abendmahl-Statistik abzulesende Konzentration der Mahlfeiern auf den Sonntagsgottesdienst erfasst also nur einen Teil der tatsächlichen Praxis von Menschen.* Dies gilt ebenso für die herkömmliche Sakramentsdogmatik. Ihr gegenüber zeigen sich in manchen Äußerungen eigen- und gegensinnige Verständnisse des Mahls.

Schließlich ist noch auf zwei wichtige Veränderungen beim konkreten Vollzug der Mahlfeier aufmerksam zu machen. Die etwa 1979 in den „Lorenzer Ratschlägen" auf dem Nürnberger Deutschen Evangelischen Kirchentag erhobene Forderung nach einer *Abendmahlsfeier mit Saft* – „Wir verwenden auch Traubensaft um der Alkoholkranken willen"⁴³ – hat sich vielerorts durchgesetzt. Nicht wenige Gemeinden feiern sogar – entgegen den gültigen kirchlichen Bestimmungen – nur noch mit Traubensaft. Dies ist auch damit begründet, dass in etlichen Gemeinden *Kinder vor der Konfirmation* zum Abendmahl zugelassen werden. 1976 hatte die Evangelisch-lutherische Kirche im hamburgischen Staate deren Teilnahme zur Erprobung frei gegeben.⁴⁴ In Gemeinden, die dabei die Kinder ernst nahmen, veränderte sich die Feiergestalt, denn Kinder sind besonders sensibel für Atmosphären.⁴⁵

„Dementsprechend gestalten Kirchengemeinden im Zuge der Zulassung von Kindern zur Kommunion ihren Altarraum neu, um der Festfreude Ausdruck zu verleihen. Anderswo kleiden sich die Pfarrer in eine (weiße) Albe, um den Eindruck des ‚schwarzen Manns' zu vermeiden. Auch verändern sich die Lieder und Gebete, damit die Kinder mitsingen und -beten können. Denn kindgerechte Gottesdienste leben ‚vom Wechsel zwischen sinnesori-

---

42 A.a.O. 125.
43 Lorenzer Ratschläge, abgedruckt in: Georg Kugler (Hg.), Forum Abendmahl, Gütersloh 1979, 159–163, 161.
44 S. Grethlein, Abendmahl 193. Die umfassende historische, systematische und entwicklungspsychologisch-pädagogische Begründung dafür gab Eberhard Kenntner, Abendmahl mit Kindern. Versuch einer Grundlegung unter Berücksichtigung der geschichtlichen Wurzeln der gegenwärtigen Diskussion in Deutschland, Gütersloh 1980.
45 S. Christian Grethlein, Kinder in der Kirche. Eine Orientierung für Mitarbeitende im Kindergottesdienst, Göttingen 2010, 58 f.

entierten und handlungsbezogenen Elementen. Musik, Bilder und Worte werden abgelöst von Ritualen und Liedern, die die Kinder zum Mitmachen ermuntern.'"[46]

Solche Innovationen erleben oft die Erwachsenen ebenfalls als positiv, weil sie das Feiern elementarisieren und intensivieren.

Insgesamt gilt ähnlich wie bei der Taufpraxis: Nur vereinzelt reagieren Kirchengemeinden auf die skizzierten Herausforderungen. Vor allem im Umfeld des Deutschen Evangelischen Kirchentags lozierte Aufbrüche – Stichwort: Feierabendmahl – erreichten die Feierpraxis in den Kirchengemeinden in der Breite nicht. Dahinter steht die Grundfrage, ob und welche Form von Gemeinschaft für Christsein konstitutiv ist. Gegenwärtig gehört für die meisten evangelischen und auch katholischen Kirchenmitglieder die Feier des Abendmahls nicht dazu.

5 Kontext religiöser und weltanschaulicher Pluralismus

Der kulturelle und gesellschaftliche Kontext, innerhalb dessen Evangelische und Katholische Kirche in Deutschland agieren, ist in doppelter Weise durch einen religiösen und weltanschaulichen Pluralismus gekennzeichnet.

Zum einen differenziert sich die Kirchen- bzw. Religionszugehörigkeit aus. Der Wikipedia-Artikel „Religionen in Deutschland", der neben den kirchenamtlichen Statistiken vor allem auf den Angaben des Religionswissenschaftlichen Medien- und Informationsdienstes (REMID), Marburg, basiert, zählt 103 religiöse Gemeinschaften in Deutschland.[47] Es seien nur diejenigen Gruppierungen genannt, für die REMID eine Mitgliederzahl von über 100.000 angibt:[48]

> Römisch-katholische Kirche (23.761.806)
> Evangelische Kirche in Deutschland (22.271.927)
> Sunniten (2.640.000)
> Aleviten (500.000)
> Griechisch-Orthodoxe Kirche (450.000)

---

[46] Grethlein, Abendmahl 194 unter Zitat von Georg Ottmar, Gottes Freundlichkeit feiern. Taufe, Tauferinnerung und Abendmahl mit Kindern, in: Ders. (Hg.), Mit Kindern Taufe und Abendmahl feiern, Gütersloh 1998, 11–13, 12.
[47] Abruf: 22.02.2017.
[48] Dass diese Zahlenangaben im Einzelnen problematisch sind, da sie aus unterschiedlichen Jahren stammen und die einzelnen Gruppierungen in recht unterschiedlicher Weise ihre „Mitglieder" erfassen und deshalb teilweise Schätzungen notwendig sind, liegt auf der Hand, muss aber im vorliegenden, an der allgemeinen Entwicklung interessierten Argumentationszusammenhang nicht irritieren.

Neuapostolische Kirche (345.871)
Rumänisch-Orthodoxe Kirche (300.000)
Buddhisten (270.000)
Serbisch-Orthodoxe Kirche in Deutschland (250.000)
Russisch-Orthodoxe Kirche (240.000)
Zwölfer-Schiiten (225.500)
Zeugen Jehovas (166.886)
Zentralrat der Juden in Deutschland (100.437)
Syrisch-Orthodoxe Kirche (100.000)
Hindus (100.000)

Dazu treten freikirchliche Vereinigungen wie Baptisten, Methodisten, Mennoniten usw. sowie vielfältigste weitere Gemeinschaften. Davon sind etliche schon seit Längerem in Deutschland bekannt und schwerpunktmäßig in bestimmten Regionen beheimatet. Neu ist seit vierzig Jahren die zunehmende Zahl von Muslimen, wobei hier genauere Unterscheidungen zwischen religiöser und kultureller Bedeutung des Begriffs Islam nur schwer möglich sind.[49] Bisher noch gar nicht im Blick war aber die mittlerweile in Deutschland größte Gruppe, nämlich die der Menschen ohne explizite Religionszugehörigkeit. Nach REMID 2015 gehören hierzu 28 bis 29,6 Millionen Menschen, was etwas über einem Drittel der Bevölkerung liegt. Hier zeigt sich das, was Charles Taylor treffend als dritten Sinn von „Säkularität" (s. § 21) beschrieb:

> „This would focus on the conditions of belief. The shift to secularity in this sense consists, among other things, of a move from a society where belief in God is unchallenged and indeed, unproblematic, to one in which it is understood to be one option among others, and frequently not the easiest to embrace."[50]

Zum anderen zeigt eine genauere Betrachtung nicht nur dieser Gruppe, sondern auch von Umfragen unter Kirchenmitgliedern, dass der religiöse und weltanschauliche Pluralismus mittlerweile nicht mehr den traditionellen Mitgliedschaften und Einteilungen folgt. So finden sich z. B. evangelische Kirchenmitglieder, die bekennen, dass sie nicht an Gott glauben, neben sog. Konfessionslosen, die angeben, an Gott zu glauben und etwa auch zu beten.[51] Der Religionssoziologe Hubert Knoblauch erschließt mit dem – an den früheren Begriff der Volksreligion anschließenden – Konzept der *„populären Religion"* über-

---

[49] Einen guten Einblick in den historischen Kontext der hier zu bedenkenden Fragen gibt Reinhard Schulze, Geschichte der islamischen Welt. Von 1900 bis zur Gegenwart, München 2016.
[50] Charles Taylor, A Secular Age, Cambridge/Ma. 2007, 3.
[51] S. z. B. Bedford-Strohm/Jung, Vielfalt 500 und 496.

zeugend das gegenwärtige Spektrum der Daseins- und Wertorientierungen in seiner Differenziertheit:

> „Zum einen umfasst die populäre Religion die erneuerten Formen der ‚populären Religion', also all dessen, was einst Aberglauben hieß, die nun als Ufo-Glaube, als Praxis des Wünschelrutengehens, als Lehre von Erdstrahlen oder als esoterischer Glaube an die magische Kraft von Steinen oder Pyramiden ein breites Interesse genießen. Zur populären Religion zählen aber auch die Kommunikationsformen der populären Kultur, die bis tief in die Kirchen eindringen: Die Eventisierung der religiösen Zeremonie beim Papstbesuch und bei den Weltjugendtagen, die missionarische Verwendung von Pop-Musik, Videos und Show-Elementen bei charismatischen oder neo-pfingstlerischen Gottesdiensten … Populäre Religion bedeutet aber auch, dass einst als sakral geltende Formen aus den religiösen Kontexten herausgehoben und in andere Kontexte versetzt werden, wie sich etwa an der Aufnahme protestantischer Bekenntnisformen in den verschiedenen Zweigen der Anonymen-Bewegung, den Ritualen von Sportfans und natürlich den Subkulturen der populären Musik zeigt".[52]

Hieran können die im ersten Teil in den aktuellen kirchentheoretischen Studien vorgelegten Einsichten angeschlossen werden. Vor allem die Frage nach der „Relevanz" von Kommunikationsformen und/bzw. -medien (s. § 2 3.) bietet einen Schlüssel, um die Individualisierung der Daseins- und Wertorientierung zu begreifen. Denn Relevanz erfordert zum einen biografische Anschlüsse und ist damit zum anderen auch milieu- und lebensstilbezogen.

Offenkundig differenziert sich also im Zuge der Optionalität von Religions- und Gemeinschaftszugehörigkeit die Daseins- und Wertorientierung der Einzelnen weiter aus. Dies stellt kirchliches Handeln vor neue Herausforderungen.

6 Zusammenfassung und Ausblick

Die Durchsicht von kirchenbezogenen Statistiken ergibt Kontinuität und Wandel, wobei letzterer zumindest bei den jüngeren Menschen an Bedeutung und Geschwindigkeit zunehmen dürfte. Die lange, zuerst durch die Obrigkeit erzwungene, später sozial abgestützte Selbstverständlichkeit der Kirchenmitgliedschaft geht zurück. Diese mittlerweile mehrere Generationen umfassende, durch die Kirchenaustritte – und erneuten Aufnahmen – augenfällige Entwicklung dürfte wohl dauerhaft sein. So gerät der Institutionscharakter von Kirche unter Druck

---

[52] Hubert Knoblauch, Populäre Religion. Auf dem Weg in eine spirituelle Gesellschaft, Frankfurt 2009, 266.

und verliert an Bedeutung. Dieser Prozess ist in den östlichen Bundesländern schon weiter fortgeschritten.[53]

Allerdings zeigt z. B. eine genauere Analyse der liturgischen Partizipation, dass damit nicht eine einseitig negative Tendenz gegeben sein muss. Vielmehr lässt die religionssoziologische Unterscheidung von ein- und zweitseitigen liturgischen Handlungen unterschiedliche Entwicklungen wahrnehmen und verstehen: auf der einen Seite das Kleiner-Werden der Gottesdienstgemeinde am Sonntagmorgen, auf der anderen Seite das Ansteigen der Zahlen der Mitfeiernden an Gottesdiensten zu Heiligabend oder anderen kasuellen Anlässen.[54] Der *Biografie-Bezug* scheint gleichsam das Nadelöhr zu sein, durch das heute kirchliche Partizipation vermittelt wird – oder eben nicht. Auch anderweitig ist die Intensität der Verbundenheit mit Kirche unterschiedlich ausgeprägt. Vor allem die Taufe von Kindern erscheint nach wie vor für viele Menschen, auch außerhalb der Kirche, attraktiv. Demgegenüber ist eine Intensivierung des Zugangs zum Abendmahl aufs Ganze nicht geglückt. Viele evangelischen Kirchenmitglieder erkennen offenkundig keine Relevanz dieser Feier für ihr Leben; andere, wohl meist sonst mit Kirche sozial Verbundene werden durch überkommene Interpretationen und die daraus resultierende Feierform irritiert.

Insgesamt scheinen gegenwärtig die Beharrungskräfte der verfassten Kirchen größer zu sein als die Initiativen, den neuen Herausforderungen zu entsprechen. Es ist zu fragen, ob dies auch mit dem besonderen Verhältnis der großen Kirchen in Deutschland zum Staat zusammenhängt.

---

[53] S. hierzu die sehr differenzierten Hinweise und Überlegungen bei Michael Domsgen, Kirche in Deutschland. Ein Plädoyer nicht nur für die Regionalisierung der Kirchentheorie, in: Birgit Weyel/ Peter Bubmann (Hg.), Kirchentheorie. Praktisch-theologische Perspektiven auf die Kirche (VWGTh 41), Leipzig 2014, 63–79.

[54] Dass dies auch zumindest tendenziell für die östlichen Bundesländer gelten kann, zeigt Emilia Handke, Religiöse Jugendfeiern „zwischen Kirche und anderer Welt". Eine historische, systematische und empirische Studie über kirchlich (mit)verantwortete Alternativen zur Jugendweihe (APrTh 65), Leipzig 2017.

§ 17 Staatskirchenrechtliche Bestimmungen

Wie bereits im 2. Teil gezeigt, bestimmt das Verhältnis der Kirche zu Staat bzw. Obrigkeit nicht nur ihre organisatorische Gestalt, sondern durchaus auch Inhalte des kirchlich Kommunizierten. Lange Zeit waren die Aufsicht und Verwaltung der deutschen Evangelischen Landeskirchen in staatliche Behörden eingegliedert. Die Weimarer Reichsverfassung schaffte 1919 die Staatskirche in Deutschland ab. In einem ersten Schritt skizziere ich die neuen, später ins Grundgesetz übernommenen und dadurch bis heute die Rechtsgrundlage des Verhältnisses von Staat und Kirche bildenden Regelungen. Eine wichtige konkrete Ausgestaltung erhalten sie in Staatskirchenverträgen bzw. auf römisch-katholischer Seite durch das Konkordat. Von dort legt sich ein exemplarischer Blick auf den der Kirche vom Staat eröffneten Beitrag zum allgemeinen Bildungswesen nahe, wie er sich vor allem in Form von Kindergärten/Kindertagesstätten, schulischem Religionsunterricht und Theologischen Fakultäten bzw. Theologieprofessuren flächendeckend verwirklicht. Schließlich verdient – schon vom personellen und finanziellen Umfang her – die Diakonie besondere Aufmerksamkeit.

1 Grundgesetz

Grundlegend für kirchliche Arbeit, aber auch das Verhältnis von Kirche und Staat ist die in *Art. 4,1 und 2 des Grundgesetzes* garantierte „individuelle, kollektive und korporative Religionsfreiheit":[1]

> „Artikel 4 (1) Die Freiheit des Glaubens, des Gewissens und die Freiheit des religiösen und weltanschaulichen Bekenntnisses sind unverletzlich. (2) Die ungestörte Religionsausübung wird gewährleistet."

Dazu übernimmt das Grundgesetz u. a. in Art. 140 die Art. 136 (Unabhängigkeit der Rechte und Pflichten von der Religion, Negative Religionsfreiheit), Art. 137 (Rechte der Religionsgesellschaften), Art. 138 (Garantie der Staatsleistungen und des Religionsgutes), Art. 139 (Sonn- und Feiertagsschutz) sowie Art. 141 (Anstaltsseelsorge) der Weimarer Reichsverfassung (WRV). Dort wird u. a. festgelegt: „Es besteht keine Staatskirche." (Art. 137,1 WRV). Doch wird umgekehrt zugestanden: „Die Religionsgesellschaften bleiben Körperschaften des öffentlichen Rechtes, soweit sie solche bisher waren." (Art. 137,5 WRV). Es folgt ein Hinweis

---

[1] Hendrik Munsonius, Evangelisches Kirchenrecht. Grundlagen und Grundzüge, Tübingen 2015, 4.

darauf, dass diese Möglichkeit zukünftig auch anderen Gemeinschaften offen steht. Mit dem Körperschaftsstatus sind weit reichende Rechte und Befugnisse verbunden, besonders „die Organisationshoheit, die Dienstherrenfähigkeit, das Widmungs-, das Parochial- und das Besteuerungsrecht".[2] Dementsprechend verfügen die Evangelischen Landeskirchen – und auch die deutschen römisch-katholischen Diözesen – über eine staatsanaloge Struktur. Sie können sog. *öffentlich-rechtliche Dienstverhältnisse* begründen, also Beamte und Pfarrer/innen beamtenähnlich beschäftigen.

> „Privatrechtliche und öffentlich-rechtliche Dienstverhältnisse weisen eine Reihe von Unterschieden auf. ... Privatrechtliche Dienstverhältnisse werden durch einen Vertrag begründet, der Inhalt ist darum ausgehend von dem zu bestimmen, was die Parteien vereinbart haben. Öffentlich-rechtliche Dienstverhältnisse werden durch einen mitwirkungsbedürftigen Verwaltungsakt begründet, ihr Inhalt wird durch den zuständigen Gesetzgeber bestimmt und kann auch nachträglich und ohne Mitwirkung des Beamten geändert werden. ... Privatrechtlich besteht ein Austauschverhältnis, d. h. für eine Leistung wird ein entsprechendes Entgelt gezahlt. Öffentlich-rechtlich spricht man von einem Treueverhältnis, bei dem Leistung und Gegenleistung entkoppelt sind. Beamte haben sich mit ganzer Hingabe ihrem Dienst zu widmen und auch in ihrer sonstigen Lebensführung den Erwartungen, die mit ihrem Amt verbunden sind, zu entsprechen."[3]

Allerdings gelten auch für die privatrechtlich im Raum der Kirche – und in der Diakonie – Beschäftigen besondere sog. Loyalitätsrichtlinien, die besondere Anforderungen bei der Begründung von Arbeitsverhältnissen formulieren:

> „(1) Die Auswahl der beruflich in der Kirche und ihrer Diakonie tätigen Mitarbeiterinnen und Mitarbeiter richtet sich nach der Erfüllung des kirchlichen Auftrags in seiner konkreten Ausgestaltung. Die berufliche Mitarbeit in der evangelischen Kirche und ihrer Diakonie setzt grundsätzlich die Zugehörigkeit zu einer Gliedkirche der Evangelischen Kirche in Deutschland oder einer Kirche voraus, mit der die Evangelische Kirche in Deutschland in Kirchengemeinschaft verbunden ist. Dies gilt uneingeschränkt für Mitarbeiterinnen und Mitarbeiter, denen Aufgaben der Verkündigung, der Seelsorge und der evangelischen Bildung übertragen sind.
>
> (2) Für Aufgaben der Dienststellenleitung können auch Personen eingestellt werden, die Glieder einer christlichen Kirche sind, die der Arbeitsgemeinschaft Christlicher Kirchen in Deutschland angeschlossen sind oder der Vereinigung Evangelischer Freikirchen angehören. Die Gliedkirchen können Satz 1 auf andere christliche Kirchen, die in ihrem Bereich zur Arbeitsgemeinschaft Christlicher Kirchen gehören, entsprechend anwenden. Sofern es nach Art der Aufgabe unter Beachtung der Größe der Dienststelle oder Einrichtung und ihrer sonstigen Mitarbeiterschaft sowie des jeweiligen Umfelds vertretbar und mit der Erfüllung

---

[2] A.a.O. 5.
[3] A.a.O. 123.

des kirchlichen Auftrags vereinbar ist, können für alle übrigen Aufgaben auch Personen eingestellt werden, die keiner christlichen Kirche angehören.

(3) Für eine Einstellung in den Dienst der evangelischen Kirche und ihrer Diakonie kommt grundsätzlich nicht in Betracht, wer aus der evangelischen Kirche, aus einer anderen Kirche der Arbeitsgemeinschaft Christlicher Kirchen in Deutschland oder der Vereinigung Evangelischer Freikirchen ausgetreten ist, ohne die Mitgliedschaft in einer anderen Kirche der Arbeitsgemeinschaft Christlicher Kirchen in Deutschland oder der Vereinigung Evangelischer Freikirchen zu erwerben."[4]

Zu solchen Bestimmungen hat Kirche grundgesetzlich das Recht. Allerdings kommt es in der Praxis heute zu Spannungen zwischen Recht und theologischen Grundsätzen. Denn mittlerweile kommt es nicht nur in Ostdeutschland vor allem im Bereich der Diakonie zu Schwierigkeiten bei der Besetzung von Stellen. Der zweite Absatz der zitierten Passage aus der Loyalitätsrichtlinie weist indirekt auf solche Probleme hin. Zugleich kommt es zu Taufbegehren und Taufen von Menschen, um dadurch diesen Richtlinien zu entsprechen und damit eine Erwerbsarbeit in der Kirche bzw. Diakonie antreten zu können. Motiv ist dabei – wie Interviews mit Betroffenen zeigen –, der Erwerbslosigkeit zu entgehen, nicht ein Interesse am Christsein.[5] Hier führt also die gegenwärtige Rechtssetzung – in formal korrekter Form angewendet – zu Taufen, die durch äußeren Zwang wie Erwerbsarbeit, nicht durch den Glauben begründet sind. Der kontextuelle Grund dafür ist der Rückgang der Kirchenmitgliedschaft und auch der Selbstverständlichkeit von Taufe, was aber noch nicht hinreichend in der Rechtssetzung Berücksichtigung findet. *Staatsanaloge Kirchenverfassung und Optionalität in der Daseins- und Wertorientierung stehen in Spannung und Widerspruch zueinander.* Die binäre Kodierung der Kirchenmitgliedschaftsregel lässt keine dynamischen Übergänge zu, wie sie frühere Formen der gestuften Mitgliedschaft vorsahen und der tatsächlichen Lebenssituation einer zunehmenden Zahl von Menschen entspräche.

Eine zweite aus dem Rechtstitel der Körperschaft des öffentlichen Rechts abgeleitete Konsequenz betrifft die Finanzierung von Kirche. Ihre wichtigste Einnahmequelle ist die in Art. 137,6 WRV garantierte *Kirchensteuer* (s. § 23 2.):

---

[4] § 3 der „Richtlinie des Rates über kirchliche Anforderungen der beruflichen Mitarbeit in der Evangelischen Kirche in Deutschland und ihrer Diakonie" (vom 9. Dezember 2016; in Kraft getreten am 1. Januar 2017; ABlEKD 2017, 19); vgl. hierzu den entsprechenden Passus in der vorausgehenden Richtlinie von 2005, abgedruckt in: Christian Grethlein, Evangelisches Kirchenrecht. Eine Einführung, Leipzig 2015, 177.

[5] S. hierzu Grethlein, Taufpraxis (2014) 96–98; s. auch Domsgen, Kirche 70.

„Die Religionsgesellschaften, welche Körperschaft des öffentlichen Rechtes sind, sind berechtigt, auf Grund der bürgerlichen Steuerlisten nach Maßgabe der landesrechtlichen Bestimmungen Steuern zu erheben."

Eine solche Steuer ist gegenüber einem – auch möglichen – Mitgliedsbeitrag dadurch charakterisiert, dass sie durch einen Verwaltungsakt festgelegt und zwangsweise von den Finanzämtern eingezogen wird. Inhaltlich unterscheidet sie sich an einem wichtigen Punkt von den früheren Finanzierungsformen der Kirche, wie dem Zehnten, wozu Fronen, Naturalabgaben und Geldleistungen gehörten, Gebühren wie den Stolgebühren für Dienstleistungen, Spenden, Stiftungen und sonstigen Gaben.[6] Kirchensteuern sind allgemein, die früheren Abgaben waren dagegen in der Regel auf konkrete Zwecke, etwa die Unterstützung eines Klosters, eines Hospizes o. Ä. gerichtet.

Die seit Langem zu beobachtende Kritik bzw. Reserve gegenüber dieser Finanzierungsform hängt wohl mit dieser Abstraktheit der Kirchensteuer, aber auch mit einer allgemeinen Steuerverdrossenheit zusammen. Bereits 1972 plädierten bei der ersten EKD-Mitgliedschaftsumfrage 52 % der Evangelischen für „Freiwillige Zahlungen" und nur 47 % für „Kirchensteuer wie bisher".[7] Items bei späteren Umfragen waren leider so tendenziös formuliert, dass die entsprechenden Ergebnisse wenig Aufschluss über die tatsächliche Einstellung der Menschen zur Kirchensteuer geben.[8] Auf jeden Fall scheint die Kirchensteuerpflicht auch heute ein wichtiges Motiv bei Überlegungen zum Kirchenaustritt zu sein.[9] Eine zwangsweise eintreibbare Steuer passt nicht zu einer Sozialform, deren Zugehörigkeit bzw. Mitgliedschaft optional ist.[10]

Eng mit dem – in Preußen z. B. erst seit 1905 eingeführten und weltweit singulären – Kirchensteuerrecht hängt die *Kirchenmitgliedschaftsregel* in der EKD zusammen. Auch sie spiegelt teilweise einen vergangenen Kontext wider, der heute den Lebensumständen vieler Menschen nicht oder nur noch teilweise entspricht.

---

6 S. genauer Felix Hammer, Rechtsfragen der Kirchensteuer (JusEcc 66), Tübingen 2002, 14–30.
7 S. Helmut Hild (Hg.), Wie stabil ist die Kirche? Bestand und Erneuerung. Ergebnisse einer Umfrage, Gelnhausen 1974, 132.
8 S. die entsprechenden Antwortvorgaben in: Wolfgang Huber/Johannes Friedrich/Peter Steinacker (Hg.), Kirche in der Vielfalt der Lebensbezüge. Die vierte EKD-Erhebung über Kirchenmitgliedschaft, Gütersloh 2006, 77.
9 S. das entsprechende Umfrageergebnis bei Bedford-Strohm/Jung, Vielfalt 489.
10 S. ausführlicher Christian Grethlein, Kirchensteuer im Transformationsprozess heutiger evangelischer Landeskirchen in Deutschland, in: KuR 22 (2016), 188–195.

„Kirchenmitgliedschaft beschreibt die auf Dauer angelegte Unterordnung einer natürlichen Person unter das religiös geprägte Recht einer Kirche, aus dem prinzipiell gegenseitige Rechte und Pflichten resultieren. Kirchenmitgliedschaftsrecht sind diejenigen Normen, die eine Kirche zur Regelung dieses Rechtsverhältnisses erlassen hat."[11]

Dabei gibt es zum einen eine schwierige Spannung zwischen dem juristischen Mitgliedschaftsbegriff und der geistlichen Gliedschaft. Beide werden in den Evangelischen Landeskirchen durch den Akt der Taufe miteinander verbunden, die unmittelbar rechtliche und finanzielle Konsequenzen wie die potenzielle Kirchensteuerpflicht hat. In diesem Zusammenhang wurde zu Recht beobachtet, dass in den kirchenrechtlichen Bestimmungen etwa zu den Kasualien einseitig der juristische Mitgliedschaftsbegriff dominiert. Der theologisch behauptete „Character indelebilis" des Getauft-Seins spielt dagegen keine erkennbare Rolle.[12] Die Unterscheidung zwischen Kirchenangehörigkeit und -gliedschaft, wie sie etwa die Evangelisch-methodistische Kirche[13] kennt, könnte solche Probleme beheben. Dazu zeigt sich eine Spannung zum Alltag vieler Menschen in der – im „Kirchengesetz über die Kirchenmitgliedschaft, das kirchliche Meldewesen und den Schutz der Daten der Kirchenmitglieder" von 1976 festgeschriebenen – „Tatbestandstrias" „Taufe – Wohnsitz – Bekenntnis".[14] Bei den meisten Kirchenmitgliedern dürfte das „Bekenntnis" nur wenig präsent sein, was angesichts der historisch vielfach differenzierten Situation in deutschen Landeskirchen nicht erstaunt.[15] In der kirchlichen Praxis schwerer wiegt jedoch die rechtlich vorge-

---

11 Johannes Kuntze, Mitgliedschaft und Mitgliedschaftsrecht, in: Hans Ulrich Anke/Heinrich de Wall/Hans Michael Heinig (Hg.), Handbuch des evangelischen Kirchenrechts, Tübingen 2016, 201–227, 201f.
12 S. an Beispielen ausgeführt bei Jan Hermelink, Taufpraxis in kirchenrechtlicher Perspektive. Das Recht der Taufe und das Selbstverständnis der kirchlichen Organisation, in: Franziska Beetschen/Christian Grethlein/Fritz Lienhard (Hg.), Taufpraxis. Ein interdisziplinäres Projekt, Leipzig 2017, 161–182, 171–173.
13 S. Manfred Marquard, Taufpraxis, religiöse Sozialisation und Kirchengliedschaft in der Evangelisch-methodistischen Kirche, in: Walter Klaiber/Wolfgang Thönissen (Hg.), Glaube und Taufe in freikirchlicher und römisch-katholischer Sicht, Paderborn 2005, 135–153, 143; vgl. auch im Englischen die flexibleren Begriffe „belonging" bzw. sogar „access", unter denen Mitgliedschaftsfragen bedacht werden (s. Hubert Knoblauch, Die Transformation von Religion und Gesellschaft, in: Evangelische Kirche in Deutschland [EKD] [Hg.], „informieren – transformieren – reformieren". EKD-Zukunftsforum für die Mittlere Ebene 15.–17. Mai 2014 [epd-Dokumentation 44/2014], 18–23, 21).
14 Kuntze, Mitgliedschaft 210.
15 S. die – auf dem Stand von 2012 befindliche – Tabelle zu den Landeskirchen, die auch das jeweilige Bekenntnis erfasst bei Heinrich de Wall/Stefan Muckel, Kirchenrecht, München ⁴2014, 256–258.

gebene Bindung an das Parochialprinzip. Zumindest in größeren Städten wissen viele Kirchenmitglieder nicht, zu welcher Kirchengemeinde sie gehören. Ihr Alltag vollzieht sich im Bereich von Beruf, Familie und Freizeit oft auf dem Gebiet nicht nur von verschiedenen Kirchengemeinden, sondern auch Kirchenkreisen und teilweise Landeskirchen. So ergab z. B. eine empirische Studie zu Wiederaufnahmen, dass die meisten der Befragten in die „Evangelische Kirche", nicht aber in eine konkrete Kirchengemeinde eintreten wollten.[16] Die aus dem Kontext einer agrarisch strukturierten Gesellschaft stammende Parochialeinteilung verliert unter den Bedingungen heutiger Mobilität an Plausibilität.

Deutlich zeigen sich also bei den rechtlichen Bestimmungen zur Kirche *Spannungen zwischen auf eine staatsanaloge Institution bezogenen Rechtssetzungen und den tatsächlichen Lebensverhältnissen und Einstellungen vieler Menschen gegenüber einer optionalen Organisation.*

2 Staatskirchenverträge

Konkrete Fragen zwischen Kirche und Staat regeln auf Bundes- bzw. meist Länderebene Staatskirchenverträge – bzw. auf katholischer Seite das Konkordat. Während die römisch-katholische Kirche in Form des Vatikan(staat)s als Völkerrechtssubjekt auftritt, ist dies der EKD bzw. den Landeskirchen nicht möglich. Trotzdem stehen auch in den Staatskirchenverträgen – rechtlich gesehen – zwei gleichrangige Partner gegenüber, die sich jeweils durch die Vereinbarungen selbst binden. Der dabei herrschende Geist geht aus dem Loccumer Vertrag von 1955 hervor, der für die folgenden Staatskirchenverträge zwischen Evangelischen Landeskirchen und einzelnen Bundesländern einen gewissen Vorbildcharakter hat. Er beginnt folgendermaßen:

> „Die verfassungsmäßigen Vertreter der Evangelischen Landeskirchen in Niedersachsen und die Niedersächsische Landesregierung,
> im Bewusstsein der gemeinsamen Verantwortung für den evangelischen Teil der niedersächsischen Bevölkerung und geleitet von dem Wunsche, das freundschaftliche Verhältnis zwischen Land und Landeskirchen zu festigen und zu fördern,
> ausgehend von der Tatsache, dass der Vertrag der Evangelischen Landeskirchen mit dem Freistaat Preußen vom 11. Mai 1931 ... unbestritten in Geltung steht, und in Würdigung jenes Vertrages als eines Schrittes zur Gewinnung der durch die deutsche Verfassung vom 11. August 1919 gebotenen freiheitlichen Ordnung des Verhältnisses von Staat und Kirche,

---

[16] S. Norbert Ammermann, Wiedereintritt in Münster – einige ausgewählte Ergebnisse einer Befragung, in: PTh 102 (2013), 2–13.

haben in Übereinstimmung über den Öffentlichkeitsauftrag der Kirchen und ihre Eigenständigkeit beschlossen,
den Vertrag unter Wahrung der Rechte der Kirchen im Sinne echter freiheitlicher Ordnung fortzubilden und zu einheitlicher Gestaltung des Verhältnisses des Landes zu allen Landeskirchen wie folgt zu fassen ..."[17]

Deutlich treten hier zum einen der Bezug auf die WRV und den früheren preußischen Staatskirchenvertrag (1931) sowie die Begründung in gemeinsamer Verantwortung und „freundschaftlichem Verhältnis" (sog. Freundschaftsklausel) zu Tage. Neben dem zwischen EKD und der Bundesregierung geschlossenen Militärseelsorgevertrag (1957 sowie 1996) regeln die Verträge mit den Evangelischen Landeskirchen vor allem Fragen, bei denen Staat und Kirche zusammenarbeiten: etwa bezüglich der Theologischen Fakultäten und des schulischen Religionsunterrichts oder der Seelsorge in Gefängnissen, bei der Polizei und beim Militär. Dass es sich hierbei keineswegs um ein veraltetes Instrument handelt, zeigt die Tatsache, dass nach der politischen Vereinigung Deutschlands etliche Staatsverträge in den neuen Bundesländern mit Religionsgemeinschaften geschlossen wurden.[18] Hier kommen nach wie vor die enge Verbindung zum Staat und die große öffentliche Bedeutung von Kirche zum Ausdruck.

Inwieweit die in den Staatskirchenverträgen getroffenen Abmachungen teilweise Jahrzehnte später noch angemessen sind, ist zu prüfen. Die im nächsten Abschnitt exemplarisch skizzierten Beispiele zeigen, dass sich Rechtsform und tatsächliche Praxis teilweise weit voneinander entfernen.

3 Kindertagesstätten, Religionsunterricht und Theologische Fakultäten

Für die Bildung, Erziehung und Sozialisation der jungen Generation leisten die Kirchen mit ihren Kindertagesstätten/Kindergärten, dem schulischen Religionsunterricht, kirchlichen Schulen und den Theologischen Fakultäten sowie theologischen Professuren in Philosophischen bzw. Erziehungswissenschaftlichen Fachbereichen einen wichtigen Beitrag. Sie erreichen hierdurch viele Menschen – auch jenseits sonstiger kirchlicher Strukturen.

---

17 Zitiert bei Munsonius, Kirchenrecht 70 f.
18 S. ausführlich Hans Ulrich Anke, Die Neubestimmung des Staat-Kirche-Verhältnisses in den neuen Ländern durch Staatskirchenverträge (JusEcc 62), Tübingen 2000.

2015 unterhielten evangelische Träger 8.697 Kindertagesstätten und Horte mit 567.598 Plätzen sowie – 2014 – 1.134 Schulen, wobei hier ein Schwerpunkt im berufsbildenden Bereich liegt (s. § 25 3.2). Fast durchgängig erteilen öffentliche Schulen Evangelischen und Katholischen Religionsunterricht.[19] Dazu treten kirchliche Angebote in der Jugendhilfe wie Wohnheime, Lehrwerkstätten, Gruppen für Hausaufgabenhilfe usw. Schließlich bilden 19 Evangelisch- und 20 Katholisch-Theologische Fakultäten künftige Pfarrer/innen bzw. Priester und Pastoralreferent/innen sowie Religionslehrer/innen aus. Schon vom Umfang her ist dies beeindruckend.

Allerdings besteht bei vielen dieser Einrichtungen ein Grundproblem darin, dass sie – entsprechend ihrer Zugehörigkeit zum Bildungssystem – teilweise nur lose bzw. nicht mit der sonstigen kirchlichen Praxis verbunden sind. Im elementarpädagogischen Bereich stellen sich mancherorts besondere Herausforderungen dadurch, dass viele die kirchlichen Einrichtungen besuchenden Kinder keine Christen, sondern Muslime oder Konfessionslose sind. Auch für den *Religionsunterricht,* besonders an Grund- und Hauptschulen und im berufsbildenden Bereich gilt dies, wenn es – wie weithin – noch keinen Islamischen Religionsunterricht gibt. Die dahinter stehende interreligiöse bzw. -konfessionelle Aufgabe wird noch deutlicher, wenn man bedenkt, dass z. B. in Nordrein-Westfalen gegenwärtig, teilweise erst als Schulversuch, acht verschiedene Formen von Religionsunterricht stattfinden: katholischer, evangelischer, (griechisch-)orthodoxer, syrisch-orthodoxer, mennonitischer, alevitischer, islamischer sowie jüdischer. Dazu tritt noch mit „Praktischer Philosophie" – in anderen Bundesländern „Ethik" oder „Werte und Normen" – ein bekenntnisneutrales Ersatz- bzw. Alternativfach. Es liegt auf der Hand, dass sich aus der Vielzahl dieser Fächer bereits auf der Organisationsebene erhebliche Probleme ergeben. So kommt es mittlerweile in dem genannten größten deutschen Bundesland zu vielerlei „gemischten" Formen des Religionsunterrichts, etwa wenn evangelische und katholische Schüler/innen gemeinsam eine Religionsklasse bilden, zu der vielleicht noch ein muslimisches Mädchen und ein alevitischer Junge gehören usw. Bei einer empirischen Spezialuntersuchung an westfälischen Grundschulen[20] wurden etliche verschiedene Kooperationsmodelle festgestellt. Sie haben mehrheitlich eine Gemeinsamkeit darin, dass sie nicht rechtsförmig sind. Der Forscher, Christhard Lück, konstatierte bereits 2002 drastisch: „Offenbar hat die Schulpraxis ... ‚den

---

19 Zu den genauen Verhältnissen in den einzelnen Bundesländern s. Martin Rothgangel/Bernd Schröder (Hg.), Evangelischer Religionsunterricht in den Ländern der Bundesrepublik Deutschland. Empirische Daten – Kontexte – Entwicklungen, Leipzig 2009.
20 Christhard Lück, Religionsunterricht an der Grundschule. Studien zur organisatorischen und didaktischen Gestalt eines umstrittenen Schulfaches (APrTh 22), Leipzig 2002.

Bummelzug der kirchenamtlichen Absprachen' (G. Böhm) längst überholt."[21] Bis Sommer 2017 hat sich daran nichts geändert.[22] Ein Festhalten an dem überkommenen Begriff der Konfessionalität wird aber der religiösen Pluralisierung in der Schülerschaft zunehmend weniger gerecht und dürfte auf die Dauer dieses Unterrichtsfachs gefährden. Allerdings öffnete sich Ende 2016 die Deutsche Bischofskonferenz in bemerkenswerter Weise für die konfessionelle Kooperation.[23]

Schließlich sind Veränderungen im Bereich der *Theologischen Fakultäten* unübersehbar. Gleichsam von außen konstatierte 2010 der Wissenschaftsrat in seinen „Empfehlungen zur Weiterentwicklung von Theologien und religionsbezogenen Wissenschaften an deutschen Hochschulen":

> „Die staatskirchenrechtliche Verankerung der Christlich-Theologischen Fakultäten und Institute ist nicht ohne Folge für alle anderen Disziplinen geblieben, die sich mit Phänomenen des Religiösen beschäftigen. Die Entwicklung von Religionswissenschaft und Judaistik hat sich vielfach im Schatten der christlichen Theologien vollzogen. Faktisch behaupteten letztere bis weit ins 20. Jahrhundert hinein ihren Monopolanspruch auf die Auslegung von Religion und Christentum in der Universität."[24]

Zugleich wird ein Wandel der christlichen Theologien vom Erst- zum Zweit- bzw. Drittfach konstatiert. Von daher fordert der Wissenschaftsrat – nach einer längeren Analyse der Forschungslandschaft – „eine Neustrukturierung des Feldes der Theologien und religionsbezogenen Wissenschaften", um angemessen „auf die Herausforderungen einer religiös pluralisierten Welt" zu reagieren.[25]

Auch hier begegnet also – wissenschaftspolitisch verklausuliert – eine ähnliche Anfrage, wie sie sich bei der Analyse der Realität des schulischen Religionsunterrichts ergab. Sie wird darin begründet, „weil die Bedeutung der Kirchen

---

21 A.a.O. 358.
22 Allerdings stehen mittlerweile Absprachen zwischen dem Bistum Münster und der Evangelischen Kirche von Westfalen zur konfessionellen Kooperation ab dem Schuljahr 2018/19 vor dem Abschluss (s. Westfälische Nachrichten vom 30. Mai 2017, 1). Entsprechende Modelle, teilweise aber organisatorisch recht kompliziert, liegen z. B. in Baden-Württemberg bereits vor (s. Joachim Weinhardt, Konfessionell-kooperativer Religionsunterricht in Baden-Württemberg, in: Bernd Schröder [Hg.], Religionsunterricht – wohin? Modelle seiner Organisation und didaktischen Struktur, Neukirchen-Vluyn 2014, 19–30; weitere Modelle finden sich in diesem Sammelband).
23 Die Zukunft des konfessionellen Religionsunterrichts. Empfehlungen für die Kooperation des katholischen mit dem evangelischen Religionsunterricht (Die deutschen Bischöfe Nr. 103), 22. November 2016.
24 Wissenschaftsrat, Empfehlungen zur Weiterentwicklung von Theologien und religionsbezogenen Wissenschaften an deutschen Hochschulen, Drs. 9678-10 vom 29.01.2010, 12.
25 A.a.O. 95.

als Resonanzraum für theologische Forschung schwindet."²⁶ Überkommener rechtlicher Rahmen und tatsächliche Praxis klaffen zunehmend auseinander.

4 Diakonie

Grundsätzlich gilt, dass sich gegenwärtig von allen kirchlichen Tätigkeiten das Helfen zum Leben einer herausragenden *Anerkennung*, sogar über die Kirchenmitglieder hinaus, erfreut.

> „Seit 1992 fanden in den gesamtdeutschen Umfragen Aussagen wie ‚Arme, Kranke und Bedürftige betreuen' und ‚sich um Menschen in sozialen Notlagen kümmern' als mögliche Felder kirchlichen Handelns höchste Zustimmungsraten. Bei den Konfessionslosen sind sie 2012 zudem die einzigen mehrheitlich zustimmungsfähigen Aussagen hinsichtlich dessen, was die evangelische Kirche tun sollte. ... Auch konkretes diakonisches Engagement der Kirche erfährt eine sehr hohe Zustimmung, und das weit über die Kirchenmitgliedschaft hinaus. Auf die Frage, ob Kirche das tun sollte, befürworten 86 % der evangelischen und 62 % der konfessionslosen Befragten ausdrücklich das Betreiben diakonischer Einrichtungen seitens der Kirchen. Weitere 85 % der Evangelischen und 56 % der Konfessionslosen sprechen sich zudem dafür aus, dass die evangelische Kirche Beratungsstellen (z. B. Familien-, Schuldner- und Suchtberatung) betreibt."²⁷

Das diakonische Angebot ist groß und vielfältig:

> „Telefonseelsorge, Bahnhofsmission, Brot für die Welt, Behinderteneinrichtung, Altenheim, Kindergarten, Krankenhaus, Beratungsstelle, Diakonie-Sozialstation, Jugend(arbeit)hilfe/-einrichtung, Einrichtung der Sozialarbeit, Katastrophenhilfe, Ausländerarbeit, Hoffnung für Osteuropa, Ausbildungsstätten, Obdach-/ Wohnungslosenhilfe."²⁸

Allerdings vollzieht sich seit der Mitte der 1990er Jahre ein grundsätzlicher Wandel hinsichtlich der sozialstaatlichen Rahmenbedingungen diakonischen Handelns.²⁹ Bis dahin galt in Deutschland das Subsidiaritätsprinzip, also der Vorrang freier Träger vor staatlichen Einrichtungen. Im Zuge der Vorbereitungen

---

26 A.a.O. 66.
27 Evangelische Kirche in Deutschland (EKD), Engagement und Indifferenz. Kirchenmitgliedschaft als soziale Praxis. V. EKD-Ergebung über Kirchenmitgliedschaft, Hannover März 2014, 93 f.
28 Die Aufzählung folgt einer Liste, die einer Umfrage nach Bekanntheit und Wichtigkeit von Einrichtungen der Diakonie zugrunde lag (vgl. Bekanntheit und Image der Diakonie. Ergebnis der Telefonumfragen in den Jahren 2001 und 2005, hg.v. Diakonischen Werk der EKD, 2006, 8).
29 S. Norbert Manterfeld, Diakonischer Dienst, in: Hans Ulrike Anke/Heinrich de Wall/Hans Michael Heinig (Hg.), Handbuch des evangelischen Kirchenrechts, Tübingen 2016, 797–818, 800–802.

des Ende 2009 in Kraft getretenen Vertrags von Lissabon kam es aber zu neuen Bestimmungen, die den sozialpolitischen Kontext für verfasste Diakonie grundlegend betrafen.[30] Der Vertrag setzte im Zuge der „vier Grundfreiheiten Arbeitnehmerfreizügigkeit, Dienstleistungs- und Niederlassungsfreiheit, Warenverkehrsfreiheit sowie Kapitalverkehrsfreiheit"[31] eine „Wende vom Sozialstaat zum Sozialmarkt"[32] durch, die im Einzelnen bereits vorher begonnen hatte. Dementsprechend startete die EU 2011 eine „Initiative zum sozialen Unternehmertum".[33] Das führte dazu, dass neben den sog. gemeinnützigen Anbietern wie Diakonie oder Caritas verstärkt privatwirtschaftlich arbeitende, und damit am Gewinn interessierte Unternehmen soziale Dienstleistungen offerieren. Im Bereich des Modus des Helfens zum Leben bei der Kommunikation des Evangeliums entfallen also – im Gegensatz zu den beiden anderen Modi – die staatlichen Privilegierungen kirchlichen Handelns. Trotzdem gilt es in dieser Situation, das Helfen zum Leben als einen Modus der Kommunikation des Evangeliums zu praktizieren. Entgegen der Ökonomisierung des Pflegebereichs mit der Fixierung auf Interventionen als abrechenbaren Leistungen ist die *mitmenschliche Präsenz* als grundlegende diakonische Praxis auch konzeptionell zu profilieren:

> „Diakonische Arbeit kann nicht nur aus Interventionen bestehen, sondern auch durch Präsenz. Das Verständnis, dass sich diakonisches Handeln bereits durch die Präsenz des handelnden Menschen und nicht erst durch die ‚eigentliche' Intervention vollziehen kann, erscheint geradezu der Gegenentwurf zu gängigen Hilfeansätzen zu sein. ... Eine Präsenzorientierung ist nicht konzeptlos, ist aber mit herkömmlichen Hilfekonzepten schwer zu beschreiben, da Präsenz aus der Perspektive einer Interventionsorientierung nur als Nicht-Intervention verstanden werden kann, dies aber gerade nicht den Kern erfasst."[34]

Entsprechend organisierte sich die Diakonie neu, und zwar u.a. europaweit in Form der „Eurodiaconia".[35] Auf jeden Fall wird hier der enge Rahmen bisheriger Organisationsformen entschlossen überschritten, um eigene Konzepte politisch vertreten zu können.

---

30 S. auch zum Folgenden Christian Grethlein, Kommunikation des Evangeliums in „Europa", in: ZThK 110 (2013), 234–262, 254–259.
31 Alexander Dietz, EU-Binnenmarkt und verfasste Diakonie. Eine Betrachtung in ethischer Perspektive (DWI-Info 42), 2012, 65–79, 65.
32 Werner Ruschke, Wann „lohnt" sich die diakonische Arbeit? Diakonie im Spannungsfeld von christlicher Idee und ökonomischer Wirklichkeit, in: DtPfrBl 112 (2012), 394–396, 395.
33 S. ec.europa.eu/growth/sectors/social-economy/enterprises/index_eu.htm (abgerufen am 10.05.2017).
34 Martin Horstmann, Diakonische Kompetenz, in: DWI-Jahrbuch 40 (2009), 245–261, 259.
35 S. Joachim Gohde, Kirchliche Föderationen am Beispiel Eurodiaconia, in: Günter Ruddat/ Gerhard Schäfer (Hg.), Diakonisches Kompendium, Göttingen 2005, 260–267.

5 Zusammenfassung und Ausblick

Nicht nur in einem Bereich begegnen erhebliche Spannungen zwischen den überkommenen staatskirchenrechtlichen und kirchenrechtlichen Bestimmungen und den tatsächlichen Lebensverhältnissen. Theologisch besonders problematisch sind Entwicklungen im Bereich des *Arbeitsrechts*. Loyalitätsrichtlinien, die in früherer Zeit der Selbstverständlichkeit von Kirchenmitgliedschaft unmittelbar plausibel erschienen wären, führen zum Missbrauch der Taufe und gefährden damit das Fundament evangelischer Kirche. Die Suche nach Erwerbsarbeit bei einem kirchlichen bzw. diakonischen Träger führt auf Grund kirchenrechtlicher Bestimmungen zu Taufen ohne Interesse am Christsein. Unter den Bedingungen religiöser bzw. weltanschaulicher Pluralisierung, wozu die erhebliche Zahl von Nicht-Kirchenmitgliedern gehört, hat eine früher selbstverständlich erscheinende Rechtsregel theologisch problematische Nebenfolgen.

Auch sonst stellt der Pluralismus im Bereich der Daseins- und Wertorientierung kirchliche – und staatliche – Praxis vor Herausforderungen, die noch nicht gelöst sind. Das Abgleiten des Religionsunterrichts vielerorts in nicht-rechtskonforme Formen ist unübersehbar. Im Bereich der öffentlichen Schulen ist die Kommunikation des Evangeliums im Modus des Lehrens und Lernens nicht mehr durch formale Konfessionsprinzipien zu erfassen. Zwar liegen bereits – in manchen Bundesländern erprobte – Modelle zur Kooperation zwischen herkömmlichem Evangelischem und Katholischem Religionsunterricht vor. Doch dürfte dies vielerorts nicht mehr ausreichen. Hier gilt es neu zu überlegen, wie unter den Bedingungen des Pluralismus der theologisch und pädagogisch wichtigen Authentizität bei der unterrichtlichen Auseinandersetzung mit Fragen, die die Personmitte berühren, rechtlich Raum geschaffen werden kann.

§ 18 Programme (in) Evangelischer Kirche

Nach dem tiefen gesellschaftlichen, auch die Kirchen betreffenden Wandel seit den sechziger Jahren des 20. Jahrhunderts gab es wiederholt Ansätze, grundsätzlich auf die neuen Herausforderungen zu reagieren. Dabei erschienen zum einen zahlreiche Beiträge der EKD zu in der Öffentlichkeit diskutierten Fragen. Seit 1962 liegen sie in Form von Gutachten, Thesen oder Studien sog. Denkschriften bzw. Orientierungshilfen vor. Diese stellen wichtige Beiträge zur Ethik dar.[1] Zum anderen – und dem soll im Folgenden das Augenmerk dienen – wurde die Kirche selbst zum Thema der Reflexion. Hier finden sich Impulse aus der Ökumene. Die durch die besondere historische Entwicklung geprägte landeskirchlich-parochiale Struktur der deutschen Evangelischen Kirchen wurde dabei überschritten. Weiter lieferten empirisch basierte Zugänge neue Impulse. Familiensoziologische Einsichten und Umfragen unter den Kirchenmitgliedern sind hier ebenso zu nennen wie organisationssoziologische und betriebswirtschaftliche Instrumente. Dabei leisteten Einzelne, wie Ernst Lange, Fritz und Christian Schwarz, Herbert Lindner und Ralf Kötter, sowie kirchliche Gremien, z.B. die Generalsynode der VELKD oder der Rat der EKD, und Einrichtungen, etwa die Gemeindeakademie Rummelsberg oder das Gemeindekolleg in Celle (später Neudietendorf), wichtige Beiträge.

Die bei der folgenden Darstellung getroffene Auswahl kann gewiss kritisch angefragt werden. Sachlich geht es darum, die Breite der Argumentationen sowohl hinsichtlich der Situationsanalyse als auch der Lösungsvorschläge zu Gehör zu bringen. Durchsetzen konnte sich bis jetzt keiner der Vorschläge. Doch hinterließen sie jeweils Spuren im kirchlichen und pastoralen Handeln und prägen so die gegenwärtige Situation Evangelischer Kirche(n) in Deutschland mit.

1 Kirche für andere

„Kirche für andere" – ein Stichwort aus Dietrich Bonhoeffers Ringen um ein angemessenes Kirchenverständnis – markiert ein bis heute wichtiges Konzept für evangelische Kirche.[2] Es wird anhand der Überlegungen *Ernst Langes* (1927–1974) vorgestellt.

---

[1] S. Christian Albrecht, Denkschriften, in: ⁴RGG 2 (1999), 664–666.
[2] S. z. B. die Rezeption bei Ralf Kötter, Das Land ist hell und weit. Leidenschaftliche Kirche in der Mitte der Gesellschaft, Berlin 2014, 93–97.

Dieser brachte wichtige Impulse aus der Ökumene in die deutsche Diskussion zur Gestaltung von Kirche und die sich daran anschließende kirchentheoretische Frage ein. 1954 reiste der Berliner Jugendvikar Lange als Delegierter zur Zweiten Vollversammlung des Ökumenischen Rats der Kirchen nach Evanston (USA/Illinois). Das dortige Thema „Der Christ in seinem Beruf"[3], also die Frage nach der Bedeutung der sog. Laien für Kirche und Christentum, beeindruckte ihn sehr. In einer an die Tagung anschließenden USA-Reise erlebte er in New York die „East Harlem Protestant Parish", die in „Dienstgruppen" organisiert war.[4] Hier fand Lange das Vorbild für die fünf Jahre später von ihm in Berlin initiierte *Spandauer Ladenkirche*. Deren – in heutiger Terminologie – kirchentheoretisches Programm fasste er in seiner „Bilanz 65" in sieben Leitsätzen zusammen:

> „1. Wir wollen mit unserem Gottesdienst weg von der ‚Kultfeier' und hin zur lebendigen Gemeindeversammlung im Sinn von Mt. 18,20: ‚Wo zwei oder drei versammelt sind in meinem Namen, da bin ich mitten unter ihnen.'
>
> 2. Wir wollen weg vom anonymen ‚Kirchenbesuch' und hin zum gemeinsamen Leben in der Gegenwart des Herrn.
>
> 3. Wir wollen weg von der aufgeregten Betriebsamkeit perfekter Gemeindeprogramme und hinein in den Spielraum bei Gott und den Brüdern.
>
> 4. Wir wollen weg von der Almosenfrömmigkeit und hin zum nachbarschaftlichen Dienst.
>
> 5. Wir wollen weg von der ‚Rednerpult-Mission' und hin zur stetigen Verantwortung unseres Glaubens vor den Gefährten unseres Alltags.
>
> 6. Wir wollen weg von der ‚Verschulung des Glaubens' und hin zu einer gegenseitigen Einübung im Glauben.
>
> 7. Wir wollen weg vom Konsumchristentum und hin zur christlichen Haushalterschaft, die für Gott verfügbar ist mit allem, was sie hat."[5]

Deutlich tritt der Umfang des Reformanspruchs zu Tage. Liturgie, Gemeindearbeit, Diakonie, Erziehung und Bildung sowie ganz grundsätzlich das Profil christlichen Lebens sollen verändert werden. Theologisch nahm Lange dabei Dietrich Bonhoeffers Konzept der „Kirche für andere" auf. Er schloss die ausgeführte Fassung seiner diesbezüglichen Antrittsvorlesung an der Kirchlichen Hochschule in Berlin folgendermaßen ab:

---

3 S. Werner Simpfendörfer, Ernst Lange. Versuch eines Porträts, Berlin ²1997, 50.
4 A.a.O. 51.
5 Zitiert a.a.O. 91.

„Das Kirchesein der Kirche entscheidet sich in ihrem Fürsein für die Welt. Bonhoeffer bleibt dabei, daß alle dogmatischen Grundbegriffe, daß alle Schlüsselworte der Verkündigung soziale Intention haben und nur im Hinblick auf ein soziales Geschehen in der Wirklichkeit dieser Welt Relevanz haben. Aber – das ist seine letzte Erkenntnis – dieses soziale Geschehen ist nicht die Kirche in ihrem Eigenleben, nicht die Kirche in ihrem Bei-sich-selbst-Sein, sondern die Kirche in ihrem Sein-für andere. ..."[6]

Begrifflich gibt dabei die Formel von der *„Kommunikation des Evangeliums"* den Rahmen ab:

„Wir sprechen von Kommunikation des Evangeliums und nicht von ‚Verkündigung' oder gar ‚Predigt', weil der Begriff das prinzipiell Dialogische des gemeinten Vorgangs akzentuiert und außerdem alle Funktionen der Gemeinde, in denen es um die Interpretation des biblischen Zeugnisses geht – von der Predigt bis zur Seelsorge und zum Konfirmandenunterricht – als Phasen und Aspekte ein- und desselben Prozesses sichtbar macht."[7] Und: „Das notwendige Wort stellt sich ein, wenn die in der biblischen Tradition bezeugte Christusverheißung in bestimmten Situationen menschlicher Schuld oder menschlicher Not, in Situationen der Anfechtung oder des Zweifels, der Auftrags-Ungewißheit oder der Hoffnungslosigkeit so nachgesprochen werden kann, daß der Hörer versteht, wie sie ihn jetzt und hier angeht und seine Situation trifft, klärt und verändert. Mithin geht die Situation des Hörers als die Situation, die die Predigt herausfordert, in das notwendige Wort ebenso ein wie die biblische Tradition, eins provoziert das andere."[8]

Auch die Wendung „Kommunikation des Evangeliums" stammte aus der ökumenischen Diskussion, wurde aber von Lange dahingehend umgeformt, dass er hierunter keine besondere, eigensinnige Form von Kommunikation verstand.[9] Dadurch öffnete Lange die Kirchentheorie für kommunikationstheoretische und sozialwissenschaftliche Einsichten, was auch eine Weiterentwicklung seines Konzepts bis in die Gegenwart hinein ermöglicht.[10]

---

6 Ernst Lange, Kirche für andere. Dietrich Bonhoeffers Beitrag zur Frage einer verantworteten Gestalt der Kirche in der Gegenwart, in: EvTh 27 (1987), 513–546, 546.
7 Ernst Lange, Aus der „Bilanz 65", in: Ders., Kirche für die Welt. Aufsätze zur Theorie kirchlichen Handelns, hg.v. Rüdiger Schloz, München 1981, 63–160, 101.
8 A.a.O. 101f.
9 S. zur Differenz zu Hendrik Kraemer, Die Kommunikation des christlichen Glaubens, Zürich 1958, Grethlein, Theologie 141.
10 S. z.B. Michael Domsgen/Bernd Schröder (Hg.), Kommunikation des Evangeliums. Leitbegriff der Praktischen Theologie (APrTh 57), Leipzig 2014; Christian Grethlein, An Introduction to Practical Theology. History, Theory, and the Communication of the Gospel in the Present, Waco 2016.

Dieser Ansatz reichte über den traditionell verengten Blick auf die Parochie hinaus.[11] Deren zunehmender Abstand von den Lebensvollzügen – wie sie etwa Klaus v. Bismarck bereits 1957 in seiner These von der Milieuverengung der Kirchengemeinden formuliert hatte[12] – war nur durch eine Weitung der kirchlichen Arbeit zu überwinden:

> „Die Frage ist also, wie die Kirche wieder zu wirklicher Präsenz in ihrer verwandelten Umwelt und damit zur Dienst- und Zeugnisfähigkeit kommen kann? Zwar sind die kleingesellschaftlichen Einheiten unwiederbringlich zerbrochen, aber es zeigt sich, daß es einen, freilich nur von Fall zu Fall in sorgfältiger Analyse zu ermittelnden Bereich gibt, in dem nach wie vor die Mehrzahl der Lebensfunktionen der Mehrzahl der in diesem Bereich wohnenden Menschen sich abspielen und auch in ihrem komplizierten Zusammenhang annähernd wieder erkennbar werden. Dieser Bereich entspricht etwa dem Raum einer Kreisstadt mit dem sie umlagernden Pendlerzuzugsgebiet (unter Umständen ein Radius von vierzig und mehr Kilometern) … Jedenfalls handelt es sich bei dieser gedachten ‚zone humaine' (deren situationsnahe Angrenzung wie gesagt eine höchst systematische kirchliche Raumplanung parallel zur kommunalen voraussetzt) um die gegenwärtig wichtigste Ebene kirchlicher Handlungs- und Wandlungsfähigkeit."[13]

Tatsächlich kam es in den folgenden Jahrzehnten in den Landeskirchen zu einer – im Einzelnen recht unterschiedlich organisierten und durchgeführten – Stärkung der sog. mittleren Ebene, also der Dekanate und Kirchenkreise. Dabei wurde aber regelmäßig auf bestehende kirchliche Strukturen zurückgegriffen, ohne – wie von Lange angeregt – auf die tatsächlichen Lebensvollzüge der Menschen zu achten. Dass sich durch die elektronische Kommunikation noch zusätzliche lebensweltliche Veränderungen ergeben, liegt auf der Hand und kann vom lebensweltbezogenen Ansatz Langes her unschwer aufgenommen werden. Auch der Ausbau von funktionalen Pfarrstellen seit den siebziger Jahren des 20. Jahrhunderts kann als Resultat des Lange'schen Ansatzes verstanden werden. Denn sie orientieren sich, insofern sie nicht in der kirchlichen Verwaltung eingesetzt sind, an alltäglichen Lebensvollzügen der Menschen, etwa in Krankenhäusern, Schulen und ähnlichen Einrichtungen. Dass diese Stellen gegenwärtig angesichts notwendiger Sparmaßnahmen im Gegensatz zu den parochialen Pfarrstellen mancherorts wieder in Frage gestellt werden, zeigt, dass die Lange'sche Orientierung an der

---

[11] Zur urbanitätstheoretischen Relativierung und Kritik der Parochie s. ausführlich Frank Weyen, Kirche in der strukturellen Transformation. Identität, Programmatik, organisatorische Gestalt, Göttingen 2016, 133–158.
[12] Klaus v. Bismarck, Kirche und Gemeinde in soziologischer Sicht, in: ZEE 1 (1957), 17–30.
[13] Zitiert nach: Simpfendörfer, Lange 101.

Lebenswelt der Menschen, wenn überhaupt, nur oberflächlich aufgenommen wurde.

Eine solche „Verkirchlichung" des Lange'schen Ansatzes tritt auch in der Entwicklung der *EKD-Kirchenmitgliedschaftsstudien* und dem hier inhärenten Pfarrerbild zu Tage.[14] Noch in der ersten Studie, an deren Vorbereitung Lange mitgearbeitet hatte, hieß es kritisch:

> „Der Kirchenbegriff der Reformation sieht Kirche konstitutiv in den Vorgängen der Wortverkündigung, der Sakramentsspendung und von daher der Gemeindeversammlung. Es (sic!) bindet diese Vorgänge im Regelfall an das kirchliche Amt in ordentlicher Berufung. Damit ist der hierarchische Kirchenbegriff der Römisch-Katholischen Kirche zwar theologisch-theoretisch, nicht aber praktisch überwunden. Das in der Taufe begründete ‚Priestertum aller Gläubigen' bleibt dem Predigtamt gegenüber wenn nicht theologisch, so doch im praktischen Vollzug von Kirche deutlich sekundär.
>
> Die Strukturen der Parochie und des parochialen Pfarramts verschärfen und verfestigen diese innere Unausgeglichenheit des evangelischen (zumindest des lutherischen) Kirchenbegriffs."[15]

Vierzig Jahre später stellte die 5. EKD-Mitgliedschaftsstudie die Pfarrer/innen als „Schlüsselpersonen" für Kirche heraus.[16] Die reformatorische Einsicht des Allgemeinen Priestertums sucht man jetzt vergebens. Sie ist offenkundig vergessen (s. § 23 3.).

Darüber hinaus finden sich bei Lange immer wieder Beobachtungen, die kirchliche Traditionen in Frage stellen und spätere Reformansätze jedenfalls grundsätzlich anbahnen bzw. vorwegnehmen. So wies er z.B. in der bereits zitierten Berliner Antrittsvorlesung auf die „Familienfeindlichkeit" herkömmlicher „vereinskirchlicher Gemeinde" hin:

> „Sie hat von jeher Männer, Frauen, Kinder und Jugendliche auseinandergenommen. Sie hat immer in sogenannten ‚Naturständen' gedacht und organisiert, obwohl es sich dabei immer um eine reine Fiktion gehandelt hat (in der biblischen Ständepredigt wird immer auf das Verhältnis zwischen den Ständen reflektiert, also auf ihre Zusammengehörigkeit)."[17]

---

14 S. ausführlicher Christian Grethlein, Kirchenreform und Pfarrberuf – vom „Schlüsselproblem" zum „Schlüsselberuf" und wieder zurück, in: PTh 106 (2017), 13–19.
15 Hild, Kirche 275.
16 S. z.B. Wissenschaftlicher Beirat der V. KMU, Perspektiven für die kirchenleitende Praxis, in: Heinrich Bedford-Strohm/Volker Jung (Hg.), Vernetzte Vielfalt. Kirche angesichts von Individualisierung und Säkularisierung. Die fünfte EKD-Erhebung über Kirchenmitgliedschaft, Gütersloh 2015, 447–456, 454.
17 Lange, Bilanz 65, 127.

Erst als sich die Sozialform der Familie auszudifferenzieren begann, kamen auf sie bezogene kirchliche Veranstaltungen wie Familiengottesdienste bzw. -freizeiten auf.

Insgesamt postulierte Lange, dass Kirche sich theologisch gesehen nur in der Hinwendung zu den Menschen, nicht in selbstbezüglicher Praxis realisiert.

2 Missionarische Doppelstrategie

Einen ganz anderen, teilweise sogar entgegengesetzten Ansatzpunkt als Langes Theorie der Kommunikation des Evangeliums wählte 1982 die Generalsynode der VELKD in ihrem Grundsatzpapier „Zur Entwicklung von Kirchenmitgliedschaft. Aspekte einer missionarischen Doppelstrategie". Zwar geht dieser Text von ähnlichen Beobachtungen wie Lange aus und scheint sich auch mit seiner Zielsetzung zu berühren. Wo Lange – ökumenischem Sprachgebrauch folgend – von „Missio Dei", also „Sendung", spricht, platzieren die deutschen Lutheraner „Mission". Doch sind bei näherem Hinsehen gravierende Differenzen unübersehbar. Denn der VELKD-Text fokussiert auf die *Kirchenmitgliedschaft*. Er ist primär am Erhalt der vorfindlichen kirchlichen Institution interessiert. Den ekklesiologischen bzw. kirchentheoretischen Theorierahmen gibt dafür der Begriff der *„Volkskirche"* ab.

Am Anfang steht im von der Generalsynode der VELKD angenommenen Text die empirische Feststellung:

> „Die Zeit der fraglosen Stabilität der Volkskirche ist vorbei. Seit 1970 hat sich das Bild der Kirchenmitgliedschaft in einigen großen Städten erheblich verändert. Das gilt wohl am stärksten für Berlin-West (1970 1,55 Millionen Mitglieder, 1982 1,05 Millionen Mitglieder). Aber es gilt auch für Hamburg oder Bremen und Hannover ebenso wie für Braunschweig und Wolfsburg, Nürnberg und München."[18] Und: „Der Traditionsabbruch wirkt auch auf das Zentrum der Kirche ein. Die Volkskirche ist nicht nur an ihren Rändern einer Erosion ausgesetzt, sondern auch in ihrem Kern. ... Diese Erosion im Inneren zeigt sich zum Beispiel in der geringeren Einschätzung des Gottesdienstes, einem weitgehenden Ausfall religiöser Kindererziehung, einer schwindenden Glaubenspraxis, einem Familienleben ohne christliche Akzente."[19]

Solche Zusammenstellungen – Kirchenaustrittszahlen, Klagen über den sog. Traditionsabbruch, die Geringschätzung des (sonntäglichen) Gottesdienstes, den

---

[18] Lutherisches Kirchenamt der VELKD (Hg.), Zur Entwicklung von Kirchenmitgliedschaft. Aspekte einer missionarischen Doppelstrategie (Texte aus der VELKD 21/1983), 1.
[19] A.a.O. 2.

Ausfall der familiären religiösen Sozialisation usw. – ziehen sich seitdem durch die kirchenbezogenen kirchlichen Dokumente und Verlautbarungen. Demgegenüber ist es erklärtes Ziel der Generalsynode, an der „Volkskirche" festzuhalten.[20] Dazu müsse die Kirchenmitgliedschaft stabilisiert und neue Motivation für Kirchenmitgliedschaft geschaffen werden.[21] Als „Aufgaben" werden konkret genannt:

> „– die Bedeutung von Kirchenmitgliedschaft als geistliche Teilhabe am Evangelium und als Zugehörigkeit zu einer Gemeinschaft von Getauften, die zum Glauben gerufen sind, zu betonen und verständlich zu machen,
> – die Kirchenmitgliedschaft gesellschaftlich und persönlich zu stabilisieren,
> – neue Motivation für Kirchenmitgliedschaft zu wecken,
> – Bewußtseinsbildung und Zurüstung für diese Aufgaben bei Pfarrern und kirchlichen Mitarbeitern zu betreiben,
> – neben der Kirchensteuer andere Formen von Beiträgen und Spenden zu erhalten bzw. zu entwickeln,
> – neue Formen von neben- und ehrenamtlichem Dienst in der Kirche zu gestalten und zu fördern."[22]

Die grundlegende ekklesiologische Bezugstheorie dazu ist die Volkskirchen-Theorie Trutz Rendtorffs (1931–2016)[23] und deren praktisch-theologische Rezeption bei Dietrich Rössler.[24] Ausgehend von der Geschichtlichkeit jeder Kirche[25] sah Rendtorff die evangelische Kirche „vor allem anderen durch die Freiheitsbotschaft der Rechtfertigung strukturiert".[26] Sie erschien ihm vorzüglich in der Gestalt der Volkskirche realisiert. Für sie gilt: „Nicht eine unmittelbare gläubige Subjektivität der Kirche, sondern eine gleichsam instrumentale Institutionalität ist die Form, in

---

20 S. a.a.O. 3.
21 A.a.O. 8.
22 A.a.O. 15 (ohne Unterstreichungen im Original).
23 Dieser hatte vor dem Theologischen Ausschuss der VELKD einen diesbezüglichen, viel beachteten Vortrag gehalten: Trutz Rendtorff, Theologische Probleme der Volkskirche, in: Wenzel Lohff/Lutz Mohaupt (Hg.), Volkskirche – Kirche der Zukunft? – Leitlinien der Augsburgischen Konfession für das Kirchenverständnis heute – Eine Studie des Theologischen Ausschusses der Vereinigten Evangelisch-Lutherischen Kirche Deutschlands (Zur Sache 12/13), Hamburg 1977, 104–131.
24 Auch dieser hatte vor dem VELKD-Ausschuss vorgetragen: Dietrich Rössler, Die Institutionalisierung der Religion, in: Wenzel Lohff/Lutz Mohaupt (Hg.), Volkskirche – Kirche der Zukunft? – Leitlinien der Augsburgischen Konfession für das Kirchenverständnis heute – Eine Studie des Theologischen Ausschusses der Vereinigten Evangelisch-Lutherischen Kirche Deutschlands (Zur Sache 12/13), Hamburg 1977, 41–69.
25 S. Rendtorff, Probleme 105–108.
26 A.a.O. 123.

der sie im Dienste der Freiheit steht."[27] Von daher präsentierte Rendtorff die Volkskirche als „Kirche der Freiheit".

> „Freiheit heißt ein Zustand, in dem alle Anforderungen des Lebens, alle Leistungen, die gefordert und beurteilt werden, in einem letzten Sinne nicht über den Bestand des Menschen entscheiden, das Leben also nicht mehr lebensgefährlich ist, ohne das Risiko, alles gewinnen oder verlieren zu können."[28]

Die Volkskirche als Kirche der Freiheit findet ihren Ausdruck in der Taufe, insofern der Mensch sich nicht selbst taufen kann.

Gestützt von einem solchen Plädoyer für die Volkskirche entwickelten die VELKD-Theologen, vorbereitet im Ausschuss für gemeindliche Fragen, den Dietrich Peters und Horst Reller leiteten,[29] das Konzept der „missionarischen Doppelstrategie". Den Hintergrund hierzu bildeten u. a. Erfahrungen aus lutherischen Partnerkirchen in den USA. Auch auf kirchenleitender Ebene spielen also internationale, über Deutschland hinausreichende Kontakte eine wichtige Rolle. Die „Doppelstrategie" umfasst *öffnende und verdichtende Formen* kirchlicher Arbeit:[30]

> „Einerseits ist das öffentliche Zeugnis des Evangeliums zu verstärken, wie es durch Medien, durch volkskirchliche Traditionen oder durch die Citykirchen vermittelt werden kann. (Öffnung)
> Andererseits sind Programme zur religiösen Sozialisation, zur persönlichen Glaubensvertiefung zu entwickeln und zu fördern mit dem Ziel, Gemeindeglieder für ihren Glauben sprachfähiger zu machen. (Verdichtung)"[31]

Am Ende stellt das Dokument – getrennt nach verdichtenden und öffnenden Formen – zahlreiche Praxisbeispiele vor, wobei wieder große Ökumenizität begegnet. Neben einem im französischen Katholizismus erprobten Modell der Firmvorbereitung durch Gruppenkatecheten, einer in den USA kreierten und dann in Finnland erprobten Kontakt-Kampagne finden sich ebenfalls in der Katholischen Kirche praktizierte Glaubenskurse usw. sowie – jetzt „öffnend" – vor allem Hinweise zur Citykirchen-Arbeit. „Mission" wird also primär (gemeinde)pädagogisch und diakonisch verstanden. Inhaltlich steht dabei jedoch stets der Zusammenhang mit der traditionellen, kirchenrechtlich bestimmten Kirchenmitglied-

---

27 A.a.O. 126.
28 A.a.O. 129.
29 S. Alfred Seiferlein, Projektorientierter Gemeindeaufbau, Gütersloh 1996, 26.
30 S. auch die tabellarische Übersicht in Kirchenamt, Entwicklung 31–33.
31 Kirchenamt, Entwicklung 27.

schaft im Hintergrund. So heißt es programmatisch schon am Anfang des VELKD-Textes:

> „Die Zukunft des Glaubens ist gewiß nicht unabhängig von Mitgliedschaft und Geld. Indem der Glaube damit in Berührung kommt, zeigt er, daß er in der Wirklichkeit ankommt. Aber letzten Endes geht es doch darum, sensibel dafür zu werden, was die Menschen wirklich brauchen und was das Evangelium wirklich gibt."[32]

Eine wichtige Voraussetzung für die Weiterentwicklung dieses Impulses war 1986 die Gründung des Gemeindekollegs in Celle,[33] das – nach der politischen Vereinigung – 2008 nach Neudietendorf (Thüringen) umzog. Hier wurden und werden zum einen Projekte für die Gemeindearbeit entwickelt und zugleich deren Implementierung durch entsprechende Kurse und Fortbildungen vorangetrieben. Dabei entstand das Konzept des *„Projektorientierten Gemeindeaufbaus"*. Dieser ermöglicht eine positive Aufnahme von Arbeitsformen, die den Glauben der Einzelnen stärken, und öffentlichkeitswirksamen Aktionen. In und mit beidem versuchen die lutherischen Theologen der Heterogenität gegenwärtiger Lebensverhältnisse gerecht zu werden:

> „Die Pluralität unterschiedlicher Glaubens- und Lebenserfahrungen wird gewahrt. Es geht darum, auf Zeit und unter einem bestimmten Thema die Glaubens- und Lebenserfahrungen mit dem ganz Anderen auszutauschen. Dabei kommt die Stärke der Volkskirche zum Tragen, die Kontakte zu verschiedenen Frömmigkeitsstilen und Milieus ermöglicht."[34]

Alfred Seiferlein stellte in seiner diesbezüglichen Dissertation die Vorzüge dieses Konzeptes zusammen:[35] Insgesamt zielt es auf die sog. distanzierten Kirchenmitglieder. Durch die zeitliche Befristung der Projekte werden sie leichter erreicht. Zugleich wird einer normativen Aufladung von vereinsförmigen Gemeinschaftsformen gewehrt. Doch nennt Seiferlein auch die Grenzen dieses Konzepts:[36] So

---

32 A.a.O. 6.
33 S. zum genauen Procedere Seiferlein, Gemeindeaufbau 35–37. Eine erste Bilanz findet sich unter der Überschrift „Das Gemeindekolleg in Celle als ‚angewandte Doppelstrategie'", in: Hermann v. Loewenich/Horst Reller (Hg.), Unterwegserfahrungen. Gemeinde entwickeln in Ost und West. Überlegungen und Kurzkommentare zur „missionarischen Doppelstrategie" („Priestertum aller Gläubigen aktuell" Schriften zur missionarischen Doppelstrategie 4), Gütersloh 1991, 51–83.
34 Matthias Rein, Öffnen und Verdichten – Besser organisieren – Wachsen. Theologische Würdigung und Kritik aktueller Gemeindeaufbaustrategien aus Sicht einer lutherischen Ekklesiologie, in: Tim Unger (Hg.), Zum Glauben reizen. Mission und Glaubensvermittlung in der postsäkularen Gesellschaft, Hannover 2011, 112–148, 123.
35 S. Seiferlein, Gemeindeaufbau 181–183.
36 S. a.a.O. 184f.

können die entsprechenden Kurse den Teilnehmenden zwar Impulse für ihr Leben geben, aber eben nur exemplarisch. Der Alltag mit seiner eigenen, von sozialen Netzwerken bestimmten Logik wird eher selten erreicht. Zudem gilt es, die projektbezogene Arbeit mit den herkömmlichen Gemeindekreisen in ein angemessenes Verhältnis zu setzen, ein bis heute ungelöstes Problem.

Die anfängliche Fixierung auf die Kirchenmitgliedschaft in der missionarischen Doppelstrategie trat in der Weiterentwicklung zum projektorientierten Gemeindeaufbau zurück. Das Interesse am Kontakt zu sog. kirchendistanzierten Menschen hält sich durch und wird auf konkrete Herausforderungen wie etwa die Begleitung von Sterbenden oder die Gestaltung eines spirituellen Lebens bezogen. Durchwegs begegnet ein weiter international ökumenischer Horizont. Dadurch kommen Modelle des Christseins in den Blick, die jenseits der deutschen staatsanalogen Kirchenstrukturen praktiziert werden. Inhaltlich bleibt das Konzept aber merkwürdig unterbestimmt.[37]

Mittlerweile ergaben empirische Untersuchungen zu den Glaubenskursen, dass diese – entgegen der auf „Öffnung" zielenden Intention – vor allem bereits mit Kirche Vertraute erreichen.[38] Ihr „missionarischer" Impuls bewirkt also eher „Verdichtung". Dagegen konnte – wie die bereits genannten Kirchenaustrittszahlen der letzten fünfzig Jahre zeigen – die ursprünglich erstrebte Stabilisierung der Kirchenmitgliedschaft trotz großen Engagements nicht erreicht werden. Vermutlich nähert sich die Volkskirche im Sinne der selbstverständlichen flächendeckenden Präsenz von Kirche in Deutschland ihrem Ende.

3 Missionarische Offensive

Wiederum andere Perspektiven eröffnen verschiedene Vorstöße, die unter „missionarische Offensive"[39] zusammengefasst werden können. Der wesentliche Impuls ging dabei in der deutschen Diskussion vom Herner Superintendenten Fritz Schwarz (1931–1985) aus, der 1984 gemeinsam mit seinem Sohn Christian (geboren 1960) programmatisch eine *„Theologie des Gemeindeaufbaus"* vorlegte.[40]

---

[37] S. Christian Grethlein, Kirche – als praktisch-theologischer Begriff. Überlegungen zu einer Neuformatierung der Kirchentheorie, in: PTh 101 (2012), 136–151, 138f.
[38] S. Beate Hofmann, Sich im Glauben bilden. Der Beitrag von Glaubenskursen zur religiösen Bildung und Sprachfähigkeit Erwachsener, Leipzig 2013.
[39] David Plüss, Gottesdienst und Liturgie, in: Ralph Kunz/Thomas Schlag (Hg.), Handbuch für Kirchen- und Gemeindeentwicklung, Neukirchen-Vluyn 2014, 236–243, 238.
[40] Ihr gingen folgende Bände voraus: Fritz Schwarz, Überschaubare Gemeinde Bd. 1. Grundlegendes – ein persönliches Wort an Leute in der Kirche über missionarischen Gemeindeaufbau;

Den ekklesiologischen Hintergrund dieses stark auf die unmittelbare Praxis gerichteten Konzepts[41] bildeten dialektisch-theologische Positionen. So unterschied die Ekklesiologie Emil Brunners (1889–1966)[42], einem auch von der Erweckungs-Frömmigkeit der Gruppenbewegung beeindruckten[43] Schweizer Theologen, strikt zwischen der nur für die Glaubenden sichtbaren Ekklesia als „wirkliche(r) Lebensgemeinschaft im Heiligen Geist"[44] und der Kirche als Institution. Schwarz/Schwarz übernahmen – in allerdings modifizierter Form[45] – diese Distinktion. Dementsprechend galt ihr Interesse allein der Ekklesia. Die verfasste Kirche ist lediglich „der ‚Transmissionsriemen' der Ekklesia für ihr gesellschaftliches Engagement".[46]

Einige der ersten Leitsätze der „Theologie des Gemeindeaufbaus" machen das hier verfolgte Profil anschaulich:

> „(1) Wer über Gemeindeaufbau nachdenkt, muß seine Phantasie von der Verzauberung durch die bestehenden Verhältnisse erlösen lassen."[47]

> „(2) Maßstab für den Gemeindeaufbau muß das Bild von Gemeinde sein, wie es das Neue Testament entwirft."[48]

> „(3) Kirche als Institution und Ekklesia dürfen nicht miteinander identifiziert werden."[49]

> „(4) Ekklesia ist eine personale Gemeinschaft mit Jesus und mit Schwestern und Brüdern, deren Glaube in der Liebe tätig wird."[50]

> „(5) Obwohl die Grenze zwischen Glaube und Unglaube und damit die Grenze der Ekklesia nicht immer sichtbar ist, muß an ihrer Realität festgehalten werden."[51]

---

ders., Überschaubare Gemeinde Bd. 2. Die Praxis – für Leute, die in der Kirche anpacken wollen; ders., Überschaubare Gemeinde Bd. 3. Programm des neues Lebensstils – für Leute, denen Jesus konkurrenzlos wichtig ist, Gladbeck 1980, 1980, 1981.
41 S. Fritz Schwarz/Christian Schwarz, Theologie des Gemeindeaufbaus. Ein Versuch, Neukirchen-Vluyn 1984, 18.
42 S. hierzu Ralph Kunz, Aufbau der Gemeinde im Umbau der Kirche (Theologische Studien Neue Folge 11), Zürich 2015, 60–70.
43 S. Emil Brunner, Die Gruppenbewegung als Frage an die Kirche, in: Ders., Erneuerung der Kirche. Ein Wort an alle, die sie lieb haben, Bern 1934, 32–51.
44 Emil Brunner, Die Kirche als Frage und Aufgabe der Gegenwart, in: Ders., Erneuerung der Kirche. Ein Wort an alle, die sie lieb haben, Bern 1934, 5–31, 17.
45 S. Schwarz/Schwarz, Theologie 28–33.
46 A.a.O. 184 (in diesem und den folgenden Zitaten dieses petit-Abschnitts wurden Fett- und Kursivdruck des Originals nicht übernommen).
47 A.a.O. 19.
48 A.a.O. 24.
49 A.a.O. 27.
50 A.a.O. 34.
51 A.a.O. 41.

„(6) Weil das Handeln Gottes in Christus auf das Werden von Ekklesia zielt, ist sie nicht Mittel zum Zweck, sondern Selbstzweck."[52]

„(7) Da die meisten Ekklesiologien die Kircheninstitution als Ekklesia festhalten wollen, sind sie auf Harmonisierungen angewiesen, die nicht überzeugen können."[53]

Offenkundig ist – im Gegensatz zum eben skizzierten VELKD-Konzept – die große Distanz zur vorfindlichen Volkskirche. Sie genügt nicht dem das ganze Leben umfassenden Anspruch des Evangeliums. Praktisch steht im Zentrum des darauf ausgerichteten Gemeindeaufbaus der Mitarbeiterkreis, der sich in der Regel um den Pfarrer schart. Von ihm gehen die Aktivitäten aus.

Im Bereich evangelikal orientierter Gemeinden und vor allem in Freikirchen wirkt dieses entschiedene Konzept bis heute. Sein inhaltliches Plädoyer für das „einfache Evangelium" impliziert eine Distanz zur als „kompliziert" empfundenen Theologie.[54] Dieses muss als „Kurzformel des Glaubens"[55] dargestellt werden. Konsequent vollzog Christian Schwarz die Abkehr von der Landeskirche und nahm aus dem US-Bereich die Idee des Gemeindewachstums auf, die er zum Konzept einer „natürlichen Gemeindeentwicklung" weiterführte.[56] Auch sonst ist zu beobachten, „dass die Wachstums- und Entwicklungsmetaphorik gegenüber Baubildern an Attraktivität gewonnen hat".[57] Sie eröffnet mehr Raum für eine auf Veränderung zielende Dynamik, vernachlässigt aber den Zusammenhang mit dem – vielerorts – Bestehenden.

In den deutschen Landeskirchen führten Manfred Seitz (1928–2017) und vor allem sein Schüler Michael Herbst (geboren 1955) die Rezeption und Modifizierung des – ins Ende des 19. Jahrhunderts zurückreichenden[58] – „Gemeindeaufbau"-Konzepts weiter. Herbst, Praktischer Theologe in Greifswald und Direktor des von ihm – gemeinsam mit Jörg Ohlemacher – 1996 dort gegründeten Instituts zur Erforschung von Evangelisation und Gemeindeentwicklung, formulierte drei „kybernetische Grundentscheidungen" für einen missionarischen Gemeindeaufbau:

---

[52] A.a.O. 47.
[53] A.a.O. 49.
[54] S. a.a.O. 109–114.
[55] A.a.O. 114.
[56] S. Christian Schwarz, Die natürliche Gemeindeentwicklung, Emmelsbürl 1996.
[57] Ralph Kunz, Gemeindeaufbau, in: Ders./Thomas Schlag (Hg.), Handbuch für Kirchen- und Gemeindeentwicklung, Neukirchen-Vluyn 2014, 268–277, 271.
[58] S. hierzu Christian Möller, Lehre vom Gemeindeaufbau Bd. 1. Konzepte – Programme – Wege, Göttingen 1987, 135–194.

"Die erste Grundentscheidung lautet: „Es geht im missionarischen Gemeindeaufbau um die geistliche Erneuerung und kybernetische Ausbildung des Pfarrerstandes."[59]

„Die zweite Grundentscheidung lautet: ‚Es geht im missionarischen Gemeindeaufbau darum, solche Gemeindeglieder, die sich schon zum Leben der Gemeinde halten, entweder im Glauben zu vergewissern oder allererst zum Glauben zu führen, um dann auch ihre besonderen Charismen für die Mitarbeit zu entdecken.'"[60]

„Die letzte und dritte Grundentscheidung lautet: ‚Es geht im missionarischen Gemeindeaufbau darum, auch fernstehende Gemeindeglieder zur Umkehr einzuladen und in das Leben der Gemeinde einzugliedern.'"[61]

Dem Schwarz/Schwarz'schen Konzept entsprechen die Betonung der Notwendigkeit zur Umkehr und der dichotomische Glaubensbegriff. Doch sieht Herbst Anschlussstellen an die vorfindliche kirchliche Institution. Vor allem für die Pfarrer wird eine Schlüsselrolle im Gemeindeaufbau konstatiert. Dazu tritt bei der zweiten und dritten Grundentscheidung eine deutliche Nähe zur missionarischen Doppelstrategie der VELKD zu Tage.

Peter Böhlemann fasst für die hier an zwei prominenten Beispielen skizzierte missionarische Offensive drei wichtige Impulse zusammen:

„1. Die Forderung nach einer geistlichen Erneuerung des Pfarrerstandes.

2. Die Unterstützung und Förderung des Mitarbeiterkreises durch die Pfarrer (Gemeinschaft).

3. Die dadurch ausgelöste und geförderte Evangelisation und Mission von Fernstehenden (Mission)."[62]

Systematisch treten also *Gemeinschaft* und *Mission* als Grundthemen gegenwärtiger Kirchen- bzw. Gemeindereform hervor. Die konkrete Umsetzung muss dabei vor Ort geschehen und ist von den jeweils vorhandenen Menschen, bzw. theologisch formuliert: Gaben, abhängig. Dabei rücken mittlerweile – neben den Pfar-

---

[59] Michael Herbst, Grundentscheidungen im Gemeindeaufbau: Die Berufung zum normalen Leben des Christen in der Gemeinde, in: Rudolf Weth (Hg.), Diskussion zur „Theologie des Gemeindeaufbaus", Neukirchen-Vluyn 1986, 89–100, 91 (diese und die weiteren Grundentscheidungen sind breit begründet und ausgeführt in: Michael Herbst, Missionarischer Gemeindeaufbau in der Volkskirche, Neukirchen-Vluyn ⁵2010).
[60] A.a.O. 94.
[61] A.a.O. 97.
[62] Peter Böhlemann, Herausforderungen und Perspektiven für den Gemeindeaufbau, in: Tim Unger (Hg.), Zum Glauben reizen. Mission und Glaubensvermittlung in der postsäkularen Gesellschaft, Hannover 2011, 90–111, 99.

rern – verstärkt die Ehrenamtlichen in den Blick, nicht zuletzt wegen der Überlastung vieler Pfarrer/innen.[63]

4 Kirche am Ort

Wichtige Einsichten in die gegenwärtige Situation von Kirche gibt Herbert Lindner (geboren 1941), u. a. langjähriger Leiter der Gemeindeakademie in Rummelsberg der Evangelisch-Lutherischen Kirche in Bayern. In dieser Funktion sammelte er vielfältige Erfahrungen durch zahlreiche Gemeindeberatungen und die Leitung von Fortbildungen. Bei seiner konzeptionellen Arbeit bedient er sich verschiedener empirischer Methoden.

Analytisch geht Lindner von einem „dramatischen Wandel in langsamem Tempo" aus.[64] Vor allem sind die „gelebte Religion der Mitglieder" und die „Religion der Kirche" auseinander getreten und müssen wieder in einen Dialog miteinander gebracht werden.[65] Empirische Ergebnisse zeigen die bestehende große Vielfalt der Mitgliedschaftsformen und deren jeweilige Besonderheit. Um als Volkskirche weiter bestehen zu können – was Lindner befürwortet –, sind zwei Aufgaben zu lösen:

> „Evangelische Kirchen müssen Mitglieder gewinnen und erhalten. Eine aktive Haltung in Mitgliedsangelegenheiten mit den Teilaufgaben Taufe / Taufbereitschaft, religiöse Sozialisation und Mitgliedergewinnung ist nötig."

> „Evangelische Kirchen müssen ihre Finanzbasis sichern. Weil das bisherige Finanzsystem von Fremdentscheidungen abhängig macht, muß die Finanzbasis erweitert und neue Einnahmequellen erschlossen werden."[66]

Anklänge an die missionarische Doppelstrategie der VELKD sind unüberhörbar. Doch erfolgt bei Lindner ein konzeptioneller Neuansatz. Er geht nämlich programmatisch davon aus, dass Kirche eine „*Organisation*" ist.[67]

> „Organisationen sind soziale Systeme auf der Mittelebene der funktional differenzierten modernen Gesellschaft. Ihre unterscheidenden Kennzeichen bestehen darin, daß sie sich auf

---

[63] S. Michael Herbst, Ordnungsgemäß berufen, regiolokal leiten, mündiges Christsein fördern, in: PTh 106 (2017), 6–12.
[64] Herbert Lindner, Kirche am Ort. Ein Entwicklungsprogramm für Ortsgemeinden, Stuttgart ²2000, 59.
[65] S. a.a.O. 65.
[66] A.a.O. 78.
[67] A.a.O. 24.

bestimmte Aufgaben zielgerichtet spezialisieren und diese dauerhaft und formalisiert bearbeiten."[68]

Konkret gehört die Kirche zum Bereich der Non-Profit-Organisationen. Bei ihr besteht die besondere Herausforderung darin, dass Organisation und Glauben in einem „Spannungsverhältnis" zueinander stehen:

> „Organisationen können Glauben nicht machen und nicht vollständig einfangen. Das ist ihre Begrenzung. Sie sind aber entscheidende Hilfen für die Glaubensgestaltung in der modernen Gesellschaft. Das macht sie notwendig."[69]

So wie in früheren Zeiten das „Volk", der „Verein" oder die „Bürokratie" den Rahmen für Kirche abgaben, gilt dies heute für die Organisation.[70] Daraus folgt, dass Kirche als Organisation konkrete Entscheidungen zu treffen hat. Sie setzen folgende Klärungen voraus:
- eine „Vision für das umfassende Hoffnungsbild am Horizont, das alles Tun ausrichtet und letztlich motiviert";
- ein „Leitbild für die zukünftige (Gesamt-)Gestalt der Organisation";
- ein „Konzept für die mittelfristige Orientierung";
- die „Durchführung" in konkreten Schritten.[71]

Dazu ist eine einfache Grundstruktur für Kirche notwendig, um in eine entsprechende Kommunikation mit den Mitgliedern eintreten zu können. Immer komplizierte Kirchenstrukturen erweisen sich dagegen als dysfunktional.[72]

Sozial empfiehlt Lindner eine Konzentration auf die Ortsgemeinde als „Basisstruktur",[73] wobei „Ort" sich nach der Lebensweise der Menschen, nicht unbedingt nach der historisch vorgegebenen Parochialstruktur richten sollte. Inhaltlich treten dabei zwei Themen in den Vordergrund. Zuerst gilt: „Die Lebensübergänge sind der bündelnde Fokus für alle Angebote der Ortsgemeinde."[74] Demnach stehen die *Kasualien* im Zentrum kirchlicher Arbeit. Es ist Lindner deutlich, dass dies einen radikalen Perspektivwechsel bedeutet. Doch ist es nur durch ein „kasuell-lebensbegleitendes Angebot" möglich, die „Breite der Ge-

---

68 Ebd.
69 A.a.O. 32.
70 S. a.a.O. 33.
71 S. a.a.O. 53.
72 S. a.a.O. 168.
73 A.a.O. 162.
74 A.a.O. 135.

meinde" zu erreichen.[75] Dazu macht Lindner auf die großen Chancen des *Kirchenjahrs* aufmerksam. Es gliedert nach wie vor den Rhythmus gegenwärtiger Gesellschaft und macht zugleich die Grundlagen des christlichen Glaubens anschaulich.

> „Die Komplexität des Kirchenjahrs macht es den Einzelnen möglich, im gottesdienstlichen und musikalischen Angebot der Kirchen eine eigene ‚Kette der Bedeutsamkeiten' zu entwickeln und zu pflegen. Die Mehrdimensionalität des christlichen Festjahres ist eine Stärke in einer Zeit, die vom Streben nach individueller Wahl geprägt ist. Sie stellt sich allerdings nicht automatisch ein, sondern bedarf der gezielten Unterstützung durch die evangelische Kirche vor Ort."[76]

Schließlich weist Lindner auf eine sonst immer noch vernachlässigte bzw. übersehene Dimension der Kommunikation des Evangeliums hin, die *Internetkommunikation*. Bereits 2000 konstatiert er: „Das Internet und die anderen neuen Kommunikationstechnologien werden die evangelischen Kirchen tiefgreifend verändern".[77] Dabei wird sich nicht zuletzt die Organisationsgestalt wandeln müssen. Evangelische Kirche steht dabei vor der – von Lindner durchaus provokant formulierten – Frage:

> „Was hat Priorität: der Auftrag ‚durch die Verkündigung des Evangeliums von der Liebe Gottes vielen Menschen zu verhelfen, als mündige Christinnen und Christen in Freiheit und Verantwortung zu leben' ... oder der Erhalt der Organisation?"[78]

Siebzehn Jahre später ist diese Frage noch aktueller. Die in ihr enthaltene grundsätzliche Kritik an der Organisationsstruktur der Evangelischen Kirche hat noch kein Gehör gefunden, mit zunehmend fataleren Konsequenzen. Vor allem die „digital residents", also die etliche Stunden pro Tag im Internet Kommunizierenden, werden de facto von der verfassten Kirche und ihren Angeboten nicht erreicht. Die von Lindner inhaltlich ins Zentrum gerückte Begleitung der Übergänge im Leben sowie das Leben im Kirchenjahr könnten dagegen gut an entsprechende kommunikative Veränderungen anschließen. Vieles, was sonst zum sog. kirchlichen Betrieb gehört, wäre dagegen kritisch auf seine Wirksamkeit hin zu befragen und gegebenenfalls aufzugeben.

---

75 Ebd.
76 A.a.O. 188.
77 A.a.O. 140.
78 A.a.O. 140f.

5 Kirche der Freiheit

Ausgangspunkt des vom Rat der EKD approbierten und seinem damaligen Vorsitzenden, Wolfgang Huber (geboren 1942), 2006 in der Öffentlichkeit präsentierten sog. Impulspapiers „Kirche der Freiheit" ist folgender die Institutionsgestalt von Kirche bedrohender Prozess: der stetige Rückgang der Mitglieder, vor allem auf Grund der demografischen Entwicklung, aber auch durch anhaltend hohe Austritte, und der daraus seit dem Beginn der neunziger Jahre des 20. Jahrhunderts spürbare finanzielle Engpass. Dementsprechend greifen die Verfasser des Papiers entschieden auf Instrumente der Betriebswirtschaft sowohl hinsichtlich der Analyse der Situation als auch der Handlungsorientierungen zurück. So folgt das Papier der SWOT-Analyse.[79] Sie setzt einen Markt voraus, innerhalb dessen sich das jeweilige Produkt bewähren muss.[80] Dabei liegt das Hauptinteresse auf dem effektiven Einsatz der zur Verfügung stehenden Mittel.

Auch hier bildet – in einer gewissen Ähnlichkeit zur missionarischen Doppelstrategie – die Christentumstheorie Dietrich Rösslers den theologischen Bezugsrahmen.[81] Doch wird deren Balance – zwischen kirchlichem, öffentlichem und privatem Christentum[82] – einseitig zugunsten von Kirche und deren Organisationsgestalt verschoben. Die dem Konzept zu Grunde liegende Freiheitstheorie wird kirchlich domestiziert. So heißt es programmatisch am Anfang des Impulspapiers:

> „Bindung aus Freiheit mündet in ein Ja zur Kirche als sichtbarer Gemeinschaft der Glaubenden. Dies wird konkret in der Bereitschaft, die evangelische Kirche auf ihrem Weg in die Zukunft zu unterstützen."[83]

Dementsprechend dominiert das auf den Erhalt und die Vergrößerung von Kirche zentrierte, betriebswirtschaftlich gefasste Missions-Verständnis den ganzen Text. Die grundlegende Zielrichtung dafür formulierte der damalige Ratsvorsitzende

---

79 SWOT ist die Abkürzung eines – ursprünglich aus dem Kampfsport kommenden – Strategiemodells: S = Strengths (Stärken); W = Weaknesses (Schwächen); O = Opportunities (Chancen); T = Threats (Bedrohungen).
80 S. ausführlicher Christoph Meyns, Management als Mittel der Kirchenreform. Modelle der Begegnung von Theologie und Ökonomie, in: Isolde Karle (Hg.), Kirchenreform. Interdisziplinäre Perspektiven (APrTh 41), Leipzig 2009, 161–175, 164–169.
81 S. Kirchenamt der Evangelischen Kirche in Deutschland (EKD) (Hg.), Kirche der Freiheit. Perspektiven für die Evangelische Kirche im 21. Jahrhundert. Ein Impulspapier des Rates der EKD, Hannover o. J. (2006), 44.
82 S. Dietrich Rössler, Praktische Theologie, Berlin 1986, 79–83.
83 Kirchenamt, Kirche 13.

Huber bereits im Vorwort mit der Absicht: *"gegen den Trend wachsen zu wollen".*[84] Dies erscheint nur möglich, wenn auch der „top – down" zu vermittelnde Inhalt plakatförmig kommuniziert wird. Dies wird in „vier biblisch geprägten Grundannahmen" begründet:

> „a. Geistliche Profilierung statt undeutlicher Aktivität. Wo evangelisch draufsteht, muss Evangelium erfahrbar sein. In diesem Motiv scheint das biblische Bild vom Licht der Welt auf, von dem Licht, das nicht unter den Scheffel gestellt werden soll (vgl. Lukas 11,33).
>
> b. Schwerpunktsetzung statt Vollständigkeit. Kirchliches Wirken muss nicht überall vorhanden sein, wohl aber überall sichtbar. Hier ist an die vielfältige Bedeutung des zeichenhaften Handelns Jesu zu denken (vgl. insbesondere die Heilungs- und Wundergeschichten).
>
> c. Beweglichkeit in den Formen statt Klammern an Strukturen. Nicht überall muss um des gemeinsamen Zieles willen alles auf dieselbe Weise geschehen ... Im Bild ,vom Leib Christi' darf man ,den Juden ein Jude und den Griechen ein Grieche' sein (vgl. 1. Korinther 9,20).
>
> d. Außenorientierung statt Selbstgenügsamkeit. Auch der Fremde soll Gottes Güte erfahren können, auch der Ferne gehört zu Christus. Das Bild von ,Christus als Haupt der Gemeinde' veranschaulicht, dass seine Gegenwart immer größer und weiter ist als der je eigene Glaube und die je eigene Gemeinde (vgl. Kolosser 1,15 ff)."[85]

Thematische Schwerpunkte bei der – in zwölf „Leuchtfeuer" gegliederten – Ausarbeitung bilden u. a. Vorschläge zur organisatorischen Straffung der Evangelischen Kirche etwa durch Reduktion der Anzahl von Landeskirchen[86] und eingehende Hinweise zur als „Schlüsselberuf"[87] deklarierten pastoralen Tätigkeit.

Das Impulspapier stieß zum einen eine breite Diskussion an. Es folgten zahlreiche Rezeptionen auf landeskirchlicher Ebene[88] und in der praktisch-theologischen Diskussion.[89] Zum anderen wurden auch organisatorische Konsequenzen gezogen. Neben Tagungen und Kongressen entstanden vier sog. Kompetenzzentren:

- Zentrum Mission in der Region (Dortmund/Stuttgart/Greifswald)
- Zentrum für Qualitätsentwicklung im Gottesdienst (Hildesheim)
- Zentrum für evangelische Predigtkultur (Wittenberg)
- Zentrum für Führen und Leiten (Berlin)

---

[84] A.a.O. 7.
[85] A.a.O. 8.
[86] S. a.a.O. 93–95.
[87] A.a.O. 71; ausgeführt a.a.O. 72–75.
[88] S. zu einem ersten Überblick Lutz Friedrichs/Martin Lückhoff, Bilder im Spiel halten. Eine organisationstheoretische Lektüre des Impulspapiers „Kirche der Freiheit" (2006) zehn Jahre nach seinem Erscheinen, in: ThLZ 141 (2016), 1311–1326, 1314 f.
[89] S. zu drei unterschiedlichen Rezeptionen a.a.O. 1315–1318.

Als deren Zielsetzungen werden genannt:

> „Die Zentren dienen der Förderung von Perspektiven, Kompetenzen und Handlungsräumen für die zukünftige Entwicklung der evangelischen Kirche und des deutschen Protestantismus. Mit den Zentren der EKD sollen zentrale Reform-Anliegen in gemeinschaftlicher Verantwortung der Gliedkirchen der EKD umgesetzt werden. Dies sind u. a.:
>
> – Kompetenzsteigerung, Qualitätssicherung und Profilierung kirchlicher Arbeit,
>
> – effektiver Ressourcen-Einsatz durch verstärkte Kooperation,
>
> – Eröffnung von Handlungsspielräumen, um neue Aufgaben wahrnehmen zu können,
>
> – missionarische Neuausrichtung kirchlicher Strukturen an den verschiedenen Lebenswelten von Menschen (Mitgliedern wie Konfessionslosen),
>
> – Wahrnehmung gemeinschaftlicher Aufgaben und Verantwortungen der Gliedkirchen."[90]

Dazu wurde der Reformprozess eng mit dem 2017 zu begehenden Luther-Jubiläum verknüpft und eine sog. Reformations-Dekade ausgerufen. Zwischen 2009 und 2017 gab die EKD für jedes Jahr ein Schwerpunktthema für die Kirchen und Gemeinden heraus. Damit sollte zum einen Evangelische Kirche in der Öffentlichkeit präsent gehalten werden, zum anderen erhält die konkrete Gemeindearbeit inhaltliche Impulse.

Insgesamt wird man konstatieren müssen, dass das ursprüngliche Ziel „gegen den Trend zu wachsen" verfehlt wurde. Im Gegenteil: nicht nur die für die Mitgliederzahl der Evangelischen Kirche ungünstige demografische Entwicklung, sondern auch die Austrittsbewegung schreiten ungebremst voran. Ebenso konnten die angeregten konkreten Reformvorhaben wie die Zusammenlegung von Landeskirchen oder die bessere Qualifizierung der Pfarrer/innen keine durchschlagenden Erfolge verzeichnen. Umgekehrt erfolgt in der kritischen Auseinandersetzung mit dem Impulspapier eine intensive Diskussion, bei der nicht zuletzt im EKD-Dokument Fehlendes moniert und so in das Bewusstsein der öffentlichen Diskussion gerückt wurde: u. a. der Ausfall der Ökumene und der fehlende Bezug zur wissenschaftlichen Theologie. Am Beispiel der Luther-Kampagne weist Johanna Haberer drastisch auf das kommunikationstheoretische Grundproblem gegenwärtiger kirchenamtlicher Positionierungen hin:

---

[90] Zitiert nach www.kirche-im-aufbruch.ekd.de (abgerufen am 03.03.2017).

> „Diese Kampagne spiegelt eine Kirche, die – ihrem reformatorischen Anspruch widersprechend – die Öffentlichkeit weniger am Diskurs beteiligen als sie vielmehr von oben steuernd penetrieren will."[91]

Für diese Einschätzung spricht, dass merkwürdiger Weise die neuen Medien und die sich hierin vollziehenden wechselseitigen Kommunikationen in dem Impuls-Papier keine Rolle spielen. Der bereits etliche Jahre vorher z.B. von Herbert Lindner gegebene Hinweis auf die grundsätzlich Evangelische Kirche verändernde Dynamik dieser neuen Kommunikationsformen fand keine Beachtung.

6 Gemeinwesenorientierte Gemeinde

In die Praxis einer Kirchengemeinde führt das leidenschaftliche Plädoyer von Ralf Kötter (geboren 1961), des – damaligen – Gemeindepfarrers der ländlichen Lukas-Gemeinde in Eder- und Elsofftal in der Evangelischen Kirche von Westfalen. Da er dabei grundsätzlich argumentiert, verdient sein Vorschlag kirchentheoretische Aufmerksamkeit.

Konkreter Ausgangspunkt seines Konzepts ist die sich abzeichnende Misere *ländlicher Gemeinden,* und zwar sowohl in kommunaler als auch kirchlicher Hinsicht. Entgegen dem allseits beklagten Verfall fordert Kötter eine Cluster-Bildung der auf den Ort und dessen Menschen bezogenen Institutionen und Akteure. Sie reichen von der Bezirksregierung, dem Senioren-Service, den örtlichen (Palliativ-)Ärzten, der Grundschule und den heimischen Betrieben bis hin zur Kirchengemeinde mit ihren mannigfaltigen innerkirchlichen Vernetzungen.[92]

Das Besondere von Kötters Programm ist, dass er diesen Gemeinwesenbezug theologisch durch den Hinweis auf die *Inkarnation* und die daraus folgende *Partizipation* begründet: „Kirchliche Strategien müssen gemeinwesenorientiert sein, wenn sie sich inkarnatorisch und partizipatorisch entwickeln sollen."[93] Konkret greift Kötter dabei u.a. vor allem auf die Kirchenordnungen des Reformators Johannes Bugenhagen zurück.

> „Seine programmatische Schrift ‚Vom Christen Glauben und rechten guten Werken', die er im Laufe des Jahres 1525 verfasst, ist konsequent inkarnatorisch konzipiert. Gleich zu Beginn setzt der Wittenberger Stadtpfarrer diese Orientierungsmarke, um dann im Weiteren das

---

[91] Johanna Haberer, Öffentlichkeits- und Medienarbeit, in: Ralph Kunz/Thomas Schlag (Hg.), Handbuch für Kirchen- und Gemeindeentwicklung, Neukirchen-Vluyn 2014, 505–513, 511.
[92] S. das diesbezügliche Schaubild zu „Bürgergemeinde" und „Christengemeinde" bei Kötter, Land 161.
[93] A.a.O. 65.

Heilswerk Christi nahezu exklusiv inkarnatorisch zu interpretieren. Völlig anders als Luther, der die effektive Seite der Gerechtigkeit erst ‚von Ostern her' entfaltet, weist Bugenhagen der Auferstehung eine deutlich nachgeordnete Funktion zu. Stattdessen konzentriert er sich auf den Gedanken der Menschwerdung, um das neue Sein des Christen in der Welt darzustellen. ... Es gibt keinen Ort der Welt, an dem Christus nicht regiert."[94]

Von daher entwirft Kötter ein Kirchenverständnis, das durch die Begriffe „Vertrauen", „Verantwortung", „Transparenz" und „Demut" gekennzeichnet ist.[95] Dabei steht der Bezug zur Lebenswelt der Menschen, nicht zu den vorfindlichen kirchlichen Organisationsstrukturen im Vordergrund. Eindrücklich zeigt Kötter an zahlreichen Beispielen aus der Gemeindearbeit,[96] wie gerade eine demografisch schwierige Situation Chancen für kirchliche Arbeit bietet. Kirchentheoretisch leitet ihn die Einsicht:

„Kirchliche Organisationsstrukturen und gemeindliche Handlungsstrategien können nicht mehr deduktiv aus der Tradition abgeleitet und dann kontinuierlich fortgesetzt werden, sondern sie sind induktiv neu zu entwickeln. Sie müssen vom Menschen her denken, sie müssen vom Sozialraum und von dessen Tagesordnung her bestimmt sein – wenn sie inkarnatorisch und partizipatorisch begründet sein wollen."[97]

Dieses Konzept geht also von einem kirchengeschichtlich fundierten, theologischen Konzept aus, der inkarnatorischen Kirchenlehre Bugenhagens. Daraus resultiert die große Offenheit für die konkreten lebensweltlichen Anforderungen – und damit Kritik an selbstreferentiellem Traditionsbezug.

Auch anderweitig finden sich nicht nur auf dem Land, sondern auch in Städten und im Bereich der Diakonie solche gemeinwesenbezogenen Ansätze und Modelle. In ihnen ergänzen und bereichern sich kommunale bzw. bürgerschaftliche und kirchliche bzw. diakonische Aktivitäten gegenseitig.[98] *„Kirche für Andere"* wird ergänzt durch *„Andere für Kirche"*.

---

94 A.a.O. 78 mit den entsprechenden Belegstellen bei Bugenhagen.
95 S. a.a.O. 140 f.
96 S. a.a.O. 142–154.
97 A.a.O. 212 f.
98 S. aus dem norddeutschen Bereich die Beispiele in: Sebastian Borck/Astrid Giebel/Anke Homann (Hg.), Wechselwirkungen im Gemeinwesen. Kirchliche-diakonische Diskurse in Norddeutschland, Berlin 2016.

7 Zusammenfassung und Ausblick

Das Durchmustern programmatischer Entwürfe (in) der Evangelischen Kirche Deutschlands zur Gestaltung von Kirche ergibt wichtige Einsichten und grundsätzliche Problemkonstellationen:

Zuerst fällt auf, dass die meisten skizzierten Konzeptionen sich stärker empirischer, aus Soziologie, aber auch Betriebswirtschaft entlehnter Expertise bedienen als theologischer Reflexion. Beim Impuls-Papier der EKD tritt dies am deutlichsten hervor. Aber auch die Programme von VELKD oder Lindner haben einen eindeutig erfahrungswissenschaftlichen Schwerpunkt. Hier begegnet gleichsam via negationis das an der Wiege der Kirchentheorie stehende Defizit einer dogmatischen, sich wesentlich aus der theologischen Tradition speisenden Ekklesiologie. Das Spektrum der aufgenommenen empirischen Theoriebildungen ist durchaus umfangreich.

Vielleicht verdankt sich die ebenfalls zu beobachtende Suche nach Anregungen in der internationalen Ökumene einem ähnlichen Impuls. Ernst Lange bekommt grundsätzliche Anregungen für eine neue Organisation von Gemeinde im Dienstgruppen-Modell aus New York-Harlem, die VELKD nimmt zahlreiche methodische Anregungen vor allem aus den USA und Skandinavien auf. Offensichtlich genügt das Weiterentwickeln der in den deutschen Evangelischen Landeskirchen vorfindlichen Formen nicht den gegenwärtigen Herausforderungen, die aus allgemein gesellschaftlichen Veränderungen resultieren. Dagegen rekurriert Kötter – von seinem reformationstheologischen Ausgangspunkt bei Bugenhagen her – auf den in Deutschland geführten Diskurs zur Entwicklung ländlicher Räume.[99]

Auf jeden Fall stellt sich die *Frage nach dem leitenden Kirchenbild und noch grundsätzlicher nach der Bedeutung von Kirche für die Kommunikation des Evangeliums.* Auf der einen Seite stehen hier die beiden Kirchenbünde (VELKD, EKD), deren Überlegungen – wohl vor allem aus finanziellen Gründen – auf den Erhalt der Kirchenmitgliedschaft fokussiert sind. Ihnen dient das Konzept der Volkskirche als normativer Bezugspunkt. In der Praxis dominiert dieser Ansatz zur Zeit kirchenleitendes Handeln. Tatsächlich führt er zu immer neuen Spar- und Kürzungswellen. Auf der anderen Seite steht die von Schwarz/Schwarz vorgetragene missionarische Offensive, die auf den in Wort und Tat expliziten Glauben der Menschen abzielt und dabei ein dialektisch-theologisches Ekklesia-Konzept voraussetzt. Sie findet Aufnahme bei einzelnen Pfarrer/innen und in deren Ge-

---

[99] S. hierzu die Beiträge in Michael Domsgen/Ekkehard Steinhäuser (Hg.), Identitätsraum Dorf. Religiöse Bildung in der Peripherie, Leipzig 2015.

meinden und reicht über die landeskirchlichen Institutionen hinaus. Beide Konzepte haben eine gewisse Gemeinsamkeit darin, dass ihnen eine „top – down"-Struktur eignet. In der EKD äußert sie sich in Zentralisierungsversuchen, wie sie in der Einrichtung der Kompetenz-Zentren und der Luther-Kampagne begegnen, bei Schwarz/Schwarz, aber auch Herbst in der Zentralstellung von Pfarrern und um sie gescharter Mitarbeitergruppen. Ähnliches begegnet strukturell im Dienstgruppen-Modell Langes, wird dort aber durch das Konzept der Kommunikation des Evangeliums in eine dialogische Struktur transformiert. So schließt es – theologisch formuliert – an das Konzept des Allgemeinen Priestertums der Getauften bzw. Glaubenden an. Inhaltlich weist Lindner mit seiner Betonung der Kasualien und des Kirchenjahrs für Gemeindeentwicklung auf mögliche Scharnierstellen zwischen Bestehendem bzw. Überkommenem und zukünftiger Ausrichtung hin. Kötter öffnet die Perspektive zu einer differenzierten, auch neben- und ehrenamtliche Tätigkeiten umfassenden „Profession".[100]

Zunehmend dringlicher erscheint bei den kirchlichen Programmen der *finanzielle Aspekt*. Tatsächlich haben die kirchenreformerischen Bemühungen der letzten fünfzig Jahre zu einer erheblichen Ausweitung des kirchlichen Personalbestands geführt. Bei den Pfarrer/innen äußert sich dies vor allem in der Einrichtung von sog. Funktionsstellen, die zu der überkommenen, letztlich auf Karl d. Gr. zurückgehenden Parochialstruktur hinzutreten. Dazu kommen – sowohl bei VELKD als auch EKD – projektorientierte Vorschläge, die ebenfalls Finanzierung erfordern. Hier klafft zweifellos eine Lücke bei den Vorschlägen von Lange, aber auch Schwarz/Schwarz und Lindner. Zugleich lässt die gegenwärtige kirchliche Situation nicht erkennen, wie die „volkskirchliche", und d. h. pfarramtliche Vollversorgung auf Dauer aufrechterhalten werden soll. Ob dies überhaupt wünschenswert ist, wird in den vorgestellten Programmen nicht diskutiert. Bei Kötters auf den ländlichen Raum bezogenen Konzept kommen allerdings zur Kirchensteuer hinzutretende Mittel wie kirchliche Stiftungen, kommunale Mittel, Gebühren u. ä. in den Blick.

Schließlich ist noch auf ein Defizit hinzuweisen, das wegen der technischen Entwicklung vor allem das Impulspapier betrifft. Die 2006 bereits zu beobachtende, grundlegende Umstellung von Kommunikation und damit auch des Verhältnisses zu Institutionen, Organisationen und Bewegungen durch die *digitalisierte Kommunikation* bleibt unbeachtet. Lediglich Lindner machte hellsichtig bereits 2000 darauf aufmerksam, dass sich hier grundlegende Veränderungen auch für Kirche ergeben.

---

100 S. Kötter, Land 181–196.

§ 19 Programme (in) Katholischer Kirche

Erst im Zweiten Vatikanischen Konzil kam es in der römisch-katholischen Kirche zu einer grundsätzlichen Bestimmung von Kirche in der Gegenwart. Zwar hatten sich schon die Konzilsväter auf dem I. Vatikanum eine solche vorgenommen, doch verhinderte der Ausbruch des deutsch-französischen Kriegs entsprechende Beratungen bzw. Beschlussfassungen. Deshalb gilt ein erster Blick den entsprechenden konziliaren Entscheidungen, die einen sachlich gewichtigen Abschluss in der Promulgation des Codex Iuris Canonici (CIC) von 1983 durch Papst Paul Johannes II. fanden. Er selbst nannte das bis heute gültige Rechtsbuch das „letzte Dokument des Konzils".[1] Allerdings begann zugleich der Streit um die angemessene Interpretation der Konzilstexte – und auch des CIC. Inzwischen liegen in Deutschland entsprechende bischöfliche Fortschreibungen vor. Schließlich beschreiben Pastoraltheologen gegenwärtig zu beobachtende Ab- und Aufbrüche bzw. regen darauf bezogene Handlungsorientierungen an.

1 Zweites Vatikanum

Nach langen, vielfach als Phase der Erstarrung empfundenen Jahrzehnten ging es im Zweiten Vatikanischen Konzil (1962–1965) darum, „die Wirklichkeit der Kirche theologisch zu bestimmen und praktisch auszulegen":

> „Es begründet das pastorale Prinzip in der dogmatischen Konstitution über die göttliche Offenbarung ‚Dei Verbum', es gibt dem Prinzip seinen gesellschaftlich und institutionell festgelegten Rahmen in der dogmatischen Konstitution über die Kirche ‚Lumen Gentium', und es entfaltet das pastorale Prinzip im Hinblick auf die gegenwärtige Weltwirklichkeit in der Pastoralkonstitution ‚Gaudium et spes'."[2]

Die Tatsache, dass als erstes Konzilsdokument die Konstitution *„Sacrosanctum Concilium"*, also eine den Gottesdienst betreffende Erklärung, verabschiedet wurde, weist auf den durchaus praktischen Charakter des Konzils hin. Dabei

---

[1] S. unter Bezug auf die entsprechende päpstliche Ansprache Sabine Dehmel, Wer interpretiert wen? Der Codex Iuris Canonici als „Krönung" des Konzils, in: HerKorr Spezial „Konzil im Konflikt. 50 Jahre Zweites Vatikanum", 2012, 13–18, 15.
[2] A.a.O. 12.

rückte das „Pascha-Mysterium" (s. § 14 5.), also die sakramentale Dimension in den Mittelpunkt.³

Neben vielen wichtigen Innovationen – wie den Empfehlungen, die Volkssprache in der Liturgie zu verwenden, oder der Celebratio ad populum, die den gemeinschaftlichen Feiercharakter betont – sind Problembereiche unübersehbar: Die Konzentration auf die Eucharistie unterstrich die herausgehobene Stellung des geweihten Priesters, was in der Folgezeit durch den Priestermangel zu einem schwerwiegenden pastoralen Problem wurde. Dazu kommt der historisch überkommene Ausschluss der Frauen vom Priester- und Diakonenamt, der sich weder biblisch-theologisch begründen noch an gegenwärtige gesellschaftliche Entwicklungen anschließen lässt. Schließlich setzen die liturgischen Reformen implizit eine mit den rituellen Vollzügen vertraute Gemeinde voraus,⁴ was zunehmend weniger zutrifft.

Ekklesiologisch stand beim Konzil der römischen Weltkirche die Frage nach deren Einheit im Zentrum. Dabei beginnt die Kirchen-Konstitution „*Lumen Gentium*" programmatisch christologisch: „Christus ist das Licht der Völker." (LG 1,1; s. § 1). Die Kirche selbst wird als „Volk Gottes" verstanden (LG 13). Allerdings fokussiert die Konzilserklärung dann – bei aller Weite der herangezogenen biblischen Bilder (LG 6) – doch auf die Katholische Kirche:

> „Der einzige Mittler Christus hat seine heilige Kirche, die Gemeinschaft des Glaubens, der Hoffnung und der Liebe, hier auf Erden als sichtbares Gefüge verfaßt und trägt sie als solches unablässig; so gießt er durch sie Wahrheit und Gnade auf alle aus. ... Diese Kirche, in dieser Welt als Gesellschaft verfaßt und geordnet, ist verwirklicht in der katholischen Kirche, die vom Nachfolger Petri und von den Bischöfen in Gemeinschaft mit ihm geleitet wird. Das schließt nicht aus, daß außerhalb ihres Gefüges vielfältige Elemente der Heiligung und der Wahrheit zu finden sind, die als der Kirche Christi eigene Gaben auf die katholische Einheit hindrängen." (LG 8)

Das im lateinischen Originaltext stehende Wort „subsistit" (hier übersetzt als „ist verwirklicht") hat – wie erwähnt (s. § 14 2.) – verschiedene Interpretationen auf sich gezogen. Nicht zuletzt Kirchenrechtler bemühten sich um eine genaue Bestimmung des Begriffs. Dabei ergibt sich aus der historischen Rekonstruktion – entgegen Interpretationen, die eine Relativierung von „ist" (lateinisch: „est") und

---

3 S. knapp zu den liturgischen Impulsen – und Problemen – des II. Vatikanums Christian Grethlein, Grundfragen der Liturgik. Ein Studienbuch zur zeitgemäßen Gottesdienstgestaltung, Gütersloh 2001, 107–118.
4 S. Klemens Richter, Liturgiereform als Mitte einer Erneuerung der Kirche, in: Ders. (Hg.), Das Konzil war erst der Anfang. Die Bedeutung des II. Vatikanums für Theologie und Kirche, Mainz 1991, 53–74, 72.

damit eine ökumenische Öffnung vermuteten – und entsprechend nachfolgenden päpstlichen Verlautbarungen:

> „'Subsistit in' bedeutet nicht eine Abkehr von oder eine Abschwächung der Identifikation zwischen Kirche Jesu Christi und vom Papst geleiteter römisch-katholischer Kirche. Die Formel bewahrt und bekräftigt deren ausschließliche wesensmäßige synchrone und diachrone Identität."[5]

Das Streben nach Einheit der Kirche führte – neben dem Beibehalten des päpstlichen Primats – zu einer Aufwertung der Bischöfe gegenüber dem I. Vatikanum:

> „Die Bischöfe sind Prinzip und Grundlage der Einheit des Glaubens und der Gemeinschaft in ihrer eigenen Ortskirche und darüber hinaus zusammen mit dem Papst berufen, die Einheit des Glaubens und der brüderlichen Gemeinschaft in der Gesamtkirche zu wahren."[6]

Die praktische Seite des im II. Vatikanum vorgelegten Kirchenverständnisses kommt in der sog. Pastoralkonstitution *„Gaudium et spes"* zum Ausdruck. Strikt wird hier die Kirche auf die „ganze Menschheitsfamilie" bezogen:

> „Freude und Hoffnung, Trauer und Angst der Menschen von heute, besonders der Armen und Bedrängten aller Art, sind auch Freude und Hoffnung, Trauer und Angst der Jünger Christi. Und es gibt nichts wahrhaft Menschliches, das nicht in ihren Herzen seinen Widerhall fände. Ist doch ihre eigene Gemeinschaft aus Menschen gebildet, die, in Christus geeint, vom Heiligen Geist auf ihrer Pilgerschaft zum Reich des Vaters geleitet werden und eine Heilsbotschaft empfangen haben, die allen auszurichten ist. Darum erfährt diese Gemeinschaft sich mit der Menschheit und ihrer Geschichte wirklich engstens verbunden." (GS 1)

Deshalb ist es Aufgabe der Kirche, „nach den Zeichen der Zeit zu forschen und sie im Licht des Evangeliums zu deuten" (GS 4). Allerdings begegnet im zweiten Hauptteil des Dokuments, etwa bei dem Hinweis auf „unerlaubte Praktiken gegen die Fruchtbarkeit der Ehe" (GS 47), auf „eine saubere Brautzeit" (GS 49) o. Ä., eine nicht mehr allgemein vermittelbare Morallehre. Von daher erstaunt es nicht, dass

---

[5] Norbert Lüdecke, Die kirchenrechtliche Relevanz der „subsistit in'-Formel. Ein kanonistischer Ökumenebaustein, in: Rüdiger Althaus/Klaus Lüdicke/Matthias Pulte (Hg.), Kirchenrecht und Theologie im Leben der Kirche (MKCIC Bh. 50), Essen 2007, 279–309, 306; s. auch zur Diskussion die knappe Zusammenfassung bei Stefan Tobler, Das Zweite Vatikanische Konzil. 50 Jahre danach, in: ThLZ 142 (2017), 693–704, 700.

[6] Hugo Schwendemann, Die Katholische Kirche. Aufbau und rechtliche Organisation (BzMK 37), Essen 2003, 217.

die heutigen Pastoraltheologen sich lediglich auf den ersten Hauptteil der Konstitution beziehen.⁷

Angesichts der Rechtsgestalt der römisch-katholischen Kirche war es ein notwendiger Schritt, die konziliaren Texte rechtsförmig werden zu lassen. Dies geschah in der – bereits erwähnten – *Neufassung des CIC von 1983*. Dabei prallten zwei Ekklesiologien aufeinander, die in unterschiedlichen Passagen der Konzilstexte jeweils Anhaltspunkte haben: eine „Communio-Ekklesiologie" und eine „Hierarchie-Ekklesiologie".⁸ Konkret geht es dabei u. a. um das Verhältnis von Welt- und Ortskirche, von Papstamt und dem Bischofskollegium sowie von Priestern und Laien. Dabei ist in den Rechtsbestimmungen eine Tendenz zur Hierachisierung, etwa bei den Bestimmungen der bischöflichen „potestas regiminis", unübersehbar.⁹ Schon die – in den konziliaren Dokumenten nicht verwendete¹⁰ – traditionelle Unterscheidung von Weihe- und Jurisdiktionsgewalt transportiert den Anschluss an vorkonziliare – und damit vormoderne – Auffassungen.

Insgesamt bestehen also mehrfache *Spannungen im römisch-katholischen Kirchenverständnis*. Beeindruckend ist auf jeden Fall das Bemühen um die Einheit einer selbstverständlich international agierenden Kirche. Doch erscheint zweifelhaft, inwieweit der sanktionsbewehrte Rechtscharakter von Bestimmungen heutigen kirchlichen Verhältnissen angemessen ist. So konstatiert der schweizer Kirchenrechtler Urs Brosi:

> „Für Menschen, die daran glauben, dass der regelmäßige Empfang der Sakramente und die Gemeinschaft mit der Kirche notwendig sind, um das ewige Heil zu erlangen, verfügen die kirchlichen Sanktionen über Wirksamkeit. Da diese Überzeugung aber im modernen westlichen Lebenskontext am Schwinden ist, verlieren die kanonischen Strafen zunehmend an Bedeutung und damit an Kraft, um das kirchliche Recht durchzusetzen. Wer sich ohne Angst um sein Seelenheil von der Kirche entfernt hat, spürt die gegen ihn ausgesprochenen Sanktionen gar nicht mehr. Zudem wird es in urbanen Großpfarreien und angesichts der Migration immer schwieriger, einen Ausschluss von den Sakramenten wirklich zu realisieren bzw. durchzusetzen. Die soziale Wirksamkeit des kanonischen Rechts nimmt somit ab."¹¹

---

7 S. z. B. die Beiträge zum Themenheft „Wissenschaftstheorie" von PThI 35/2 (2015).
8 S. Dehmel, Wer interpretiert wen?, 15.
9 S. zum Einzelnen und auch zu gewissen Unbestimmtheiten bzw. Unausgeglichenheiten Heinrich de Wall/Stefan Muckel, Kirchenrecht, München ⁴2014, 120–125.
10 S. a.a.O. 121.
11 Urs Brosi, Recht, Strukturen, Freiräume. Kirchenrecht (Studiengang Theologie IX), Zürich 2013, 19.

Hier begegnet offenkundig eine Grundspannung zwischen der rechtlichen Verfasstheit der römisch-katholischen Kirche und der Einstellung der großen Mehrheit ihrer Mitglieder zumindest in westlichen pluralistischen Gesellschaften. Von daher erklärt sich auch der fehlende Bezug auf das Kirchenrecht bei gegenwärtigen (katholisch-)pastoraltheologischen Entwürfen zur Kirchenentwicklung (s. § 3.3).

2 Pastorale Dienste in der Gemeinde

Angesichts des allgemein autoritätskritischen Kontextes (Stichwort: Studentenbewegung) und eines eklatanten Problems beim Priesternachwuchs versammelte sich zwischen 1971 und 1974 die „Gemeinsame Synode der Bistümer in der Bundesrepublik Deutschland" in Würzburg. Sie sollte die Beschlüsse des II. Vatikanums in die besondere deutsche Situation umsetzen. Die Leitidee des Synodenbeschlusses[12] zum Gemeindeverständnis war:

> „Aus einer Gemeinde, die sich pastoral versorgen läßt, muß eine Gemeinde werden, die ihr Leben im gemeinsamen Dienst aller und in unübertragbarer Eigenverantwortung jedes einzelnen gestaltet" (13,2).

Dahinter stehen – angeregt durch Lumen Gentium – die „Wiederentdeckung der Rolle der Ortskirche innerhalb der Universalkirche, die Diskussion um den Übergang von der Volkskirche zur Gemeindekirche und die jüngste Entdeckung der Bedeutung von Basisgemeinden".[13] Walter Kasper fasst die genauere Konturierung des so gewonnenen Gemeindebegriffs in fünf „Strukturelementen einer Gemeinde" zusammen:

> „1. Der Grund einer Gemeinde besteht in Wort und Sakrament, besonders in der gemeinsamen Feier der Eucharistie als dem Element der Einheit.
>
> 2. Das Ziel einer Gemeinde ist sowohl die Verherrlichung Gottes wie der Dienst an den Menschen. Zur christlichen Gemeinde gehört deshalb die Spannung zwischen Sammlung und Sendung, Aktion und Kontemplation, Offenheit und Eindeutigkeit.
>
> 3. Das Leben einer Gemeinde vollzieht sich in der Einheit und Vielfalt der Charismen, Dienste und Ämter, in der Spannung von gemeinsamem Dienst wie Kooperation aller und persön-

---

[12] Dokumentiert in: Ludwig Bertsch u. a. (Hg.), Gemeinsame Synode der Bistümer in der Bundesrepublik Deutschland. Offizielle Gesamtausgabe 2 Bde., Freiburg 1976, 1977.
[13] Walter Kasper, Die pastoralen Dienste in der Gemeinde, in: Ludwig Bertsch u. a. (Hg.), Gemeinsame Synode der Bistümer in der Bundesrepublik Deutschland. Offizielle Gesamtausgabe Bd. 1, Freiburg 1976, 581–596, 585.

licher Berufung wie unveräußerlicher Verantwortung und besonderer Sendung des einzelnen ...

4. Die Struktur einer Gemeinde wird konstituiert durch das Verhältnis des ‚In und Gegenüber' von Amt und Gemeinde, aufgrund dessen das Amt einerseits auf die Kooperation mit allen übrigen Diensten angewiesen ist, wie es anderseits diese im Namen Jesu Christi vollmächtig zu deren eigenem Dienst zurüsten muß.

5. Die Dimensionen einer Gemeinde spannen sich zwischen deren wesenmäßiger Einbindung in die Diözese und in die Universalkirche und deren lebensnotwendigen ‚SubStrukturen' in verschiedenen Gruppen, Kreisen, Hausgemeinschaften, Basisgemeinschaften, geistlichen Gemeinschaften sowie anderen kirchlichen Vereinigungen und Verbänden."[14]

Theologisch dominiert – entsprechend den konziliaren Einsichten – die *Eucharistie* das Gemeindeverständnis. Dabei wird das Gegenüber von Priesteramt und Laien vorausgesetzt. Vorstöße der Synodalen hinsichtlich des Zölibats oder der Zulassung von Frauen zum Diakonat scheiterten am Widerstand der Bischöfe und den Grenzen des universalkirchlichen kanonischen Rechts. Kirchentheoretisch interessant sind jedoch die zahlreichen Differenzierungen hinsichtlich der „Dimensionen einer Gemeinde". Hier kommen verschiedene Sozialformen in den Blick, die – wie die „Hausgemeinschaften" – direkt mit dem Alltag der in ihnen lebenden Menschen verbunden sind. Durch die Eucharistie gewinnen sie in aller Pluriformität ihre Einheit. Deutlich tritt also die Bedeutung der Mahlfeier für die Kirchenreform zu Tage. Dass tatsächlich im Leben – auch – der Katholiken die Teilnahme an der Eucharistie seitdem erheblich zurückging und die Gemeindepastoral also gerade an dieser zentralen Stelle zunehmend defizitär erscheint, dürfte verschiedene Gründe haben: die Kluft zwischen Sinn- und Feiergestalt, den Mangel an Priestern, die Fixierung der Gemeindearbeit auf kleiner werdende Milieus usw.

3 Gemeinsam Kirche sein

2015 veröffentlichte die Deutsche Bischofskonferenz zur *„Erneuerung der Pastoral"* die Verlautbarung „Gemeinsam Kirche sein". Sie versteht sich – wieder einmal – als „Relecture"[15] der eben genannten konziliaren Texte unter den gegenwärtigen Verhältnissen. Damit legen die Bischöfe, wie in der Einleitung erklärt

---

14 A.a.O. 586 (ohne Kursivsetzungen und Querverweise im Original).
15 So der Vorsitzende der Deutschen Bischofskonferenz Kardinal Marx, in seinem Vorwort zu: Gemeinsam Kirche sein. Wort der deutschen Bischöfe zur Erneuerung der Pastoral (Die deutschen Bischöfe 100), o. J. (2015), 6.

wird, ein „Impulspapier" vor[16] – unverkennbar eine Parallele zu dem 2006 vom Rat der EKD verabschiedeten Text „Kirche der Freiheit" (s. § 18 5.). Ein offenkundig vordringliches Thema stellt die Ermunterung zur Mitarbeit in der Kirche dar. Konzeptionell geschieht dies durch einen Rekurs auf das tauftheologisch bestimmte Konzept der *„Heiligkeit":*

> „Heiligkeit ist die eine Grundberufung jedes Getauften, die in verschiedenen Formen gelebt wird. Folglich gibt es keine andere Heiligkeit für den Klerus als für die Laien. Jede Zweistufenethik ist hiermit überwunden. Priester und Laien sind auf einander verwiesen und angewiesen; sie können ihren je eigenen Weg nicht ohne und stellvertretend für die anderen gehen. Entgegen einem Klerikalismus oder einem falsch verstandenen Heilsindividualismus verwirklicht sich die Gabe der Heiligkeit nur in der Verbundenheit mit den Schwestern und Brüdern und in der Solidarität mit allen Menschen."[17]

Von daher öffnen sich die Bischöfe für eine Neubestimmung des *Ehrenamts*, die nicht mehr von der Binnenlogik der Kirche her, sondern – charismentheologisch – von den Begabungen der Getauften (und Gefirmten) her denkt.

> „Die Menschen möchten immer weniger für vorgegebene Aufgabenfelder angeworben und ehrenamtlich eingesetzt werden, sie wollen umgekehrt ihre persönlichen Gaben entdecken, einbringen und entfalten. Durch ein solches Umdenken von einer Bedarfs- auf eine Ressourcenorientierung können ganz neue Ausdrucksgestalten kirchlichen Lebens entstehen. Weil sie aus den Gaben des Heiligen Geistes kommen, der in den Gläubigen wirkt, sind auch vielfach unvorhersehbare Überraschungen durch sie möglich. In manchen neuen kirchlichen Bewegungen, in geistlichen Gemeinschaften sowie in einigen Initiativen von Pfarreien und Verbänden deutet sich dies bereits an."[18]

Theologisch wird dann – in Aufnahme der entsprechenden Aussagen in Lumen Gentium – die Eucharistie ins Zentrum kirchlichen Lebens gerückt. In ihr sollen die verschiedenen Charismen ihre Einheit und Vertiefung finden. Abschließend fassen die Bischöfe ihre wichtigsten Einsichten zum kirchlichen Leben noch einmal stichpunktartig zusammen:

> „Wir wollen darum
>
> – das Bewusstsein für die Berufung aller zur Heiligkeit fördern und sie in der Freundschaft mit Jesus und in der Hinwendung zu den Schwestern und Brüdern vertiefen;
>
> – dem Reichtum der Charismen Raum geben und uns in der Feier der Eucharistie immer wieder neu mit der Einheit dieser Vielfalt beschenken lassen;

---

16 A.a.O. 7.
17 A.a.O. 17.
18 A.a.O. 19.

– das Zueinander von Klerus und Laien ganz in den Dienst der Kirche an allen Menschen stellen;

– die unterschiedlichen Berufungen und Aufgaben im Leib Christi nicht als Über- und Unterordnungen, sondern als vielfältigen Ausdruck der einen Sendung begreifen;

– an den verschiedenen Leitungsdiensten in der Kirche möglichst viele Frauen und Männer gerecht beteiligen;

– unsere Pfarreien begleiten, damit sie sich zu Gemeinschaften von Gemeinschaften entwickeln können, in denen es viele Formen der Beteiligung gibt."[19]

Im Hintergrund dieser Ziele steht deutlich das Problem des Priestermangels sowie der dadurch notwendigen Gemeinde-Zusammenlegungen. Hier soll das Programm „Gemeinschaften von Gemeinschaften" Abhilfe schaffen, also die Empfehlung einer Binnendifferenzierung innerhalb der in letzter Zeit gebildeten Großpfarreien. Die kirchenrechtlich strikte Unterscheidung zwischen Geweihten und Laien wird zwar durch den Bezug auf Taufe und Charismenlehre in einen größeren Zusammenhang gestellt, aber nicht angetastet. Ebenfalls bleibt der Ausschluss von Frauen vom Priesteramt unerörtert.

So begegnet in dem Dokument – in Wiederholung der vierzig Jahre alten Würzburger Beschlüsse – der theologisch anspruchsvolle Versuch, die ekklesiologischen Grundimpulse des II. Vatikanums für die gegenwärtige pastorale Situation fruchtbar zu machen. Die Taufe und die Charismen der Getauften bilden dazu den Begründungszusammenhang. Dieses Bemühen steht aber in Gegensatz zu dem – anscheinend selbstverständlichen – Beibehalten der hierarchischen Grundstruktur von Kirche mit dem Weihe-Priesteramt. Dabei ist – wiederum – die „Einheit" ein wesentliches Argument für das Festhalten am besonderen Weihe-Priestertum.

4 Pastoraltheologische Impulse

Die rechtlich feststehenden Bestimmungen zum – hierarchischen, männerzentrierten – Aufbau der Kirche dürften wohl dazu beitragen, dass auf katholischer Seite keine intensive Hinwendung zu einer „Kirchentheorie" wie in der evangelischen Praktischen Theologie zu beobachten ist. Doch besteht auf jeden Fall ebenfalls dringender Reformbedarf. So finden sich durchaus wichtige – und nicht zuletzt durch ihren internationalen Horizont anregende – Hinweise zur Gestaltung von Kirche bzw. Gemeinde. Exemplarisch sei dies am Beispiel der als

---

[19] A.a.O. 55f.

Lehrbuch eingeführten „Praktischen Theologie" von *Norbert Mette* (geboren 1946) gezeigt.

Mette rekonstruiert vier „pastorale Zukunftsszenarien":

> „(1) Das bisherige volkskirchliche Modell wird trotz schrumpfender bzw. mit schrumpfenden Tendenzen so gut wie möglich aufrecht zu erhalten versucht. (2) Es erfolgt eine zunehmende Konzentration auf Orte bzw. Stationen, in denen dafür kompetent ausgebildete professionelle Mitarbeiterinnen und Mitarbeiter ihren Dienst an den sie aufsuchenden Menschen leisten. (3) Die in der Kirche verbliebenen (oder auch neu zu ihr hinzugekommenen) Gläubigen schließen sich zu jeweils von einer bestimmten Spiritualität geprägten ‚Kontrastgesellschaften' zusammen, in denen sie in den institutionell vorgegebenen Strukturen ihren Glauben zu verlebendigen und gegen die Anfragen ‚von außen' zu schützen versuchen. (4) Es entsteht und wächst ein pluriformes Netzwerk von teils mehr, teils weniger an die (offiziell-)kirchliche Organisation angebundenen ‚Gemeinden' (Gruppen, Initiativen, Projekten u. ä. m.), in denen Menschen zusammenkommen, die sich aus der Beschäftigung mit dem Glauben heraus Sinn und Impulse zur Gestaltung ihres persönlichen Lebens und des gesellschaftlichen Lebens erhoffen und möglicherweise gewinnen."[20]

Tatsächlich existieren diese vier Optionen bereits heute „bei aller Ungleichzeitigkeit gleichzeitig"[21] nebeneinander. Die Option Mettes – und anderer katholischer Pastoraltheologen – geht in die Richtung des vierten Szenarios. Gemeinde bzw. Kirche ist hier kein Selbstzweck. In ihr – hier nimmt Mette Dietrich Bonhoeffer auf – gehören „Beten und Tun des Gerechten", also Mystik und Politik, zusammen.[22] Konzeptionell orientiert die – bereits bei Ernst Lange praktisch-theologisch adaptierte – Bonhoeffer'sche Formel der *„Kirche für andere"*.[23] Inhaltlich wird sie als *„Option für die Armen"*[24] profiliert. Von daher kommt der Diakonie bzw. Caritas hervorragende Bedeutung für Kirche zu.[25]

Deutlich berühren sich die Lange'schen Vorstöße und die von Vertretern heutiger katholischer Pastoraltheologie. Es verwundert von daher nicht, dass Mette die Lange'sche Programmformel von der „Kommunikation des Evangeliums" aufnimmt und weiterführt.[26] Sie bietet ihm die notwendige Weite für die Dynamik der anstehenden Veränderungen in Kirche und zentriert diese zugleich theologisch. Allerdings fehlt hier wie in anderen zeitgenössischen pastoraltheologischen Entwürfen eine Auseinandersetzung mit den Bestimmungen des ka-

---

20 Norbert Mette, Einführung in die katholische Praktische Theologie, Darmstadt 2005, 105 f.
21 A.a.O. 106.
22 S. a.a.O. 108.
23 S. a.a.O. 170.
24 Ebd.
25 S. a.a.O. 171 f.
26 S. a.a.O. 14–21.

tholischen Kirchenrechts, die durch die Reklamation des Ius divinum theologische Allgemeingültigkeit beanspruchen.[27]

5 Zusammenfassung

Bis heute sind – das zeigt nicht zuletzt die Erklärung der Deutschen Bischöfe „Gemeinsam Kirche sein" – die Texte des II. Vatikanums für römisch-katholische Kirche grundlegend. Dadurch treten die „Welt" und so die gesellschaftlichen Veränderungen ins Blickfeld. Das grundlegende Bild von Kirche als *„Volk Gottes"* ermöglicht große Dynamik. Sie äußert sich nicht zuletzt in einem differenzierten Gemeindeverständnis, das zwischen Universalkirche und Hausgemeinschaften aufgespannt wird. Die Konzentration auf die *Eucharistie* verbindet diese und verknüpft die konzeptionellen Überlegungen mit der liturgischen Praxis vor Ort. Die allerdings stark nachlassende Teilnahme an der Eucharistie findet keine Beachtung. Sinn- und Feiergestalt treten hier stark auseinander. Wichtige Anregungen geben die Hinweise auf die Taufe und die Charismen der Getauften als Grundlage für kirchliches Leben. Durch den internationalen Horizont kommen dabei die caritativen bzw. diakonischen Implikationen des Evangeliums in den Blick, die politisch profiliert werden.

Auch ist das Streben nach *Einheit* in Christus theologisch von großem Gewicht – nicht nur für eine Weltkirche. Unter den Bedingungen digitaler Kommunikation begegnet die Herausforderung der Einheit des Christentums auf ganz neue Weise und erfordert personale Repräsentation. Dazu gehören auch regional und überregional als Christen wahrgenommene Menschen. Papst- und Bischofsamt bekommen von daher medientheoretisch neue Plausibilität. Allerdings widerspricht die am Modus der Autorität orientierte hierarchische Struktur der römisch-katholischen Kirche einer im Modus der Authentizität erfolgenden Kommunikation.[28] Schließlich steht die Exklusion der Frauen von allen leitenden geistlichen Funktionen einer heute in westlichen pluralistischen Gesellschaften plausiblen Kommunikation entgegen.

---

27 S. hierzu die Zusammenstellung einschlägigen Offenbarungsrechts bei Brosi, Recht 24–27.
28 S. zu diesem Wandel in der Kommunikationsform Armin Nassehi, Religiöse Kommunikation. Religionssoziologische Konsequenzen einer qualitativen Untersuchung, in: Bertelsmann Stiftung (Hg.), Woran glaubt die Welt? Analysen und Kommentare zum Religionsmonitor 2008, Gütersloh 2009, 169–203, 188–190. (s. auch § 21 2.).

§ 20 Zusammenfassung und Ausblick

Die Rekonstruktion der gegenwärtigen Situation vor allem der Evangelischen Landeskirchen in Deutschland – mit knappen Seitenblicken zu anderen Kirchen – ergab im Fokus auf die Kirchenmitgliedschaft spannungsvolle Befunde:

Zum Ersten vollzieht sich – regional und generationenspezifisch in unterschiedlichem Tempo, aber doch allgemein – eine *Umstellung von der Selbstverständlichkeit zur Optionalität von Kirchenmitgliedschaft.* Vor allem die Zahl der Kirchenaustritte könnte einen allgemeinen Rückgang der Verbundenheit mit Kirche nahe legen. Allerdings zeigen genauere Analysen etwa im liturgischen Bereich, dass es sich eher um Umstellungen handelt. So geht die Teilnahme an einseitig einer kirchlichen Logik folgenden Gottesdiensten, etwa am Sonntagmorgen, zurück. Zugleich ist aber jedenfalls teilweise erhöhtes Interesse an liturgischen Feiern zu verzeichnen, die an wichtige Ereignisse anschließen, etwa bei Übergängen im Lebenslauf oder allgemein interessierenden Ereignissen. Die Eigenlogik der Menschen in ihrem Bemühen um eine erfolgreiche Gestaltung der Biografie tritt zunehmend an die Stelle der Übernahme traditionsbegründeter Vorgaben von Kirche als Institution. Theologisch formuliert: Es scheint die Stunde des *Allgemeinen Priestertums der Getauften* (und zur Taufe Eingeladenen) anzubrechen. Die Zunahme formaler Bildung sowie die pluralistische Gesellschaftsformation, die allgemeine Mündigkeit voraussetzt und fördert, bilden wichtige Voraussetzungen hierfür.

Von daher sind die kerngemeindlichen Konzentrationen, die in der kirchlichen Praxis sowohl im Bereich der Taufe als auch der Mahlfeier zu beobachten sind, problematisch. Zum einen geht es hier um die Feier von Taufen im sog. Gemeindegottesdienst, die einer einseitig kerngemeindlichen Logik folgen. In tauftheologischer Perspektive ist der hierbei implizierte Gemeindebegriff unzulässig verengt. Ähnliches lässt sich beim Abendmahl beobachten, das zunehmend ausschließlicher im sonntäglichen Gottesdienst gefeiert wird. Demgegenüber weiten einzelne Reformbemühungen, etwa Tauffeste im Rahmen des EKD-weiten Jahres der Taufe 2011 oder die Impulse zum und um das Feierabendmahl, den Horizont. Sie können sich aber offenkundig gegenüber der einseitig einer kerngemeindlichen Logik folgenden Praxis nicht allgemein durchsetzen.

Weiter ist eine zunehmende Spannung zwischen dem staatlich den großen Kirchen gewährten Status einer Körperschaft des öffentlichen Rechts und der tatsächlichen Praxis zu beobachten. Exemplarisch zeigt sie sich bei der Kirchensteuer. Steuer als eine zwangsmäßig, ohne Angabe eines konkreten Verwendungszwecks erhobene Zahlung gehört in den Bereich einer als selbstverständlich akzeptierten Institution, nicht den einer optionalen Organisation.

Theologisch problematisch ist die mit der Kirchensteuer verbundene binäre Mitgliedschaftslogik, die der die Steuer einziehende Staat benötigt, aber einer realitätsnäheren Stufung der Zugehörigkeit entgegensteht. Sie berührt zunehmend die Grundlagen der Taufpraxis. Vor allem die – bei der Selbstverständlichkeit von Kirchenmitgliedschaft und einer staatsanalogen Institution einleuchtende – Logik der Loyalitätspflichten bei Beschäftigten in Kirche und Diakonie führt zu schwierigen Problemen. Die Taufe kann dabei vom Akt der Christus-Mimesis zu einer Vorbedingung werden, um eine Erwerbstätigkeit aufnehmen zu können.

Auch sonst treten rechtliche Positionen der Kirchen als staatsanaloge Institutionen und tatsächliche Praxis auseinander. Der schulische Religionsunterricht und die Theologischen Fakultäten an staatlichen Universitäten stehen in ihrer konfessionellen Verfasstheit zunehmend in Spannung zum religiösen Pluralismus in Deutschland.

Von diesen Befunden her ist es verständlich, dass die mittlerweile jahrzehntelangen kirchenamtlichen Bemühungen, die Kirchenmitgliedschaft zu stabilisieren, aufs Ganze fehlgeschlagen sind. Dabei haben die Evangelischen Kirchen von ihrem reformatorischen Ursprung her eine gewisse Distanz zu am eigenen Erhalt interessierten Bemühungen, weil sie soteriologisch um die Begrenztheit menschlichen Handelns und damit von Institutionen bzw. Organisationen wissen. Im tatsächlichen kirchenamtlichen Handeln vor allem im Bereich der EKD kommt diese theologische Einsicht aber gegenwärtig nicht zum Tragen. Betriebswirtschaftliche Modelle dominieren theologische Reflexion, wenn diese überhaupt stattfindet. Auf Seiten der römisch-katholischen Kirche beeindruckt in den kirchlichen Dokumenten der theologisch präzise Bezug auf Eucharistie und Taufe als die gleichermaßen Einheit und Pluriformität von Kirche begründenden Handlungen. Doch belastet die wachsende Spannung zwischen kirchenrechtlichen Regelungen und tatsächlicher Praxis. Auch verfehlt der lange Zeit diese Kirche tragende Kommunikationsmodus der Autorität die Anforderungen an Kommunikation im Bereich der Daseins- und Wertorientierung, die in der pluralistischen Gesellschaft zunehmend im Modus der Authentizität erfolgt.

Hinter diesen und anderen Problemen der Kirchen in Deutschland stehen – empirisch gesehen – *mangelhafte Kontextualisierungen der Kommunikation des Evangeliums*. Deshalb erfordern auf Zukunft gerichtete Orientierungen den Kontext zu rekonstruieren, innerhalb dessen das Evangelium kommuniziert wird. Das ekklesiologische Programm „Kirche für andere" sowie der praktisch-theologische Leitbegriff der „Kommunikation des Evangeliums" legen dies auch theologisch nahe. Dass dabei die Umstellungen im kommunikativen Bereich – Stichwort: Internet – in den Blick kommen, ist ein weiterer Vorteil dieses Ansatzes.

4. Teil **Kontext: Herausforderungen und Chancen**

Kirche – und zwar sowohl Evangelische als auch Katholische – haben gegenwärtig Probleme, die Kommunikation des Evangeliums angemessen zu fördern. Dies dürfte nicht zuletzt daran liegen, dass ihre Organisations- und Praxisformen sich großenteils vergangenen Kontexten verdanken und mit den heutigen Lebensverhältnissen vieler Menschen kaum bzw. nicht kompatibel sind. Das im 19. Jahrhundert progressive, einen Schritt aus der Verstaatlichung führende synodal-presbyteriale Modell wird z. B. in Kirchenordnungen nicht nur der unierten Kirchen selbstverständlich vorausgesetzt. Die defizitäre Beteiligung bei den entsprechenden Presbyteriums-Wahlen zeigt aber das Desinteresse der meisten Kirchenmitglieder an dieser Form der Partizipation. Ähnliches lässt sich für die ebenfalls aus dem 19. Jahrhundert stammenden konsistorial-bürokratischen Strukturen und die vereinsmäßige Form des sog. Gemeindelebens vermuten. In der kirchengemeindlichen Praxis begegnen oft Kommunikationsformen, zu denen nur Angehörige bestimmter Milieus Zugang finden. Auf römisch-katholischer Seite sieht es etwas anders, aber nicht günstiger aus. Die hierarchische Struktur ist zwar kirchenrechtlich präzise ausgearbeitet, entstammt jedoch letztlich der Antike. So ist die große Mehrheit der Katholiken offenkundig wenig davon beeindruckt, dass das Versäumen der Sonntagsmesse als eine „schwere Sünde" gilt (CIC c. 1246). Dazu halbiert sich die Zahl der Priester in Deutschland etwa alle 10 bis 15 Jahren[1] usw. So konstatieren die katholischen Autoren Martin Lätzel und Valentin Dessoy in der Einleitung zu einem umfangreichen Werk zur „Kirchenentwicklung" (s. § 3 4.): „Die Kirche taumelt organisatorisch auf den Zusammenbruch zu."[2]

In dieser Situation ist es für eine Kirchentheorie nicht sinnvoll, sich bei der – absehbar nicht erfolgreichen – Erhaltung überkommener Strukturen aufzuhalten. Denn sie sind nicht mehr an den Kontext anzuschließen, in dem sich das alltägliche Leben der meisten Menschen vollzieht. Folgende Diagnose für die deutschen römisch-katholischen Diözesen – bereits in § 3 3. genannt – ist auch auf die Evangelischen Landeskirchen übertragbar:

> „Das Reformparadigma der letzten 20 Jahre – Rückbau in Salamitaktik oder anders: Konzentration, Verdichtung und Zentralisierung – ist definitiv gescheitert. Der Zusammenbruch schreitet voran, generalisiert und beschleunigt sich. Die Kluft zwischen Kirche und Gesellschaft wird größer, die ungelösten Fragen immer grundsätzlicher. Realistische Prognosen zu den harten Fakten (zu Mitgliederentwicklung, zur Nutzung kirchlicher Angebote, zur Mit-

---

[1] Martin Lätzel/Valentin Dessoy, Brauchen wir eine Kirchenentwicklung?, in: Valentin Dessoy/Gundo Lames/Martin Lätzel/Christian Hennecke (Hg.), Kirchenentwicklung. Ansätze – Konzepte – Praxis – Perspektiven, Trier 2015, 17–23, 21.
[2] A.a.O. 20.

arbeiterentwicklung, Einnahmen und Ausgaben) zeigen, dass es für die Bistümer zwischen 2025 und 2030 sehr eng wird, weil alles zusammenkommt."[3]

Der dritte Teil des vorliegenden Buchs zeigt und begründet das in vielfacher Weise. Doch gilt noch grundsätzlicher: Auch abgesehen von einzelnen Problemen und Ungeschicklichkeiten *verlieren im Kontext der Netz-Kommunikation große Institutionen und Organisationen an Bedeutung,* Individuen können dagegen überwältigende Aufmerksamkeit erhalten. Es spricht manches dafür, dass wir uns hinsichtlich der Institutionen tatsächlich in einer Metamorphose befinden, wie sie Ulrich Beck diagnostiziert (§ 22 7.). Die im Vorwort zitierte Metapher von Michel Serres, die Institutionen als – astrophysikalisch gesehen – längst verloschene Sterne versteht, verleiht dem Nachdruck. Auch die Resonanz-Theorie von Rosa weist in diese Richtung (s. § 22 5.), ebenso aus techniktheoretischer Perspektive die „Geschichte der Zukunft" von Yuval Noah Harrari (s. § 22. 8). Auf jeden Fall sind weit reichende Umstellungen zu beobachten, die kirchliche Praxis und damit eine Kirchentheorie herausfordern.

Um sie genauer zu erfassen, erinnere ich in einem ersten Schritt an fundamentale Veränderungen der Lebensbedingungen und -formen vor allem im Lauf des 20. Jahrhunderts. Es folgen einige auf die Gegenwart bezogene Theorien, die einen Zugang in die Plausibilitäten gegenwärtiger Gesellschaft eröffnen. Die dabei notwendige Mehrperspektivität und die dadurch zu Tage tretende Pluriformität stehen dem Erstellen eines geschlossenen kirchentheoretischen Konzepts entgegen, eröffnen aber wichtige Einblicke in heutige Lebenswelt. Von den so rekonstruierten Herausforderungen aus kommt die Struktur der heutigen Landeskirchen in den Blick, und zwar exemplarisch: ihre Finanzierung, ihre theologischen Berufe sowie ihr Wirken in die Öffentlichkeit. Da hier nur wenig Innovatives zu erkennen ist, erweitere ich in einem dritten Schritt den bis dahin auf Deutschland und vor allem die Evangelischen Landeskirchen gerichteten Blick konfessionell und international. Komparativ stelle ich drei viel diskutierte Modelle alternativer Organisation von Kirche bzw. Gemeinde vor. Auf dem Hintergrund solcher kontextueller und komparativer Analysen wähle ich exemplarisch einige Modelle und Projekte aus, in denen gegenwärtig Evangelium in verschiedenen Modi auf den heutigen Kontext bezogen kommuniziert wird und sich dabei Chancen für

---

[3] Valentin Dessoy, Konzentration, Verdichtung und Zentralisierung – Das dominante Reformparadigma der katholischen Kirche, in: Ders./Gundo Lames/Martin Lätzel/Christian Hennecke (Hg.), Kirchenentwicklung. Ansätze – Konzepte – Praxis – Perspektiven, Trier 2015, 101–116, 114; vgl. etwa moderater für die Evangelischen Kirchen Matthias Wöhrmann/Philipp Elhaus, Rückbauszenarien und Aufbruchsmomente – Kirchenentwicklung in der evangelischen Kirche in Deutschland 1983–2013, in: a.a.O. 117–136.

kirchliches Handeln zeigen. Dazu gehört auch ein Blick auf die Kunst mit ihrer Eigendynamik. Diese Praxisbeispiele sind teilweise mit verfasster Kirche – wiederum in unterschiedlicher Weise – verbunden, teilweise nicht. Auf jeden Fall zeigen sie, dass Niedergangszenarien zwar bestimmte organisatorische Strukturen, nicht aber die Kommunikation des Evangeliums selbst betreffen. Zugleich können anhand dieser Beispiele Rahmenbedingungen und Kriterien für Räume rekonstruiert werden, die diese Kommunikation in ihrer von Jesus initiierten, inklusiven und zugleich ergebnisoffenen Art in der Gegenwart begünstigen.

§ 21 Veränderungen der Lebensbedingungen und -formen

In den letzten zwei bis drei Generationen vollzogen sich tief greifende Veränderungen, die zumindest im westlichen, also durch die lateinische Kirche geprägten Kulturkreis auch die Lebensformen und Einstellungen und so das Verhältnis der Menschen zur Kirche nachhaltig prägen. Sie basieren auf einem grundlegenden Wandel im Weltverhältnis, den Charles Taylor in umfangreichen kulturgeschichtlichen Analysen unter dem Begriff der „*secularity*" differenziert rekonstruierte:

> "One understanding of secularity then is in terms of public spaces. These have been allegedly emptied of God, or of any reference to ultimate reality."[1]
>
> "In this second meaning, secularity consists in the falling off of religious belief and practice, in people turning away from God, and no longer going to Church."[2]
>
> "Now I believe that an examination of this age as secular is worth taking up in a third sense, closely related to the second, and not without connection to the first. This would focus on the conditions of belief. The shift to secularity in this sense consists, among other things, of a move from a society where belief in God is unchallenged and indeed, unproblematic, to one in which it is understood to be one option among others, and frequently not the easiest to embrace."[3]

Bereits seit dem 11. Jahrhundert beobachtet Taylor eine Entwicklung in dieser Richtung, die nicht zuletzt in „a profound dissatisfaction with the hierarchical equilibrium between lay life and the renunciative vocations"[4] mündete. Der Glaube an Gott, wenn er beibehalten wurde, verschob sich in die Innerlichkeit und verlor an elementarer Evidenz. Positiv ermöglichte dies den Siegeszug von Naturwissenschaften und Technik, die in einem menschheitsgeschichtlich einmaligen Umfang das Leben heutiger Menschen prägen. Im Folgenden seien dazu einige wenige Konsequenzen aus dieser Entwicklung genannt, die das alltägliche Leben heute selbstverständlich bestimmen:[5]

---

[1] Charles Taylor, A Secular Age, Cambridge/Ma. 2007, 2.
[2] Ebd.
[3] A.a.O. 2f.
[4] A.a.O. 77.
[5] S. zum Folgenden ausführlicher Christian Grethlein, Praktische Theologie, Berlin ²2016, 220 – 229.

Hinsichtlich der grundlegenden Bedingungen für die Lebensgestaltung ist zuerst ein starkes Ansteigen der durchschnittlichen *Lebenserwartung* zu verzeichnen:[6]

Tabelle 8 Veränderung der Lebenserwartung in Deutschland zwischen 1875 und 2013

Jahrgang	Jungen	Mädchen
1875	35,6	38,5
1905	44,8	48,3
1933	59,9	62,8
1950	64,6	68,5
1971	67,4	73,8
1992	72,8	79,0
2013	78,0	82,7

Besonders ins Gewicht fällt dabei der Rückgang der bis zum Ende des 19. Jahrhunderts hohen Sterblichkeit von Säuglingen und Kindern.

Auch in *sozialer Hinsicht* sind erhebliche Veränderungen unübersehbar, die u. a. mit dem technisch ermöglichten Wohlstand zusammenhängen. Aus dem bis ins 19. Jahrhundert reichenden „Haus", also einer private und wirtschaftliche Beziehungen gleichermaßen umfassenden Lebensform, entwickelte sich über die nur aus Eltern und Kindern bestehende Kleinfamilie für viele Menschen in Deutschland das Alleinleben als dominante Lebensform. So umfassten 2015 41,4 % der deutschen Haushalte 1 Person, 34,2 % 2 Personen, 12,1 % 3 Personen, 9,0 % 4 Personen und 3,2 % 5 und mehr Personen. 1871 zählte dagegen der durchschnittliche Haushalt 5 Personen, 1925 waren es noch 4 Personen und 1950 bereits unter 3 Personen. Dem entspricht die stark zurückgegangene Zahl der Kinder. Wurden in Deutschland 1964 1.357.304 Kinder geboren, sank diese Zahl bis 2009 auf etwa die Hälfte (665.126) und steigt seitdem allerdings nur langsam wieder etwas an.

Die zunehmende *Mobilität*, ermöglicht vor allem durch von Verbrennungsmotoren angetriebene Fahrzeuge, verändert ebenfalls die Lebensformen der Menschen grundsätzlich. In den letzten zwanzig Jahren stieg der *Abstand zwischen Wohnort und Arbeitsplatz* an. Eine Zusatzumfrage zum Mikrozensus durch

---

[6] Die im Folgenden genannten Zahlen entstammen den unschwer im Internet zugänglichen Daten des Statistischen Bundesamtes.

das Statistische Bundesamt ergab folgenden Befund: Während 1996 52,3 % der Beschäftigten unter 10 Kilometer zum Arbeitsplatz (einfache Strecke) zurücklegten, reduzierte sich diese Zahl bis 2008 auf 45,8 %. Umgekehrt stieg der Anteil derer, die mehr als 25 Kilometer zu fahren haben, in diesem Zeitraum von 13,1 % auf 26,2 %; der Anteil derer, die zwischen 10 und 25 Kilometer unterwegs sind, blieb bei 28,1 % konstant. Den weiteren Formen des beruflichen Pendelns entsprechen neue Lebensformen, die sich großenteils der statistischen Erfassung entziehen,[7] aber in der meist erwerbsbedingten Multilokalität von Paaren eine Gemeinsamkeit haben. Die Vielfalt der Begriffe, die sich in der US-amerikanischen Forschung hierfür ausgebildet haben, weist auf die Komplexität dieses Phänomens hin:

> "married commuters, long distance weekly commuters, living apart together, dual-career commuting couples, commuter couples, two-location marriage/family, long-distance marriage, dual-career-shuttles, dual-residence-living, long distance LAT (sc. Living Apart Together, C. G.) relationship, married singles, dual dwelling duos, weekend-couples."[8]

Ein weiterer fundamentaler gesellschaftlicher Wandel begegnet, wenn man die *Erwerbstätigkeit* in Deutschland ansieht:

Tabelle 9 Erwerbstätige nach Wirtschaftssektoren (% der Gesamtbeschäftigten)

Jahr	Primärer Sektor	Sekundärer Sektor	Tertiärer Sektor[9]
1950	24,6	42,9	32,5
1955	28,5	47,1	34,4
1960	13,7	47,9	38,3
1965	10,7	49,2	40,1
1970	8,4	46,5	45,1
1975	6,6	42,4	51,0
1980	5,1	41,1	53,8
1985	4,4	38,1	57,5

---

[7] S. anhand von Beispielen Darja Reuschke, Multilokales Wohnen. Raum-zeitliche Muster multilokaler Wohnarrangements von Shuttles und Personen in einer Fernbeziehung, Wiesbaden 2010, 18 f.
[8] A.a.O. 23 Anm. 11.
[9] Primärer Sektor: Land-, Forstwirtschaft, Fischerei; sekundärer Sektor: produzierendes Gewerbe; tertiärer Sektor: Dienstleistungen.

Tabelle 9 Erwerbstätige nach Wirtschaftssektoren (% der Gesamtbeschäftigten) *(Fortsetzung)*

Jahr	Primärer Sektor	Sekundärer Sektor	Tertiärer Sektor[9]
1990	3,5	36,6	59,9
1995	2,9	32,6	64,6
2000	2,4	28,9	68,7
2005	2,2	25,9	71,9
2010	2,1	24,4	73,9

Demnach haben sich die Gebiete und damit die Formen der Erwerbsarbeit für die meisten Menschen in den letzten zwei Generationen radikal verändert. Dazu kommt, dass sich seitdem die Zahl der Erwerbstätigen in Deutschland verdoppelt hat, vor allem durch die stark zunehmende Erwerbsarbeit von Frauen und auch durch das Anwachsen sog. atypischer Beschäftigungen. Schließlich stieg seit den sechziger Jahren des 20. Jahrhunderts der formale *Bildungsstand* der Bevölkerung an. So hatten z.B. 2008 52% der 60- bis 65-Jährigen einen Hauptschulabschluss als höchsten Bildungsgrad und 19% die Hochschulreife. Bei den 30- bis 35-Jährigen war es fast umgekehrt: 39% von ihnen wiesen die Hochschulreife und nur 24% den Hauptschulabschluss auf. Dementsprechend stieg die Zeit, die Menschen in Schulen und an sie anschließende Bildungsstätten verbringen, stetig an.

Endlich haben sich die *Zeitstrukturen* heutiger Gesellschaft gegenüber früher gewandelt. Eine wesentliche Veränderung leitete die Einführung des Urlaubs für die breite Bevölkerung ein. Er beträgt heute mindestens 24 Werktage und wird von vielen Menschen als wichtige Unterbrechung des Alltags erlebt. In den sechziger Jahren des 20. Jahrhunderts kam das Wochenende als neue Zeiteinheit auf, das bei nicht wenigen Arbeitnehmer/innen heute vom frühen Freitagnachmittag bis zum Montagmorgen reicht. Zugleich nehmen aber erwerbsmäßige Tätigkeiten in dieser Zeit im Zuge der umfassenden Dienstleistungsgesellschaft seit einigen Jahren zu, wobei der Sonntag allerdings einen besonderen rechtlichen Schutz genießt.[10]

Angesichts dieser weit reichenden Veränderungen in den Lebensbedingungen und -formen der Menschen ist es erstaunlich, wie unverändert sich die Struktur der deutschen Evangelischen Landeskirchen heute präsentiert. Wenn man genauer hinsieht, gab es zwar innerhalb der kirchlichen Organisation durchaus Veränderungen: so verdoppelte sich in den letzten hundert Jahren fast

---

10 S. Axel Frhr. v. Campenhausen (Hg.), Tag der Arbeitsruhe und der seelischen Erhebung. Dokumentation zum Urteil des Bundesverfassungsgerichts zum Schutz der Sonntagsruhe (Schriften zum Staatskirchenrecht 52), Frankfurt 2010.

die Zahl der Pfarrer/innen bezogen auf die Gemeindeglieder,[11] wobei diese Entwicklung in den letzten Jahren etwas rückläufig ist. Die kirchlichen Verwaltungsämter nahmen an Umfang zu. Doch die Struktur blieb im Wesentlichen gleich: häufig an den politischen Grenzen des 19. Jahrhunderts (oder früher) orientierte Zuschnitte der Landeskirchen; parochiale Einteilung als grundlegend für Kirchenzugehörigkeit; verwaltungsmäßige Versorgung aller Kirchenmitglieder durch entsprechende Planstellen; sog. Gemeindegottesdienst am Sonntagvormittag, also mitten im Wochenende. Dabei kommt nicht bzw. zu wenig in den Blick, dass etwa der Bereich der Parochie in einer (auto)mobilen Gesellschaft an Bedeutung verliert. Wohnung, Arbeitsstelle und Orte, an denen die Freizeit verbracht wird, liegen oft nicht nur auf dem Gebiet verschiedener Kirchengemeinden, sondern auch Kirchenkreise und teilweise Landeskirchen. Ebenso trägt die traditionelle pastorale Betreuungsstruktur dem angestiegenen formalen Bildungsniveau keine Rechnung. Auch bleiben die aus den Veränderungen der Sozialformen resultierenden Bedürfnisse der Menschen in vereinsförmigen Strukturen unbeachtet. Schließlich fügt sich die überkommene Gottesdienstzeit, ursprünglich an Stallfütterungszeiten und einer durchgehenden Arbeitswoche orientiert, schlecht in die Wochenendgestaltung vieler Menschen. Die in § 16 konstatierte Distanz der Mehrzahl der Kirchenmitglieder zu Kirche und ihren Veranstaltungen spiegelt diese Lebensweltferne wider.

---

11 Karl-Wilhelm Dahm, Pfarrer/Pfarrerin VI. Statistisch, in: ⁴RGG 6 (2003), 1204–1212, 1205f.

§ 22 Theorien zum heutigen Kontext

Die für eine Kirchentheorie – wie gezeigt – konstitutive Aufgabe der Kontextualisierung setzt die Rekonstruktion des Kontextes voraus, also von Kultur und Gesellschaft, innerhalb deren das Evangelium kommuniziert wird. Dies soll jetzt – nach dem kurzen exemplarischen Blick in statistisch erfassbare Veränderungen – für die Gegenwart erfolgen. Entsprechend der perspektivischen Ausgestaltung gegenwärtiger Gesellschafts- und Kulturanalyse kann es dabei nicht um eine allgemeine Theorie gehen, sondern vielmehr um Perspektiven mit „mittlerer Reichweite".[1] Konkret erscheinen mir folgende Theorieansätze wichtige Einsichten zum Kontext gegenwärtiger Kirche zu eröffnen.[2] Sie sind teils eher spezifisch auf den deutschen bzw. mitteleuropäischen, teils aber auch auf andere Kulturräume bezogen und decken so die vier der Erklärung von Nairobi (s. § 6) entnommenen Dimensionen der Kontextualisierung ab:
- Theorie der Risikogesellschaft;
- Theorie der Individualisierung;
- Theorie der Erlebnisgesellschaft;
- Theorie der Mediengesellschaft;
- Theorie der Weltbeziehung;
- Theorie der Generationen;
- Theorie der Metamorphose;
- Theorie der Data Religion.

Dabei treten jeweils unterschiedliche Lebensbereiche in den Vordergrund, die im Alltag aber miteinander verbunden sind.

1 Theorie der Risikogesellschaft

Das von Ulrich Beck (1944–2015) vorgelegte Konzept der „Risikogesellschaft" versteht sich selbst als „ein Stück empirisch orientierter, projektiver Gesell-

---

[1] Grundlegend Robert K. Merton, Social Theory and Social Structure, New York 1949 u. ö.
[2] Vgl. auch die im Einzelnen etwas anders akzentuierende soziologische Skizze bei Hubert Knoblauch, Die Transformation von Religion und Gesellschaft, in: Evangelische Kirche in Deutschland (EKD) (Hg.), „informieren – transformieren – reformieren". EKD-Zukunftsforum für die Mittlere Ebene 15.–17. Mai 2014 (epd-Dokumentation 44/2014), 18–23.

schaftstheorie".[3] Ausgangspunkt ist die Tatsache, dass neue Risiken das Leben heutiger Menschen bestimmen.

> „Risiken sind in diesem Sinne sachlich gewendete Negativbilder von Utopien, in denen das Humane oder das, was davon übriggeblieben ist, im Modernisierungsprozeß konserviert und neu belebt wird."[4]

Sie unterscheiden sich grundsätzlich von Risiken früherer Generationen. Zum einen sind sie technisch produziert – sog. Nebenfolgen – und zum anderen global wirksam, betreffen also grundsätzlich alle Menschen. Damit gehen bei ihnen Technik, Ethik und Politik eine unlösbare Verbindung ein,[5] was sich beispielsweise bei der Festlegung sog. Grenzwerte zeigt. Musterbeispiel für die Realität solcher Risiken war die sich 1986 zeitgleich mit dem Erscheinen von Becks Buch „Risikogesellschaft" ereignende Nuklear-Katastrophe in Tschernobyl. Dabei trat eine weitere Besonderheit der Risiken in der reflexiven Moderne hervor: Sie sind mit den Sinnen nicht wahrnehmbar, sondern bedürfen zu ihrer Erfassung besonderer technischer Apparaturen.

Dieser Entwicklung korrespondiert auf Seiten der Menschen große Unsicherheit:

> „Die Bedrohungen der Zivilisation lassen eine Art neues ‚Schattenreich' entstehen, vergleichbar mit den Göttern und Dämonen der Frühzeit, das sich hinter der sichtbaren Welt verbirgt und das menschliche Leben auf dieser Erde gefährdet. Man korrespondiert heute nicht mehr mit den ‚Geistern', die in den Dingen stecken, sondern sieht sich ‚Strahlungen' ausgesetzt, schluckt ‚toxische Gehalte' und wird bis in die Träume hinein von den Ängsten eines ‚atomaren Holocaust' verfolgt. An die Stelle einer anthropomorphen Interpretation von Natur und Umwelt ist das moderne, zivilisatorische Risikobewußtsein mit seiner nicht wahrnehmbaren und doch überall präsenten Latenzkausalität getreten. ... Die Hingabe, der unmittelbare Genuß, das einfache So-Sein ist gebrochen. Überall kichern Schad- und Giftstoffe und treiben wie die Teufel im Mittelalter ihr Unwesen."[6]

Die *Sehnsucht nach „Sicherheit"* ist der „normative Gegenentwurf"[7] dazu. Sie führt zu immer neuen und aufwändigeren Anstrengungen der Risiko-Minimierung, ohne aber die erstrebte Sicherheit umfassend garantieren zu können.

---

3 Ulrich Beck, Risikogesellschaft. Auf dem Weg in eine andere Moderne, Frankfurt 1986, 13.
4 A.a.O. 37.
5 S. aus anderer Perspektive Bruno Latour, Wir sind nie modern gewesen. Versuch einer symmetrischen Anthropologie, Frankfurt 2008.
6 Beck, Risikogesellschaft 96 f.
7 A.a.O. 65.

Mit der Frage nach der Sicherheit ist ein auch in der christlichen Theologie bearbeitetes Grundthema menschlichen Lebens gegeben. Es begegnet ebenfalls in der übernächsten empirischen Perspektive (s. 3.) und wird dort eingehender bedacht.

Dazu macht Beck darauf aufmerksam, dass das Risiken Ausgesetzt-Sein einen neuen Blick auf die Natur generiert.

> „In der Gefährdung erfährt der Mensch, daß er atmet wie die Pflanze und vom Wasser lebt wie der Fisch im Wasser. Die Vergiftungsbedrohung läßt ihn fühlen, daß er mit seinem Körper teilhat an den Dingen – ein ‚Stoffwechselprozeß mit Bewußtsein und Moral' – und folglich mit den Steinen und Bäumen im sauren Regen erodieren kann. Es wird eine Gemeinsamkeit zwischen Erde, Pflanze, Tier und Mensch spürbar, eine ‚Solidarität der lebendigen Dinge', die in der Bedrohung gleichermaßen jeden und alle(s) trifft".[8]

Hier zeigt sich also – kontrakulturell – eine Anschlussstelle für den biblischen Schöpfungsglauben.

2 Theorie der Individualisierung

Kirchentheoretisches Interesse verdient die – ebenfalls von Beck in seinem Buch „Risikogesellschaft" entfaltete – Herausarbeitung eines „gesellschaftlichen Individualisierungsschubs von bislang unerkannter Reichweite und Dynamik":[9]

> „Auf dem Hintergrund eines vergleichsweise hohen materiellen Lebensstandards und weit vorangetriebenen sozialen Sicherheiten wurden die Menschen in einem historischen Kontinuitätsbruch aus traditionalen Klassenbedingungen und Versorgungsbezügen der Familie herausgelöst und verstärkt auf sich selbst und ihr individuelles Arbeitsmarktschicksal mit allen Risiken, Chancen und Widersprüchen verwiesen."[10]

Diese Entwicklung zeigt sich nicht zuletzt im Bereich religiöser Kommunikation. Darauf macht der Soziologe Armin Nassehi in der Auswertung von Interviews aufmerksam, die im Zuge des Religionsmonitors 2008 geführt wurden. Hier zeigen sich grundsätzliche Veränderungen in der Formulierung von „Religiösem" im

---

8 A.a.O. 99 (unter Verwendung eines Manuskripts von R. Schütz, ohne Kursivsetzungen im Original).
9 A.a.O. 116.
10 Ebd.

weiteren Sinn, also in der Beobachtung der Unbeobachtbarkeit der Welt. So antwortet ein Befragter auf die Frage: „Was für eine Idee von Gott haben Sie?":

> „Ich meine, es gibt ganz schlaue Leute, die die Welt erklärt haben, Ursprung blablabla, wie das halt entstanden ist und dass da Gott nun überhaupt keine Rolle drin spielt, aber irgendwie denkt man doch, man denkt doch auch: ‚Mein Gott, lass das nicht geschehen', oder wenn man in einer ganz schwierigen Situation ist: ‚Hilf mir doch mal' oder so was. Irgendwo in irgendeiner Form, in welcher Form, weiß ich nicht, aber irgendwo denkt man schon, dass da noch was ist."[11]

Diese Auskunft genügt offenkundig keinen herkömmlichen kirchlichen Lehren – oder gar dogmatischen Standards. Sie ist vielmehr Ausdruck „einer ganz bestimmten Form authentischer Haltung (oder wenigstens ihrer Inszenierung)".[12] Die dahinter stehende Individualisierung kam durchwegs in den Interviews zum Ausdruck:

> „Fast unabhängig davon, ob den Interviewpartnern religiöse Praxis geläufig ist oder nicht, ob Religiöses für sie zentral ist oder nicht, lässt sich feststellen, dass sich die erzählten und berichteten Formen von Religiosität in nur sehr seltenen Fällen jenen eindeutigen konfessionellen bzw. (welt-)religiösen Typen fügen, wie man dies womöglich erwarten oder annehmen sollte. ... Im Klartext: Selbst wer sich explizit katholisch oder evangelisch identifiziert, kann im gleichen Atemzug Glaubensformen für plausibel halten, die der Systematik dieser Konfessionen nicht entsprechen. So kann sich ein katholischer Christ für Okkultes erwärmen, Wiedergeburt für plausibel halten oder esoterischen Ideen anhängen."[13]

So kommt Nassehi zu dem Schluss:

> „Die Interviews zeichnen also ein Bild von Inkonsistenz, das als solche nur denjenigen erscheint, die tatsächlich eine unmittelbare Übertragung religiöser/konfessioneller Lehrmeinungen in individuelle Glaubensformen erwarten. ... Die religiösen Chiffren sind überwiegend tatsächlich am eigenen Erleben orientiert und nur sehr begrenzt durch bloße Mitgliedschaft bzw. bloße kirchlich-religiöse Praxis bestimmt."[14]

Gegenüber den früher am Modus der Autorität, etwa des Bischofs, des Katechismus u. ä., orientierten Kommunikationen dominiert jetzt die *Form der Authentizität*. Sie ist durch den unmittelbaren Bezug auf das individuelle Erleben bestimmt

---

[11] Zitiert in: Armin Nassehi, Religiöse Kommunikation. Religionssoziologische Konsequenzen einer qualitativen Untersuchung, in: Bertelsmann Stiftung (Hg.), Woran glaubt die Welt? Analysen und Kommentare zum Religionsmonitor 2008, Gütersloh 2009, 169–203, 174.
[12] A.a.O. 177.
[13] A.a.O. 179 f.
[14] A.a.O. 181.

und nicht an Kohärenz oder theologischer Richtigkeit interessiert. Demzufolge treten konkrete Inhalte hinter dem Wie der Selbstrepräsentation als entscheidend zurück.[15]

Diese Veränderung im Kommunikationsmodus – weg von dem der Autorität hin zu dem der Authentizität – betrifft direkt Sozialformen wie eben auch die der Kirche. Sie verlieren an Selbstverständlichkeit und werden zunehmend als selbst vom Individuum gewählt – oder eben nicht – bewusst.

3 Theorie der Erlebnisgesellschaft

Gerhard Schulze (geboren 1944) setzt mit seinem im Zuge empirischer Studien 1985 in der Stadt Nürnberg gewonnenen konzeptionellen Begriff „Erlebnisgesellschaft" bei der eben genannten Individualisierung ein. Den Hintergrund bildet der Wohlstand in der deutschen Gesellschaft, bei dem die früher viele Menschen bedrängende Frage nach dem Überleben gelöst ist und an deren Stelle das „schöne Leben" als Projekt tritt. Damit bekommt die ästhetische Dimension große Bedeutung für die Lebensgestaltung und -bewältigung. Es bilden sich *„alltagsästhetische Schemata"* aus.

> „Gemeint ist damit eine weit verbreitete, den meisten Menschen in einer Kultur vertraute Relation zwischen zwei Ebenen, die zueinander im Verhältnis von Zeichen und Bedeutungen stehen. In der Zeichenebene finden wir große Gruppen von Konsumgütern, Veranstaltungen, Situationen, Personen, Handlungen, selbst von Städten (Florenz, New York, Amsterdam usw.) und Regionen (Alpen, Ibiza, Karibik usw.) – potentiell alles, denn alles ist ästhetisierbar, d.h. mit Erlebnisabsichten besetzbar. Diesen Ensembles stehen Bedeutungskomplexe gegenüber, die sich ungefähr als Konfigurationen von Genuß, Lebensphilosophie und Distinktionen beschreiben lassen."[16]

Empirisch sind unterschiedliche Alltagsästhetiken zu beobachten. Sie führen in sozialer Hinsicht zur Theorie von differenten *Milieus*. Dabei unterscheiden die entsprechend Zugeordneten sich grundlegend in ihrem Ich-Welt-Bezug wie auch in ihren Zielen. Streben Angehörige des Niveaumilieus nach „Rang", so die des Integrationsmilieus nach „Konformität", die des Harmoniemilieus nach „Geborgenheit", die des Selbstverwirklichungsmilieus nach „Selbstverwirklichung" und die des Unterhaltungsmilieus nach „Stimulation".[17] Auf jeden Fall sind die all-

---

15 S. a.a.O. 188–190.
16 Gerhard Schulze, Die Erlebnisgesellschaft. Kultursoziologie der Gegenwart, Frankfurt 1992, 125.
17 S. die entsprechende tabellarische Zusammenfassung a.a.O. 261.

tagsästhetischen Schemata der einzelnen Milieus „Konstruktionen, die Sicherheit geben sollen".[18] Sie sind deshalb auch emotional aufgeladen – etwa im Bereich des Musikgeschmacks –, was gemeinschaftliche Unternehmungen über die Milieugrenzen schwierig macht.

In der Zwischenzeit wurde die Milieutheorie weiter – in kommerziellem Zusammenhang – ausgearbeitet, wobei die sog. SINUS-Studien am bekanntesten sind und von Kirchen für ihre Planungen aufgenommen wurden.[19] Die so wahrgenommene „Fragmentierung und Segmentierung von Gesellschaft"[20] ist in den Kirchengemeinden und anderen kirchlichen Gemeinschaftsformen zu beobachten und stellt eine wichtige Herausforderung für kirchliche Praxis dar.[21]

Wie bei Becks Risikogesellschaft steht bei den für die unterschiedlichen Milieus jeweils grundlegenden alltagsästhetischen Schemata das *Sicherheitsstreben* im Hintergrund. Theologisch zeigte Martin Luther in seiner Auslegung des 1. Gebots im Großen Katechismus die Brisanz dieses Strebens:

> „Wer Geld und Gut hat, der weiß sich sicher, ist fröhlich und unerschrocken, als sitze er mitten im Paradies, und wiederümb, wer keines hat, der zweifelt und verzagt, als wisse er von keinem Gott. ... Also auch, wer darauf trauet und trotzet, daß er große Kunst, Klugheit und Gewalt, Gunst, Freundschaft und Ehre hat, der hat auch einen Gott, aber nicht diesen rechten einigen Gott." (BSLK 561)

Demnach berührt also das aus unterschiedlicher Perspektive konstatierte Streben nach Sicherheit die theologisch zentrale Frage nach Gott. In der reformatorischen Theologie wird dabei zwischen „securitas" als der menschlich erstrebten, letztlich aber vergeblichen Sicherheit und der „certitudo" als der von Gott geschenkten, den Tod übergreifenden Gewissheit unterschieden.[22] So stößt man also hinter dem Streben nach dem „schönen Leben" auf die Gottesfrage, verborgen in alltagsästhetischen Schemata.

---

18 A.a.O. 72.
19 S. Heinzpeter Hempelmann, Gott im Milieu. Wie Sinusstudien der Kirche helfen können, Menschen zu erreichen, Gießen ²2013.
20 A.a.O. 50.
21 S. als erste auf dem SINUS-Milieu-Modell beruhende, handlungsorientierende Überlegungen im Bereich der Kasualien Heinzpeter Hempelmann/Benjamin Schließer/Corinna Schubert/Markus Weimer, Handbuch Taufe. Impulse für eine milieusensible Taufpraxis, Neukirchen-Vluyn 2013; dies. (Hg.), Handbuch Bestattung. Impulse für eine milieusensible kirchliche Praxis, Neukirchen-Vluyn 2015.
22 S. Wilfried Härle, Dogmatik, Berlin 1995, 62.

4 Theorie der Mediengesellschaft

Seit der Erfindung des Buchdrucks befinden sich die Kulturen und Gesellschaften in tiefen Umbrüchen. Diese beschleunigen sich entsprechend der Geschwindigkeit technischer Innovationen. Werner Faulstich unterscheidet hierbei in seiner sechsbändigen Medien-Geschichte[23] vier Phasen:

> „Phase A: Die Zeit der Primär- oder Menschmedien bis etwa 1500 n. Chr. Die Menschmedien waren Kleingruppenmedien: Sprache, Erzählung, Ritual, Mythos, Spiel, dann vor allem die Schrift.
>
> Phase B: Verlagerung des kulturellen Gewichts auf die Sekundär- oder Druckmedien. Sie reicht von 1500 bis etwa 1900. Die Druckmedien waren zunächst Individualmedien und wurden später (mit zunehmender Alphabetisierung der Bevölkerung) zu Massenmedien.
>
> Phase C: Durchsetzung der Tertiär- oder elektronischen Medien. Sie reicht von 1900 bis etwa Ende des 20. Jh. Diese Medien waren überwiegend Massenmedien.
>
> Phase D: Entwicklung der Quartär- oder digitalen Medien seit dem Ende des 20. Jh. Diese Medientechnologie wird – mit dem Trend zur interaktionalen Individualnutzung – wohl unsere Gegenwart bzw. nahe Zukunft prägen."[24]

Schon die Reformatoren erkannten das umstürzende Potenzial solcher Veränderungen für die Kommunikation des Evangeliums.[25]

> So resümierte Martin Luther in einer Tischrede hinsichtlich der Druckerei: „Chalcigraphia est summum et postremum donum, durch welche Gott die sache (sc. des Evangelii, C.G.) treibet. Es ist die letzte flamme vor dem ausleschen der welt ..." (WA TR2, 65 f., 17 ff.)

Heute stehen, nachdem bereits Hörfunk, Film und Fernsehen für erhebliche Veränderungen sorgten,[26] die mit dem Internet verbundenen Medien im Mittel-

---

23 Werner Faulstich, Das Medium als Kult. Von den Anfängen bis zur Spätantike (8. Jahrhundert), Göttingen 1997; ders., Medien und Öffentlichkeiten im Mittelalter 800–1400, Göttingen 1996; ders., Medien zwischen Herrschaft und Revolte. Die Medienkultur der frühen Neuzeit (1400–1700), Göttingen 1998; ders., Die bürgerliche Mediengesellschaft (1700–1830), Göttingen 2002; ders., Medienwandel im Industrie- und Massenzeitalter (1830–1900), Göttingen 2004; Die Mediengeschichte des 20. Jahrhunderts, München 2012.
24 Wilhelm Gräb, Medien. Massenmedien / Mediengesellschaft / Religion und Medien / Kirche in den Medien, in: Ders./Birgit Weyel (Hg.), Handbuch Praktische Theologie, Gütersloh 2007, 149–161, 151 (in Zusammenfassung der Ausführungen von Faulstich).
25 S. Christian Grethlein, Luthers Reformation als Medienereignis, in: ZThK 113 (2016), 291–304.
26 S. zum Einzelnen Grethlein, Theologie 238–243; Faulstich, Mediengeschichte (eine instruktive Zusammenfassung der Medienentwicklung der zweiten Hälfte des 20. Jahrhunderts findet sich a.a.O. 257).

punkt des Interesses. Der frühere Google-CEO Eric Schmidt und der Gründer von „Google Ideas" Jared Cohen verfassten ein viel beachtetes Buch zu „The New Digital Age". Dabei stehen die unmittelbaren Folgen der Digitalisierung von Informationen und den dadurch ermöglichten Kommunikationen im Vordergrund.[27] Fünf davon, die auch die Kommunikation des Evangeliums und damit Kirche direkt betreffen, seien kurz genannt:

- Die bis vor kurzem bestehende Unterscheidung zwischen privatem und öffentlichem Bereich verschwindet in der Netz-Kommunikation. Sie spielte z. B. für das traditionelle Verständnis des Predigtamtes in den evangelischen Kirchen eine grundlegende Rolle (Art. XIV der Confessio Augustana: „publice docere"). Demgegenüber konstatieren Schmidt und Cohen:

> „If we are on the web we are publishing and we run the risk of becoming public figures – it's only a question of how many people are paying attention and why. Individuals will still have some discretion over what they share from their devices, but it will be impossible to control what others capture and share."[28]

Theologisch gesehen bekommt also das *Allgemeine Priestertum* dadurch wachsende Bedeutung für die öffentliche Kommunikation.

- Dafür spricht ebenfalls, dass angesichts der ständigen Werbung durch Institutionen und Organisationen Menschen im Netz sich ihnen gegenüber kritisch zeigen. Sie erleben umgekehrt die Äußerungen von *Einzelnen* als authentisch und zeigen an ihnen Interesse. Die hohen Nutzer-Quoten etwa bei von Einzelnen – anscheinend – nichtkommerziell produzierten Youtube-Clips zeigen dies ebenso wie Erfahrungen aus der Online-Seelsorge.[29] Dementsprechend verlieren große Institutionen und Organisationen an Gewicht:

> „One of our recurring themes is that in the virtual world, size matters less. Technology empowers all parties, and allows smaller actors to have outsized impacts. And those actors need not be known or official. To wit, we believe it's possible that virtual states will be created and will shake up the online landscape of physical states in the future."[30]

---

[27] Grundsätzlicher, etwa auch in wissenschaftstheoretischer Hinsicht beleuchten Viktor Mayer-Schönberger/Kenneth Cukier, Big Data. A Revolution That Will Transform How We Live, Work and Think, London 2013 die Veränderungen.
[28] Eric Schmidt/Jared Cohen, The New Digital Age. Reshaping the Future of People, Nations and Business, New York 2013, 56.
[29] S. Antje Schrupp, Inside – aus der Perspektive einer Bloggerin und evangelischen Pubizistin. Erfahrungen, Analysen, Konzepte für die Zukunft, in: Ilona Nord/Swantje Luthe (Hg.), Social Media, christliche Religiosität und Kirche. Studien zur Praktischen Theologie mit religionspädagogischem Schwerpunkt (POPKULT 14), Jena 2014, 431–440.
[30] Schmidt/Cohen, Digital Age 101.

- Dies weist auf eine tiefgreifende Verschiebung des früheren Sender- und Empfängermodells hin:

> „Eine der größten Veränderungen, die das Internet mit sich bringt, ist die, dass nicht mehr die Sender und Senderinnen von Informationen entscheiden, was relevant ist und was nicht, sondern die Empfängerinnen und Empfänger. Dies verändert die Logik klassischer, auch kirchlicher PR und Öffentlichkeitsarbeit maßgeblich, und zwar in zweierlei Hinsicht: Erstens ist es immer schwieriger, Informationen zurückzuhalten, wenn daran ein öffentliches Interesse (und sei es auch von wenigen) besteht. Zweitens ist es immer schwieriger, Aufmerksamkeit für eine Information zu bekommen, wenn die Menschen sich dafür nicht sowieso interessieren."[31]

Hauschildt/Pohl-Patalong nehmen diesen Gesichtspunkt in ihrer Kirchentheorie bereits mit dem Stichwort „Relevanz" auf (s. § 2 3.). Es liegt auf der Hand, dass sich dadurch die Grundlagen für die Öffentlichkeitsarbeit von Institutionen und Organisationen umfassend verändern. Dementsprechend verschärft sich der Kampf um die Aufmerksamkeit der Menschen. Strategien von Institutionen verlieren dabei gegenüber Initiativen Einzelner an Gewicht.

- Auch wandeln sich die *Organisationsstrukturen* von Gruppen, die andere Menschen erreichen wollen:

> „Groups today have websites instead of offices; followers and members instead of staff; and they use free and publicly available platforms that liberate them from many fixed costs. There will be so many of these digital fronts in the future that competition for attention between groups around the world will grow fierce."[32]

Traditionell bürokratisch organisierte Verwaltungen erweisen sich demgegenüber als wenig flexibel und teuer. In den konkreten Interaktionen mischt sich personale face-to-face-Kommunikation mit Kontakten über Social Communities usw. Frühere Trennungen zwischen sog. personaler und apersonaler Kommunikation verlieren an Bedeutung.

- Schließlich ist in verschiedenen Lebensbereichen eine zunehmende *Individualisierung* zu beobachten. Schmidt/Cohen weisen hier auf die Entwicklung einer „personalized medicine" hin. Dabei geht es um die Entwicklung von Heilmitteln, die auf die konkrete genetische Struktur der jeweiligen Patienten zugeschnitten sind. Die mittels digitaler Kommunikation erfolgende Rekonstruktion der DNA-Struktur macht dies möglich und bahnt einen tiefen Umbruch in der Medizin an. Was würde eine solche Umstellung für Theologie bedeuten? Ist

---

31 Schrupp, Inside 433.
32 Schmidt/Cohen, Digital Age 125.

eine „*personalized theology*" zu entwerfen? Wie könnte sie aussehen? Auf jeden Fall geht unter den Bedingungen der Mediengesellschaft die Bedeutung allgemeiner Lehrsätze des Glaubens für die Kommunikation des Evangeliums zurück. *Der authentische Ausdruck des Glaubens durch Einzelne, bewährt in der jeweiligen Biografie, gewinnt dagegen an Relevanz.*

5 Theorie der Weltbeziehung

Eng mit der eben skizzierten informationstechnologischen Entwicklung hängt die allgemein erlebte Beschleunigung zusammen. Hartmut Rosa definiert sie als „Mengenwachstum pro Zeiteinheit"[33] und versteht sie – viel beachtet – als Signum der Moderne und der mit ihr verbundenen Entfremdungsprozesse.[34] Der Zeitforscher Karlheinz Geißler beschreibt die daraus resultierenden Konsequenzen für die konkrete Lebensführung anschaulich in der Figur des „Simultanten":

> „- Simultanten bemühen sich immerzu und überall, mehrere Aufgaben gleichzeitig zu erledigen. Ihre Maxime heiß: ‚Fixer, dichter, mehr!' Ihr Motto: ‚Alles, gleichzeitig und sofort'.
>
> - Erreichbar sind sie – in den allermeisten Fällen elektronisch – jederzeit und an jedem Ort. Sie bevorzugen für sich und ihre Geräte den Zeitmodus des Stand-by und den des On-demand.
>
> - Zu Hause sind Simultanten im Unterwegs des ort- und zeitlosen Netzes. Dort kennen sie sich besser aus als in ihrem Stadtteil.
>
> - Sie vermeiden verbindliche und langfristige Festlegungen, wo immer es möglich ist. Sie kennen weder feste noch regelmäßige Arbeitszeiten. Flexibilität ist ihr ein und alles."[35]

Inzwischen legte Rosa eine positive Fortsetzung seiner Beschleunigungstheorie vor. Sie beginnt programmatisch: „Wenn Beschleunigung das Problem ist, dann ist Resonanz vielleicht die Lösung."[36] Grundlage dafür ist die „Vorstellung einer der Trennung von Subjekt und Objekt vorausgehenden Grundbezogenheit als dem Urgrund für Weltpräsenz und subjektive Erfahrung".[37] Mit Rückbezügen auf die phänomenologische Philosophie und zahlreichen Bespielen aus der Lebenswelt

---

[33] Hartmut Rosa, Resonanz. Eine Soziologie der Weltbeziehung, Frankfurt 2016, 13.
[34] Hartmut Rosa, Beschleunigung. Die Veränderung der Zeitstrukturen in der Moderne, Frankfurt 2009.
[35] Karlheinz Geißler, Alles hat seine Zeit, nur ich hab keine. Wege in eine neue Zeitkultur, München 2014, 189.
[36] Rosa, Resonanz 13.
[37] A.a.O. 66.

entwirft Rosa den Prospekt einer – mit deutlichen Anklängen an die Romantik versehenen[38] – Selbst- und Weltbeziehung, die er als Resonanz bezeichnet.[39] Sie steht der verbreiteten Repulsion entgegen.

Interessant für eine Kirchentheorie ist, dass der Soziologe – neben Natur und Ästhetik – auch die *„Religion" als eine Resonanzoase* bezeichnet,[40] also einen Bereich, in dem der Mensch zur für ein gelingendes Lebens konstitutiven Resonanzerfahrung kommen kann. Als Beispiel hierfür beschreibt Rosa u. a. das Beten:[41]

> „Der Betende schließt die Augen und wendet sich nach innen. Adressiert jedoch zugleich ein Draußen mit dem Ziel, eine intensive Verbindung zwischen beiden spürbar werden zu lassen. Weil und insofern Resonanz einen Moment der Verflüssigung der Selbst-Welt-Beziehung bezeichnet, lässt sich in dieser Haltung für ihn gar nicht mehr genau angeben, was innen und was außen ist."[42]

Über die Deskription hinausgehend zeigt sich also in dieser Gesellschaftstheorie ein kultur- und gesellschaftskritischer Impuls, der „Religion" und ihre zentralen Praktiken in kontrakultureller Perspektive konstruktiv aufnimmt.

In diese Richtung kann aus biblischer Sicht auch die besondere Stellung von *Kindern* in der Resonanz-Theorie verstanden werden. Sie „erscheinen in fast allen Lebensäußerungen und -beziehungen als Resonanzwesen"[43]:

> „Schon die Entwicklung von Säuglingen vollzieht sich wesentlich über Resonanzverhältnisse und -erfahrungen, und diese bilden auch die Quelle für die Herausbildung einer Ich-Identität und einer spezifischen Subjektivität. Die blitzenden und leuchtenden Augen, das feurige Temperament und die Begeisterungsfähigkeit gelten nicht zufällig seit alters her als die Insignien der Jugend ... Dass Kinder und Jugendliche sich entzünden und mitreißen lassen ...: Das bildet die Voraussetzung und die Grundüberzeugung pädagogischen Handelns seit der Antike."[44]

Diese Überlegungen konvergieren mit der – damals offensichtlich ebenfalls kontrakulturell wirkenden – Hervorhebung der Kinder durch Jesus, von der das Neue Testament berichtet. Er attestierte ihnen als einziger Personengruppe eine besondere Nähe zur Gottesherrschaft (Mk 10, 13–16).

---

38 S. a.a.O. 600–609.
39 Eine komprimierte Definition findet sich a.a.O. 298.
40 A.a.O. 197.
41 Vgl. ähnliche Überlegungen zum Abendmahl a.a.O. 298 und 443.
42 A.a.O. 441.
43 A.a.O. 657 f.
44 A.a.O. 658.

6 Theorie der Generationen

Vor diesem Hintergrund stellt die Differenzierung zwischen den Generationen eine wichtige Ergänzung zu den bisher skizzierten Theorien dar.[45] Demnach macht jede Alterskohorte gemeinsam bestimmte Erfahrungen, die ihre Daseins- und Wertorientierung sowie ihre Lebensformen (mit)prägen. Vor allem die Erlebnisse in der Jugendzeit sind bestimmend:

> „Wer in der Nachkriegszeit groß wurde, dem ging es um das materielle Überleben. In den 1960er-Jahren attackierten Jugendliche die Nazi-Vergangenheit ihrer Eltern, Lehrer und Professoren. Die 1970er-Jahre prägten die Ölkrise, der Deutsche Herbst und die Anti-Atomkraft-Bewegung. Die späten 1980er- und die 1990er-Jahre waren von einer gesättigten Null-Bock-Mentalität bestimmt. Neue epochale Ereignisse prägen die heutige junge Generation. Zwischen 1985 und 2000 geboren, erlebt die Generation Y in ihren Jugendjahren, wie Internet, soziale Netzwerke à la Facebook und die Globalisierung die Gesellschaft gründlich neu sortieren."[46]

Hier finden also vorher genannte Entwicklungen wie die der digitalisierten Kommunikation Beachtung. Zugleich wird innerhalb der Individualisierung eine neue Form von Vergemeinschaftung beobachtet, nämlich die der Generationen.

Allerdings zeigen genauere Untersuchungen, etwa durch Rekurs auf Milieu-Theorien, dass es innerhalb der einzelnen Generationen – sie werden im 15-Jahres-Abstand unterschieden – erhebliche Differenzen gibt. Klaus Hurrelmann spricht hier von einer „*Vier-Fünftel-Gesellschaft*".[47] Demnach sind bei der Y-Generation (Geburtsjahr 1985 bis 2000) etwa 20% der jungen Menschen von den sozialen und materiellen Transferleistungen (weitgehend) ausgeschlossen, die den anderen durch die Eltern, Schul- und Ausbildung sowie Erbschaften zugutekommen.

Trotzdem verdienen die Analysen zur *Y-Generation* auch kirchentheoretisch Beachtung, weil sie neues Licht auf Gewinnung und Arbeitshaltung von künftigem kirchlichem Personal werfen. Die Auswertung entsprechender Befragungen und Beobachtungen zeigt:

> „Arbeit als Broterwerb – das Konzept ist für weite Teile der Generation Y von gestern. Sie sucht in ihrem Job Erfüllung, Selbstverwirklichung und auch so etwas wie den Sinn ihres Lebens. In keinem anderen Bereich sind die Ypsiloner so radikale Utopisten wie bei Arbeit

---

[45] Zur Herkunft des Konzeptes s. Karl Mannheim, Das Problem der Generationen, in: Ders., Wissenssoziologie, Berlin 1928, 509–613.
[46] Klaus Hurrelmann/Erik Albrecht, Die heimlichen Revolutionäre. Wie die Generation Y unsere Welt verändert, Weinheim 2014, 15.
[47] A.a.O. 231.

und Beruf. Gerade hier ermöglichen ihnen ihr egotaktisches Spiel mit verschiedenen Optionen und ihr Hang zum Individualismus, die eigenen Vorstellungen durchzusetzen. Und die sind für viele Unternehmen revolutionär: Abschied von Hierarchien, Umorganisation der Arbeitsabläufe zu einzelnen Projekten, Teamwork, flexible Arbeitszeiten, Mitarbeiterbeteiligung und die konstante Suche nach Antworten auf die Frage: ‚Why?'"[48]

Von daher verwundert es nicht, dass sich heute im Bereich des Pfarrberufs Engpässe abzeichnen. Zwar ist dies zweifellos ein Beruf, in dem die Frage nach dem „Why" eine zentrale Rolle spielt, und der deshalb grundsätzlich attraktiv erscheint, doch schreckt manches an seiner gegenwärtigen Konstitution ab: die hierarchische Ordnung in den Kirchen, die überlangen Arbeitszeiten[49] und Zumutungen im privaten Bereich (wie die Residenzpflicht).[50]

Auf jeden Fall bedarf also aus Sicht der Generationen die empirische Analyse von Gesellschaft einer altersbezogenen Differenzierung. Der Unterschied zwischen den Generationen selbst ist ambivalent. Er kann zu gegenseitiger Hilfeleistung und wichtigen Lernprozessen, aber auch zu Abschottung und Isolation führen.

7 Theorie der Metamorphose

Die folgende Theorie ist eine Weiterentwicklung des Konzepts der Risikogesellschaft. Ulrich Beck versucht in seinem letzten, posthum herausgegebenen Buch dem im ersten Satz formulierten Grundgefühl vieler Menschen auf die Spur zu kommen: „Die Welt ist aus den Fugen."[51] Ausgangs- und Bezugspunkt seiner diesbezüglichen Reflexionen ist die Einsicht:

> „die Welt, in der wir leben, verändert sich nicht bloß, sie befindet sich in einer Metamorphose. ... Die ewigen Gewissheiten moderner Gesellschaften brechen weg, und etwas ganz und gar Neues tritt auf den Plan."[52]

---

48 A.a.O. 227.
49 S. z.B. Landeskirchenamt der Evangelisch-Lutherischen Kirche in Bayern (Hg.), Gut, gerne und wohlbehalten arbeiten. Handreichung für die Erstellung von Dienstordnungen für Pfarrerinnen und Pfarrer der Evangelisch-Lutherischen Kirche in Bayern, München 2015, 15, wonach in der EKD weitgehend 54 Wochenstunden als Gesamtarbeitszeit für Pfarrer gelten und jetzt in Bayern versucht wird, dies auf 48 Stunden zu reduzieren.
50 S. Christian Grethlein, Nachwuchs für den Pfarrberuf, in: DtPfrBl 116 (2016), 192–197.
51 Ulrich Beck, Die Metamorphose der Welt, Frankfurt 2017, 11.
52 A.a.O. 15 f.

Konkret geht es um eine „Neukonfiguration des nationalzentrierten Weltbilds". Die neuen „Fixsterne" dieser „Kopernikanischen Wende 2.0" sind „Welt" und „Menschheit".[53]

Dieser Ansatz verdient kirchentheoretisches Interesse. Denn die hier vertretene *kosmopolitanische Perspektive* steht den im deutschen Protestantismus gepflegten landeskirchlichen Sonderkulturen diametral entgegen. Dazu treten einige Einzelbeobachtungen, die ebenfalls Impulse für die Kirchentheorie enthalten:

Nach Beck verwandelt die Metamorphose bisher verwendete Schlüsselbegriffe „in Anachronismen".[54] Die Hinweise zum Kirchenbegriff eingangs meiner Überlegungen (s. § 1) und dann die medientheoretisch begründete Kritik am Begriff „öffentlich" (s. 4.) fügen sich hier gut ein. Kirchentheorie muss ihre Begriffe sorgfältig klären und vermeiden, sog. *Zombie-Kategorien* zu verwenden, also Begriffe, die einen vergangenen Kontext implizieren[55] und so das Wahrnehmen und Verstehen der Gegenwart behindern bzw. verfälschen.

Weiter stellt sich angesichts der Metamorphose die Frage: „Wie soll man leben, wie sich entscheiden unter den Bedingungen des Nichtwissens und der Unbewusstheit?"[56] Schon Nate Silver wies auf die Herausforderungen für die Zukunftsforschung hin, die aus dem „unknown unknown" erwächst.[57] Dazu kommt in Wiederaufnahme des Programms der Gesellschaftsgeschichte die Einsicht in die Bedeutung der sog. Nebenfolgen (s. § 6). Konkret: Zwar war das Ziel des Reaktors von Tschernobyl die Energiegewinnung. Doch trat dieses hinter den Nebenfolgen, nämlich der radioaktiven Verseuchung großer Gebiete zurück. Auch in der Kirchentheorie verdient die Frage nach den Nebenfolgen Beachtung. So verfolgte z. B. die Einbindung der Landesherren in den Aufbau der Evangelischen Landeskirchen das Ziel, den Menschen wieder die reine Lehre des Evangeliums zugänglich zu machen. Eine Nebenfolge war unbeabsichtigt: die enge Verbindung von Kirche und Staat. Sie führte über lange Zeit zu einer problematischen Funktionalisierung von Kirche für obrigkeitliche Zwecke und zu einer staatsanalogen Kirchenstruktur, die hierarchisch funktioniert und an die Lebensvollzüge vieler Menschen kaum mehr anschlussfähig ist.

Schließlich macht Beck auf grundlegende *Probleme von Institutionen* angesichts der neuen globalen Herausforderungen aufmerksam:

---

53 A.a.O. 18f.
54 A.a.O. 81.
55 S. Vorwort in Christian Grethlein, Praktische Theologie, Berlin 2012, V.
56 Beck, Metamorphose 138f.
57 Nate Silver, The Signal and the Noise. The Art and Science of Prediction, London 2012, 420 unter Bezug auf ein bekanntes Diktum des früheren US-Verteidigungsministers Donald Rumsfeld.

> „Vor dem Hintergrund globaler Risiken entsteht mit der Metamorphose eine Kluft zwischen Erwartungen und Problemempfinden einerseits und den bestehenden Institutionen andererseits. Innerhalb des alten Bezugsrahmens mögen die Institutionen einwandfrei zu funktionieren scheinen. Innerhalb des neuen jedoch scheinen sie zu versagen. Daher ist das gleichzeitige Funktionieren und Versagen von Institutionen ein Schlüsselmerkmal des metamorphotischen Zustands."[58]

Demnach ist also das merkwürdige Nebeneinander des Funktionierens der heutigen Landeskirchen, ihrer Kirchengemeinden und Einrichtungen und der Distanz vieler Menschen zu ihnen kein spezifisch kirchliches Problem. Alle Mitarbeitenden erhalten pünktlich ihre Gehälter, die Gebäude sind benutzbar, vielfältige Angebote werden gemacht, zugleich aber erreicht Kirche eine große Zahl von Menschen nicht. Das – scheinbare – Funktionieren der Institution und der Alltag von Menschen treten auseinander.

8 Data Religion

International erhebliches Aufsehen erregte – so der Untertitel – „A Brief History of Tomorrow" des Jerusalemer Historikers Yuval Noah Harari, der darin sowohl eine radikale Gegenwartsbestimmung als auch eine weit reichende Zukunftsvorhersage wagt. Vor allem verlängert er sich heute anbahnende technische Innovationen im Bereich der Daten-Kommunikation in die Zukunft, die bisherige Selbstverständlichkeiten umstürzen.

Rückblickend auf die Geschichte sieht Harari, gleichsam als Voraussetzung für seine Zukunftsvision, drei große Ziele der Menschheit erfüllt. Im Prinzip scheinen Hungersnöte, Seuchen und Krieg überwunden:

> "Famine, plague and war will probably continue to claim millions of victims in the coming decades. Yet they are no longer unavoidable tragedies beyond the understanding and control of a helpless humanity. Instead, they have become manageable challenges."[59]

Tatsächlich zeigen entsprechende Statistiken, dass heute mehr Menschen an Übergewicht sterben als an Hunger,[60] die Zahl der Seuchenopfer erheblich zurückgegangen[61] und auch der Anteil der im Krieg Getöteten an der Gesamtzahl der

---

[58] Beck, Metamorphose 185.
[59] Yuval Noah Harari, Homo Deus. A Brief History of Tomorrow, New York 2017, 19.
[60] A.a.O. 6: „In 2010 famine and malnutrition combined killed about 1 million people, whereas obesity killed 3 million."
[61] S. a.a.O. 6–14.

Todesfälle extrem niedrig ist.⁶² Von daher stellen sich neue Herausforderungen, die zwar bereits schon länger Wunschträume der Menschen waren, jetzt aber – so Harari – realistische Ziele sind: „immortality, bliss and divinity".⁶³ Konkretisiert werden sie in neuen – allerdings nur wenigen zugänglichen – Produkten:

> "The main products of the twenty-first century will be bodies, brains and minds, and the gap between those who know how to engineer bodies and brains and those who do not will be far bigger than the gap between Dicken's Britain and the Mahdi's Sudan. Indeed, it will be bigger than the gap between Sapiens and Neanderthals. In the twenty-first century, those who ride the train of progress will acquire divine abilities of creation and destruction, while those left behind will face extinction."⁶⁴

Als Folge solcher fortgeschrittenen Produkte diagnostiziert Harari das Ende der Vorstellung vom Individualismus:

> "Science undermines not only the liberal belief in free will, but also the belief in individualism. ... However, over the last few decades the life sciences have reached the conclusion that this liberal story is pure mythology. The single authentic self is as real as the eternal soul, Santa Claus and the Easter Bunny. If I look really deep within myself, the seeming unity that I take for granted dissolves into a cacophony of conflicting voices, none of which is ‚my true self'. Humans aren't individuals. They are ‚dividuals'."⁶⁵

Demgegenüber versteht Harari Organismen und damit auch den Menschen – unter Rückgriff auf die Lebenswissenschaften und die Computer-Wissenschaften – als Algorithmen.⁶⁶ Tatsächlich – und hierfür kann er viele Beispiele vom algorithmengestützten Börsenhandel über selbstfahrende Google-Autos bis zu medizinischen Implantaten anführen – greifen Algorithmen bereits heute in vielfacher, meist unbemerkter Weise in das Leben der Menschen ein. Diese Sicht mündet schließlich in die Vorhersage des „dataism", also einer Data-Religion:

> "If life is the movement of information, and if we think that life is good, it follows that we should deepen and broaden the flow of information in the universe. According to Dataism, human experiences are not sacred and Homo sapiens isn't the apex of creation or a precursor of some future Homo deus. Humans are merely tools for creating the Internet-of-All-

---

62 A.a.O. 15: „In 2012 about 56 million people died throughout the world; 620.000 of them died due to human violence (war killed 120.000 people, and crime killed another 500.000). In contrast, 800.000 committed suicide, and 1,5 million died of diabetes. Sugar is now more dangerous than gunpowder."
63 A.a.O. 65.
64 A.a.O. 275.
65 A.a.O. 292f.
66 S. z. B. a.a.O. 351.

Things, which may eventually spread out from planet Earth to pervade the whole galaxy and even the whole universe. The cosmic data-processing system would be like God."[67]

Deutlich tritt hier die Herausforderung für Kirche und Christen zu Tage. Die in 4. unter kommunikationstheoretischen Gesichtspunkten entwickelte positive Sicht auf die neue Medien-Entwicklung erfährt hier eine Ergänzung bzw. Korrektur. Es kommt wesentlich auf die Zielstellung der Kommunikationen an, die mit den neuen, algorithmen-betriebenen Technologien verfolgt werden. Sind sie auf den Menschen bezogen, der sich als endliches Wesen von Gott geschaffen weiß, oder auf einen „Homo Deus", der sich gerade seiner Endlichkeit entledigen will? Harari selbst beendet sein Buch mit drei Fragen:

> "1. Are organisms really just algorithms, and is life really just data processing?
>
> 2. What's more valuable – intelligence or consciousness?
>
> 3. What will happen to society, politics and daily life when nonconscious but highly intelligent algorithms know us better than we know ourselves?"[68]

Sie markieren, dass die gegenwärtigen lebens- und computerwissenschaftlichen Entwicklungen grundsätzliche Herausforderungen stellen, in denen es im direkten Sinn um die Zukunft der Menschen geht.

9 Zusammenfassung und Ausblick

Soziologische und kulturwissenschaftliche Konzepte analysieren in unterschiedlichen Perspektiven und methodischen Zugängen Gesellschaft und Kultur. Sie helfen, den Kontext zu verstehen, innerhalb dessen heute Evangelium kommuniziert wird, und damit die Problemlage gegenwärtiger Kirche. Dabei kommen eigentümliche Spannungen in den Blick, zuerst auf Deutschland bezogen:
- Weit verbreiteter Wohlstand steht in Spannung zu neuen, technisch bedingten Risiken;
- wesentlich durch die Medienentwicklung geförderte Individualisierung und neue soziale Zusammenhänge, die die Konzepte der Milieus und/oder Generationen beschreiben, stehen nebeneinander;
- technisches Verfügen über Dinge und Resonanzverlust scheinen sich gegenseitig zu bedingen;

---

67 A.a.O. 386.
68 A.a.O. 402.

- Institutionen funktionieren anscheinend und versagen doch angesichts neuer Herausforderungen;
- Erleichterungen des Lebens drohen in eine Daten-Religion zu münden, die Menschen ihre Individualität raubt.

So zeigen sich Ambivalenzen, die sowohl heutige Gesellschaften als auch das Leben der Einzelnen bestimmen: Die großtechnisch gegebenen Risiken und damit Nebenfolgen moderner Technik, die wachsende Bedeutung der Ästhetik, nicht zuletzt um Sicherheit in einer Optionsgesellschaft zu gewinnen, gestörte Verhältnisse zu Um- und Mitwelt, die tiefgreifenden Veränderungen durch die digitalisierten Medien sowie die wachsende Beschleunigung stellen vor neue Herausforderungen.

Dass hier die Kommunikation des Evangeliums neue Bedeutung gewinnen kann, tritt vor allem in Rosas Konzept der Resonanzen hervor. Bei den für gelingendes Leben wichtigen Resonanzoasen kommen – auch – zentrale Formen der Kommunikation des Evangeliums wie das Beten oder das Mahlfeiern in den Blick.

Zugleich macht der Vorschlag Becks, die gegenwärtige Situation als „Metamorphose" zu verstehen, auf den Umfang der zu bewältigenden Aufgaben aufmerksam. Die Institutionen, die mit vergehenden Paradigmen wie dem des Nationalstaats verbunden sind, funktionieren zwar anscheinend noch, doch sie versagen zugleich angesichts der Notwendigkeit kosmopolitanischen Handelns. Für den Fortbestand des Lebens auf der Erde entscheidende Herausforderungen wie die ökologische Problematik sind nicht mehr auf nationaler Ebene zu lösen. Noch radikaler setzt Harari mit seinem Vorblick in die schon jetzt – vielleicht – im Silicon Valley anbrechende Zukunft an. Er prognostiziert zumindest als Möglichkeit eine Unterwerfung der Menschen unter die Algorithmen. Die in der Generationenforschung festgestellten, nicht zuletzt die Einstellung zu Beruf und Arbeit betreffenden Besonderheiten der Y-Generation können auch als ein Reflex auf diese widersprüchliche Situation verstanden werden.

Die Institution Kirche dürfte einem so tief greifenden Gestaltwandel – bzw. einer solchen Metamorphose – nicht entzogen sein. Der Kommunikation des Evangeliums ist die auf die ganze Erde, ja sogar die Welt bezogene Perspektive von Anfang an inhärent. Tatsächlich aber hat diese im Neuen Testament mit dem *Konzept der Ökumene* als Ekklesia begegnende Ausrichtung heute wenig Anhalt an der Realität der vielen Konfessionen und ihrer Organisationen, die jedenfalls im Protestantismus oft noch unterhalb des nationalstaatlichen Rahmens liegen. Die Netz-Kommunikation bietet dagegen die Möglichkeit, den durch Ökumene gegebenen Rahmen – im wörtlichen, also den bewohnten Erdkreis bezeichnenden Sinn – kommunikativ auszufüllen. Allerdings dürfte dies herkömmlichen Institutionen bzw. Organisationen wohl nur teilweise bzw. nicht gelingen. Vor allem geht es darum, Aufmerksamkeit zu gewinnen. Die damit gegebenen Anforderungen skizziert Wilhelm Gräb anschaulich am Beispiel einer Morgenandacht im Radio:

> „Vom christlichen Glauben soll die Rede sein, aber so, dass seine Relevanz für den Alltag unmittelbar einleuchtet. Ich darf Gott nicht hinterrücks einschmuggeln, aber auch nicht mit der Tür ins Haus fallen. Ich muss vom Alltag reden. Die Rede darf aber auch nicht banal und schon gar nicht kitschig geraten. Sie muss irgendwie über das Alltägliche auch wieder hinaus, in die theologische Deutungsperspektive – aber nicht abstrakt und bloß reflexiv, sondern selber wieder auf anschauliche, bildhafte, sinnlich vorstellbare Weise. Sie muss etwas religiös Erbauliches sagen, aber doch so, dass es in die Banalität und Brutalität des Alltags hinein trifft, eine andere Sichtweise eröffnet, Verhältnisse klärt, Perspektiven aufzeigt, in einer komplizierten Welt Sinn- und Verhaltensorientierung vermittelt."[69]

Schließlich stellt sich die Frage nach den Zielen, die mit den neuen technischen Möglichkeiten verfolgt werden sollen. Dienen sie dem sich als Geschöpf um seine Grenzen bewussten und diese bejahenden Menschen oder einer neuen Algorithmen-Religion, die Menschen auf Daten reduziert? Kirche befindet sich also in mehrfacher Weise in einer spannungsvollen Situation.

---

[69] Gräb, Medien 154.

§ 23 Struktur Evangelischer Landeskirchen

Gegenüber den eben skizzierten Herausforderungen präsentieren sich die Evangelischen Landeskirchen strukturell weitgehend unverändert. Gewiss wurden auf den verschiedenen Ebenen in den letzten Jahrzehnten zahlreiche Reformversuche gestartet (s. z. B. § 18). Doch ging und geht es in ihnen vor allem um die Anpassung der bestehenden strukturellen und rechtlichen Verhältnisse angesichts knapper werdender finanzieller Mittel, nicht um grundlegende Innovationen im Sinne einer lebensweltbezogenen Kontextualisierung. Deshalb richte ich – nach einem kurzen Blick auf die Organisationsstruktur der Evangelischen Landeskirchen – die Aufmerksamkeit auf die Finanzierung der Landeskirchen. Dabei dominiert in Deutschland das seit etwa hundert Jahre bestehende Kirchensteuersystem. Schließlich bilden die kirchlichen Berufe eine wichtige Grundlage landeskirchlicher Arbeit. Bei ihnen sind in den letzten Jahren interessante Aufbrüche, auch in den entsprechenden Studiengängen,[1] zu beobachten. Doch besteht EKD-weit die Zentrierung auf den Pfarrberuf weiter.

1 Organisationsstruktur

Die Evangelischen Landeskirchen in Deutschland sind partikular-territorial verfasst. Sie beziehen sich also – mit Ausnahme der Evangelisch-reformierten Kirche – auf voneinander abgegrenzte Territorien und haben jeweils eigene Verfassungen bzw. Kirchenordnungen, die durchaus unterschiedlich sind. Gemeinsam ist den Landeskirchen, dass sie – im Gegensatz zum hierarchischen Aufbau der römisch-katholischen Kirche – stets von mehreren Verfassungsorganen geleitet werden. Demnach müssen also bei konkreten Entscheidungen mehrere Personen bzw. meist sogar Personengruppen einbezogen werden. Bei Kirchen in der lutherischen Tradition stehen sich mehrere Leitungsorgane gegenüber – etwa Landeskirchenrat, Landessynode (und Landessynodalausschuss) sowie Landesbischof;[2] in unierten und reformierten Kirchen werden solche Gremien aus der Synode abgeleitet, der ein/e Präses vorsteht.[3] Gemeinsam ist den verschiedenen

---

[1] S. Christian Grethlein, Theologie als Studiengang an der Fachhochschule. Erste Überlegungen zu einem neuen Thema, in: ZThK 107 (2010), 215–238.
[2] S. exemplarisch dargestellt anhand der Evangelisch-lutherischen Kirche in Bayern in Christian Grethlein, Evangelisches Kirchenrecht. Eine Einführung, Leipzig 2015, 79–87.
[3] S. am Beispiel der Evangelischen Kirche von Westfalen dargestellt a.a.O. 87–93 bzw. der Evangelisch-reformierten Kirche a.a.O. 93–98.

Kirchen bei allen Unterschieden im Detail die große Bedeutung der *Synoden* – auf Landeskirchenebene – bzw. der Presbyterien bzw. Kirchenvorstände auf Kirchengemeindeebene. Die Vertreter/innen in diesen im 19. Jahrhundert entstandenen Sozialformen werden von den Kirchenmitgliedern bzw. den von diesen Gewählten bestimmt. So sieht es jedenfalls das Kirchenrecht vor. Historisch wurde damit die landesherrliche Kirchenleitung begrenzt bzw. später abgelöst, wobei in groben Zügen eine Parallelität zu den Parlamenten im staatlichen Bereich besteht. Zusätzlich zu den Gewählten treten in den Landessynoden noch sog. berufene Mitglieder hinzu. Auch sind meist besondere Plätze für eine/n Vertreter/in der jeweils auf dem Territorium liegenden Theologischen Fakultät(en) vorgesehen.[4] Das trägt der Bedeutung der Theologie in reformatorischen Kirchen Rechnung.

Allerdings ist mittlerweile bei dieser weitgehend demokratieanalogen Form der Partizipation aller Kirchenmitglieder (ab einem bestimmten Alter) an Kirchenleitung deren tatsächliche Alltagsferne unübersehbar. Zum einen fällt es in immer mehr Kirchengemeinden schwer, eine ausreichende Zahl von Presbyter/innen bzw. Kirchenvorsteher/innen zu gewinnen – von einer echten Wahl, die eine Auswahl voraussetzen würde, ganz zu schweigen. Zum anderen sank in den letzten Jahrzehnten die Wahlbeteiligung dramatisch. Sie lag z.B. bei den Presbyteriumswahlen 2016 in den strikt presbyterial-synodal verfassten, unierten Evangelischen Kirchen im Rheinland bei 9,3 % bzw. in Westfalen bei 6,8 %, mit gegenüber den letzten Wahlen weiter zurückgehender Tendenz. Hier reduziert sich ein ursprünglich im Priestertum der Getauften begründetes Instrument der Partizipation zu einer Form, die heute nur noch die Menschen erreicht, die am vereinsmäßig organisierten sog. Gemeindeleben teilnehmen. Die dem presbyterial-synodalen System zu Grunde liegende Staatsanalogie der Landeskirchen wird damit zur Fiktion.

Dass diese Entwicklung nicht pauschal mit einem zurückgehenden – gleichsam zivilgesellschaftlichen – Engagement in und für Kirche gleich gesetzt werden kann, zeigt das teilweise sogar steigende *ehrenamtliche Engagement* in Kirche und Diakonie.[5] Allerdings ergeben entsprechende Untersuchungen, dass diese Form der Partizipation anderen Regeln folgt als die Mitarbeit in Presbyterien bzw. Synoden sowie die Wahl derselben. Vor allem der klare Bezug auf eine konkrete Aufgabe, die auch biografisch sinnvoll erscheint, die Beteiligung an zu

---

4 S. im Einzelnen zu den historisch sich durchaus verändernden Wahlmodalitäten Nikolaus Närger, Das Synodalwahlsystem in den deutschen evangelischen Landeskirchen im 19. und 20. Jahrhundert (JusEcc 36), Tübingen 1988.
5 S. im Einzelnen zur geschichtlichen Entwicklung und heutigen Situation kirchlicher Ehrenämter – bzw. Freiwilligenarbeit – Grethlein, Theologie (²2016), 462–473.

treffenden Entscheidungen sowie die zeitliche Begrenzung des Engagements sind hier zu nennen.[6] Organisationssoziologisch entspricht diese Seite von Kirche – und Diakonie – den Anforderungen, die ebenfalls in anderen Organisationen (wie NGOs) gestellt werden. Im Vergleich zu ihnen schneiden die Landeskirchen etwa hinsichtlich der Begleitung der Ehrenamtlichen positiv ab.[7] Hier zeichnet sich also ein Strukturwandel in der Partizipation ab, der zwar in der konkreten Arbeit bereits zu beobachten ist, aber das Kirchenrecht und damit die Kirchenverfassungen und -ordnungen noch nicht erreicht hat. Dies gilt besonders für die zumindest mancherorts steigende ehrenamtliche Mitarbeit von Menschen, die der Kirchenmitgliedschaftsregel nicht genügen.

2 Finanzierung

Im Laufe der Kirchengeschichte begegnen vielfältige Formen der Finanzierung von Kirche(n) und ihrer Arbeit.[8] Im Mittelalter kristallisierten sich nebeneinander fünf Formen heraus: Am ertragreichsten war der – bereits im Alten Testament (Lev 27,30–32) erwähnte – Zehnte, zu dem Fronen, Naturalien und Geldleistungen gehörten. Dazu kamen Gebühren, am bekanntesten die sog. Stolgebühren im Zusammenhang mit priesterlichen Amtshandlungen; Einnahmen kirchlicher Einrichtungen wie Mühlen oder Brauereien; Spenden, Almosen und Stiftungen; Ablässe und Gaben im Zusammenhang von Wallfahrten; weltliche Abgaben wie Zölle, Weggelder, Geldstrafen usw., die der Kirche zu Gute kamen. Zusammengefasst:

> „Insgesamt herrschte also eine breit gestreute Mischfinanzierung, die in der Regel auf konkrete Personen bzw. Einrichtungen bezogen war. War die dadurch gegebene Lebensnähe zweifellos ein Vorteil dieser Finanzierungsform, so bildete das unkoordinierte Nebeneinander von erheblichem Reichtum, etwa in Form von Stiftungen, und gravierender Unterfinanzierung, etwa in Kirchengemeinden und bei Pfarrdotationen, einen Schwachpunkt."[9]

---

[6] S. ausführlicher Susanne Breit-Kessler/Martin Vorländer, Ehrenamtliche Mitarbeitende, in: Gottfried Adam/Rainer Lachmann (Hg.), Neues Gemeindepädagogisches Kompendium (Arbeiten zur Religionspädagogik 40), Göttingen 2008, 111–128, 126 f.
[7] S. Bundesministerium für Familie, Senioren, Frauen und Jugend, Hauptbericht des Freiwilligensurveys 2009. Zivilgesellschaft, soziales Kapital und freiwilliges Engagement 1999–2004–2009, München 2010, 30.
[8] S. zum Folgenden Felix Hammer, Rechtsfragen der Kirchensteuer (JusEcc 66), Tübingen 2002, 33.
[9] Christian Grethlein, Kirchensteuer im Transformationsprozess heutiger evangelischer Landeskirchen, in: KuR 22 (2016), 188–195, 189.

Gegenüber dieser regional unterschiedlich ausgeprägten, wenig einheitlichen Finanzierungsform weist eine *Steuer* den Vorteil der Allgemeinheit auf. Dieser ist allerdings damit verbunden, dass kein konkreter Leistungsgrund genannt werden muss (und meist auch nicht bekannt ist). Dass dies ein potenzielles Problem beinhaltet, das bis heute kirchenleitende Persönlichkeiten ausklammern, war schon bei der sukzessiven Einführung der Kirchensteuer in den deutschen Ländern klar. So warnte 1873 der Berliner Professor für Kirchenrecht Paul Hinschius vor „Massen-Austritte(n) aus rein pekuniären Gründen".[10] Tatsächlich hielten sich aber die Kirchenaustrittszahlen bis zur Weimarer Republik in Grenzen (s. § 15 1. Tabelle 2). Bei der 1. EKD-Mitgliedschaftsumfrage im Jahr 1972, nachdem die Kirchenaustritte in die Höhe geschnellt waren, befürwortete nur eine Minderheit von 47 % der evangelischen Kirchenmitglieder „Kirchensteuer wie bisher", 52 % dagegen „Freiwillige Zahlungen".[11] Selbstkritisch bemerkten dazu die kirchlichen Herausgeber des Berichtsbands:

> „Die Parallelität, in die die Kirche mit dem Staat tritt, indem sie auch ‚Steuern' nimmt, ist an sich schon anstößig, und der Steuerärger, den man dem Staat gegenüber empfindet, überträgt sich auch auf die Kirche. Das problematische Einzugsverfahren (samt dem an die Lohn- und Einkommenssteuer gekoppelten Berechnungsmodus) fällt zusätzlich ins Gewicht. Dazu kommt ein ganzes Bündel von eher moralischen Problemen. Das Verhältnis ‚Kirche und Geld' ist für die Mitglieder ungeklärt .... Es gibt Vorwürfe der mangelnden Transparenz, der Ineffizienz, der Ungreifbarkeit vieler kirchlicher Leistungen."[12]

So wird man zwar dem früheren EKD-Finanzreferenten Thomas Begrich darin zustimmen, dass die Kirchensteuer in Deutschland „seit 100 Jahren starke und verlässliche Basis der Kirchenfinanzierung" ist".[13] Man wird aber hinzufügen müssen: Dies geschieht – empirisch gesehen – seit fast fünfzig Jahren gegen den Willen vieler, wohl sogar der Mehrheit evangelischer Kirchenmitglieder.[14] Ange-

---

10 Zitiert nach Andreas Feige, Kirchenmitgliedschaft in der Bundesrepublik Deutschland. Zentrale Perspektiven empirischer Forschungsarbeiten im problemgeschichtlichen Kontext der deutschen Religions- und Kirchensoziologie nach 1945, Gütersloh 1990, 129.
11 Helmut Hild (Hg.), Wie stabil ist die Kirche? Bestand und Erneuerung. Ergebnisse einer Umfrage, Gelnhausen 1974, 97.
12 A.a.O. 96 f.
13 Thomas Begrich, Die Kirche, das Geld und wir, in: KuR 22 (2016), 196–203, 199.
14 S. zu einzelnen Ergebnissen, die aber in den folgenden Umfragen nicht mehr selbstkritisch, sondern eher die bisherige Praxis beschönigend interpretiert werden: Johannes Hanselmann/ Helmut Hild/Eduard Lohse (Hg.), Was wird aus der Kirche? Ergebnisse der zweiten EKD-Umfrage über Kirchenmitgliedschaft, Gütersloh 1984, 110–113; Wolfgang Huber/Johannes Friedrich/Peter Steinacker (Hg.), Kirche in der Vielfalt der Lebensbezüge. Die vierte EKD-Erhebung über Kirchenmitgliedschaft, Gütersloh 2006, 76–78; Heinrich Bedford-Strohm/Volker Jung (Hg.), Ver-

sichts des Wandels von der – lange Zeit obrigkeitlich erzwungenen, später sozial abgestützten[15] – Selbstverständlichkeit der Kirchenmitgliedschaft zur Option markiert die Kirchensteuer demnach eine potenzielle Bruchstelle. Das gilt besonders, wie Befragungen zeigen, für jüngere Menschen.[16] Bei ihnen begegnet anscheinend neben der Kritik am Abzug vom Lohn vermehrt das Wissen darum, dass es in anderen Ländern keine Kirchensteuer gibt.[17] Vermutlich war das Ansteigen der Kirchenaustritte anlässlich der ab 2015 automatisch erhobenen Kirchensteuern im Zuge der Kapitalertragssteuer nicht nur die Folge von Kommunikationsfehlern. Vielmehr kam dabei eine lange schwelende, mittlerweile schnell zum Austritt führende Unzufriedenheit von Kirchenmitgliedern mit dieser Finanzierungsform von Kirche zum Vorschein.

Dies dürfte auch mit der in § 22 2. beschriebenen Umstellung des Modus religiöser Kommunikation von Autorität auf Authentizität zusammenhängen. Die hiermit verbundene Individualisierung von Einstellungen im Bereich der Daseins- und Wertorientierung steht der hinter der Kirchensteuer letztlich stehenden *Organisationsform von Kirche als staatsanaloger Institution* entgegen.

> „Eine solche ‚postbürgerliche Form' von Religiosität ist am Besonderen, nicht am Allgemeinen interessiert. Die Auseinandersetzung mit der eigenen Biografie steht hier im Mittelpunkt. Eine staatsanaloge Institution, die durch ihre feste Struktur Gewähr auf Dauer bietet und sich in abstrakter Form vor allem durch den Einzug von Steuern finanziert, kann wohl kaum Anschluss an Menschen mit auf die ‚authentische Präsentierbarkeit individuellen Glaubenslebens' ausgerichteter Einstellung finden. Positiv gewendet dürfte eine solche individualisierte Form des Christseins offen für konkrete finanzielle Zuwendungen sein, wenn diese biografiebezogen kommuniziert werden. Von daher gewinnt der stark regional und personal bezogene Modus der Mittelschöpfung in der mittelalterlichen Kirche neues Interesse, ohne dass es freilich zu Repristinierungen konkreter Formen kommen kann."[18]

Pastoral wird dieser Gesichtspunkt – auch abgesehen von den aktuellen Problemen der gerechten Verteilung der Finanzierungslast[19] – noch dadurch verstärkt,

---

netzte Vielfalt. Kirche angesichts von Individualisierung und Säkularisierung. Die fünfte EKD-Erhebung über Kirchenmitgliedschaft, Gütersloh 2015, 253–255.
15 1972 gaben noch 28% der Befragten in der EKD-Mitgliedschaftsumfrage an, dass ein – eventueller – Kirchenaustritt „nächste Angehörige vor den Kopf stoßen" würde (Hild, Kirche 132).
16 S. typologisch differenzierend Michael Ebertz/Monika Eberhardt/Anna Lang, Kirchenaustritt als Prozess: Gehen oder bleiben? Eine empirische gewonnene Typologie (KirchenZukunft konkret 7), Berlin 2012, 148–170.
17 S. a.a.O. 171.
18 Grethlein, Kirchensteuer 193.
19 S. Frank Weyen, Kirche in der finanziellen Transformation. Fundraising für evangelische Kirchengemeinden (APrTh 50), Leipzig 2012, 200–202.

dass bei der Kirchensteuer der Zusammenhang von Gabe und persönlicher Beziehung aufgelöst ist. Genau hier setzt als Alternativmodell das Konzept des *Fundraising* ein.

> „Eine Unterstützerleistung bzw. Spende enthält das intendierte Signal der Gebenden, Gemeinschaft mit anderen Menschen teilen und Zugehörigkeit zu einer bestimmten Gruppe (Kirchengemeinde) haben zu wollen. Dieses Signal wird ein durch Kirchensteuern finanziertes System dauerhaft nicht abbilden können."[20]

Theologisch ist daran zu erinnern, dass für die Reformatoren das Finanzgebaren der römischen Kirche besonders anstößig wirkte. Die *Verquickung von Geld und Soteriologie,* wie sie den Ablasshandel bestimmte, war der Auslöser für Luthers Aufbegehren. Durch die direkte Verknüpfung von Taufe und Kirchenmitgliedschaft auf der einen und Kirchenmitgliedschaft und Kirchensteuer auf der anderen Seite nähern sich die Landeskirchen einer solchen theologisch problematischen Verbindung. Tatsächlich hat rechtlich gesehen in den Evangelischen Landeskirchen heute die Taufe erheblich geringere Bedeutung als die an die Kirchensteuer gebundene Kirchenmitgliedschaft, was theologischer Einsicht widerspricht.[21]

So legen empirische und theologische Gründe nahe, die Abhängigkeit der Kirchen von der Kirchensteuer zu überdenken. Die erst beginnenden demografischen Veränderungen in Deutschland lassen darüber hinaus auch in ökonomischer Hinsicht vermuten, dass diese Finanzierungsform bereits mittelfristig nicht mehr ausreichen wird. Der Eintritt der Baby-Boomer-Generation in den Ruhestand und das damit verbundene Absinken ihrer Steuern sowie die größere Neigung der jüngeren Menschen zum Kirchenaustritt werden sich schon bald in ungünstiger Weise gegenseitig verstärken.

3 Berufe

Ein wesentliches Ziel der Reformation bestand in der Destruktion des Weihepriestertums und damit positiv in dem Ernstnehmen der unvertretbaren Verant-

---

[20] A.a.O. 63.
[21] S. Jan Hermelink, Taufpraxis in kirchenrechtlicher Perspektive. Das Recht der Taufe und das Selbstverständnis der kirchlichen Organisation, in: Franziska Beetschen/Christian Grethlein/Fritz Lienhard (Hg.), Taufpraxis. Ein interdisziplinäres Projekt, Leipzig 2017, 161–182, 171–173.

wortung jedes Einzelnen für seine Gottesbeziehung.²² Die *Pfarrer* hatten jetzt die Aufgabe, die – meist formal ungebildeten – Menschen das Wort Gottes²³ zu „lehren" („ministerium docendi", CA V). Dazu trat aber eine in der Wirkung gegenläufige Tendenz hinzu, nämlich die Übernahme der mittelalterlichen Drei-Stände-Lehre. Nach ihr ordnet Gott die Welt in drei Ständen: dem „status oeconomicus", dem „status politicus" und dem „status ecclesiasticus". Letzterer gab die Möglichkeit, einen besonderen Pfarrer-Stand zu kreieren, der in Verbindung mit einer sich entwickelnden Ordinations-Theorie inhaltlich gegenüber dem Allgemeinen Priestertum profiliert wurde.

> „Im vormodernen, frühneuzeitlichen Protestantismus wußte sich die Pfarrerschaft noch als integralen Teil der ständisch gegliederten Gesellschaft. Aus der Dreiständelehre hat sie ihr Amtsverständnis und gesellschaftliches Selbstbewußtsein abgeleitet."²⁴

Diese im Kontext des 16. Jahrhunderts plausible Konstruktion überdauerte die spätere Auflösung der Standesgesellschaft und wird bis heute anschaulich in jedem Ordinationsgottesdienst zelebriert (Absonderung von Nicht-Standeszugehörigen; Standeskleidung; feierliche Aufnahme in Stand mit Verleihung von besonderen Rechten). Bis heute genießen die Pfarrer/innen gegenüber den meisten anderen kirchlichen Mitarbeiter/innen besoldungs- und versorgungsbezogen eine beamtenähnliche Privilegierung. Die staatliche Zuerkennung des Status einer Körperschaft des öffentlichen Rechts für die Kirchen ermöglicht solche öffentlich-rechtlichen Dienstverhältnisse. Auch die rechtliche Gleichsetzung der evangelischen Pfarrer/innen mit katholischen Priestern, etwa hinsichtlich des Beichtgeheimnisses bzw. früher der Freistellung vom Wehrdienst, fördert deren besondere Stellung gegenüber den sog. „Laien". Letztlich gehört die in den letzten Jahren vom Deutschen Pfarrerverein und in EKD-Verlautbarungen verbreitete These vom Pfarrberuf als „Schlüsselberuf" ebenfalls in diesen Kontext. Dass damit kirchenpolitische Ziele verfolgt werden, zeigt eine genauere Analyse einschlägiger EKD-Texte, in denen ursprünglich Pfarrer/innen als „Schlüsselproblem", später als „Schlüsselperson" und schließlich als „Schlüsselberuf" firmieren.²⁵ Schon ein kurzer Blick in die Statistik zeigt die Problematik solchen Sprachgebrauchs. Ge-

---

22 S. z. B. Dietrich Korsch, Die religiöse Leitidee, in: Albrecht Beutel (Hg.), Luther Handbuch, Tübingen 2005, 91–97, 96 f.
23 S. Albrecht Beutel, Wort Gottes, in: Ders. (Hg.), Luther Handbuch, Tübingen 2005, 362–371, v. a. 369 f.
24 S. Wilhelm Gräb, Lebensgeschichten – Lebensentwürfe – Sinndeutungen. Eine praktische Theologie gelebter Religion, Gütersloh 1998, 305.
25 S. mit genauen Fundstellen Christian Grethlein, Kirchenreform und Pfarrberuf – vom „Schlüsselproblem" zum „Schlüsselberuf" und wieder zurück, in: PTh 106 (2017), 13–19.

genüber den über 1,1 Millionen in der Kirche und etwa 465.000 in der Diakonie ehrenamtlich Tätigen sowie den etwa 230.000 in den Landeskirchen und den etwa 460.000 in der Diakonie erwerbsmäßig Beschäftigten ist die Zahl der etwa 21.000 Pfarrer/innen überschaubar.[26] Sie beträgt etwa 3% der in Kirche und Diakonie erwerbsmäßig Tätigen; hinsichtlich der Ehrenamtlichen sind es nur 1,3%.

Tatsächlich bilden sich seit dem 19. Jahrhundert, vor allem im Zusammenhang mit der Entstehung der Inneren Mission, neue Berufe, die meist pflegerisch oder pädagogisch orientiert sind, jeweils aber auch eine theologische Orientierung voraussetzen. Am deutlichsten tritt dies in den letzten Jahren im Zusammenhang mit dem *Beruf des Diakons bzw. der Diakonin* hervor. Dieser Beruf, der sich – wie schon die Ausbildung an Fachhochschulen zeigt – sowohl einer sozialfachlichen als auch einer theologischen Ausrichtung verdankt, gewinnt in einer Zeit, in der binnenkirchliche Aktivitäten für viele Menschen wenig relevant erscheinen, an Bedeutung. Denn er verbindet – im wörtlichen Sinn die Ursprungsbedeutung von „diakonein" aufnehmend[27] – und vermittelt zwischen unterschiedlichen Sozialformen und Wissensgebieten. Die Evangelische Landeskirche in Württemberg führte deshalb in den Jahren 2008 bis 2013 das Projekt „Diakonat – neu gedacht, neu gelebt" durch, in dem in 15 Teilprojekten[28] praxisnahe Konturierungen des Diakonenberufs erprobt wurden.[29] In der Perspektive einer Theorie der Kommunikation des Evangeliums[30] ergibt sich dabei eine ähnliche Denkfigur wie hinsichtlich des Pfarrberufs. Stehen dort allgemeines Priestertum und Pfarrberuf in einem unauflöslichen Wechselverhältnis, kann dies auch im diakonischen Bereich gelten. Der württembergische Landesbischof July

---

26 S. Grethlein, Theologie (^{2}2016) 460 und 430.

27 S. zum Einzelnen John Collins, Diakonia. Reinterpreting the Ancient Sources, Oxford 1990, sowie dies diakoniewissenschaftlich weiterführend Hans-Jürgen Benedict, Beruht der Anspruch der evangelischen Diakonie auf einer Missinterpretation der antiken Quellen? John N. Collins Untersuchung „Diakonia", in: PTh 89 (2000), 349–360.

28 S. die diesbezügliche Liste in: Ellen Eidt/Claudia Schulz (Hg.), Evaluation im Diakonat. Sozialwissenschaftliche Vermessung diakonischer Praxis (Diakonat – Theoriekonzepte und Praxisentwicklung 4), Stuttgart 2013, 518–520.

29 Zu Hintergrund und Vorgeschichte des Projekts s. Dieter Hödl, Sisyphusarbeit für eine diakonische Vision? Die lange Vorgeschichte des Projekts „Diakonat – neu gedacht, neu gelebt", in: Werner Baur u. a. (Hg.), Diakonat für die Kirche der Zukunft (Diakonat – Theoriekonzepte und Praxisentwicklung 1), Stuttgart 2016, 22–37.

30 S. Christian Grethlein, Diakonisches Handeln als Kommunikation des Evangeliums, in: Werner Baur u. a. (Hg.), Diakonat für die Kirche der Zukunft (Diakonat – Theoriekonzepte und Praxisentwicklung 1), Stuttgart 2016, 62–77.

sprach folgerichtig von einem „Diakonat aller Gläubigen",[31] das wiederum auf den Diakonenberuf wie auch umgekehrt dieser auf jenes zu beziehen ist.

Was so exemplarisch für den Diakonenberuf durch dieses Projekt skizziert wurde, wäre ebenfalls für andere kirchliche Berufe, etwa die Kirchenmusiker/innen möglich. Sie fördern und pflegen fachkundig die ästhetische Dimension der Kommunikation des Evangeliums. Auf jeden Fall zu nennen sind in diesem Zusammenhang auch pädagogische Berufe wie die Religionslehrer/innen, Gemeindepädagog/innen und Erzieher/innen. Sie bringen wichtige pädagogische Kenntnisse ein und verbinden sie mit theologischen Einsichten. Zunehmende Bedeutung wird der Christlichen Publizistik zukommen. Erste Master-Studiengänge dazu – „Christliche Medienkommunikation" und „Medien – Ethik – Religion" – bestehen an der entsprechenden Abteilung des Theologischen Fachbereichs in Erlangen.[32]

Diese und andere Berufe ermöglichen praxisnahe Anschlüsse von Kirche und Theologie an wichtige gegenwärtige Wissensbestände, die die Möglichkeiten von Pfarrer/innen, die in der Regel nur Theologie studierten, übersteigen. Umgekehrt erfordert gerade die Verknüpfung unterschiedlicher Wissenschaften und darauf bezogener Berufsbilder im Rahmen der Förderung der Kommunikation des Evangeliums präzise theologische Kenntnisse. Angesichts der Ausdifferenzierung der entsprechenden Handlungsfelder und der auf sie bezogenen Wissenschaften erfordert die hier skizzierte Weitung von Kirche und Theologie *Teamarbeit* der theologisch und anderweitig unterschiedlich an Hochschulen Ausgebildeten. Dabei wirft die bestehende dienstrechtliche – und auch ideologische – Hervorhebung der Pfarrer/innen Schwierigkeiten auf. Dass es sich dabei um kein nur kircheninternes Problem handelt, zeigt ein Blick auf eine andere klassische Profession,[33] nämlich die Medizin. Hier tritt das pflegerische Handeln, mittlerweile in den Pflegewissenschaften akademisch etabliert, zunehmend, etwa im Palliativbereich, gleichberechtigt neben die kurative Tätigkeit von Ärztinnen und Ärzten (s. § 25 2.3). Dass es in diesem Prozess auch um Standes- und Besoldungsprobleme geht, ist ebenfalls offensichtlich.

---

31 S. Frank Otfried July, Diakonat. Zehn Thesen im Rahmen des Projekts „Diakonat – neu gedacht, neu gelebt", in: Annette Noller/Ellen Eidt/Heinz Schmidt (Hg.), Diakonat – theologische und sozialwissenschaftliche Perspektiven auf ein kirchliches Amt (Diakonat – Theoriekonzepte und Praxisentwicklung 3), Stuttgart 2013, 15–20, 15.
32 S. hierzu die Beiträge zum fünfzigjährigen Bestehen des Instituts in: PTh 106 (2017) H. 6.
33 Zum Professionsbegriff und seiner Erschließungskraft für den Pfarrberuf s. grundlegend Isolde Karle, Der Pfarrberuf als Profession. Eine Berufstheorie im Kontext der modernen Gesellschaft (PThK 3), Gütersloh 2001.

4 Zusammenfassung und Ausblick

Die gegenwärtigen, staatsanalogen Strukturen der Evangelischen Landeskirchen gewähren diesen seit einiger Zeit Stabilität. Allerdings ergibt eine genauere, exemplarisch zu den Bereichen der Organisationsstruktur, der Finanzierung und der Berufe durchgeführte Analyse auch erhebliche Probleme, die hieraus erwachsen. Die analog zum staatlichen Parlamentarismus entstandene (presbyterial-)synodale Struktur, die eine breite Partizipation der Allgemeinen Priester an der Kirchenleitung intendierte, wird nur von einer kleinen Minderheit der Kirchenmitglieder wahrgenommen. Im finanziellen Bereich erscheint die Fokussierung auf die Kirchensteuer empirisch und theologisch problematisch sowie ökonomisch in Zukunft unzureichend. Schließlich verdankt sich die Sonderstellung des Pfarrberufs dem sozialen Kontext der Standesgesellschaft des 16. Jahrhunderts, die längst vergangen ist.

Demgegenüber sind aber bei allen drei Themen Aufbrüche und Veränderungen beobachtbar, die dem in § 22 skizzierten gegenwärtigen Kontext der Kommunikation des Evangeliums stärker entsprechen und so lebensweltlich für viele Menschen anschlussfähig sind. Die vielerorts beobachtbare *Neuprofilierung ehrenamtlicher Tätigkeit* kommt z. B. den Plausibilitäten einer Erlebnisgesellschaft entgegen und ermöglicht durch die dabei entstehenden Kontakte gesellschaftskritisch eine Überwindung sonstiger Selektionen. Bemühungen um *Fundraising* wehren einer bloßen ökonomisch betriebswirtschaftlichen Ausrichtung, wenn der dabei wichtige Zusammenhang von Gabe und Beziehung beachtet wird. Schließlich gewinnen gegenwärtig – neben dem Pfarrberuf – neue kirchliche Berufe an Profil, wie exemplarisch an der Neubestimmung des *Diakonats* gezeigt wurde. Hier wird im Kontext von Risikogesellschaft, Individualisierung und Generationendifferenz theologisch und pflegerisch, sozialpädagogisch o. ä. verantwortet Evangelium in Formen kommuniziert, die auch für Menschen ohne Zugang zu vereinskirchlichen Sozialformen attraktiv sind.

So begegnen auch in den Evangelischen Landeskirchen Aufbrüche, die sich auf den heutigen Kontext beziehen. Dabei gehen Kontextualisierung und Kultur- bzw. Gesellschaftskritik enge Verbindungen ein. Neue Formen des Ehrenamts vollziehen sich im Kontext der Erlebnisgesellschaft und eröffnen zugleich entgegen narzisstischem Selbstbezug den Blick auf die Nöte und Bedürfnisse anderer Menschen. Das Fundraising agiert im Kontext allgemeiner Ökonomisierung, doch steht die mit ihm verbundene Beziehungspflege einer Funktionalisierung von Menschen entgegen. Der Aufbruch im Diakonat bezieht sich auf Problemlagen einer hochdifferenzierten Risikogesellschaft und steht in seiner intermediären Ausrichtung zugleich den damit gegebenen Segmentierungen entgegen.

§ 24 Komparative Perspektiven

Die in § 22 skizzierten empirischen bzw. empirisch begründeten Theorien ermöglichen einen differenzierten Blick auf den gegenwärtigen Kontext, innerhalb dessen in Deutschland das Evangelium kommuniziert wird. Um den Horizont über die in den deutschen Evangelischen Landeskirchen bestehenden Verhältnissen (s. § 23) hinaus zu erweitern, weise ich jetzt exemplarisch auf drei innovative Modelle hin, Kirche zu gestalten. Zuerst zeigt das Beispiel einer Katholischen Diözese in Frankreich, wie Impulse des II. Vatikanums zu praktikablen Innovationen im heutigen Kontext führen können. Das zweite Beispiel stammt aus der Anglikanischen Kirche in England. Dort wachsen die Aufmerksamkeit und Unterstützung für Aufbrüche der Kommunikation des Evangeliums jenseits bestehender kirchlicher Strukturen. Schließlich verdienen im – in deutscher Terminologie – freikirchlichen Bereich angesiedelte neue Formationen in den USA kirchentheoretisches Interesse. Sie sind durch die zugleich unverbindlichen und intensiven Formen digitaler Kommunikation geprägt. Gemeinsam ist diesen neuen Aufbrüchen der enge *Bezug auf den jeweiligen Kontext* und damit die konkreten Menschen. Die überkommenen Strukturen der verfassten Kirchen treten demgegenüber zurück.

1 Akteure des Evangeliums

Spätestens seitdem 1905 die Laizität zur Staatsdoktrin in Frankreich wurde,[1] steht die dort dominierende römisch-katholische Kirche unter erheblichem Druck. Besondere Probleme bereitet darüber hinaus der Priestermangel. In dieser Situation eröffnete die im CIC von 1983 gegebene Möglichkeit von Diözesansynoden einen Kommunikationsraum, um vor Ort für den jeweiligen Kontext angemessene Formen kirchlicher Arbeit zu entwerfen. Dabei geht es „um die Schaffung lebensfähiger pastoraler Einheiten im Kontext einer starken Säkularisierung und des Priestermangels."[2]

---

[1] S. differenziert zur heute in Frankreich herrschenden „positiven Laizität" Lasia Bloss, Cuius religio – EU ius regio? Komparative Betrachtung europäischer staatskirchenrechtlicher Systeme, status quo und Perspektiven eines europäischen Religionsverfassungsrechts (JusEcc 87), Tübingen 2008, 98–121.
[2] Eric Boone, Überblick über die Entwicklung der Kirche in Frankreich in den vergangenen dreißig Jahren. Das Beispiel der Diözese Poitiers, in: Valentin Dessoy/Gundo Lames/Martin Lätzel/Christian Hennecke (Hg.), Kirchenentwicklung. Ansätze – Konzepte – Praxis – Perspektiven (Gesellschaft und Kirche – Wandel gestalten 4), Trier 2015, 93–99, 94.

Zwischen 1988 und 1993 sowie 2003 tagten solche Diözesansynoden in der im ländlichen Südwesten Frankreichs gelegenen *Erzdiözese Poitiers*. Während anderswo weithin Neuordnungen der Pfarreien vorgenommen wurden, also die bisherige Struktur in reduzierter Form unangetastet blieb, beschloss man in Poitiers einen gemeindebezogenen Ansatz. „Priorität hatte die Mission und nicht die Bewahrung der Strukturen oder der Aufbau neuer Organisationsformen zur Befriedigung religiöser Bedürfnisse."[3] Dabei gingen die – auch Laien umfassenden – Synodalen von drei Grundfunktionen örtlicher Gemeinden aus: „Verkündigung des Glaubens, Feier der Liturgie und der Sakramente und die Nächstenliebe".[4] Für jeden dieser Bereiche wurde eine verantwortliche Person gewählt. Hinzu traten noch eine Person, die sich um die materiellen Belange kümmerte, sowie eine, die die pastoralen Aufgaben koordinierte. Diese fünf Gemeindeglieder bilden die sog. *„Eqipe d'Animation"* und werden auf drei Jahre gewählt, wobei eine einmalige Verlängerung möglich ist. Die leitende Annahme ist, dass, wo fünf Christen sind, auch Kirche ist. Mittlerweile entstanden so über 300 Gemeinden.

In diesem Modell erfolgte also ein Paradigmenwechsel. Man ging nicht mehr von der Zahl der verfügbaren Priester – oder auf die Evangelische Kirche übertragen: Pfarrer – aus, sondern „vom Sakrament der Taufe, das die Würde aller Christen im Dienste an der Sendung der Kirche begründet."[5] Dabei stand auch nicht ein bestimmtes Territorium, das zu „versorgen" ist, im Zentrum. Ausgangspunkt waren die Gaben und Beziehungen der Getauften untereinander. Inhaltlich orientierten die drei Modi der Kommunikation des Evangeliums. Spirituell wurde die *Eucharistie* „zur Quelle und zum Kraftort der Erneuerung".[6]

> „Es sind kleine und bescheidene Gemeinden, die so entstehen, aber sie sind getragen von einer Überzeugung: Für die Aufgaben, die für das Entstehen und Existieren einer solchen Gemeinde nötig sind, sind an jedem Ort genügend Katholikinnen und Katholiken zu finden – wenn ihnen nur von amtlicher Seite und ihren Mitchristinnen und -christen vor Ort das nötige Vertrauen entgegengebracht wird."[7]

Insgesamt ändert sich die Aufgabe des priesterlichen Dienstes:

---

3 A.a.O. 96 (orthografisches Versehen korrigiert).
4 A.a.O. 97.
5 A.a.O. 98.
6 Ralf Kunz, Aufbau der Gemeinde im Umbau der Kirche (Theologische Stimmen 11), Zürich 2015, 148.
7 Reinhard Feiter, Einführung in die Pastoraltheologie, in: Clauß Peter Sajak (Hg.), Praktische Theologie. Theologie studieren – Modul 4, Paderborn 2012, 15–63, 52f.

„Er wird regionaler, aber bleibt doch auf die Ortsgemeinden bezogen. Der Priester wird zum Ermutiger und Befähiger der Christen vor Ort. Seine Rolle als Betreuer und Versorger schrumpft."[8]

Der Zürcher Aus- und Weiterbilder von Pfarrerinnen und Pfarrern Thomas Schaufelberger überträgt das Modell von Poitiers auf die evangelischen Landeskirchen:

„Dort sollte eine deutliche Gaben- und Potenzialorientierung anstelle einer Kontrollkultur im Vordergrund stehen: ‚Pfarrerinnen und Pfarrer sollen verstärkt nach ihren Fähigkeiten und Vorlieben eingesetzt werden und nicht als Generalisten, die alles und jedes übernehmen können.' Denn kirchliche Monokultur unterdrückt die kreative Diversität des Heiligen Geistes und seiner Charismen. Es geht darum, eine Gemeinschaft der Verschiedenheit und der Vielfalt entstehen zu lassen."[9]

Dabei tritt die bisherige Orientierung an der parochialen Struktur – zumindest in den Städten – zurück. Positiv eröffnen sich Räume für „non-territorial gefasste Projektstellen mit Innovationspotential".[10] Sie dienen dazu, Menschen zu ermutigen und zu ermächtigen, „Gemeinden kreativ und verschieden zu gestalten und in diesen Verantwortung zu übernehmen".[11]

2 Fresh expressions of Church

Die Church of England ist zum einen – seit 1531 – eine Landeskirche im wörtlichen Sinn.[12] Der König/die Königin ist nach wie vor „Supreme Governor of the Church of England", die Erzbischöfe und Bischöfe sind Mitglieder des House of Lords. Zum anderen ist der Rückgang der Partizipation am kirchlichen Leben unübersehbar. In dieser Situation wurde 2003 der „Mission-shaped church"-Report veröffentlicht, in dem der Begriff „fresh expressions of Church" (fxC) vorkam, der schnell Karriere machte. Diese neue Gestalt von Kirche wurde 2006 folgendermaßen definiert:

---

8 Michael Herbst, Missionarische Gemeindeentwicklung, in: Ralph Kunz/Thomas Schlag (Hg.), Handbuch für Kirchen- und Gemeindeentwicklung, Neukirchen-Vluyn 2014, 317–326, 323.
9 Thomas Schaufelberger, Personalentwicklung, in: Ralph Kunz/Thomas Schlag (Hg.), Handbuch für Kirchen- und Gemeindeentwicklung, Neukirchen-Vluyn 2014, 487–496, 494.
10 A.a.O. 494f.
11 A.a.O. 495.
12 S. zur nach wie vor bestehenden rechtlichen Privilegierung der Church of England Bloss, Cuius religio 75–89.

> "A fresh expression is a form of church for our changing culture, established primarily for the benefit of people who are not yet members of any church. It will come into being through principles of listening, service, incarnational mission and making disciples. It will have the potential to become a mature expression of church shaped by the gospel and the enduring marks of the Church and for its cultural context."[13]

Deutlich tritt hier der inkarnationstheologische Begründungszusammenhang von „mission" hervor. Adressaten dieser neuen Bewegung sind also Menschen, die nicht zur Kirche gehören und zu ihr auch früher noch keinen Kontakt hatten. Konzeptionell sind diese „*new contextual churches*" folgendermaßen bestimmt:

> "- missional – in the sense that, through the Spirit, they are birthed by Christians mainly among people who do not normally attend church;
> - contextual – they seek to fit culture of the people they serve;
> - formational – they aim to form disciples;
> - ecclesial – they intend to become church for the people they reach in their context."[14]

Kontextualität ist also oberstes Kriterium. Dementsprechend sollen die neu gegründeten Gemeinden nicht in das bestehende Parochialsystem eingegliedert werden, sondern behalten ihre Eigenständigkeit. So bildet sich – nach Erzbischof von Canterbury Rowan Williams in seiner Presidential Address bei der Generalsynode im Juli 2003[15] – eine „*mixed economy*", also eine Kirche in unterschiedlicher Gestalt.

Mittlerweile zeigt sich, dass dieser Aufbruch durchaus erfolgreich ist. Es entstanden bereits über 2.500 entsprechende Gemeinden.[16]

> „In zehn der 42 Diözesen der Church of England wurden bisher quantitative Erhebungen durchgeführt. Mittlerweile sind 15% der Gemeinden in den Diözesen fxC. In sieben von zehn Diözesen wurde durch den Zuwachs an Mitgliedern in den fxC der Mitgliederschwund der Ortsgemeinden aufgehoben."[17]

---

13 Zitiert nach Sabrina Müller, Fresh expressions of Church, in: Ralph Kunz/Thomas Schlag (Hg.), Handbuch für Kirchen- und Gemeindeentwicklung, Neukirchen-Vluyn 2014, 450–458, 450.
14 Michael Moynagh, Church for Every Context. An Introduction to Theology and Practice, London 2012, XIV.
15 S. Markus Weimer, Gekommen um zu bleiben. „Fresh Expressions of Church" – Methodologische Aspekte einer missionalen Initiative innerhalb der Church of England, in: Valentin Dessoy/Gundo Lames/Martin Lätzel/Christian Hennecke (Hg.), Kirchenentwicklung. Ansätze – Konzepte – Praxis – Perspektiven (Gesellschaft und Kirche – Wandel gestalten 4), Trier 2015, 427–436, 427.
16 S. a.a.O. 428.
17 Müller, Fresh expressions 451.

Diese Gemeinden umfassen durchschnittlich 44 Personen,[18] stellen also eine deutlich andere Sozialform als die an örtlichen Verwaltungsbezirken orientierten Parochien dar. Sie beziehen sich auf vorfindliche Gemeinschaften bzw. Interessen und stellen diese in die Perspektive der Kommunikation des Evangeliums. Dabei kann die Gefahr einer Homogenisierung – etwa bei einer fxC von Bankern oder Skateboard-Fahrern o. Ä. – entstehen, allerdings ein Problem, das sich milieutheoretisch gesehen auch in herkömmlichen Parochien stellt. Umgekehrt nehmen die neuen Gemeinschaften die konkrete Lebenspraxis von Menschen und die den Alltag von Menschen formende Kraft der Kommunikation des Evangeliums ernst. Sie beschreiben neue kommunikative und spirituelle Wege. So begegnet neben Online-Gottesdiensten u. a. die Praxis der Internet-Kommunion. Michael Moynagh fragt gegenüber ablehnenden Stimmen:

> "If the presence of the Spirit makes the sacrament effective, is there a need for worshippers to be physically in the same place? Can the Spirit not be powerfully at work through Communion even though the community is scattered? ... As the ‚net generation' matures and other generations immersed in the Internet follow behind, we should not assume that online Communion will be a rare event."[19]

Selbstverständlich werden also neue Kommunikationsformen in die Kommunikation des Evangeliums integriert.

3 Emergents

Die beiden eben vorgestellten neuen Gestaltungsformen von Kirche stehen bzw. standen jeweils im Konsens mit den etablierten Kirchen. Dies ist bei den „Emergent Churches" bzw. „Emergents" anders. Tony Jones, ein Emergents-Wortführer in den USA, verkündete 2008 programmatisch: „In the twenty-first century, it's not God who's dead. It's the church."[20] Zum einen lehnt er das bürokratische Organisationsmodell der Mainline Churches ab:

---

[18] S. ebd.
[19] Moynagh, Church 377; s. auch Siegfried Krückeberg, Mögliche Auswirkungen der Kommunikation des Evangeliums in der Medienwelt auf die Kirchentheorie, in: Birgit Weyel/Peter Bubmann (Hg.), Kirchentheorie. Praktisch-theologische Perspektiven auf die Kirche (VWGTh 41), Leipzig 2014, 223–231, 228 f.
[20] Tony Jones, The New Christians. Dispatches from the Emergent Frontier, San Francisco 2008, 4.

"The well-meaning members of denominations built these institutions to advance the gospel in a world of large, monolithic organizations. But we've now come to realize three problems: first, the gospel isn't monolithic; second, it's inevitably destabilizing of institutions; and third, for all their benefits (like organizing society and preserving communal wisdom), bureaucracies also do two other things well: grow more bureaucratic tentacles and attract bureaucrats."[21]

Zum anderen besteht eine grundsätzliche Distanz gegenüber den herkömmlichen konfessionellen Differenzierungen bei den Kirchen: „denominations are an outmoded form of organized Christianity".[22]

Positiv wollen sich die Emergents, häufig aus evangelikalen Gruppierungen stammend, der *Postmoderne* stellen. Dementsprechend kennen sie keine formale Mitgliedschaft. Christsein definiert Jones als „woven into the fabric of global Christianity".[23] Dazu wird eine „*Wikichurch*"[24] angeregt, also eine nichthierarchische Gemeinschaft, zu der jede/r gleichberechtigt etwas beitragen kann. Als Organisationsstruktur wird das „open-source network" empfohlen, bei dem der Pastor als „broker of conversation" fungiert.[25] Damit sind Offenheit und Inklusion wesentliche Attribute dieses Aufbruchs.[26]

Tatsächlich spielt bei den Emergents die Internet-Kommunikation eine wichtige Rolle, auch wenn gelegentliche Treffen organisiert werden.

"This kind of denominationless connection among Christian leaders simply would not have been possible prior to the advent of the Internet. As it is, the global connections between emergents are bound only to increase."[27]

Mittlerweile gibt es ebenfalls in Deutschland eine Website „emergent-deutschland.de", auf der nicht zuletzt auf zahlreiche Publikationen, aber auch Blogs usw. hingewiesen wird. Hieran beteiligen sich Christen aus unterschiedlichen Kirchen, vor allem aus dem freikirchlichen Bereich.

---

[21] A.a.O. 9.
[22] Ebd.
[23] A.a.O. 57.
[24] A.a.O. 180.
[25] A.a.O. 184.
[26] S. a.a.O. 71 („desire for inclusion").
[27] A.a.O. 55.

4 Zusammenfassung und Ausblick

Die exemplarisch genannten drei neuen Formationen von Kirche können als *Reaktion auf die mangelnde Kontextualisierung der verfassten Kirchen* interpretiert werden. Sie sind jeweils nur vom konkreten Kontext her zu verstehen und deshalb nicht allgemein in jede Situation zu übertragen.

In der Erzdiözese Poitiers begegnet eine zum sonst in der Kirche Üblichen umgekehrte Organisationslogik. Nicht Planstellen und vorgegebene Verwaltungseinheiten, sondern Begabungen Einzelner, konkrete Verbindungen zwischen Menschen und ihr Engagement bilden die Grundlage kirchlichen Handelns. Damit wird der Umstellung religiöser Kommunikation von der Form der Autorität auf die der Authentizität Rechnung getragen. Inhaltlich leiten und strukturieren die drei Modi der Kommunikation des Evangeliums die neu entstehenden Gemeinden. Bei den Fresh Epressions of Church vollzieht sich die Kontextualisierung der Kommunikation des Evangeliums nicht mehr innerhalb der bestehenden kirchlichen Struktur. Vielmehr bilden vorfindliche Lebens- und Sozialformen den Ausgangspunkt für neue Gemeinden. Zugleich erkennen die englischen Bischöfe die sich hier bildenden, meist kleinen Gemeinschaften als christliche Gemeinden an und gestehen damit die Beschränktheit der herkömmlichen parochialen Gliederung ihrer Kirche ein. Sie tragen so dem allgemeinen gesellschaftlichen Differenzierungsprozess Rechnung. Schließlich öffnen sich die Emergents weit für die neuen Kommunikationsformen in der digitalisierten Gesellschaft. Damit nehmen sie den Kontext der medial ermöglichten und geförderten Individualisierung auf und entwickeln dafür neue Gemeinschaftsformen.[28] Das Ziel der „Wikichurch" ist dafür ein anschauliches Beispiel.

Auf jeden Fall zeigen sich hier – strukturell ähnlich zu früheren Aufbrüchen in der Christentumsgeschichte – Bemühungen, Erstarrungen kirchlicher Organisation aufzubrechen. Vor allem ist das Festhalten an überkommenen Strukturen überwunden, das in den Evangelischen und Katholischen Kirchen Deutschlands gegenwärtig (zu) viele Kräfte bindet. An deren Stelle tritt die *Aufmerksamkeit für den konkreten Kontext und die Gaben Einzelner als grundlegend für die Bildung christlicher Gemeinschaften.*

---

[28] S. Krückeberg, Auswirkungen 229–231.

§ 25 Praxisbeispiele kontextbezogener Kommunikation des Evangeliums[1]

Die im Programm der *„Kirche für andere"* aufgenommene funktionale Ausrichtung von Kirche leitet die folgende Auswahl von Praxisbeispielen. Ich präsentiere sie zum einen entsprechend den drei Modi der Kommunikation des Evangeliums geordnet, die – etwas anders formuliert – z. B. ebenfalls im Modell der Diözese von Poitiers (s. § 24 1.)[2] oder dem Konzept der gemeinwesenbezogenen Gemeindearbeit von Ralf Kötter (s. § 18 6.)[3] begegnen. Dabei ist elementarisierend jeweils der Schwerpunkt bei einem Modus im Fokus, obgleich die drei Modi der Kommunikation des Evangeliums untrennbar zusammenhängen und nicht voneinander isoliert werden können, ohne den Bezug zum Evangelium zu verlieren. Inhaltlich setze ich die biblisch begründete, ökumenisch unstrittige grundlegende *Bedeutung von Taufe und Abendmahl* (bzw. Eucharistie) für Kirche voraus. Dabei eröffnet die charismentheologische Konkretion der Taufe einen weiten Raum für individuelle Formen des Christseins. Das Abendmahl stellt diese in einen sozialen Zusammenhang.

Zum anderen ist wenigstens skizzenhaft auf die Formen der Kommunikation des Evangeliums im Bereich der *Kunst* hinzuweisen. Sie entziehen sich noch stärker einer Aufteilung auf die drei Modi der Kommunikation des Evangeliums. Zudem erfordert die Einsicht in die einer Funktionalisierung entgegenstehende Autonomie von Kunst eine offene Darstellung.

Organisatorisch begegnen jeweils unterschiedliche Konfigurationen im Spannungsfeld von Kirche als Institution, Organisation und Bewegung. Manchmal initiiert verfasste Kirche die skizzierte Kommunikation, manchmal unterstützt sie diese finanziell, personell oder logistisch, manchmal vollzieht sich die Kommunikation des Evangeliums jenseits von ihr.

---

[1] Vgl. hierzu auch die sich teilweise mit meinen Beispielen berührenden, im Konzept der öffentlichen Kirche begründeten „Konsequenzen für die kirchliche und gemeindliche Praxis" bei Thomas Schlag, Öffentliche Kirche. Grunddimensionen einer praktisch-theologischen Kirchentheorie (Theologische Studien 5), Zürich 2012, 77–107, der sich an den Leitperspektiven „Freiheit", „Verantwortung" und „Hoffnung" orientiert.
[2] Zitiert nach Boone, Überblick 97: „Verkündigung des Glaubens, Feier der Liturgie und der Sakramente und die Nächstenliebe".
[3] S. Ralf Kötter, Das Land ist hell und weit. Leidenschaftliche Kirche in der Mitte der Gesellschaft, Berlin 2014, 146 („verkündigender", „diakonischer" und „feiernder" Aspekt von Gemeinde).

1 Im Modus des gemeinschaftlichen Feierns

Gemeinschaftliches Feiern ist eine Grundform der Kommunikation des Evangeliums, bereits in Jesu Auftreten und Wirken und die ganze Christentumsgeschichte hindurch. Dabei zeigt der problemgeschichtliche Durchgang im zweiten Teil erhebliche und vielfältige Veränderungen. Das verwundert nicht, weil Feiern eng mit vielen anderen Lebensbereichen verbunden ist, die einem Wandel unterworfen sind. Im Folgenden greife ich drei Modelle heraus. Sie berücksichtigen zum einen die im Vorhergehenden skizzierten Veränderungen im Kontext der Kommunikation des Evangeliums und bringen zum anderen wichtige Impulse des Auftretens, Wirkens und Geschicks Jesu zur Darstellung und damit auch kultur- und gesellschaftskritische Impulse. Zuerst gilt der Blick Innovationen der Taufpraxis, die symboldidaktische Einsichten aufnehmen und sich der Gestaltungsform des Events bedienen. Sodann stelle ich ein Zusammensein mit Essen und Trinken vor, das die diakonische Dimension des Feierns hervortreten lässt, die Vesperkirche. Schließlich fordert heute der Kontext des religiösen Pluralismus das gemeinschaftliche Feiern heraus. Kann das Evangelium auch mit Menschen kommuniziert werden, deren Daseins- und Wertorientierung nichtchristlich, etwa islamisch oder agnostisch ist?

1.1 Verschiedene Impulse zur *Erneuerung der Taufpraxis* gehen den im EKD-weiten „Jahr der Taufe" (2011)[4] und daran anschließend in größerer Breite vollzogenen Tauffesten voraus. Im Zuge der liturgischen Erneuerung wurde die Osternacht in ihrer besonderen Bedeutung wieder entdeckt (s. § 14 4.). Damit fanden auch die vielfältigen, in der Alten Kirche mit der Taufe verbundenen Zeichen neue Aufmerksamkeit. Unterstützt wurde dies durch gemeindepädagogische Bemühungen um die Taufpraxis seit den siebziger Jahren des 20. Jahrhunderts. Der – gerade bei zurückgehenden Kinderzahlen – besonders intensiv erlebte Übergang im Lebenslauf beim Eltern-Werden bot einen wichtigen, lebensweltlich plausiblen Anlass zu erwachsenenbildnerischen Angeboten zur Taufvorbereitung.[5] Aus solchen Anstößen entwickelten sich Modelle zu einem tauforientierten Gemeindeaufbau.[6] Sie stellten – symboldidaktisch angeregt – die Zeichen in den Mittel-

---

4 S. exemplarisch Albert Henz/Klaus Winterhoff (Hg.), Vom Wasser des Lebens umsonst. Das Jahr der Taufe in der Evangelischen Kirche von Westfalen, Bielefeld 2012.
5 S. z.B. Christa Gäbler/Christoph Schmid/Peter Siber, Kinder christlich erziehen. Gruppengespräche mit Eltern zum Thema Taufe, Gelnhausen ²1979 (Taufgespräche in Elterngruppen, Zürich 1976).
6 S. z.B. Reiner Blank/Christian Grethlein (Hg.), Einladung zur Taufe – Einladung zum Leben. Konzept für einen tauforientierten Gemeindeaufbau. Entwickelt im Gemeindekolleg der VELKD 2 Bde., Stuttgart 1993/1995.

punkt der taufbezogenen Kommunikationen, die mit Taufe verbunden sind: *Kreuz, Hand(auflegung), Namen, Wasser und Licht (Kerze)*. Denn diese boten eine gute Ausgangsbasis zu lebensweltbezogenen Kommunikationen mit auch kulturkritischer Perspektive:

> „Ein intensives Bedenken der ... Grundsymbole der Taufe ... gibt wichtige Impulse zur Bearbeitung wesentlicher Probleme unserer Zeit. Der Skandal der Wasserverschmutzung (vs. Symbol Wasser), das Verdrängen des Leidens und Sterbens in einer auf schnellen Genuß fixierten Welt (vs. Symbol Kreuz), die zunehmende Anonymisierung der Lebensverhältnisse (vs. Symbol Name), verbunden mit der Isolation (vs. Symbol Handauflegung) und (Selbst-)Zerstörung vieler Menschen auf Grund von Desorientierung (vs. Symbol Licht) sind nur erste Beispiele für gesellschaftliche Probleme, denen die Taufe mit ihren Symbolen positiv entgegentritt:
> das Wasser als gute Schöpfungsgabe Gottes,
> das Kreuz als Zeichen der Anerkennung und Überwindung von Leid und Tod,
> das Licht als Ausdruck tragfähiger Lebensorientierung,
> die Hand(auflegung) als Symbol der Zuwendung zum Nächsten,
> der Name als Beleg für die Einzigartigkeit jedes Menschen vor Gott."[7]

Dazu traten Hinweise zu einer stärkeren Verknüpfung der Taufpraxis mit dem Kirchenjahr. Dies nahm Veränderungen hinsichtlich des Tauftermins auf, der sich vom unmittelbaren Bezug zur Geburt löste. Dabei bekamen mancherorts die zweiten Feiertage der großen Feste eine gewisse Bedeutung, nicht zuletzt weil die dann meist stark dezimierten Gottesdienstgemeinden durch die Tauffamilie(n) Verstärkung erfuhren.

Von solchen liturgischen, gemeindepädagogischen und kybernetischen Impulsen her war das *„Jahr der Taufe"* in mehrfacher Hinsicht vorbereitet. Es setzte durch öffentliche Tauffeste einen besonderen weiteren Akzent. Sie haben – bei allen sonstigen regionalen Besonderheiten – drei Gemeinsamkeiten:

> „– Eltern mit ungetauften Kindern werden gezielt angeschrieben.
> – In der Öffentlichkeit wird dazu eingeladen (in Zeitungen, Kindertagesstätten, Hebammenpraxen usw.).
> – Nach dem Taufgottesdienst findet ein Fest mit Essen und Trinken und weiteren Angeboten (wie Spielen) statt."[8]

---

[7] Christian Grethlein, Unterwegs zu einer Neuentdeckung der Taufe, in: Erhard Domay (Hg.), Taufe (Gottesdienstpraxis Serie B), Gütersloh 1993, 9–17, 12.
[8] Sabine Bäuerle/Doris Joachim-Storch, Tauffeste feiern. Entscheidungs- und Gestaltungshilfen, 3, einsehbar unter: www.zentrum-verkuendigung.de/material/downloads (Abruf: 15.03.2017).

Damit wurde der Bedeutung medialer Kommunikation Rechnung getragen. Tatsächlich berichteten lokale Presse, regionaler Rundfunk und Fernsehen, aber auch die Social Communities breit – und durchwegs positiv – über die *Tauffeste*. Genaueres wurde exemplarisch anhand eines im August 2012 in Kassel veranstalteten Taufgottesdienstes untersucht.[9] Er fand – jenseits traditioneller Parochialgrenzen – im Bergpark Wilhelmshöhe statt, einem bei Familien mit Kindern bekannten und beliebten Ort. Etwa tausend Menschen begleiteten die 72 Täuflinge. Das Gebiet des Tauffestes war klar strukturiert. Im Zentrum standen acht farbig markierte Stellen, an denen getauft wurde. Sorgfältig wurde der musikalische Rahmen gestaltet. Die anschließenden Angebote zum gemeinsamen Essen und Trinken sowie Spielen unterstrichen den Event-Charakter des Fests. Insgesamt fiel – wie bei anderen großen Tauffesten – auf, dass Menschen aus unterschiedlichen Milieus anzutreffen waren. Auch Menschen mit besonderen Problemen und Belastungen wie Armut, Alleinzuständigkeit für das Kind/die Kinder und Migrationshintergrund nahmen selbstverständlich teil. Die kirchlich – durch Sponsoring – finanzierte Nachfeier ermöglichte diese umfassende Partizipation.

Bei der Befragung der Tauffamilien durch einen anschließend versandten Fragebogen ergaben sich interessante Einblicke in die Rezeption:

> „Das Tauffest wurde von fast allen Befragten (88 %) als ein großes Gemeinschaftsereignis wahrgenommen. Der Gottesdienst wurde als feierliches Ereignis erlebt (63 %), das sich in vielen Fällen mit einer persönlichen Familienfeier verbunden hat (38 %). … Die Befürchtung, das Tauffest könnte angesichts der Vielzahl von Taufen als unpersönliche Veranstaltung erlebt werden, hat sich nicht bestätigt."[10]
>
> „Die Tatsache, dass der Gottesdienst unter freiem Himmel angeboten wurde, war für viele Familien von entscheidender Bedeutung, um sich für eine Teilnahme am Tauffest zu entscheiden (91 %)."[11]
>
> „Für viele der Befragten (75 %) war die musikalische Gestaltung des Gottesdienstes besonders eindrücklich, wobei hier eingängige Bewegungslieder oder außergewöhnliche Aktionen wie der Einsatz einer E-Gitarre besonders im Gedächtnis geblieben sind. Demgegenüber kommt der Predigt in der Erinnerung der Befragten nur eine untergeordnete Bedeutung zu (44 %).
>
> Das Angebot einer organisierten Tauffeier nach dem Gottesdienst (41 %) sowie das Gefühl der Verbundenheit mit anderen Familien (25 %) waren den Tauffamilien deutlich weniger wichtig und einprägsam als die Taufhandlung selbst (88 %)."[12]

---

9 S. auch zum Folgenden Anita Albert/Lutz Friedrichs/Regina Sommer, „Das Tauffest haben wir als etwas ganz Besonderes erlebt". Einsichten aus einer empirischen Studie zum Kasseler Tauffest (2012), in: PTh 102 (2013), 338–354.
10 A.a.O. 344.
11 A.a.O. 345.
12 A.a.O. 346.

Offenkundig lenkte die am Paradigma des unterhaltsamen Events orientierte Form des Tauffestes nicht vom zentralen Geschehen der Taufe ab, im Gegenteil. Bei den meisten Angehörigen der Tauffamilien erschien auch im Nachhinein der konkrete Taufakt als das Entscheidende. Der Zusammenhang mit der parochialen Struktur von Kirche trat dagegen zurück, wobei sich aber bei der Vorbereitung des Tauffestes Kontakte zwischen den jeweiligen Ortspfarrer/innen und Taufeltern ergaben. Bei anderen Tauffesten zeigen Interviews mit Taufeltern, dass durchaus ein Bezug zu Kirche, allerdings in einem umfassenderen Sinne als zur Parochie empfunden wird. So formulierte nach einem Tauffest in Loccum die Mutter eines dort getauften Mädchens:

> „Vielleicht sollte eine Aufnahme in die Christengemeinschaft immer auf diese Weise erfolgen: im Rahmen eines großen, fröhlichen Festes; gefeiert von vielen Gleichgesinnten. So wird allen tatsächlich bewusst, was es heißt, angenommen und aufgenommen zu sein, gestützt und getragen zu werden und Halt zu erfahren."[13]

Dabei klingt durchaus die im Zusammenhang mit der Geburt und dem Aufwachsen von Kindern unvermeidlich gegebene Erfahrung der Unsicherheit an, die empfänglich für Unterstützung und Halt macht.

Eine genauere Analyse von Tauffesten in der Perspektive der in § 22 skizzierten empirischen Einsichten lässt den starken Kontextbezug deutlich hervortreten:
– Der Ritus nimmt das Streben nach Sicherheit auf, was als Unterstützung empfunden wird;
– die Zeichen der Taufe sowie die musikalische Begleitung tragen der Ästhetisierung gegenwärtiger Lebenswelt Rechnung;
– Einladung und Berichte zu Tauffesten schließen an neuere mediale Entwicklungen an;
– das Feiern des Festes impliziert eine Entschleunigung;
– mehrere Generationen feiern gemeinsam.

Theologisch kommt in den Tauffesten die inklusive Dimension der Kommunikation des Evangeliums zum Ausdruck. Die Christus-Mimesis steht jedem und jeder offen, egal ob arm oder reich, aus Deutschland stammend oder Migrant/in usw.

1.2 Christen feiern seit Langem ihre Gottesdienste meist in Kirchengebäuden. Waren diese – im Gegensatz zu antiken Tempeln – anfangs primär Versammlungsräume, so entwickelten sie sich schon bald zu Kulträumen, mit Altar, ggf.

---

[13] Zitiert a.a.O. 350; vgl. hierzu Ingrid Goldhahn-Müller, „Lasset die Kinder zu mir kommen" Großtauffeste im Kloster Loccum. Ein Erfahrungsbericht, in: ZGP 27 (2009) H. 3, 33–36.

Allerheiligsten usw. (s. § 9 1.) Dies führte dazu, dass die ursprünglich mit den Treffen der Christen verbundene diakonische Dimension zurücktrat. In den meisten Gottesdiensten begegnet sie heute lediglich in Geldkollekten. Das Konzept der *Vesperkirchen* verändert dies.

Am 21. Januar 1995 eröffnete ein Gottesdienst in der Stuttgarter Leonhardskirche die erste „Vesperkirche".[14] Seitdem haben sich in Baden-Württemberg mittlerweile über dreißig Kirchen – ergänzt durch wenige Kirchen in Bayern – angeschlossen. Diese Kirchen öffnen ihre Türen in den Wintermonaten für Obdachlose. Im Kern des Angebots steht eine warme Mittagsmahlzeit, die zu einem symbolischen Preis (etwa € 1) erhältlich ist. Dazu gibt es meist morgens Kaffee oder Tee. In manche Kirche kommen Ärzte, Physiotherapeutinnen und Tierärzte, die den Besuchern der Vesperkirche (und ihren Tieren) kostenlose Behandlung anbieten. Auch offerieren mitunter Friseure unentgeltlich ihre Dienste, Diakone und Sozialarbeiterinnen beraten usw. Vesperkirchen werden durch Spenden finanziert und von den Obdachlosen gern angenommen.

Da die Kirche der Ort des gottesdienstlichen Feiern ist, treffen in den Gottesdiensten die sonst übliche Gemeinde und die obdachlosen Gäste aufeinander. Und dabei kommt es zu interessanten Veränderungen beim gemeinschaftlichen Feiern. So berichtet die Pfarrerin einer Mannheimer Gemeinde, in der seit über fünfzehn Jahren eine Vesperkirche stattfindet:

> „Die Gemeinde, die sonntags zusammenkommt, hat sich über die Jahre hinweg durch die Erlebnisse in der Vesperkirche verändert. Auch dies gilt in beide Richtungen. Bedürftige sagen: ‚Die Vesperkirche ist unsere Kirche', immer trägt sie für sie diesen Namen, nicht nur im Januar. Obdachlose, psychisch Erkrankte und andere besuchen den Gottesdienst ohne Scheu – und es gibt eine große Kompetenz, mit Menschen in schwierigen Situationen umzugehen. Niemand ruft gleich die Polizei, wenn ein Bettler während der Predigt auf den Altar zuläuft. Wir staunen darüber, wie Worte und Geschehen zusammenkommen – ‚Lahme werden tanzen!'; keiner regt sich auf, wenn während des Abendmahls jemand schwätzt, laut ‚danke' statt ‚Amen' sagt, in Verzückung die Arme zum Himmel hebt oder sich auf den Boden vor den Altar wirft. Eine große Weite ist gewachsen und eine Aufmerksamkeit, die auch weiß, wenn jemand besondere Hilfe braucht ... Es hat sich eine neue Gemeinde konstituiert, die diesen Raum als den eines versöhnten Miteinanders erfährt, das in der Vesperkirche seinen Ursprung hat, die in den Worten Christi und der Propheten, im Anspruch Gottes an unsere Gerechtigkeit gründet."[15]

---

[14] S. Christian Grethlein, Abendmahl feiern in Geschichte, Gegenwart und Zukunft, Leipzig 2015, 199–201 (mit entsprechendem Internet-Verweis).
[15] Schriftliche Mitteilung von Ilka Sobottke, abgedruckt in: Christoph Sigrist, Kirchenraum, in: Ralph Kunz/Ulf Liedke (Hg.), Handbuch Inklusion in der Kirchengemeinde, Göttingen 2013, 209–236, 234.

Eine ursprünglich diakonische – von einem Diakoniepfarrer initiierte – Aktion gibt so dem gemeinschaftlichen Feiern im Gottesdienst einen wichtigen Impuls. Der diakonische Dienst – „Der Banker bedient die Obdachlose, die Dame aus reichen Verhältnissen den Junkie"[16] – ermöglicht ein Miteinander von Menschen, die sich sonst nirgends begegnen, geschweige denn miteinander kommunizieren. Noch einmal die Mannheimer Pfarrerin:

> „Die Tatsache, dass all das in der Kirche passiert, klärt den Deutungshorizont: Die biblischen Geschichten, die wir sonst in den Gottesdiensten erzählen, sind lebendig und im Miteinander erfahrbar. Der Raum predigt und ermöglicht diese Art von Miteinander. Es ist nicht mehr nötig jedes Mal zu sagen: ‚weil Jesus das tat, tun wir ...', oder ‚weil die Propheten uns anhielten, das zu tun, versuchen wir ...' Wir zitieren einzelne Worte, aber wie ein Teppich, auf dem wir weich gepolstert laufen, bewegen wir uns selbstverständlich im Raum der Schrift. ... Der Raum nimmt die einen für die anderen in Verantwortung und eröffnet zugleich einen Freiraum, in dem die Regeln der Welt nicht gelten und in dem andere, neue Begegnungen gelingen. Warum sonst sollten die Bedürftigen sich freuen an der Zuwendung anstatt zornig Gerechtigkeit einzufordern? Wir leben also auch von der großmütigen Vergebung der Armen gegenüber den Reichen."[17]

Sozialpolitisch wird zu Recht auf die Grenzen und auch das Problem der im Kontext der überkonfessionellen Tafelbewegung entstandenen Vesperkirchen hingewiesen. Sie lösen keine strukturellen sozialen Ungerechtigkeiten und dürfen nicht dazu missbraucht werden, dass sich der Staat aus seiner Verantwortung für Arme zurückzieht. Kirchentheoretisch gesehen ereignet sich jedoch in den Vesperkirchen ein gemeinschaftliches Feiern, das in bestimmten Kontexten hohe Plausibilität und Attraktivität gewinnt. Menschen, die aus den sonst üblichen Sicherungssystemen herausgefallen sind, finden einen verlässlichen Ort zum Essen, Trinken und zur Fürsorge. An ihm sind die sonst gültigen Regeln sozialen Zusammenseins buchstäblich auf den Kopf gestellt. Die die Mahlgemeinschaften Jesu prägende *solidarische Gemeinschaft* (s. § 5 1.) wird nicht nur verbal beschworen, sondern tatsächlich gelebt und erfahren. Hier bildet sich eine soziale Resonanzoase (s. 22 5.) – jenseits des sonstigen Trubels um Konsum und Konkurrenz. Die ästhetisch anspruchsvollen Kirchenräume geben dem einen ins Intermediäre weisenden Rahmen.[18]

1.3 Eine große Herausforderung stellt für das vom Auftreten, Wirken und Geschick Jesu her grundsätzlich *inklusive* gemeinschaftliche Feiern der *Pluralismus* in der Daseins- und Wertorientierung von Menschen dar. Besonders deutlich

---

16 A.a.O. 231.
17 A.a.O. 231f.
18 S. a.a.O. 224.

tritt sie zu Tage, wenn der Anlass des Feierns nicht dem binnenkirchlichen Raum entspringt, sondern sich einem allgemeinen Datum verdankt. Dies können der Anfangs- bzw. Abschlussgottesdienst einer öffentlichen Schule oder ein Kasualgottesdienst sein, bei dem die teilnehmenden Familien und Freunde unterschiedlichen Religionsgemeinschaften angehören. Auch das Zusammentreten von Menschen angesichts von Katastrophen wie einem Amoklauf, einem schweren Unglück o. Ä. gehört hierher. Dabei gilt es, die *Balance zwischen dem Durchsichtig-Machen der jeweiligen Situation auf Gottes liebendes Wirken und der Achtung vor der Überzeugung nichtchristlicher Teilnehmender* zu halten. Die Liturgische Konferenz schlägt dafür ein Schema vor, das eine hilfreiche Differenzierung ermöglicht. Im Einzelnen werden vier Typen des gemeinschaftlichen Feierns unterschieden: *Liturgische Gastfreundschaft; multireligiöse Feiern; interreligiöse Feiern; religiöse Feiern für alle*. Die jeweiligen Besonderheiten, Chancen, aber auch Probleme gehen anschaulich aus folgender Tabelle hervor:

Tabelle 10 Typologie des gemeinschaftlichen Feierns mit Anderen[19]

Typus der religiösen Feier	Typische Situation	Verantwortung für die Gestaltung	Theologische und praktische Problemstellung	Rechtliche Hinweise
1. Liturgische Gastfreundschaft	Christlich-islamische und christlich-jüdische Begegnungen über einen längeren Zeitraum, Schulgottesdienst	Eine bestimmte Gemeinde mit einer Kirche, Moschee o. Ä.	Bei gegenseitiger Wertschätzung und Rücksichtnahme das am wenigsten problematische Modell	Verantwortlich ist die einladende Gemeinde / Gemeinschaft.
2. Multireligiöse Feier	Ein bestimmter Anlass wie Stadtteilfeste oder politische Gedenktage, Katastrophen	Eine gemischte Vorbereitungsgruppe	Gemeinsamkeiten und Differenzen werden deutlich. Der Übergang zur interreligiösen Feier ist in der Praxis fließend. Eine Differenzierung ist aber sinnvoll.	Die persönliche Verantwortung tritt in den Vordergrund, ohne die institutionelle aufzuheben.

---

19 Mit einer kleinen Modifikation entnommen aus: Mit Anderen feiern – gemeinsam Gottes Nähe suchen. Eine Orientierungshilfe der Liturgischen Konferenz für christliche Gemeinden zur Gestaltung von religiösen Feiern mit Menschen, die keiner christlichen Kirche angehören, Gütersloh 2006, 29.

Tabelle 10 Typologie des gemeinschaftlichen Feierns mit Anderen *(Fortsetzung)*

Typus der religiösen Feier	Typische Situation	Verantwortung für die Gestaltung	Theologische und praktische Problemstellung	Rechtliche Hinweise
3. Interreligiöse Feier	Eine Situation, in der das Bemühen um etwas Gemeinsames besonders stark ist, so dass Differenzen zurückgestellt werden; aber auch Situationen, in denen man einen langen gemeinsamen Weg hinter sich hat.	Teams, die sich für einen bestimmten Anlass zusammenfinden (z. B. christlich-islamische Gestaltung eines Lebensübergangs) oder länger miteinander arbeitende interreligiöse Initiativgruppen	Ein gemeinsames Gebet kann den Eindruck erwecken, dass die Gottesvorstellungen dieselben sind. Dadurch könnte das religiöse Gefühl aller Glaubenden verletzt werden.	Personen im kirchlichen Dienst können in Konflikt zu ihrem Auftrag geraten.
4. Religiöse Feier für alle	Öffentlicher Anlass ohne spezifisch religiösen Hintergrund (besonders schulische Anlässe, aber auch Einweihung, Jubiläum u. a.)	Vorbereitungsteam, Initiativgruppe in einem bestimmten sozialen Kontext (Schule, Stadtteil)	Eine gemeinsame Religion aller gibt es nicht; darum muss man sich auf gemeinsame Fragen nach dem Ganzen des Lebens beziehen.	Verantwortlich ist die veranstaltende Institution (Schule, Kommune).

Dieses Schema ist für liturgisch Verantwortliche erstellt und führt in die jeweiligen Problemlagen ein, die sich aus unterschiedlichen Kontexten ergeben. Komplexer wird der Sachverhalt noch, wenn die Feiern aus Sicht der in der Regel nicht theologisch gebildeten Teilnehmenden, also in rezeptionsästhetischer Perspektive reflektiert werden. Dann dürfte bei Vielen die konkrete Kommunikation in ihrem auch die Beziehungsebene umfassenden Bezug größere Bedeutung als der theologisch zu analysierende Inhalt haben. Das entspricht der Beobachtung von Armin Nassehi, dass bei religiöser Kommunikation die Form der Authentizität an die Stelle der – früher wichtigen – Autorität tritt (s. § 22 2.).

Manchen um Orthodoxie Bemühten dürfte dies Grund genug sein, solche Feiern, in denen „gemeinsam Gottes Nähe gesucht" wird, zu unterlassen bzw., wenn möglich, zu unterbinden. Dadurch zöge sich aber die explizite Kommunikation des Evangeliums aus der Öffentlichkeit zurück.[20] Umgekehrt bieten solche Feiern – auf den unterschiedlichen im Schema skizzierten Ebenen – Chancen zu einem Dialog, in dem die Beteiligten voneinander lernen können. „Evangelium" ist ein kommunikativer Prozess und als solcher ergebnisoffen. Theologisch eröffnet die *Differenzierung zwischen Gott und menschlichen Gottesvorstellungen*, wie sie christlich-theologisch etwa Paulus in der Spiegel-Metapher formulierte (1Kor 13,12), die Möglichkeit zu einem solchen Dialog. Der Anlass, auf Grund dessen kommuniziert wird – etwa der Schulabschluss, das Gedenken an Verstorbene u. Ä. –, sowie der gemeinsame Kontext verbinden die miteinander Feiernden. Im Feiern werden die Grenzen zwischen Kirche und Nicht-Kirche fließend, ein Prozess, der angesichts der Rede des Menschensohns im Weltgericht (Mt 25,31–46) nicht erstaunt, sondern dem inklusiven Grundzug des Helfens zum Leben als Modus der Kommunikation des Evangeliums entspricht.

Dabei besteht allerdings die Gefahr, dass die Kontextualisierung zur einseitigen Affirmation von Vorgegebenem wird und die kulturkritische Dimension der Kommunikation des Evangeliums wegfällt. Peter Cornehl beobachtete dies jedenfalls bei dem wohl bisher – von der Zahl der Teilnehmenden her – größten interreligiösen Gottesdienst am 23. September 2001 „A Prayer for America". Der auf den Anschlag auf das World Trade Center bezogene Gebetsgottesdienst fand mit 30.000 Menschen unterschiedlicher Religionszugehörigkeit im New Yorker Yankee-Stadion statt und wurde von etwa 100 Millionen Menschen am Fernsehen mitgefeiert bzw. mitverfolgt.[21]

> „Das Ziel der Versammlung war vor allem Stärkung und Ermutigung: Affirmation. Dafür stehen drei Leitsätze. Der erste begegnet gleich zu Beginn in der Begrüßung von James Earl Johns: Wir sind hier, ‚to reaffirm our faith'. Eine zweite Aussage benennt die Herausforderung, vor der Amerika steht: ‚We shall not be moved'. Oprah Winfrey zitiert in ihrer Eröffnungsmoderation, in refrainartiger Wiederholung den Kehrvers aus dem bekannten Negro Spiritual ... Ein dritter Satz, von mehreren Rednern immer wieder aufgegriffen, lautet: ‚We are not afraid', er erneuert das Bekenntnis aus ‚We shall overcome'."[22]

So beeindruckend das interreligiöse Miteinander bei dem fast dreistündigen Gottesdienst war, diagnostiziert Cornehl wohl doch zu Recht: „Es war ein Re-

---

20 S. dagegen grundsätzlich Thomas Schlag, Öffentliche Kirche. Grunddimensionen einer praktisch-theologischen Kirchentheorie (Theologische Studien 5), Zürich 2012.
21 Einen knappen Überblick zum Ablauf gibt Peter Cornehl, „A Prayer for America". Der interreligiöse Trauergottesdienst in New York am 23.09.2001 als Beispiel für Civil Religion nach dem 11. September, in: Ders., „Die Welt ist voll von Liturgie". Studien zu einer integrativen Gottesdienstpraxis (PTHe 71), hg.v. Ulrike Wagner-Rau, Stuttgart 2005, 116–131, 118 f.
22 A.a.O. 121.

quiem ohne Schuldbekenntnis, ohne dass so etwas wie Mitverantwortung für den Zustand der Welt zur Sprache kam."[23] Wahrscheinlich kommt damit die Grenze vieler zivilreligiöser Feiern in den Blick, die zwar trösten, aber nicht kritisch orientieren. Angesichts der allgemeinen Betroffenheit vieler Menschen durch den Anschlag war es wichtig, eine solche interreligiöse Zusammenkunft zu begehen. Es zeigt sich jedoch, dass diese der Ergänzung durch christliche Gottesdienste bedarf, in denen die verschiedenen Dimensionen der Kommunikation des Evangeliums (s. § 6), auch die kultur- und gesellschaftskritische, zum Ausdruck kommen.

1.4 Gemeinschaftliches Feiern als Modus der Kommunikation des Evangeliums reicht weit über den Gottesdienst am Sonntagmorgen hinaus. Es gewinnt an Bedeutung, wenn der Bezug zu den Herausforderungen des Alltags, nicht kirchliche Traditionen oder Setzungen im Vordergrund stehen. Dabei tritt die Parochialstruktur zurück, die die kirchliche Verwaltung nach wie vor bestimmt. Zugleich bekommen Kirchengemeinden neue Impulse durch solche Öffnungen, wie z. B. Erfahrungen mit der Vesperkirche zeigen. Nicht nur hier zeigt sich der enge Zusammenhang des gemeinschaftlichen Feierns mit dem Helfen zum Leben. *Liturgische und diakonische Dimension gehören untrennbar zusammen.* Schließlich führen die genannten Beispiele jeweils in die *ökumenische, teilweise auch interreligiöse Dimension.* Die aus dem 16. Jahrhundert stammenden konfessionellen Trennungen treten in alltagsbezogenen Feiern hinter die Konvivenz der Menschen zurück. Zunehmend kommen Menschen mit bisher nichtchristlichen Daseins- und Wertorientierungen hinzu. Der inklusive Charakter der Kommunikation, wie er das Auftreten und Wirken Jesu bestimmte, wird in dem sich so ergebenden interreligiösen Dialog wieder anschaulich und erlebbar.

2 Im Modus des Helfens zum Leben

Der gegenwärtig wohl nicht nur in Deutschland am meisten beeindruckende Modus der Kommunikation des Evangeliums ist das Helfen zum Leben. Das diakonische bzw. caritative Engagement der beiden großen Kirchen findet auch bei Nichtkirchenmitgliedern Anerkennung (s. § 17 4.). Christentumsgeschichtlich ergab sich, dass dieser über institutionelle Begrenzungen hinausgreifende, jeweils – im wörtlichen Sinn not-wendig – auf den konkreten Kontext bezogene Modus häufig eher außerhalb der verfassten Kirchen praktiziert und organisiert wurde. Der Aufbruch der Diakonie im 19. Jahrhundert und deren organisatorische

---

23 A.a.O. 127.

Eigenständigkeit geben dafür eindrückliche Beispiele. Auch heute reicht das Helfen zum Leben über die kirchenamtlichen Grenzen hinaus. Telefon- und Onlineseelsorge machen die damit verbundene Öffnung anschaulich. Sie integrieren selbstverständlich moderne Kommunikationsmittel und entwickeln so eine Eigendynamik, die sich nicht in eine staatsanaloge Institution einpasst. Auch die Notfallseelsorge eröffnet einen weiten Zugang zur Allgemeinheit und damit einen besonderen Umgang mit den Risiken der Gegenwart. Schließlich weitet ein Blick auf den Umgang mit Menschen an der Grenze des biologischen Lebens den Horizont. Die theologische Grundlage und den Deutungsrahmen bietet dafür Mt 25,31–46.

2.1 Anlass für die Entstehung der *Telefonseelsorge*[24] war die Suizidhäufigkeit Anfang der fünfziger Jahre des 20. Jahrhunderts. So heißt es bei den „Samaritans", einer vom anglikanischen Pfarrer Chad Varah (1911–2007) gegründeten Londoner Organisation:

> „Samaritans provides confidential non-judgemental emotional support, 24 hours a day for people who are experiencing feelings of distress or despair, including those which could lead to suicide."[25]

Bald kam diese Art der Hilfe nach Deutschland, wo 1956 der evangelische Pfarrer, Arzt und Psychotherapeut Klaus Thomas (1915–1992) eine Rufnummer für „Lebensmüdenbetreuung" einrichtete.[26] Für die weitere Entwicklung dieser Form des Helfens zum Leben war auf der einen Seite die technische Entwicklung wichtig. Die Zunahme der privaten Telefonanschlüsse und später der Mobiltelefone erleichterte – unterstützt durch die Freistellung von Gebühren ab Mitte 1997 – die Tätigkeit der Beratung und Begleitung. Auf der anderen Seite stand ganz am Anfang der Telefonseelsorge die Entdeckung von Varah, „dass das einfühlsame Zuhören der ihn unterstützenden Laien (,tea servers') oftmals für die Lebensmüden hilfreicher war als die mit ihm geführten Gespräche".[27] Diese Einsicht prägt die Telefon- und dann auch Onlineseelsorge bis heute. Sie ist eine *Praxis, die von ehrenamtlich Tätigen getragen wird,* welche aber ein Auswahlverfahren und eine anspruchsvolle Fortbildung durchlaufen haben sowie supervisiert werden.

> Beim Auswahlverfahren „geht es um die Belastbarkeit des Bewerbers, sein Einfühlungsvermögen, Konfliktbereitschaft, Teamfähigkeit und um seine Motivation für den Krisen-

---

24 S. ausführlicher Traugott Weber (Hg.), Handbuch Telefonseelsorge, Göttingen 2006.
25 Zitiert nach Franz-Josef Hücker, Telefonseelsorge, in: Wilfried Engemann (Hg.), Handbuch der Seelsorge. Grundlagen und Profile, Leipzig ³2016, 573–590, 574.
26 S. a.a.O. 575.
27 A.a.O. 574.

dienst. Und es geht um die Bereitschaft, sich mit der eigenen Lebensgeschichte auseinanderzusetzen. Danach folgen eine einjährige Ausbildung mit mindestens 90 Zeitstunden und die Erprobungsphase. ... Am Schluss der Ausbildung entscheidet die Stellenleitung über die Zulassung zum Dienst in der Telefonseelsorge und der Offenen Tür."[28]

Inzwischen empfangen die Telefonseelsorge-Stellen in Deutschland jährlich etwa 2 Millionen Anrufe. 35 der Einrichtungen sind in evangelischer, 11 in katholischer und 62 in gemeinsamer Trägerschaft,[29] wobei nicht nur Menschen der jeweils anderen Konfession, sondern auch Konfessionslose mitarbeiten. Hieran zeigt sich, dass für das Helfen zum Leben weder die Konfessions- noch die Kirchenzugehörigkeit konstitutiv sind. Dies gilt noch mehr für die Anrufenden, deren religiöse Überzeugung nur dann zur Sprache kommt, wenn dies sachlich geboten ist – und wie das ganze Gespräch der strikten Verschwiegenheit unterliegt.

Seit 1995 gibt es auch die Möglichkeit der Seelsorge per E-Mail, seit 2003 im Chat.[30] Diese *Onlineseelsorge* erfreut sich – entsprechend dem Selbstverständlich-Werden der entsprechenden Kommunikationen – zunehmender Nachfrage. Sie ist gegenüber der Telefonseelsorge noch niedrigschwelliger und ermöglicht durch die Skripturalität der Kommunikation – bereichert durch diverse Emoticons – größere Präzision. Umgekehrt ist das Seelsorgegeheimnis schwerer zu wahren.

Mittlerweile bilden sich im Netz in Form von Blogs, Chats und anderen Äußerungsformen neue Formate für das Helfen zum Leben. So berichtet z. B. eine Mutter auf der Gedenkseite ihres verstorbenen Sohns:

„Vielleicht fragen sich einige, warum macht sie diese Gedenkseite ... Ich wurde kurz nachdem uns Mike verlassen musste, durch meine liebe Freundin Betty, die sich selbst Trost suchte im Internet auf Gedenkseiten aufmerksam gemacht. Ich fing an die tragischen Schicksale der anderen Eltern, Freunde und Geschwister zu lesen. Das gab mir Trost, ich fühlte mich nicht allein. Habe beim Lesen um die anderen Kinder geweint und konnte den Schmerz, die Trauer und die Sehnsucht so gut nachvollziehen. So vielen Menschen ging es wie uns. Ich habe über ein Jahr nur gelesen, bis ich die Kraft und den Mut hatte selbst so eine Homepage für Mike, für seine Freunde und vielleicht für andere Betroffene zu gestalten. Mike lebt in uns weiter ... In unseren Träumen, Erinnerungen, Gedanken, Gesprächen ... und in unserem Herzen. Trennung ist unser Los ... Wiedersehen ist unsere Hoffnung ..."[31]

---

28 A.a.O. 581.
29 S. a.a.O. 579.
30 S. ausführlicher Birgit Knatz, Handbuch Internetseelsorge. Grundlagen, Formen, Praxis, Gütersloh 2013.
31 Zitiert nach Carmen Berger-Zell, Trauerleibsorge in Social Media, in: Ilona Nord/Swantje Luthe (Hg.), Social Media, christliche Religiosität und Kirche. Studien zur Praktischen Theologie mit religionspädagogischem Schwerpunkt (POPKULT 14), Jena 2014, 363–374, 370.

Diese Mutter fand im Netz Trost, wobei die herkömmlichen Muster der Seelsorge, etwa die Unterscheidung von Seelsorger/in und Seelsorge Suchender, nicht mehr greifen. Das Gespräch mit einer Freundin führt die Frau auf Websites, die nicht auf sie ausgerichtet waren, aber sie unmittelbar ansprachen. Daraus zieht sie die Konsequenz, selbst die Erinnerung an ihren verstorbenen Sohn ins Netz zu stellen. Dabei hat sie im Blick, anderen Menschen in einer ähnlich schwierigen Situation zu helfen.

Hilfe leisten auch – durch das Netz vermittelt – Produkte moderner Unterhaltungskultur, wobei die im ursprünglichen Wortsinn von Unterhaltung (s. 3.3) angelegte Lebenshilfe, die den Bereich des Amüsements weit übersteigt, zum Tragen kommt. So schrieb ein Mensch folgende E-Mail an „trauernetz.de":

> „Guten Tag, ich bin durch Zufall auf ihre Internet-Präsenz gestoßen. Da in meinem Leben u. a. Tod, Trauer, Angst und schwere Depression bis vor kurzem eine enorme Rolle gespielt haben, hat mir ihre Web-Site sehr, sehr geholfen.
>
> Bedingt durch die Depression war es mir lange Zeit nicht möglich, Gefühle zu empfinden. Als ich die Übersetzung von ‚Tears in Heaven' (und die dazu gehörende Interpretation) gelesen habe, konnte ich seit Jahren das erste Mal wieder weinen. Sie können kaum ermessen, wie dankbar ich ihnen dafür bin. Mit dem Lied kann ich mich besonders gut identifizieren, da mein leiblicher Vater einen Tag nach meiner Geburt gestorben ist. Als unbeweisbare Grundannahme habe ich den festen Glauben, dass Verstorbene, die mir nahe standen, in irgendeiner Form bei mir sind ... Das Lied hat mir zusätzlich Hoffnung gegeben, da ich so das Gefühl bekommen habe, dass es Mitmenschen gibt, die mein Axiom teilen.
>
> Ich habe mir daraufhin eine Playback-Version des Liedes organisiert und selbst den Text dazu gesungen. Das hat mir zusätzlich geholfen, immer wenn es mir mal schlecht geht, singe ich den Song und finde Trost.
>
> Auch wenn ich Null Ahnung vom Singen habe und sich alles für geschulte Ohren vermutlich krumm und schief anhört, hatte ich das Bedürfnis, ihnen eine Version zukommen zu lassen, siehe Anhang.
>
> Bitte machen sie unbedingt weiter so!!! Ich bin ihnen sehr dankbar!"[32]

Kommunikation des Evangeliums im Modus des Helfens zum Leben geschieht hier auf medial verschlungenen Wegen. Eine Web-Site macht einen depressiven Menschen auf einen Song aufmerksam, den ein Pop-Star anlässlich des tödlichen Unfalls seines kleinen Sohns kreierte. Der Text enthält religiös anschlussfähige Symbole wie „heaven", „hand" und „peace", die in Verbindung mit der vorsichtig zarten Musik trösten können. Hierdurch, aber wohl noch mehr durch die eigene gesangliche Aneignung des Songs gewinnt der bedrängte Mensch die Fähigkeit zum Trauern und dann auch wieder Lebensmut.

---

32 Zitiert a.a.O. 372.

Steht die Telefon- und Onlineseelsorge noch in zumindest losem Kontakt zur verfassten Kirche, so kommen die Weiterentwicklungen des Helfens zum Leben im Internet, für die zwei Beispiele gegeben wurden, ohne diesen aus. Theologisch gesehen wird hier aber in dichter, unmittelbar kontextbezogener Weise Evangelium kommuniziert, ereignet sich also in strikt theologischem Sinn „Kirche".

2.2 Ebenfalls ein recht neuer Bereich des Helfens zum Leben ist die *Notfallseelsorge*.[33] Sie wird vor allem, aber nicht nur von Pfarrerinnen und Pfarrern ausgeübt. Entstanden ist sie in den siebziger Jahren des 20. Jahrhunderts.

> „Nach Flugzeugabstürzen, infolge des Attentates auf die israelische Mannschaft bei den Olympischen Spielen 1972, aber auch nach dem Tanklastunglück von Tarragona, bei dem im Juli 1978 217 Menschen starben, entstanden Fragen, welche Rolle Kirche bei Unglücksfällen und Katastrophen übernehmen könne."[34]

Dementsprechend entwickelte sich die Notfallseelsorge als ein im Auftrag der christlichen Kirchen handelndes Instrument, das von den Leitstellen der Feuerwehr, der Polizei oder des Rettungsdienstes benachrichtigt und zum Einsatz gerufen wird. 1997 bündelten die sog. „Kasseler Thesen" das neue Praxisfeld als „in ökumenischer Weite und Offenheit an primär Geschädigte, andere Betroffene und an Einsatzkräfte"[35] gerichtet. Zehn Jahre später wurde dies in den sog. Hamburger Thesen noch präzisiert.

> Demnach bietet die Notfallseelsorge „Schutzraum und Gestaltung für den Umgang mit dem Gefühl der Ohnmacht, das Fragen nach eigener und fremder Schuld, das Fragen nach dem Sinn des Ereignisses und des Lebens überhaupt, religiöse Fragestellungen in Grenzsituationen, den Umgang mit den Gefühlen bei Trauer und Abschied, die Bearbeitung traumatischer Erlebnisse, das kollektive Betroffensein bei und den kollektiven Umgang mit Notfällen insbesondere durch Trauer- und Gedächtnisgottesdienste".[36]

Konkret betätigen sich die Notfallseelsorger/innen auf folgenden Handlungsfeldern: Tod im häuslichen Bereich; Überbringen der Todesnachricht; Tod und schwere Verletzungen von Kindern; Verkehrsunfälle und Brände sowie andere außerhäusliche Einsatzlagen; Einsätze infolge von Suizid; Einsätze infolge von

---

[33] S. umfassender Joachim Müller-Lange/Jutta Unruh/Uwe Rieske (Hg.), Handbuch Notfallseelsorge, Edewecht ³2013.
[34] Uwe Rieske, Notfallseelsorge, in: Wilfried Engemann (Hg.), Handbuch der Seelsorge. Grundlagen und Profile, Leipzig ³2016, 591–606, 598.
[35] Zitat ebd.
[36] Zitiert a.a.O. 599.

Gewaltverbrechen. Es liegt auf der Hand, dass jeder dieser Notfälle seine eigene Dynamik hat und damit besondere Anforderungen an Seelsorger/innen stellt.[37]

Eine Gemeinsamkeit haben diese Notfälle darin, dass jeweils Menschen mit unterschiedlichen Formen der Betroffenheit – als Opfer, als Täter, als zufällig Anwesende, als Verwandte usw. – zu begleiten sind. Dies erfordert bereits bei auf den ersten Blick wenig spektakulären Unglücksfällen eine ausgefeilte Logistik, wie aus folgendem Fallbeispiel des Unfalltodes eines Zwölfjährigen auf seinem morgendlichen Weg zur Schule hervorgeht:

> „Die Klassenlehrerin einer 6. Klasse einer Realschule in einem Ort mit etwa 5.000 Einwohnern betritt kurz vor der ersten Stunde das Lehrerzimmer. Die Kolleginnen und Kollegen stehen im Kreis. Alle sind sichtbar erschrocken, manche weinen.
>
> Die Lehrerin erfährt von folgendem Unfall: Der zwölfjährige Andreas ... muss täglich eine Bundesstraße überqueren, um an die Haltestelle für den Schulbus zu gelangen. An diesem Dienstagmorgen ist er um etwa 6.50 Uhr, als der Schulbus bereits hielt, beim Überqueren der Straße unter einen PKW geraten, der die Bushaltestelle passierte. Mehrere Schüler, die an der Haltestelle einsteigen wollten oder bereits im Bus saßen, haben den Unfall miterlebt.
>
> Das nach wenigen Minuten eingetroffene Rettungsteam kann nach aussichtslosen Wiederbelebungsversuchen nur noch den Tod von Andreas feststellen. Die Rettungsmaßnahmen an der Unfallstelle haben Kinder aus dem Schulbus heraus oder vom Gehweg beobachtet. Der Schulbus ist nach etwa 15 Minuten mit den Kindern zur Schule gefahren. Diese werden in wenigen Minuten in der Schule ankommen.
>
> Andreas hat eine jüngere Schwester ..., die das vierte Schuljahr einer benachbarten Grundschule besucht. Sie hat das Wochenende bei ihrem getrennt von der Mutter lebenden Vater verbracht und den Unfall wahrscheinlich nicht mitbekommen. Ein älterer Bruder ... besucht die 8. Klasse derselben Realschule. Es ist unklar, ob er bereits informiert ist.
>
> Die Mutter von Andreas ist allein erziehend. Der Vater der Kinder lebt seit vier Jahren mit einer anderen Frau zusammen, die selbst zwei Kinder aus erster Ehe hat. Er hat sich jedes zweite Wochenende und die Hälfte der Ferienzeit um die Kinder aus erster Ehe gekümmert und wohnt in einem acht Kilometer entfernten kleineren Ort."[38]

Es ist deutlich, dass eine einzige Person den sich aus einem solchen Unfall ergebenden verschiedenen Aufgaben nicht gerecht werden kann: der Mitteilung des Todes an Mutter und Vater, die Geschwister; dem Angebot, diesen beizustehen; der Begleitung von geschockten Kindern, sonstigen Augenzeugen des Unfalls, vielleicht auch Lehrer/innen usw. Von daher ist Notfallseelsorge auf ehrenamtliche Helfer/innen angewiesen, die aber entsprechend ausgebildet und begleitet werden müssen.

---

[37] Kurz ausgeführt ist dies für jedes dieser Handlungsfelder a.a.O. 600–604.
[38] A.a.O. 593 f.

Dazu kommen spezifisch seelsorgliche Herausforderungen. Oft sind Menschen mit unterschiedlichen Daseins- und Wertorientierungen von einem Notfall betroffen. Im skizzierten Fall könnte ein guter Freund des Verunglückten Muslim, ein anderer Katholik sein, während Andreas selbst vielleicht konfessionslos war wie sein Vater usw. Einsichten in interkulturelle Kommunikation, die im Kontext des Rettungsdienstes gewonnen wurden, helfen hier weiter.

> „Missverständnisse und Konflikte entstehen nicht durch das Vorhandensein von Fremdheit und (kulturellen) Unterschieden, sondern durch deren Wahrnehmung (bzw. Nicht-Wahrnehmung), Interpretation und die damit verbundenen Gefühle! Daher ist es für eine interkulturelle Kompetenz wichtig, einerseits solche Unterschiede wahrnehmen zu können, sie andererseits aber auch nicht überzubewerten und die eigene emotionale Reaktion auf sie unter Kontrolle zu haben.[39]

Schließlich stellen die elektronischen Kommunikationsmöglichkeiten vor neue Probleme. Vielleicht hat eine Schülerin den Unfall aufgenommen und das entsprechende Bild an eine Freundin geschickt usw.

Mittlerweile ist die meist auf Kirchenkreis- bzw. Dekanatsebene organisierte Notfallseelsorge vielerorts in der Öffentlichkeit auf Grund von spektakulären Einsätzen bekannt. Sie kooperiert mit unterschiedlichen anderen Berufsgruppen wie Feuerwehrleuten, Ärzten, Sanitätern, Sozialarbeiter/innen, Psycholog/innen usw. Damit sind die Notfallseelsorger/innen in ein enges Netzwerk von Hilfeleistungen eingebunden. Die im Vergleich zu anderen Tätigkeiten geringe Spezifik ihrer Hilfeleistung gibt ihnen die Möglichkeit, die Betroffenen im umfassenden Sinn in ihrer Bedrängnis und so deren Interessen wahrzunehmen. Kommunikation des Evangeliums geschieht hier beauftragt durch Kirche und zugleich jenseits von ihr. Kirchentheoretisch repräsentiert Notfallseelsorge eine – auch die eigenen – *Grenzen überschreitende Kirche im öffentlichen Raum,* wozu mitunter kritisches Agieren gehört.[40] Liturgische Handlungen wie eine Aussegnung oder ein Abschiedsgottesdienst bieten Gelegenheit, den Bezug auf den Grund des Helfens explizit werden zu lassen. Dabei tritt der enge Zusammenhang dieser beiden Modi der Kommunikation des Evangeliums, des Helfens zum Leben und des gemeinschaftlichen Feierns, hervor.

---

39 Christian Hannig, Interkulturelle Kommunikation im Rettungsdienst. Grundlagen, Beispiele und Folgerungen, in: Dagmar Kumbier/Friedemann Schulz v. Thun (Hg.), Interkulturelle Kommunikation: Methoden, Modelle, Beispiele, Hamburg ⁴2010, 229–247, 245.
40 S. Angela Rinn, Öffentlich Grenzen überschreiten. Notfallseelsorge als Herausforderung für Praxis und kirchenleitendes Handeln, in: PTh 105 (2016), 262–282.

2.3 Eine Folge der stark technisch-naturwissenschaftlichen Ausrichtung der Medizin war deren Fokussierung auf Lebensverlängerung – Sterben und Tod wurden dabei ausgeblendet. Demgegenüber initiierte Cicely Saunders (1918 – 2005), eine englische Ärztin, die zugleich ausgebildete Krankenschwester und Sozialarbeiterin war, die *Hospizbewegung*.[41] Sie gründete 1967 das St. Christopher's Hospice, in dem Sterbende nicht nur medizinisch versorgt, sondern umfassend begleitet wurden.

> „Alle von ihr favorisierten Theorien und Praxisformen leiten sich aus der Grundüberzeugung ab, dass Menschen am Ende ihres Lebens einen tiefgehenden Schmerz empfinden, der alle Dimensionen ihrer Existenz in Mitleidenschaft zieht. Total pain umfasst demnach sowohl eine körperliche (physical), psychische (mental), soziale (social) und spirituelle (spiritual) Dimension. Soll der sterbende Mensch in seiner Ganzheit wahr- und ernstgenommen werden, dann gilt es, keine der genannten Dimensionen im Umgang mit ihm zu vernachlässigen."[42]

Ausgangspunkt jeder Hilfe ist im Hospiz der sterbende Mensch selbst. Dementsprechend kommt den Pflegekräften sowie den ehrenamtlichen Helfer/innen große Bedeutung zu. Die sonst den klinischen Betrieb bestimmende Hierarchie Ärzte – Pflegekräfte wird in eine gleichberechtigte Kooperation aller transformiert, die den leidenden Menschen begleiten. Damit begegnet hier *die für die Kommunikation des Evangeliums fundamentale Symmetrie und Gleichberechtigung* aus pragmatischen Gründen. Denn Pflegekräfte oder ehrenamtlich Tätige sind den Patienten oft näher als die zeitlich und funktional eingeschränkteren Ärzte. Die Biografie Saunders zeigt deren anglikanisch christlichen Hintergrund, der ihr die Erweiterung der bis dahin üblichen medizinischen Behandlung um die spirituelle Dimension ermöglichte, ohne dass sie damit aber missionarische Absichten verband.[43]

Aus der Begleitung schwerkranker Menschen entwickelte sich schnell der übergreifende Ansatz von Palliative Care als einem „multiprofessionellen Versorgungs- und Begleitungsnetz".[44] Mittlerweile liegt hierfür eine Definition der Weltgesundheitsorganisation (WHO) vor:

---

[41] S. zu deren spirituellen Dimension Traugott Roser, Spiritual Care. Der Beitrag von Seelsorge zum Gesundheitswesen, Stuttgart ²2017, 383 – 391.
[42] Doris Nauer, Spiritual Care statt Seelsorge?, Stuttgart 2015, 23 unter Bezug auf Ciceley Saunders, The Philosophy of Terminal Care, in: Dies., The Management of Terminal Disease, London 1979, 193 – 202, 194 (hier ohne Kursivsetzungen).
[43] S. Birgit Heller/Andreas Heller, Spiritual Care. Die Wiederentdeckung des ganzen Menschen, in: Dies., Spiritualität und Spiritual Care, München 2014, 19 – 44, 23.
[44] Nauer, Spiritual Care 26.

"Palliative care is an approach that improves the quality of life of patients and their families facing the problems associated with life-threatening illness, through the prevention and relief of suffering by means of early identification and impeccable assessment and treatment of pain and other problems, physical, psychosocial and spiritual.
Palliative Care:
– Provides relief from pain and other distressing symptoms;
– affirms life and regards dying as a normal process;
– intends neither to hasten or to postpone death;
– integrates the psychological and spiritual aspects of patient care;
– offers a support system to help patients live as actively as possible until death;
– offers a support system to help the family cope during the patients illness and in their own bereavement;
– uses a team approach to address the needs of patients and their families, including bereavement counseling, if indicates;
– will enhace quality of life, and may also positively influence the course of illness;
– is applicable early in the course of illness, in conjunction with other therapies that are intended to prolong life, such as chemotherapy or radiation therapy, and includes those investigations needed to better understand and manage distressing clinical complications."[45]

Auffällig ist hieran u. a. die starke Betonung der *spirituellen Dimension*. Zurück treten dagegen die kritischen Implikationen des „Palliative Care"-Konzepts gegenüber der modernen technisch-naturwissenschaftlichen Medizin. Tatsächlich nimmt inzwischen eine eigene medizinische Disziplin, die Palliativmedizin, entsprechende Impulse auf und macht sie für die allgemeine Behandlung fruchtbar.[46] Dazu wurde – ebenfalls letztlich auf die Hospizbewegung zurückgehend – das Konzept von „*Spiritual Care*" ausgearbeitet, das die Bedeutung der spirituellen Dimension bei der Behandlung, Betreuung und Pflege besonders herausstellt.[47]

In der Perspektive von Mt 25,31–45 handelt es sich bei der Hospizarbeit und bei Palliative Care um Formen der Kommunikation des Evangeliums. Dabei leisten die verfassten Kirchen durch Entsendung von Klinikseelsorger/innen in die entsprechenden Teams einen wichtigen Beitrag. Traugott Roser beschreibt präzise deren Funktion:

„Die Aufgabe von Seelsorge als Spiritual Care ist nun, die religiösen Valenzen des Grenzraums zwischen Tod und Leben zu erkunden und im Gesundheitswesen zu kommunizieren,

---

[45] www.who.int/cancer/palliative/definition/en/ (Abruf 20.03.2017).
[46] S. Nauer, Spiritual Care 30–35.
[47] S. auch zu den damit verbundenen unterschiedlichen Deutungen und Problemen Simon Peng-Keller, Spiritual Care als theologische Herausforderung, in: ThLZ 140 (2015), 454–467; s. grundlegend und ausführlich in poimenischer Perspektive Roser, Spiritual Care.

auch und gerade gegenüber den dort tätigen Berufsgruppen und herrschenden Disziplinen Medizin, Ökonomie und Rechtswissenschaften."[48]

Ähnlich wie bei der Notfallseelsorge arbeiten die Klinikseelsorger/innen innerhalb eines in der Regel anderweitig verantworteten Arbeitszusammenhangs mit. Sie *assistieren* im wörtlichen Sinn – stehen bei.

Vom Grundansatz der Hospizarbeit aus tritt dabei die konkrete Glaubenspraxis der begleiteten Menschen in den Blick. Dadurch finden mitunter kirchliche Lehren eine Grenze. So berichtet Roser von einer alten Dame, die – etwas über 80 Jahre alt und von diversen Krankheiten geplagt – ihrem Wunsch nach Sterben durch den Verzicht auf Nahrung und Flüssigkeit Ausdruck verlieh. Das Angebot des Abendmahls schlug sie ebenso aus wie andere geistliche Begleitungen. Seit ihrer Kindheit betete sie jeden Abend drei Kindergebete – das war ihr genug.[49] Deutlich tritt hier – jenseits kirchlicher Allzuständigkeit und Bevormundung – das Allgemeine Priestertum einer Getauften hervor. Die bewusst auf ihren Tod Zugehende hatte ihre Form des Bezugs zu Gott gefunden und bedurfte dazu weiterer kirchlich approbierter Mittel nicht.

2.4 Die Kommunikation des Evangeliums öffnet sich im Modus des Helfens zum Leben weit auf die allgemeinen und alltäglichen Lebensvollzüge hin – und entfernt sich dabei von der verfassten Kirche. Sie vollzieht sich – wie die skizzierten Beispiele zeigen – in Kontakten im Internet, bei Unfällen sowie in Krankenhäusern, Hospizen und Pflegeheimen. In diesem Kommunikationsmodus treten – mit der organisatorischen Anbindung an Kirche – die konfessionellen und teilweise auch explizit christlichen Prägungen wohl am stärksten zurück, und zwar aus christologischen Gründen.[50] Entsprechend *Mt 25,31–45* stehen im Zentrum die Bedürftigen und Leidenden. In ihnen begegnet Christus selbst. Dem Alltagsbezug entspricht, dass hier das Engagement sog. Ehrenamtlicher, also in der Regel nicht kirchlich Beschäftigter bzw. Ordinierter, hervorragende Bedeutung besitzt. Dadurch tritt teilweise der explizite Bezug auf die biblische oder christliche Tradition in den konkreten Kommunikationen zurück. Doch erweist sich diese zugleich als unverzichtbar. Denn die Kommunikation des Evangeliums enthält eine kritische Dimension, die heute verbreiteten Funktionalisierungen entgegensteht. Helfen zum Leben umfasst in dieser Perspektive nicht nur – nach

---

48 Traugott Roser, Lebenssättigung als Programm. Praktisch-theologische Überlegungen zu Seelsorge und Liturgie an der Grenze, in: ZThK 109 (2012), 397–414, 407f.
49 S. a.a.O. 414.
50 S. Eberhard Hauschildt, Zwei Kirchenfamilien im Protestantismus. Ein Beitrag zur Selbstwahrnehmung der protestantischen Großkirche im deutschen Sprachraum heute, in: PTh 106 (2016), 333–357, 357.

Leistungskatalogen abrechenbare – Interventionen, sondern auch und vor allem mitmenschliche Präsenz (s. § 17 4.).

3 Im Modus des Lehrens und Lernens

Einen wichtigen weiteren Akzent für die Kommunikation des Evangeliums setzt der Modus des Lehrens und Lernens, dessen Grundimpuls von den Gleichnissen Jesu ausgeht. Dabei sind unterschiedliche Lernorte zu berücksichtigen.[51] Dies ist vor allem wichtig, weil die seit über hundert Jahren zu beobachtende Dominanz des schulischen Religionsunterrichts in der Religionspädagogik[52] eine mittlerweile erkannte, aber noch nicht hinreichend korrigierte Verengung mit sich brachte. Besonders fruchtbar und nachhaltig scheinen dagegen Lernprozesse zu sein, an denen verschiedene Lernorte bzw. Sozialräume beteiligt sind. So stelle ich zuerst ein Modell vor, in dem die Lernorte Gemeinde und Familie miteinander kooperieren: der wesentlich von Eltern erteilte Vorkonfirmandenunterricht. Bei den Evangelischen Schulen treten entsprechend der Ausdehnung der Schulzeit ebenso die Gruppe der Altersgleichen (Peer-Group) wie der Kontakt zu kirchlichen Aktivitäten hervor. Schließlich bestehen auch bei diesem Kommunikations-Modus neue Anregungen und Herausforderungen durch die digitalisierte Kommunikation. Auf sie macht exemplarisch eine Studie zur rituellen Praxis ostdeutscher Jugendlicher aufmerksam.

3.1 Der *Vorkonfirmandenunterricht mit Neun- bis Zehnjährigen*, entsprechend den jeweils besuchten schulischen Jahrgangsstufen auch „KU 3" bzw. „KU 4" genannt, entstand in einer konkreten Problemsituation in Hoya (deshalb ursprünglich: „Hoyaer Modell").

> „Pastor Hastedt entdeckte bei seiner 9jährigen Tochter und deren Freundinnen ein starkes Interesse an religiösen Fragen. In dieser Zeit wurde Religionsunterricht an der Schule nur sporadisch erteilt. Die Fragen der Kinder konnten also nur dann beantwortet werden, wenn Eltern da waren, die sich selbst mit Religion und Glauben auseinandersetzten. In der Idee, Vorkonfirmandenunterricht neu zu gestalten, sah Pastor Hastedt eine Chance, Kindern und Eltern gemeinsam biblische Geschichten nahezubringen.

---

[51] S. grundsätzlich Christian Grethlein, Lernort-Theorie – eine religionspädagogische Differenzierung in heuristischem und didaktischem Interesse, in: Michael Domsgen (Hg.), Religionspädagogik in systemischer Perspektive. Chancen und Grenzen, Leipzig 2009, 73–92; vgl. zur aktuellen Entwicklung Bernd Schröder, „Lernorte" – Raum in religionspädagogischer Reflexion, in: VuF 62 (2017), 21–30.
[52] S. Christian Grethlein, Religionspädagogik, Berlin 1998, 66–87, 108–132, 158–205.

Am ersten Elternabend, zu dem er die Eltern der Viertkläßler einlud, gelang es ihm, genügend Erwachsene von seiner Idee zu begeistern: Eltern unterrichten Kinder in biblischen Geschichten. An einem Abend in der Woche traf man sich, um eine biblische Geschichte zu lesen und sich mit dem Inhalt auseinanderzusetzen. Dabei kamen viele persönliche Fragen und Probleme ins Gespräch, die Erwachsenengruppe wuchs immer mehr zusammen. Um den Eltern den Unterricht mit den Kindern zu erleichtern, wurde für jede Stunde ein ausführliches Konzept erarbeitet. Es half den Erwachsenen, die anfängliche Schwellenangst zu überwinden. In dieser Zeit entstanden Familiengottesdienste, die von den 10jährigen und ihren Helfern gestaltet wurden. Als Abschluß des Vorkonfirmandenunterrichts wurde ein Sommerfest gefeiert, das von den Betroffenen ausgerichtet wurde. Eine Folge dieser Arbeit war auch, daß Taufen von Kindern der 4. Klasse zunahmen."[53]

In mehrfacher Weise bezieht sich dieses Modell auf den speziellen und weiteren Kontext: den weitgehenden Ausfall des schulischen Religionsunterrichts vor Ort; den allgemeinen Rückgang explizit christlicher Erziehung in Familien; die – entwicklungspsychologisch einleuchtende – Beobachtung der Aufgeschlossenheit von Kindern am Ende der Grundschulzeit; die Bedeutung des 4. Schuljahrs angesichts des daran anschließenden Wechsels auf weiterführende Schulen.[54] Der Vorkonfirmandenunterricht passt sich dadurch in die bestehende Struktur der Konfirmandenarbeit ein, dass das zweite Jahr des Unterrichts wie gewohnt während des 8. Schuljahrs stattfindet.

An anderen Orten wurden ähnliche Initiativen durch die aus dem französischen Katholizismus stammende Praxis angeregt, Kommunion- bzw. Firmunterricht durch Eltern in kleinen Gruppen halten zu lassen.[55] Hier kam es also zu einer Form ökumenischen Lernens.

Gemeindepädagogisch verdient das im Modell des Vorkonfirmandenunterrichts durch Eltern praktizierte *generationenübergreifende Lernen* besondere Beachtung. Meist Mütter eines Vorkonfirmanden/einer Vorkonfirmandin laden eine überschaubare, etwa bis zu acht Kinder umfassende Gruppe wöchentlich – oft ins eigene Wohnzimmer – ein. Sie bearbeiten mit ihnen ein Thema wie etwa eine biblische Geschichte. Dabei wird die Familienwohnung in strikt theologischem

---

53 Aus einer Festschrift zitiert bei Michael Meyer-Blanck/Lena Kuhl, Konfirmandenunterricht mit 9/10jährigen. Planung und praktische Gestaltung, Göttingen 1994, 19.
54 Christian Grethlein, Meine Bilanz: Ziele, Inhalte und Lernformen für die Konfirmandenarbeit im 4. Schuljahr, in: Michael Meyer-Blanck (Hg.), Zwischenbilanz Hoyaer Modell. Erfahrungen – Impulse – Perspektiven (Arbeiten zum Konfirmandenunterricht 4), Hannover 1993, 109–118, 109.
55 S. z. B. Dietrich Zimmermann, Leben – Glauben – Feiern. Dimension des Glaubensweges, in: Lebendige Seelsorge 29 (1978), 148–154; Philippe Béguiere, Liturgie und Leben, in: Lebendige Seelsorge 29 (1978), 305–308.

Sinn zu einer Kirche, die Leiterinnen der Gruppen realisieren ihr Allgemeines Priestertum. In den ebenfalls wöchentlichen Sitzungen der ehrenamtlichen „Katechetinnen" beim Pfarrer/der Pfarrerin findet projektbezogene Erwachsenenbildung statt. Bei der Vorbereitung der Unterrichtsstunden treten – so zeigen Erfahrungsberichte – im Lauf der Zeit die Fragen der Eltern selbst stärker in den Vordergrund. Dadurch, dass jeweils Mütter bzw. – seltener – Väter von Vorkonfirmanden beteiligt sind, werden Semi-Professionalisierungen vermieden, die sonst in der Gemeindearbeit bisweilen andere Interessierte abschrecken. Nach einem Durchgang beginnen andere Eltern mit der katechetischen Tätigkeit.

Auch kybernetisch gibt das Modell interessante Impulse. Es stellt sich nämlich die Frage nach dem Zusammenhang zwischen dem ersten – in der 4. Jahrgangsstufe – und dem zweiten – in der 8. Jahrgangsstufe – Konfirmandenjahr. Dabei ergibt sich die Chance, „volkskirchliche Normalität einzuüben: punktuelle Kontakte mit Wort und Sakrament ohne den unrealistischen Anspruch, möglichst viele Eltern und Kinder ... ,einzugliedern'."[56]

Insgesamt werden zu diesem vor allem in Württemberg und Niedersachsen verbreiteten Modell durchwegs positive Erfahrungen berichtet. „Alle Beteiligten zeigen sich überzeugt, dass solche Angebote für die Kinder, aber auch für deren Eltern, für die Pfarrerinnen und Pfarrer sowie für die Gemeinden attraktiv sind."[57] Allerdings wird zu überlegen sein, welche Modifizierungen des Modells der Wandel im Leben vieler Familien sowie der Ausbau von Ganztagsschulen erfordern.

3.2 Bereits Martin Luther widmete sich – entsprechend dem damaligen Kontext (s. § 13.2.) – intensiv dem Schulwesen. Seitdem gründen reformatorische Kirchen und Gemeinden evangelische Schulen.

> „Sie sind jeweils in einer besonderen geschichtlichen Situation entstanden; wie Neugründungen zeigen, ist dieser Vorgang bis heute nicht abgeschlossen. Unterschiedliche evangelische Traditionsströme haben die Gründungen bestimmt: reformatorisch-humanistisches Erbe des 16. Jahrhunderts in manchen Gymnasien, pietistisches Erbe aus dem 17. und 18. Jahrhundert, diakonisches unter dem Einfluß Johann Hinrich Wicherns oder Wilhelm Löhes, reformpädagogische Impulse aus der Landerziehungsheimbewegung aus dem ersten Drittel dieses Jahrhunderts, Gründungen nach dem letzten Weltkrieg unter dem Eindruck

---

[56] Meyer-Blank/Kuhl, Konfirmandenunterricht 70; s. a.a.O. 71 zu entsprechenden, von der Fahrradtour über Adventssingen bis zu Kinderbibelwochen reichenden Angeboten.
[57] Friedrich Schweitzer/Christoph Maaß/Katja Lißmann/Georg Hardecker/Wolfgang Ilg in Verbindung mit Volker Elsenbast, Matthias Otte, Konfirmandenarbeit im Wandel – Neue Herausforderungen und Chancen. Perspektiven aus der zweiten bundesweiten Studie, Gütersloh 2015, 249.

geschichtlicher Herausforderungen, besonders unter den Nachwirkungen der Erfahrungen der Bekennenden Kirche, des Kirchenkampfes und der Judenverfolgung."[58]

Dabei reklamierte der Reformator kein kirchliches Eigenrecht auf Schulen, sondern ordnete diese vielmehr der staatlichen Obrigkeit zu. Von daher haben evangelische Schulen nur darin eine Berechtigung, dass sie einen Beitrag zur allgemeinen Schulentwicklung leisten.[59] Dies geht auch aus folgenden zehn Thesen eines Grundsatzpapiers der EKD hervor, das die „Bedeutung, Entwicklungsaufgaben und Zukunftsperspektiven" dieser Schulen skizziert:

> „1. Schulen in evangelischer Trägerschaft sind ein wichtiger Beitrag zur Pluralität des öffentlichen Bildungswesens und zu einem vielfältigen Bildungsangebot. ...
> 2. Evangelische Schulen sollen Schulen von hoher Qualität sein. ...
> 3. Evangelische Schulen sollen sich in besonderem Maße um Bildungsgerechtigkeit bemühen. ...
> 4. Evangelische Schulen bieten vielfältige Lernmöglichkeiten in der Vernetzung unterschiedlicher Lernorte und sollten diese auch kultivieren. ...
> 5. Evangelische Schulen sollen Schulen gelebten Glaubens sein. ...
> 6. Das Profil des Religionsunterrichts an evangelischen Schulen muss weiterentwickelt werden. ...
> 7. Evangelische Schulen sollten ihre Lehrerinnen und Lehrer bewusst unterstützen. ...
> 8. Evangelische Schulen haben ein Recht auf angemessene finanzielle Unterstützung durch den Staat. ...
> 9. Für die Kirche sind Schulen in evangelischer Trägerschaft eine wichtige Investition in ihre Zukunft. ...
> 10. Auch in Zukunft soll das Angebot von Schulen in evangelischer Trägerschaft in vollem Umfang aufrechterhalten werden. ..."[60]

Inhaltlich kann die so politisch vorgegebene Ausrichtung durch die Orientierung an der Kommunikation des Evangeliums präzisiert werden:

> „Bei den Lehr- und Lernprozessen liegt ein Bezug auf den schulischen Unterricht nahe. Dabei ergibt ‚Evangelium' ein besonderes Vorzeichen. Es verhindert ein positivistisches Funktionalisieren von Lernen, wie es die Gefahr einer exklusiven Orientierung am sogenannten Outcome ist. Denn Lernen wird in der Perspektive des Evangeliums auf den Ur-

---

58 Karl Ernst Nipkow, Bildung als Lebensbegleitung und Erneuerung. Kirchliche Bildungsverantwortung in Gemeinde, Schule und Gesellschaft, Gütersloh 1990, 512.
59 S. Ralf Koerrenz, Schulgestaltung in evangelischer Verantwortung – Orientierungen an Martin Luther, in: Martina Kumlehn/Thomas Klie (Hg.), Protestantische Schulkulturen. Profilbildung an evangelischen Schulen, Stuttgart 2011, 11–28.
60 Kirchenamt der EKD (Hg.), Schulen in evangelischer Trägerschaft. Selbstverständnis, Leistungsfähigkeit und Perspektiven. Eine Handreichung, Gütersloh 2008, 12–30.

sprung und das Ziel des Lebens ausgerichtet. Exemplarisch kam dies z. B. im Rückgriff evangelischer Schulen auf die genetische Methode von Martin Wagenschein – und didaktische Einsichten von Comenius – zum Ausdruck. Ein so orientiertes Lernen macht auf den Konstruktionscharakter scheinbar stabiler ‚Fakten' aufmerksam und eröffnet den Schüler/innen auch in naturwissenschaftlichen Unterrichtsfächern den Blick auf die Relativität menschlichen Wissens …

Zum Christsein gehören von Anfang an gemeinschaftliche Feiern, die auch gemeinsames Essen und Trinken umfassen. Beides findet in unseren Schulen statt, aber häufig ohne die ihm vom Evangelium her zukommende Beachtung. Für evangelische Schulen sind gemeinschaftliche Feiern keine Nebensache neben dem Unterricht. In Schulgottesdiensten und -andachten kommt vielmehr eine grundlegende und unverzichtbare Dimension des Zusammenlebens von Menschen in der Schule zum Ausdruck, die u. a. die sonst dort übliche Hierarchie und manche Funktionalitäten relativiert. …

Es sei nur angedeutet, dass die Bedeutung des gemeinsamen Essens und Trinkens für die Kommunikation des Evangeliums auch Konsequenzen für die Gestaltung von Pausen und das Essen in der Mensa nach sich zieht. …

Insgesamt gewinnt die Dimension des Helfens zunehmend Bedeutung an unseren Schulen … Darüber hinaus begegnet in evangelischen Schulen unter dem Signum ‚diakonisches Lernen' ein interessanter didaktischer Aufbruch. Hier sammeln Schüler/innen in engem Verbund von unterrichtlicher Vorbereitung und Auswertung praktische Erfahrungen mit dem Kommunikationsmodus des Helfens, wobei die Organisationsform vom Projekt bis zum regulären Unterrichtsfach in einigen Klassen reicht."[61]

Damit ist allerdings nur der konzeptionelle Rahmen skizziert, der vor Ort ausgefüllt werden muss. Die genannten Beispiele – genetische Didaktik,[62] Schulgottesdienste[63] und diakonisches Lernen[64] – geben lediglich Anregungen hierzu. Es wird je nach Kontext genauer zu bestimmen sein, wie „evangelisch" in die Schulwirklichkeit vor Ort hinein auszulegen ist. Dabei eröffnet die allgemeine Entwicklung zur Ganztagsschule neue Möglichkeiten zur Kooperation mit sonstiger kirchlicher Arbeit. Die pädagogische Aufgabe der Inklusion[65] nimmt ein wichtiges Anliegen der Kommunikation des Evangeliums auf (s. § 5 1.), das bisher

---

[61] Christian Grethlein, Evangelische Schulen und ihr Beitrag zur schulischen Qualitätsentwicklung, in: Michael Reitemeyer/Winfried Verburg (Hg.), Bildung – Zukunft – Hoffnung. Warum Kirche Schule macht, Freiburg 2017, 195–201, 197 f.
[62] S. Hans Christoph Berg/Günther Gerth/Karl Heinz Potthast (Hg.), Unterrichtserneuerung mit Wagenschein und Comenius. Versuche Evangelischer Schulen 1985–1989, Münster 1990.
[63] S. Bernhard Dressler (Hg. im Auftrag der Liturgischen Konferenz), Schulgottesdienst feiern. Eine Orientierungshilfe der Liturgischen Konferenz, Gütersloh 2012.
[64] S. Christoph Gramzow, Diakonie in der Schule. Theoretische Einordnung und praktische Konsequenzen auf der Grundlage einer Evaluationsstudie (APrTh 42), Leipzig 2010.
[65] S. z. B. Ina Döttinger/Nicole Hollenbach-Biele, Auf dem Weg zum gemeinsamen Unterricht? Aktuelle Entwicklungen zur Inklusion in Deutschland, Gütersloh 2015.

im nach Leistung gegliederten, homogene Lerngruppen voraussetzenden deutschen Schulwesen nicht verwirklicht werden konnte.

Angesichts der skizzierten, an die allgemeine schulpädagogische Diskussion anschließenden und sie weiterführenden Impulse verwundert es nicht, dass sich Evangelische Schulen meist großer Beliebtheit erfreuen. Das zeigt sich etwa in den regelmäßig die Kapazität übersteigenden Anmeldungszahlen. 2012 bestanden in Deutschland 375 Evangelische Schulen und 1.099 Schulen in evangelischer Trägerschaft.[66] Eine genauere Analyse nach Schularten zeigt ein deutliches Schwergewicht bei Berufsschulen für soziale und pflegerische Berufe.[67] Dem entspricht – und dies ist kirchentheoretisch von besonderem Interesse –, dass 231 Schulträger mit insgesamt 678 Schulen in den Bereich der Diakonie gehören, dagegen nur 42 Schulträger mit 190 Schulen in den der verfassten Kirche.[68] Auch hier reicht also die Förderung der Kommunikation des Evangeliums über den Bereich der Landeskirchen und ihrer Kirchengemeinden hinaus.

Katholische Schulen – 2015/16: 689 allgemeinbildende und 215 berufsbildende Schulen – erfreuen sich ebenfalls reger Nachfrage. Dabei zeigt schon die Statistik ein anderes Profil, insofern hier die allgemeinbildenden Schulen den größten Anteil ausmachen. Der Grund dafür kommt in den diesbezüglichen Leitsätzen der Deutschen Bischöfe vom 25. April 2016 zum Ausdruck:

> „1. Katholische Schulen stehen für eine Erziehung und Bildung um des Menschen willen und grenzen sich gegen ein funktionalistisches Bildungsverständnis ab.
> 2. Katholische Schulen regen zur Auseinandersetzung mit existenziellen Fragen an und bieten Raum zur Begegnung mit Gott.
> 3. Katholische Schulen sind Orte der Kirche und haben teil an ihrer pastoralen Sendung.
> 4. Katholische Schulen befähigen die Schülerinnen und Schüler zu ethischer Reflexion und ermutigen sie zur Entwicklung einer werteorientierten Haltung und zu verantwortlicher Weltgestaltung.
> 5. Katholische Schulen leisten einen Beitrag zu mehr Teilhabe und Gerechtigkeit in der Gesellschaft.
> 6. Katholische Schulen sind Orte des Dialogs und der menschlichen Gemeinschaft in Vielfalt.

---

66 S. Evangelische Kirche in Deutschland (EKD) (Hg.), Statistik Evangelische Schulen. Fakten und Trends 2012 bis 2014. Ergebnisse der Basiserhebung 2012 und der Haupterhebung 2013/14, 5.
67 S. Bärbel Husmann, Beziehung und Erziehung in christlicher Verantwortung, in: Martina Kumlehn/Thomas Klie (Hg.), Protestantische Schulkulturen. Profilbildung an evangelischen Schulen, Stuttgart 2011, 153–163, 162.
68 S. EKD, Statistik Evangelische Schulen 6.

7. Mit ihren Katholischen Schulen nimmt die Kirche ihre Erziehungs- und Bildungsverantwortung im Rahmen der von der Verfassung gewollten Vielfalt des Schulangebots wahr."[69]

Die in der reformatorischen Tradition begründete Ausrichtung auf Impulse zum öffentlichen Schulwesen fehlt hier, vielmehr gehen die Bischöfe von einer eigenen kirchlichen Erziehungs- und Bildungsverantwortung aus. Kirche assistiert hier nicht, sondern agiert eigenständig. Deutlich tritt ein anderes Kirchenverständnis zu Tage, das sich allerdings in anderweitig differenzierter organisatorischer Gestalt ausdrückt. So sind traditionell z. B. neben den Diözesen Ordensgemeinschaften wichtige Schulträger.

3.3 Bisher waren religionspädagogisch besonders der schulische und gemeindliche Unterricht sowie die familiäre Sozialisation im Blick. Sie gaben und geben den Heranwachsenden Impulse für ihr Christsein. Dabei kommt herkömmlich der Familie schwerpunktmäßig die Aufgabe zu, in elementare Formen religiöser Kommunikation wie das Beten einzuführen und -zuüben, während beim Unterricht eher die kognitiv reflexive Seite im Vordergrund steht. Allerdings zeigt ein religionsdidaktisches Konzept wie das des Performativen Religionsunterrichts,[70] dass es hier zu Verschiebungen kommt. Familien tradieren heute nur noch selten explizit christliche Praxis.

In *Ostdeutschland* verschärft sich diese Problemlage grundsätzlich. Denn hier geborene und lebende Jugendliche empfingen mehrheitlich weder in ihren Familien entsprechende Anregungen noch besuchten sie einen schulischen Religions- oder gar gemeindlichen Konfirmandenunterricht. Von daher erstaunt der empirische Befund, dass nicht wenige von ihnen beten, wobei Gebet empirisch als ein Ritual verstanden wird, das im Zusammenhang mit der „übermenschlichen Macht Gott" steht.[71] Diese Jugendlichen lernten das *Beten* also weder in der Familie noch in Schule oder Gemeinde. Vielmehr stießen sie in den Medien, vor allem wohl beim Sehen US-amerikanischer Filme bzw. Serien,[72] auf diese Kommunikationsform und eigneten sie sich durch Lernen am Modell an.[73] In einem

---

[69] Deutsche Bischöfe, Erziehung und Bildung im Geist der Frohen Botschaft. Sieben Thesen zum Selbstverständnis und Auftrag Katholischer Schulen (Die deutschen Bischöfe 102), 25. April 2016 (die Thesen sind zugleich das Inhaltsverzeichnis des Dokuments).
[70] S. hierzu – und zu den damit verbundenen Kontroversen – Hans Mendl (Hg.), Religion zeigen – Religion erleben – Religion verstehen. Ein Studienbuch zum Performativen Religionsunterricht (Religionspädagogik innovativ 16), Stuttgart 2016.
[71] So die Definition bei Sarah Demmrich, Religiosität und Rituale. Empirische Untersuchungen an ostdeutschen Jugendlichen (APrTh 62), Leipzig 2016, 137.
[72] S. a.a.O. 147.
[73] S. a.a.O. 143.

experimentellen Trial-and-error-Verfahren probieren sie das Beten in Konfliktsituationen aus. So treten neben die bisher üblichen – und religionspädagogisch bzw. praktisch-theologisch reflektierten – Lernorte Schule, Kirchengemeinde und Familie die elektronischen Medien.

Damit dürften sich aber auch die Vorstellungen und Ausdrucksformen verändern. Denn Manfred Pirner weist wohl zu Recht auf den Zusammenhang von bestimmten Medien und durch sie hervorgerufenen Vorstellungen hin:

> „So verbindet sich z. B. das Leitmedium Schrift/Buch eher mit einer vergangenheitsorientierten, meditativ-reflexiven Form von Religion, während die Leitmedien Bild und Musik Affinitäten zu einer gegenwartsorientierten, ekstatisch-emotionalen Form von Religion aufweisen."[74]

Besonderes Gewicht kommt dabei der – erwähnten (s. § 22 4.) – Beobachtung zu, dass sich im Zuge der digitalisierten Netzkommunikation grundlegend das Verhältnis von Sender und Empfänger verändert. Von daher gewinnt die kommunikative Form der „*Unterhaltung*" verstärktes Interesse für die Kommunikation des Evangeliums im Modus von Lehren und Lernen. Ein Durchsehen entsprechender Literatur ergibt:

> „dass Unterhaltung sprachgeschichtlich nicht nur als publizistisches Genre zu verstehen ist, sondern als rezeptionsästhetisches Phänomen, das mit vielschichtigen Gratifikationszielen in Verbindung gebracht wird, zum Beispiel mit dem Aspekt des Angenehmen, Nützlichen und Lehrreichen (Jacob und Wilhelm Grimm), mit der Funktion des seelischen und materiellen Unterhalts sowie des Amüsements (Schroeter-Wittke), mit der ins Nachdenken führenden Kommunikation über die existentiellen Fragen des Menschseins (Josuttis), mit Ablenkung und Zeitvertreib, Interaktion, Förderung der persönlichen Identität, Bildung und Information (Reinhardt und Engelhard) und dem Aspekt des schöpferischen Spiels, das auf angenehme und vergnügliche Weise den Sinn des früheren, gegenwärtigen und zukünftigen menschlichen Daseins im Licht des Reiches Gottes reflektiert (Auer)."[75]

Bisher ist dieser Ansatz, soweit ich sehe, empirisch nur für das Radio am Beispiel des Programms eines Jugendsenders ausgearbeitet worden.[76] Es wäre wünschenswert, auch für andere Medien sowie Medienverbünde die potenzielle Bedeutung für Lehr- und Lernprozesse bei der Kommunikation des Evangeliums

---

[74] Manfred Pirner, Religion, Religiosität und Medienkultur, in: Ilona Nord/Swantje Luthe (Hg.), Social Media, christliche Religiosität und Kirche. Studien zur Praktischen Theologie mit religionspädagogischem Schwerpunkt (POPKULT 14), Jena 2014, 63–76, 66.
[75] Matthias Bernstorf, Ernst und Leichtigkeit. Wege zu einer unterhaltsamen Kommunikation des Evangeliums (Studien zur Christlichen Publizistik 13), Erlangen 2007, 48.
[76] S. ebd.

genauer zu erforschen. Die am Eingang dieses Abschnitts genannten Befunde zum Beten ostdeutscher Jugendlicher lassen vermuten, dass sich Lernprozesse vollziehen, die jenseits von pädagogisch Intendiertem liegen, aber (oder gerade deshalb?) wirkungsvoll sind. Es bahnen sich hier – jenseits von Kirche und pädagogischen Einrichtungen – neue Formen und Prozesse des Lehrens und Lernens und damit potenziell der Kommunikation des Evangeliums an.

3.4 Insgesamt begegnen bei der Kommunikation des Evangeliums im Modus des Lehrens und Lernens ebenfalls vielfältige, teils jenseits von verfasster Kirche, teils mit ihr verbundene Formen. Auch sind sowohl wechselseitige Anregungen zwischen den Konfessionen, aber auch unterschiedliche Positionen zu beobachten. Generationenübergreifende Arbeitsformen wie der wesentlich durch Eltern erteilte Vorkonfirmandenunterricht zeigen eine Struktur, die das Postulat vom Allgemeinen Priestertum im heutigen Kontext aufnimmt. Die *Assistenzfunktion von Kirche*, die bereits z. B. bei der Notfallseelsorge oder Palliative Care begegnete, wird auch in evangelischen Schulen realisiert. Diese sind nämlich auf die Verbesserung des allgemeinen Schulwesens ausgerichtet. Ihre Orientierung an der Kommunikation des Evangeliums eröffnet neue Perspektiven auf Didaktik und die Gestaltung des Schullebens bzw. der Schulkultur. Schließlich begegnen auch in diesem Modus Veränderungen durch neue Formen der digitalisierten Kommunikation. Sie treten neben die vertrauten Sozialisatoren, werden aber bisher noch zu wenig beachtet.

4 In der Kunst

Kunst, verstanden als Kommunikationskultur, die sich nicht – primär – auf die Verstandesebene, sondern auf die Wahrnehmung (Ästhetik) bezieht, ist seit langem eng mit der Kommunikation des Evangeliums verbunden. Besonders eindrücklich tritt dies im Bereich der darstellenden Kunst bei den Kirchengebäuden zu Tage und den in ihnen – häufig – befindlichen Bildern. Aber auch die musikalische Dimension ist, zuerst in Form des Gesangs, später auch instrumentaler Musik, im liturgischen Bereich präsent. Darüber hinaus reichen literarische Texte, die mit zunehmender Alphabetisierung der Bevölkerung bedeutsamer wurden. Meist überschreiten sie den engeren kirchlichen Raum. Schließlich spiegeln Filme kulturelle Entwicklungen der Gegenwart und geben hierfür zugleich Impulse. Im Folgenden seien jeweils knapp einige Beispiele aus dem Bereich heutiger Kommunikation des Evangeliums genannt, die auf das große Potenzial künstlerischer Ausdrucksformen hierfür und damit für die Gestaltung von Kirche hinweisen.

4.1 *Kirchenbauten*[77] regen in mehrfacher Hinsicht die Kommunikation des Evangeliums an bzw. bieten dieser Raum:[78]

Ursprünglich und bis heute meist primär dienen sie als Raum für die gottesdienstliche Feier. Deshalb führen liturgische Reformen regelmäßig zu Veränderungen in den Kirchengebäuden. Ein Beispiel dafür ist der sog. Bildersturm im Zuge der Schweizer Reformation.[79] Es folgte in den reformatorischen Kirchen aus der Zentralstellung der Predigt die Einrichtung von Gestühl mit bedeutenden Nebenfolgen wie der Vermietung der Sitzgelegenheiten und damit einer ständischen Gliederung der Gottesdienstgemeinde.[80] Konstruktiv veränderte ebenfalls die Liturgiereform im Zuge des II. Vatikanums die Innenräume der römisch-katholischen Kirchen. Vor allem wurde der Altar als „erlebbare Mitte der Gemeindeversammlung" gestaltet, was im Abrücken von der Wand seinen Ausdruck fand.[81] Schon früh galten die Kirchen als „heilig" (s. § 9 1.) im Sinne von Heterotopien. Heute gewinnt diese auf vorchristliche Anschauungen zurückgehende antike Kontextualisierung im Zusammenhang mit dem sog. Kirchenasyl neue Bedeutung.[82] Dazu sind Kirchen historische Orte, die mit ihrer Architektur und ihrem Interieur einen Zugang zu früheren Formen des Christ- und Kirche-Seins eröffnen.

Vornehmlich die letztgenannte Dimension wird religionspädagogisch durch die *Kirchenraumpädagogik* bzw. *Kirchenpädagogik* aufgenommen und fruchtbar

---

[77] Einen guten Überblick über deren Entwicklung gibt Rainer Volp, Liturgik. Die Kunst, Gott zu feiern Bd. 1, Gütersloh 1992, 181–213; 275–312; 347–500.

[78] Ich folge hier der Typologie von Johannes Stückelberger, Kunst in Kirche und Gemeinde, in: Ralph Kunz/Thomas Schlag (Hg.), Handbuch für Kirchen- und Gemeindeentwicklung, Neukirchen-Vluyn 2014, 392–399, 394f.; vgl. dazu die semiotische Analyse der verschiedenen Codierungen, die mit einem Kirchengebäude verbunden sind, bei Ulrike Schäfer-Streckenbach, Kulturkirchen. Wahrnehmung und Interpretation (PThK 19), Gütersloh 2007, 56f.

[79] S. grundlegend Hans v. Campenhausen, Die Bilderfrage in der Reformation, in: ZKG 68 (1957), 96–128.

[80] S. Christian Grethlein, Abriss der Liturgik. Ein Studienbuch zur Gottesdienstgestaltung, Gütersloh ²1991, 85f.

[81] S. hierzu und zum Gesamtkonzept Albert Gerhards, „.... zu immer vollerer Einheit mit Gott und untereinander gelangen" (SC 48). Die Neuordnung der Kirchenräume durch die Liturgiereform, in: Klemens Richter/Thomas Sternberg (Hg.), Liturgiereform. Eine bleibende Aufgabe. 40 Jahre Konzilskonstitution über die heilige Liturgie, Münster 2004, 126–143, 132.

[82] S. Martin Affolderbach, Asylorte, in: Gottfried Fermor/Gerhard Schäfer/Harald Schroeter-Wittke/Susanne Wolf-Withöft (Hg.), Gottesdienst-Orte. Handbuch Liturgische Topologie (Beiträge zu Liturgie und Spiritualität 17), Leipzig 2009, 23–27.

gemacht. Sie entstand, literarisch nur recht eingeschränkt greifbar, in den siebziger Jahren des 20. Jahrhunderts im Bereich der Evangelischen Kirchen in der DDR.[83] Dabei ergab sich folgendes Konzept:

> „1. Die Architektur und die Kunstwerke führen große Zahlen von Besuchern in die Kirchen und zwingen die Gemeinden zu neuen Strategien im Umgang mit ihnen. Somit nehmen die Kunstwerke eine zentrale Stellung ein.
>
> 2. Die Kunstwerke dienen als das Medium, über das eine Gemeinde mit dem Besucher in Kontakt zu treten sucht. Die Betreuung von touristischen Besuchern wird als ein Stück ‚missionarischer Diakonie' an der Allgemeinheit aufgefasst. Auch bisher verschlossene Gemeinden und Kirchen öffnen sich für den Umgang mit Nichtmitgliedern.
>
> 3. Mit dem Ziel, die Oberflächlichkeit und Hast einer kommerziellen Führung zu vermeiden, sollen Führungen verlangsamt werden, um die Aufmerksamkeit einigen wenigen Kunstwerken vertieft zukommen zu lassen.
>
> 4. Die Gemeindeglieder selbst werden für diese Betreuung ausführlich in kunsthistorischen Kenntnissen und Methoden der Vermittlung geschult.
>
> 5. Neben dem historischen und kunsthistorischen Gehalt eines Kunstwerkes wird auch sein theologischer Gehalt angesprochen und dem Besucher durch methodische Zugänge vermittelt.
>
> 6. Die Führung durch den Raum wandelt sich von einem Frontalvortrag des Führenden in eine drei-dimensionale Erfahrung durch den Besucher. Unter den methodischen Zugängen nimmt die Herstellung einer Beziehung zwischen dem Besucher einerseits und dem Kunstwerk, dem Raum und deren Inhalten andererseits eine zentrale Stellung bei den Führungen ein.
>
> 7. Neben dem kunsthistorischen Zugang wird ein affektiver (meditativer) Zugang entwickelt, der aber noch verfeinert werden muss ...
>
> 8. Trotz eines auf die Person bezogenen Zuganges und trotz meditativer Arbeit am Bild darf das Kunstwerk nicht als Anlass zur Missionierung betrachtet werden. Es muss dem Besucher überlassen bleiben, diese Inhalte auf sich selbst zu beziehen oder sich davon zu distanzieren.
>
> 9. Der Einsatz von ‚allen Sinnen' bei der Wahrnehmung des Raums führt schließlich zum Begriff der Ganzheitlichkeit, mit dem Anspruch, dem Besucher einen Zugang zu mehrdimensionaler, religiös verstandener Erfahrung zu ermöglichen.
>
> 10. Die Gemeinde begreift eine Führung auch als eine Chance, authentisch vom Glauben zu sprechen."[84]

---

[83] S. genauer zu einzelnen Vertretern Erika Grünewald, Kunstgeschichte und Kirchenpädagogik. Ungelöste Spannungen (Kirche in der Stadt 15), Berlin 2010, 116–151.
[84] A.a.O. 149–151.

Grundsätzlich bleibt bei diesem Konzept die Eigenständigkeit von Kunst erhalten, auch wenn sie als Kirchengebäude bzw. in einer Kirche realisiert wurde. Dabei leiten wichtige kirchentheoretische Entscheidungen und Einsichten: die grundsätzliche Ergebnisoffenheit der Kommunikation des Evangeliums; ihr alle Sinne betreffendes ästhetisches Profil; die Verantwortung und Bedeutung ehrenamtlich Tätiger.

In der zweiten Hälfte der achtziger Jahre des 20. Jahrhunderts entwickelten sich – angesichts zurückgehender Teilnehmerzahlen am Sonntagsgottesdienst – ebenfalls in der Bundesrepublik Initiativen zur Kirchenbesichtigung. Sie bedienten sich des Instrumentariums der Museumspädagogik.[85] Impulse der Symboldidaktik sowie von Performanztheorien erweiterten nicht zuletzt für den schulischen Religionsunterricht das methodische Repertoire der Kirchenpädagogik.[86] Neue Perspektiven eröffnen rezeptionsästhetische Zugänge, die die leibbezogene Bedeutung des Raums hervorheben und darin auf die Vermittlung von Individualität und christlichem Glauben aufmerksam machen.

> „Das Kirchengebäude ... führt dem Individuum bewährte Deutungsmuster als Angebot vor Augen, auf das es Bezug nehmen und in dem es seine Fragen und Ängste, seine Sehnsüchte und Hoffnungen sinnenfällig artikuliert – oder zuweilen auch kontrastiert – finden kann, macht es so hinsichtlich seiner Selbst- und Weltinterpretation sprachfähig."[87]

Mittlerweile bieten das Kirchenasyl, aber auch die Vesperkirchen (s. 1.2) mancherorts die Möglichkeit, die Kirchenpädagogik um die diakonische Dimension der Kommunikation des Evangeliums zu bereichern. Dies kann auch durch entsprechende Ausstellungen von Bildern und sonstige Aktionen geschehen, die die Kirchenräume für die Begegnung und Auseinandersetzung mit Notlagen und Menschen in schwierigen Lebenslagen öffnen. Aus dem mancherorts notwendig erscheinenden Verkauf von Kirchengebäuden ergibt sich ebenfalls die Möglich-

---

85 S. a.a.O. 162–191.
86 S. z. B. die Modelle und Praxisberichte in Roland Degen/Inge Hansen (Hg.), Lernort Kirchenraum. Erfahrungen – Einsichten – Anregungen, Münster 1998; Horst Rupp (Hg.), Handbuch der Kirchenpädagogik. Kirchenräume wahrnehmen, deuten und erschließen, Stuttgart 2006 sowie die konzeptionellen Impulse in Thomas Klie (Hg.), Der Religion Raum geben. Kirchenpädagogik und religiöses Leben (Grundlegungen Veröffentlichungen des Religionspädagogischen Instituts Loccum 3), Münster 1998.
87 Clemens Bethge, Kirchenraum. Eine raumtheoretische Konzeptualisierung der Wirkungsästhetik (PTHe 140), Stuttgart 2015, 322.

keit, deren diakonische Dimension herauszustellen, etwa wenn Wohnungen für bisher Obdachlose eingebaut werden.[88]

4.2 Eine weitere wichtige Form kirchlicher Unterstützung der Kommunikation des Evangeliums sind die vielfältigen musikalischen Aktivitäten in Kirchengemeinden. Schon von ihrem Umfang her ist die *Kirchenmusik*[89] nicht zu übersehen bzw. besser: zu überhören:

> „In mehr als 21.000 Kirchen- und Kinder- bzw. Jugendchören sowie mehr als 5.000 Instrumentalkreisen und 6.000 Posaunenchören treffen sich beispielsweise im Bereich der Evangelischen Kirche in Deutschland (EKD) regelmäßig über eine halbe Million Menschen, um (oft generationenübergreifend) miteinander zu singen und zu musizieren."[90]

Peter Bubmann interpretiert diesen Befund kirchentheoretisch:

> „Sie (sc. die Musizierenden, C.G.) bringen sich ehrenamtlich in die Kirche ein, gestalten sie so im Sinne des Allgemeinen Priestertums aktiv mit, prägen sie und entwickeln sie dabei auch weiter. Die Musik ist als ur-protestantische ästhetische Ausdrucksform neben und im Zusammenwirken mit dem Wort wirksam geworden ..."[91]

Untersuchungen bei Posaunenchören ergaben ein enges Miteinander von musikalischem und gemeinschaftsbezogenem Interesse bei Chormitgliedern:

> „Bläser/innen erleben und deuten sich und ihr Tun in hohem Maße als gruppen- und praxisbezogen. So geht die eigene Mitwirkung im Posaunenchor meist auf ein ganzes Motivbündel zurück, in dem personale Motive eng und untrennbar mit sozialen und musikalischen Aspekten verknüpft sind. Den Zusammenhalt im Posaunenchor stiften dabei das Sich-Wohlfühlen in der Chorgemeinschaft und die allen gemeinsame Freude am Musizieren."[92]

Hier tritt also deutlich der soziale Kontext als wichtig für das kirchliche Engagement hervor. Dass aber durchaus auch die jeweiligen Inhalte der musikalischen

---

[88] S. Petra Bosse-Huber, Verkaufte Kirchen, in: Martin Affolderbach, Asylorte, in: Gotthard Fermor/Gerhard Schäfer/Harald Schroeter-Wittke/Susanne Wolf-Withöft (Hg.), Gottesdienst-Orte. Handbuch Liturgische Topologie (Beiträge zu Liturgie und Spiritualität 17), Leipzig 2009, 204–207.

[89] Zur Vielfalt der sich hier eröffnenden Perspektiven s. die Beiträge in Gotthard Fermor/Harald Schroeter-Wittke (Hg.), Kirchenmusik als religiöse Praxis. Praktisch-theologisches Handbuch zur Kirchenmusik, Leipzig ²2006.

[90] Peter Bubmann, Musik in Kirche und Gemeinde, in: Ralph Kunz/Thomas Schlag (Hg.), Handbuch für Kirchen- und Gemeindeentwicklung, Neukirchen-Vluyn 2014, 373–380. 373.

[91] Ebd.

[92] Julia Koll, Kirchenmusik als sozioreligiöse Praxis. Studien zu Religion, Musik und Gruppe am Beispiel des Posaunenchors (APrTh 63), Leipzig 2016, 122.

Praxis eine Rolle spielen, zeigt ein Blick auf den Bereich des *Singens*. Eine früher selbstverständliche Singtradition ist hier abgebrochen,[93] wohl nicht zuletzt durch die Omnipräsenz von Tonträgern, die Musik und Gesang in technisch hoher Qualität verfügbar halten. Dazu erscheinen die Lieder im Evangelischen Gesangbuch vor allem für Heranwachsende unattraktiv, was jeden Sonntag aufs Neue bei der fehlenden Partizipation von Konfirmanden am Gemeindegesang zu beobachten ist.[94] Demgegenüber zeigte Gesine Jost eindrücklich, wie bei Spirituals musikalischer Ausdruck und existentielles Lebensgefühl heute viele Menschen, vor allem Heranwachsende, ansprechen.[95] Die vielerorts – vor allem wenn sie projektbezogen erfolgt – blühende Arbeit mit Chören, die Spirituals und Gospels singen, unterstreicht dies eindrücklich.[96] Auch dabei steht neben der musikalischen Praxis zugleich die Erfahrung von Gemeinschaft: „Singen entgrenzt das Individuum, verbindet es mit einer Gruppe und macht erfahrbar, dass es Glied an einem Leib ist".[97]

Dazu tritt das vielfältige *Hören von Musik*. Wolfgang Steck beobachtet hier u. a. – wohl vor allem bei älteren Menschen – „eine eigene, für die bürgerliche Religiosität charakteristische Frömmigkeitskonvention":

> „die in regelmäßigem Turnus repetierte feierliche Rezeption etwa von Haydn- und Mozartmessen (am Sonntagvormittag), von verschiedenen Requien (am Totensonntag), vor allem aber der Bachschen Oratorien (in der Passions- und Weihnachtszeit). Wenn sich die Gemeinde am Sonntagmorgen oder an den hohen Feiertagen des kirchlich normierten Jahreskreises zum Gottesdienst versammelt, partizipiert das fromme Individuum in der privatreligiösen Atmosphäre des Hauses an der kirchlich und öffentlich institutionalisierten Frömmigkeitskultur."[98]

---

93 S. a.a.O. 18.
94 Zum dahinter stehenden Grundsatzproblem s. Hanns Kerner, Zeit- und ewigkeitstauglich – Musikkultur(en) im Gottesdienst. Eine Einführung, in: Ders. (Hg.), Musikkultur im Gottesdienst. Herausforderungen und Perspektiven, Leipzig 2005, 8–20.
95 S. Gesine Jost, Negro Spirituals im evangelischen Religionsunterricht. Versuch einer didaktischen Verschränkung zweier Erfahrungshorizonte (Theologie 48), Münster 2003.
96 S. Petra-Angela Ahrens, BeGeisterung durch Gospelsingen. Erste bundesweite Befragung von Gospelchören. Sozialwissenschaftliches Institut der Evangelischen Kirche in Deutschland, Hannover 2009.
97 Bernhard Laube, Singen, in: Gotthard Fermor/Harald Schroeter-Wittke (Hg.), Kirchenmusik als religiöse Praxis. Praktisch-theologisches Handbuch zur Kirchenmusik, Leipzig ²2006, 14–19, 17.
98 Wolfgang Steck, Praktische Theologie. Horizonte der Religion – Konturen des neuzeitlichen Christentums – Strukturen der religiösen Lebenswelt Bd. 1, Stuttgart 2000, 261.

Ähnliches kann in anderen Milieus für andere Formen der Musik beobachtet werden. Wie am Beispiel eines depressiven Menschen gezeigt (s. 2.1), kann das Hören von Musik – in diesem Fall verbunden mit gesanglichem Einstimmen – sogar Heilungsprozesse einleiten und fördern.

4.3 Sind die beiden eben behandelten ästhetischen Kommunikationsweisen bis heute eng mit Kirche verbunden, scheint dies bei der *Literatur* nicht mehr so zu sein. Seit dem Ende des 18. Jahrhunderts treten kirchliche Praxis und Literatur auseinander. Erst in den siebziger Jahren des 20. Jahrhunderts rückte die Bedeutung von Literatur für die Kommunikation des Evangeliums wieder ins Blickfeld der Theologie.[99] Demnach kann Literatur in mehrfacher Weise kirchentheoretische Reflexionen unterstützen. Sie analysiert die gegenwärtige Situation und eröffnet den Blick auf mögliche Formen gelingenden oder misslingenden Lebens. Dabei nimmt sie mitunter kritisch auf kirchliche – oder auch sonstige – Praxis und religiöse Vorstellungen Bezug, rezipiert diese aber nicht nur, sondern führt sie konstruktiv weiter.

Ein Beispiel für die analytische Schärfe zeitgenössischer Literatur ist der Roman „*Nemesis*", das – nach eigener Aussage – letzte Werk von Philipp Roth (geboren 1933).

> „Wesentliches Movens in Roths Roman stellt eine Polio-Epidemie im Sommer 1944 dar, in die ein 23-jähriger junger Mann, Mr. Cantor, tragisch verstrickt wird. Durch eine unbemerkte Infektion überträgt er – nach einem nicht unproblematischen Stellenwechsel – als Betreuer und Trainer den Erreger auf Kinder eines Sommer-Camps. Viele von ihnen müssen sterben, er selbst wird zum Krüppel. Bevor es Jahrzehnte später zu einem zufälligen Treffen zwischen dem in seiner Jugend sportlichen und sportbegeisterten Mr. Cantor und einem seiner damals zu beaufsichtigenden Kinder kommt, der seinen besten Freund durch die Seuche verlor, resümiert Roth kühl: 'Sometimes you're lucky and sometimes you're not. Any biography is chance, and, beginning at conception, chance – the tyranny of contingency – is everything.' In den wöchentlichen Treffen zwischen dem jetzt fünfzigjährigen Schwerversehrten und dem mittlerweile 39jährigen früheren Spielkind Arnold Mesnikoff, der ebenfalls an Polio erkrankt war, aber sein Geschick besser meistert, spitzt sich das Gespräch schnell auf die Frage nach Gott zu. Der Jüngere ist nicht nur zum Atheisten geworden, sondern charakterisiert den Gottesglauben des aus jüdischer Familie stammenden Älteren mit dem Spitzensatz: ‚God the great criminal'. Genauer bestimmt er den Glauben des früher verehrten Trainers als 'Gnostic': 'His conception of God was of an omnipotent being who was a union not of three persons in one God-head, as in Christianity, but of two – a sick fuck and an evil genius.'"[100]

---

99 Grundlegend hierfür: Dorothee Sölle, Realisation. Studien zum Verhältnis von Theologie und Dichtung nach der Aufklärung, Neuwied 1973 (Habil. phil. Köln 1971); Karl-Josef Kuschel, Jesus in der deutschsprachigen Gegenwartsliteratur, Gütersloh 1978 (Diss. theol. Tübingen 1977).
100 Christian Grethlein, Das Potenzial von Literatur für die Praktische Theologie – dargestellt am Beispiel aktueller Romane, in: PTh 103 (2014), 403–417, 409f.

Unschwer sind hier Einsichten empirischer Sozialforschung zu entdecken. So konstatiert Jürgen Habermas: „Religiöse Überlieferungen leisten bis heute die Artikulation eines Bewusstseins von dem, was fehlt. Sie halten eine Sensibilität für Versagtes wach."[101] Doch hat diese analytische Beobachtung in literarischem Zusammenhang einen anderen, existentiellen Tiefgang. Der zitierte Roman verdichtet sie biografisch.

> „Die Leser/innen werden über eine bloße distanzierte Bestandsaufnahme hinaus direkt mit Grundfragen menschlicher Existenz konfrontiert, bei deren Bewältigung der Atheismus gegenüber einem (jüdischen) Gottesglauben lebensfreundlicher erscheint."[102]

Mehr in konstruktiver Hinsicht gibt ein – jenseits des hochkulturellen Milieus platzierter – Bestseller, der Roman „*Oskar und die Dame in Rosa*" von Eric-Emmanuel Schmitt (geboren 1960), Impulse für die Kommunikation des Evangeliums.

> „Das Buch erzählt von Oskar, zehn Jahre alt, der an Leukämie erkrankt ist. Er ahnt, dass er sterben wird, aber niemand spricht mit ihm darüber. Die Erwachsenen haben Angst, sie fürchten sich vor Oskars Krankheit. …
>
> Es gibt nur einen Menschen, der anders ist: die Dame in Rosa. Nur sie hat den Mut, sich dem Sterben Oskars zu stellen …
>
> Als Oskar begreift, dass er sterben muss, weil die Knochenmarktransplantation gescheitert ist, rät ihm Oma Rosa, Briefe an Gott zu schreiben. Oskar lässt sich darauf ein, obwohl er nicht an Gott glaubt – anfangs nur, um Rosa zu gefallen. Später wird er sich Gott Schritt für Schritt nähern, ohne jedoch zu wissen, ob es wirklich Gott gewesen ist, der ihn besucht hat.
>
> Es verbleiben ihm 12 Tage. An jedem Tag schreibt er einen Brief und erzählt, was ihn ärgert und wütend macht … Und er erlebt viel. Denn Oma Rosa hatte noch eine weitere ‚lebensrettende' Idee: Er solle jeden Tag wie zehn Jahre nehmen und das mit ihr von Tag zu Tag spielen. …
>
> Die Erzählung endet mit einem Brief Oma Rosas: Sie dankt Gott für die Begegnung mit Oskar. Den Schlusssatz bildet ein letztes Postskriptum: ‚P.S.: Die letzten drei Tage hatte Oskar ein Schild auf den Nachttisch gestellt. Ich glaube, es ist für dich. Es stand drauf: ‚nur der liebe Gott darf mich wecken.'" [103]

---

101 Jürgen Habermas, Zwischen Naturalismus und Religion. Philosophische Aufsätze, Frankfurt 2005, 13.
102 Grethlein, Potenzial 410.
103 Lutz Friedrichs, Produktive Irritationen. Eric-Emmanuel Schmitts Bestseller „Oskar und die Dame in Rosa" religionspädagogisch und homiletisch gelesen, in: PTh 100 (2011), 490–502, 493–495.

Ausgangspunkt ist hier eine angeregte Aktivität, nämlich Briefe an Gott zu schreiben, obwohl der schreibende Junge anfangs nicht an Gott glaubt. Ob sich dies wirklich ändert, bleibt offen. Aber das den Band abschließende Postskriptum weist eine konstruktive Offenheit für ein eventuelles Handeln Gottes auf, und zwar im für den christlichen Glauben zentralen Bild der Auferweckung. Mittlerweile wurde der Roman verfilmt, in ein Figurentheater transformiert und als Oper inszeniert. Von daher öffnet sich die Erzählung für andere – jenseits der Lektüre eines Buchs liegende – Medien, ein bei Bestsellern durchaus häufiger Vorgang.

Verfasste Kirche ist in der zeitgenössischen Literatur meist nicht bzw. eher kritisch im Blick. Zugleich werden aber Themen behandelt, die zentral für die Kommunikation des Evangeliums in der Gegenwart sind. So bietet zeitgenössische Literatur zum einen wichtige Impulse für pastorale Praxis in Predigt, Unterricht und Seelsorge, aber auch für das Nachdenken Einzelner und deren Daseins- und Wertorientierung als vom Auftreten, Wirken und Geschick Jesu Berührte.[104]

4.4 Dies gilt ebenso für das gegenwärtig wohl populärste Medium, den *Film*.[105] Viel gesehene Blockbuster sind voll von Symbolen und Motiven, die aus der christlichen Tradition stammen. Teilweise werden auch direkt Themen aus der Kirchengeschichte oder Dogmatik im Film behandelt. Dabei begegnen – neben landeskirchlich unterstützten Projekten wie dem Februar 2017 im ARD gesendeten „Katharina Luther"-Film – auch Weiterentwicklungen christlicher Dogmatik etwa in der Verfilmung des in 22 Millionen Exemplaren verkauften Bestsellers „The Shack" von William Paul Young (geboren 1955). Dieser lief nach Erfolgen in den USA im April 2017 in deutschen Kinos unter dem Titel „Die Hütte – Ein Wochenende mit Gott" an.

> „Der Roman lässt Young sich selbst als ,Willie', als Freund und Ghostwriter des Protagonisten Mackenzie Allen Phillips (Mack), auftreten. Dieser ist Vater mehrerer Kinder und mit Nan verheiratet. Bei einem Ausflug, zu dem er allein mit dreien seiner Kinder aufbricht, kommt es zu einem Kanu-Unfall. Mack kann zwar Josh und Kate retten, lässt aber während der Rettungsaktion seine jüngste Tochter Missy unbeobachtet. Als er zurückkehrt, ist Missy verschwunden. Im Laufe der polizeilichen Ermittlungen wird klar, dass ein Serienkiller sie

---

104 Zum besonderen Potenzial der Poesie für die Sprache der Kommunikation des Evangeliums s. Georg Langenhorst, „....Darüber muss man dichten". Plädoyer für die theologische Beachtung poetischer Wahrheit, in: Ilona Nord/Thomas Schlag (Hg.), Renaissance religiöser Wahrheit. Thematisierungen und Deutungen in praktisch-theologischer Perspektive (VWGTh 49), Leipzig 2017, 89–102.

105 Eine umfangreiche Zusammenstellung findet sich in Thomas Bohrmann/Werner Veith/Stephan Zöller (Hg.), Handbuch Theologie und populärer Film Bd. 1–3, Paderborn 2006/2010/2012 (2016).

entführt und ermordet hat; die Leiche wird nicht gefunden, aber Missys blutverschmiertes Kleid wird in einer alten Hütte an einem See in der Wildnis aufgefunden.

Dreieinhalb Jahre später ... erhält er überraschend einen Brief, der ihn zu einem Wochenende in diese Hütte einlädt. Unterschrieben ist der Brief mit ‚Papa', jenem Namen, den Macks Frau Nan für Gott verwendet. Mack entschließt sich, es auf einen Versuch ankommen zu lassen, und macht sich – ohne es seiner Familie zu sagen – auf den Weg zur Hütte.

Dort ... spielt er mit dem Gedanken, sich das Leben zu nehmen. Dann aber erscheint Gott tatsächlich: als afroamerikanische Frau namens Elousia, als Hebräer namens Yeshua und als Asiatin namens Sarayu (‚Wind'). In verschiedenen Gesprächen mit diesen drei Figuren an unterschiedlichen Orten rund um die Hütte und den See entfaltet Young die beiden Themen ‚Trinität' und ‚Theodizee' in Form einer narrativen Theologie".[106]

Neben solchen materialen Thematisierungen impliziert der Film als audiovisuelle Gattung einen Erzählduktus, der zwar auf Vorfindliches rekurriert, dieses aber durch seine Montage überschreitet.

„Das filmische Erzählen ... ist eben nicht an die Form des ‚Es war einmal' gebunden: mit dem Film löst sich vielmehr ‚die Vorstellung von Geschichtlichkeit von einem wirklich oder möglich Gewesenen zugunsten einer imaginären Präsenz des Vergangenen, Gegenwärtigen oder Zukünftigen'. Die religionstheoretischen Potentiale dieses Ansatzes werden übrigens deutlich, wenn man an die theologischen Gleichnistheorien und ihre Zeitvorstellungen hinsichtlich des Gottesreiches denkt."[107]

Dabei kommt es aber jeweils – wie bei sonstiger Kunst – auf die konkrete Rezeption an. Was für eine Zuschauerin ein Anstoß ist, ihr Leben neu zu orientieren, kann für den anderen eine vergnügliche Unterhaltung sein, deren Thema beim anschließenden Kneipengang bereits vergessen ist. Die Ergebnisoffenheit jeder auf Daseins- und Wertorientierung gerichteten Kommunikation tritt hier deutlich zu Tage. Von daher stellen sich auch grundsätzliche Fragen für eine kirchentheoretisch interessierte Analyse von Filmen und anderen Kunstwerken:

„Es ist zu überlegen, ob die Suche nach dem ‚Religiösen' im Film sogleich auf bewusstseinsinterne Bedürfnisse, Sehnsüchte oder gar Erfahrungen der Zuschauenden ausgerichtet werden sollte, oder ob es erfolgversprechender erscheint, auf der Ebene der sozialen Kommunikation zu bleiben – also darauf zu achten, wie die Rezeption des Films in weitere

---

106 Haringke Fugmann, „Die Hütte – Ein Wochenende mit Gott". Eine Filmrezension, in: MEZW 80 (2017), 177–180, 177.
107 Martin Laube, Himmel – Hölle – Hollywood. Zur Einführung, in: Ders. (Hg.), Himmel – Hölle – Hollywood. Religiöse Valenzen im Film der Gegenwart (Symbol – Mythos – Medien 1), Münster 2002, 1–18, 9 (unter Bezug auf Karsten Visarius).

Anschlusskommunikation umgesetzt wird und welche Deutungsmuster dabei eine Rolle spielen."[108]

5 Zusammenfassung und Ausblick

Löst man sich davon, Kommunikation des Evangeliums mit verfasster Kirche und deren Praxis gleich zu setzen, kommen in der Gegenwart vielfältige Aufbrüche von Menschen in den Blick, die vom Auftreten, Wirken und Geschick Jesu berührt wurden. Sie kommunizieren das Evangelium jeweils in einem aktuellen Kontext. Überkommene, sich früheren Kontexten verdankende kirchliche Strukturen treten demgegenüber zurück. Oft ist ein Ineinander der drei grundlegenden Modi der Kommunikation des Evangeliums zu beobachten. Besonders im Modus des Helfens zum Leben werden die Grenzen des Raums verfasster Kirchen überschritten. Damit eröffnen sich aber für diese Anschlüsse an die Lebenswelt heutiger Menschen.

Dies gilt auch für den Bereich der Kunst. Sie steht in Bild, Tönen und Texten einer kognitiven Engführung von Evangelium entgegen, wie sie in der traditionellen Konzentration auf die Predigt im Protestantismus erfolgt. Diese Einseitigkeit in vielen evangelischen Gottesdiensten, aber auch in der Betonung der Kommunikationsform des Unterrichts ist wohl u. a. eine Nebenfolge des reformatorischen Aufbruchs und seiner im Kontext des 16. Jahrhunderts notwendigen und befreienden Betonung der Dimension des Lehrens und Lernens. Zugleich kommt angesichts des Pluralismus auch heute einer kognitiven Orientierung große Bedeutung zu. Allerdings muss sie unter den Bedingungen einer digitalisierten Gesellschaft authentisch kommuniziert werden.

---

108 A.a.O. 17.

§ 26 Zusammenfassung und Ausblick

Die Kommunikation des Evangeliums und deren Förderung durch Kirche vollziehen sich stets in einem konkreten *Kontext*. Der Durchgang durch die Christentumsgeschichte zeigte dementsprechend vielfältige Kontextualisierungen (s. § 8 – 14). Dabei entstand und entsteht das Problem, dass diese auf Dauer gestellt werden und Veränderungen in der Lebenswelt keine hinreichende Berücksichtigung mehr finden. Zumindest ein Teil der Probleme heutiger kirchlicher Praxis lässt sich so erklären. Deshalb wirkt Kirche vor allem auf jüngere Menschen merkwürdig abständig.

Von daher ist es für eine Kirchentheorie unerlässlich, den Kontext zu rekonstruieren, innerhalb dessen das Evangelium kommuniziert wird. Die dazu herangezogenen Statistiken und empirischen bzw. empirisch begründeten Theorien machen auf Herausforderungen aufmerksam, vor denen Menschen heute bei der Gestaltung ihres Lebens stehen. Dabei gehen verschiedene Entwicklungen ineinander über, u. a.:
- die Ungewissheit angesichts vielfältiger Risiken – trotz erheblicher technischer Bemühungen um Sicherheit;
- die Suche nach dem „schönen Leben" – je nach Lebensstil bzw. Milieu unterschiedlich gestaltet;
- neue Kommunikationsmöglichkeiten und -formen – verbunden mit der Frage nach Aufmerksamkeit und Relevanz;
- vielfältige Beschleunigungen – und als Folge eine Repulsion der Einzelnen gegenüber der sie umgebenden Wirklichkeit;
- das Nebeneinander der Generationen – mit jeweils spezifischen Erfahrungen.

Verschiedene neuere Gesellschaftsanalysen und Zukunftsprognosen wie die von Rosa, Beck oder Harari machen in unterschiedlicher Weise auf den Umfang der Veränderungen bzw. der Metamorphose in heutiger Gesellschaft und Kultur aufmerksam. Bei deren Bewältigung kann die Kommunikation des Evangeliums helfen. Beispiele dazu zeigen grundsätzlich einen Bedeutungsverlust von großen Institutionen und eine Aufwertung der Einzelnen. Theologisch gewinnt dadurch das reformatorische Postulat des *Allgemeinen Priestertums der Getauften* (und zur Taufe Eingeladenen) neue Bedeutung. Biblisch legt dafür die Hochschätzung der *Charismen* für den Aufbau von Gemeinde die Grundlage. Ein komparativer Blick in die *Ökumene* zeigt Aufbrüche, die sich hieran und nicht an historisch überkommenen – und früheren Kontexten geschuldeten – Strukturen orientieren. Der Ausgang bei der „Equipe d'Animation" in der Katholischen Erzdiözese Poitiers, das Ernstnehmen von „new contextual churches" in der Anglikanischen Kirche

Englands sowie der Versuch einer „Wiki Church" bei den institutionskritischen „Emergents" verdanken sich in jeweils verschiedenen Kontexten diesem Impuls. Aber auch Praxisbeispiele aus den deutschen Landeskirchen weisen in diese Richtung. In allen Modi der Kommunikation des Evangeliums sind zahlreiche Aufbrüche zu beobachten, die im heutigen Kontext die Kommunikation des Evangeliums fördern. Sie sind nicht nur affirmativ an den bestehenden Lebensverhältnissen orientiert, sondern bringen auch die kulturkritische Dimension des Evangeliums ein. Tauffeste nehmen z. B. die Event-Ästhetik auf, überwinden aber zugleich ökonomische Selektionen und eröffnen allen Interessierten einen Zugang. Auch sonst zieht sich in erfreulicher Weise der *egalitäre Grundzug des Evangeliums* durch, der sich in Formen symmetrischer Kommunikation ausdrückt. Überkommene kirchliche Hierarchien, in einem früheren Kontext entstanden und damals wohl unvermeidlich, wirken demgegenüber merkwürdig abständig und verlieren an lebensweltlicher Bedeutung. Vor allem, aber nicht nur beim Helfen zum Leben überschreiten Christen entschlossen Grenzen: hinsichtlich kirchlicher Verwaltungseinheiten, konfessioneller und religiöser Friktionen, aber auch gesellschaftlicher Konventionen. So kommt es – nicht zuletzt beim gemeinschaftlichen Feiern – zu gegenseitigen Lernprozessen, deren Struktur das interkulturell-theologische Modell der Mission im Dreischritt *Konvivenz, Dialog und Zeugnis* formuliert.[1] Ebenfalls in allen drei Modi begegnen neue, durch die digitalisierten Medien ermöglichte Kommunikationen. Hier tritt besonders die Form der *Authentizität* an die Stelle der – früher leitenden – Autorität. Inhaltlich gewinnt die für das Auftreten und Wirken Jesu charakteristische, lange Zeit hinter den Kult zurückgetretene *diakonische Dimension* in vielfältiger Weise verstärkt Bedeutung. In Vesperkirchen, in Hospizen, in der Telefon- und Online-Seelsorge oder beim diakonischen Lernen in evangelischen Schulen wird so Evangelium erfahrbar. Damit bereitet es auch den Widerstand gegen mögliche Entwicklungen einer algorithmengeleiteten Gesellschaft vor, die – nach der Prognose Hararis – zu Verwerfungen zwischen einer kleinen Schicht von Nutznießern und der großen Menge der Ausgeschlossenen führen wird. Weitere Horizonte eröffnet ein Blick in den Bereich der Kunst. Hier begegnen in vielfältiger Weise Anregungen und Impulse für die Kommunikation des Evangeliums. Dabei ist die Rolle verfasster Kirche durchaus unterschiedlich. Teilweise bietet sie den Raum für entsprechende Kommunikationen, teilweise finden diese jenseits von ihr statt.

Während also im dritten Teil dieses Buchs, der als Bestandsaufnahme die Veränderungen bei und im Umfeld der Kirchenmitgliedschaft analysierte, er-

---

[1] S. Theo Sundermeier, Mission und Dialog in der pluralistischen Gesellschaft, in: Andreas Feldtkeller/Theo Sundermeier (Hg.), Mission in pluralistischer Gesellschaft, Frankfurt 1999, 11–25.

hebliche Probleme begegneten, macht der vierte Teil auf zahlreiche Aufbrüche aufmerksam, das Evangelium im heutigen Kontext zu kommunizieren. Sie sind theologisch im strikten Wortsinn als „kirchlich" zu bezeichnen, stehen aber manchmal nur in loser, teilweise in keiner organisatorischen (einschließlich finanziellen) Verbindung mit verfasster Kirche. Deren Öffnung für solche neuen Formen, wie sie exemplarisch in der Anglikanischen Kirche die „Fresh expressions of Church" und die vielfältigen Netz-Kommunikationen darstellen, ist heute vielleicht die wichtigste Herausforderung für Kirchenleitungen. Auf jeden Fall besteht kein Grund, die an bestimmten kirchlichen Statistiken und Organisationsformen orientierten Niedergangs-Szenarien direkt auf die Kommunikation des Evangeliums zu übertragen, für die Menschen neue Wege und Formen finden.

Zusammenfassung und Ausblick:
Christsein in und jenseits von Kirche

Kirchentheorie erfordert als praktisch-theologische Aufgabe ein geklärtes Kirchenverständnis. Dabei geht es nicht um die Festlegung einer bestimmten Organisationsform. Denn diese kann nur auf einen konkreten Kontext hin entworfen und in diesem praktiziert werden. Vielmehr sind theologische Einsichten und Konturen notwendig, um solche Kontextualisierungen verantwortlich durchführen bzw. begleiten und fördern zu können. Diese wiederum vollziehen sich in einem geschichtlich geprägten Raum. Von daher sind bis heute reichende Adaptionen an den jeweiligen politischen, kulturellen und gesellschaftlichen Kontext in Erinnerung zu rufen. Das erst lässt den Problembestand von Kirche so verstehen, dass gegenwärtige und sich anbahnende Herausforderungen bearbeitet werden können. Zugleich macht ein Blick auf Neuansätze und Aufbrüche sowohl in der Ökumene als auch in den deutschen Landeskirchen auf Potenzial aufmerksam, das die zukünftige kirchliche Arbeit anregen und orientieren kann.

Grundlegend für eine evangelische Kirchentheorie ist die Einsicht in die *Funktionalität von Kirche* (s. § 1). Damit ist – wie z.B. Jan Hermelink präzise ausführt (s. § 2. 2.) – eine Öffnung für „die Manifestation des Glaubens jenseits der Organisation" gegeben.[1] Inhaltlich wird die Funktion von Kirche durch die Kommunikation des Evangeliums bestimmt, wie Eberhard Hauschildt und Uta Pohl-Patalong in ihrer Kirchentheorie überzeugend darlegen (s. § 2 3.).[2] Die Kommunikation des Evangeliums äußert sich in drei Modi: Lehren und Lernen, gemeinschaftlich Feiern und Helfen zum Leben (s. § 5 2.), die jeweils in unterschiedlichen Formen praktiziert werden. Dieser biblisch fundierte und praktisch-theologisch begründete Ausgangspunkt weist auf ein Problem der sich traditionell auf *Artikel VII der Confessio Augustana* beziehenden protestantischen Ekklesiologie und entsprechender kirchlicher Verlautbarungen sowie kirchenrechtlicher (s. § 3 4.) Grundbestimmungen hin. Denn in Augsburg wurde 1530 – im damaligen Kontext der Auseinandersetzung mit der Werkgerechtigkeit und der Voraussetzung, dass die Obrigkeit Glied der Kirche ist – der Modus des Helfens zum Leben nicht als Konstitutivum von Kirche genannt. Bis heute sind die daraus erwachsenen Probleme im Verhältnis von verfasster Kirche und organisierter Diakonie unübersehbar. Brisanz gewinnt dieses Defizit dadurch, dass zumindest gegenwärtig das Helfen zum Leben der Modus der Kommunikation des Evangeliums ist, der für die meisten Menschen die größte Plausibilität besitzt (s. § 17 4.). Schließlich ist die Kommunikation des Evangeliums – vom Auftreten, Wirken und Geschick Jesu her – radikal *inklusiv* (einschließlich der Möglichkeit zur Selbst-

---

[1] Jan Hermelink, Kirchliche Organisation und das Jenseits des Glaubens. Eine praktisch-theologische Theorie der evangelischen Kirche, Gütersloh 2011, 29.
[2] S. Eberhard Hauschild/Uta Pohl-Patalong, Kirche (Lehrbuch Praktische Theologie 4), Gütersloh 2013, 410.

exklusion) und auf *solidarische Gemeinschaft* hin angelegt (s § 5 1.). Die grundsätzliche – und nicht milieuverengte oder altersbegrenzte – Einladung aller Menschen zur Taufe und zum gemeinsamen Mahl verleiht dem unmittelbaren Ausdruck.

Die durch die Kommunikation des Evangeliums in ihren drei Modi vorgegebene Ausrichtung von Kirche wurde und wird je nach Kontext unterschiedlich aktualisiert und praktiziert. Eine diesbezügliche Durchsicht der Christentumsgeschichte ergibt zum einen, dass entsprechende Gestaltungen und Zielsetzungen oft mit *Nebenfolgen* (s. § 6) verbunden sind, die sich im Nachhinein teilweise wirkmächtiger erweisen als das Intendierte. So führte das – biblisch begründete – Streben nach Einheit der Christen im Kontext einer hierarchischen Gesellschaft zur Herausbildung des monarchischen Episkopats (s. § 8 2.). Eine Nebenfolge davon waren Exklusionen, die den inklusiven Grundzug des Evangeliums konterkarierten. Später hatte die Einsicht in den inklusiven Charakter des Evangeliums die Folge, dass bereits Kinder und Säuglinge getauft wurden. Eine Nebenfolge davon war, dass das Erwachsene voraussetzende Taufkatechumenat wegfiel (s. § 9 3.). Damit verschwand der auf das Evangelium bezogene Modus des Lehrens und Lernens über Jahrhunderte aus dem Leben der meisten Menschen. Weiter war es ein wichtiges Ziel von Kirche, Menschen ihres Heils zu vergewissern. Im Kontext germanischer Opferbräuche diente dem die bereits in früheren antiken Vorstellungen angelegte Ausbildung eines Klerikerstandes, der angeblich heilssichernde Rituale vollzog (s. § 10 4. und § 11 4.). Die Reformation kritisierte theologisch die eben genannte Kontextualisierung und deren Nebenfolgen. Sie setzte im Kontext der damals aktuellen Frage nach dem gnädigen Gott und der allgemeinen Unbildung auf das Wort und die Lehre (s. § 13 2.). Dazu nahm sie die Obrigkeit in Anspruch – mit der Nebenfolge einer engen Verflechtung von Staat und Kirche. Problematisch war und ist auch hier, dass Kontextualisierungen oft zu Formen bzw. Rechtssätzen führen, die kirchliche Praxis auch dann noch bestimmen, wenn sich der Kontext geändert hat. So entsteht besonders in Zeiten des schnellen Wandels der Eindruck von Kirche als einer rückwärtsgewandten Institution. Von daher ist heute wohl auch der große Abstand vieler jüngerer Menschen ihr gegenüber zu erklären (s. § 16 2.).

Eine Analyse der *gegenwärtigen kirchlichen Situation* – in Deutschland – ergibt vielfältige Spannungen. Der Rückgang der Kirchenmitgliedschaft (s. § 16 1.) zeigt eindrücklich, dass diese keine Selbstverständlichkeit ist, sondern zunehmend als Option wahrgenommen wird. Demgegenüber sind die Landeskirchen staatsanalog organisiert (s. § 17 1.), auf eine flächendeckende pastorale Versorgung ausgerichtet und finanzieren sich zum großen Teil durch eine vom Staat eingezogene und direkt an dessen Finanzierungsmodus anschließende Steuer. In unterschiedlichen Reformprogrammen versuchen beide großen Kirchen den hinter den Kirchenaustritten sich abzeichnenden Veränderungen durch organisatorische Maßnahmen entgegenzutreten (s. § 18 2. und 5.) – mit geringem bzw. ohne Erfolg. Sparprogramme – durch momentane gesamtwirtschaftliche Prosperität kurzfristig gemildert – führen zu Stellenreduktionen, organisatorischen Fusionen usw. Diese Maßnahmen sind aber deutlich begrenzt. Es ist heute bereits absehbar: Ihre Logik, die sich am Aufrechterhalten der überkommenen Strukturen orientiert, lässt sich auf die Dauer nicht durchhalten. Besonders prekär entwickelt sich darüber hinaus die Situation in der römisch-katholischen Kirche durch den sich weiter verschärfenden Priestermangel (s. § 3 3.). Allerdings besteht ebenfalls im Bereich der Evangelischen Kirche die Notwendigkeit, sich hinsichtlich des theologischen Nachwuchses neu zu positionieren. 54-Stunden bzw. 48-Stunden-Wochen, Residenzpflicht u. a. sind vielen Angehörigen der Generation Y nicht vermittelbar (s. § 22 6.).[3] Konzeptionell sind solche Rahmenbedingungen des Pfarrberufs an einer pastoralen Versorgungskirche orientiert, in der das Allgemeine Priestertum der Getauften und zur Taufe Eingeladenen keine Rolle spielt. Gaben- und gemeinwesenorientierte Aufbrüche weisen hier ebenso einen anderen Weg wie Diversifizierungen im Bereich von theologischen Studiengängen.

Um über bloße Versuche der Bestandserhaltung von Kirche als einer staatsanalogen Institution hinauszukommen, ist es für Kirchentheorie unerlässlich, den *Kontext* zu rekonstruieren, innerhalb dessen Menschen das Evangelium kommunizieren. Denn Kirche hat die Aufgabe, ihnen dabei zu assistieren. Die aus den Sozialwissenschaften stammenden Stichworte von Risiko-, Erlebnis-, Medien- und Beschleunigungsgesellschaft sowie Individualitäts- und Generationentheorie (s. § 21 1.–6.) markieren gesellschaftliche Wandlungen und Umbrüche. Von ihnen wird sogar vermutet, es könnte sich – so Beck – um eine Metamorphose (s. § 21 7.) oder – so Harari – um eine neue Religion (s. § 22 8.) handeln.

Auf dem Hintergrund solcher Gesellschaftsanalysen erweisen sich sowohl ökumenische Reformen als auch einzelne Praxisbeispiele in Deutschland als anregend und weiterführend. Ökumenisch eröffnet die *Umstellung von Aufgaben- zu Gabenorientierung* einen neuen Horizont (s. § 24 1. und 2.). Nicht mehr vorgegebene, aus der Vergangenheit stammende Verwaltungseinheiten und Versorgungsaufgaben, sondern Begabungen konkreter Menschen und deren Interaktionen sind hier der Ausgangspunkt für kirchliches Handeln. Die so gewonnenen neuen Sozialformen treten neben die bisherigen parochiebezogenen, allerdings – wie das Beispiel der „Fresh expressions of Church" (s. § 24 2.) zeigt – ohne in diese überführt zu werden. Damit wird die Begrenztheit und nachlassende Bedeutung der bisherigen

---

[3] S. ausführlicher Christian Grethlein, Nachwuchs für den Pfarrberuf. Probleme und Herausforderungen, in: DtPfrBl 116 (2016), 192–197.

Struktur anerkannt und Raum für Neues eröffnet, ohne dass es zu abrupten Abbrüchen kommt. In unterschiedlichen Regionen und Konfessionen zeigt sich, dass solche neuen Gemeinden in der Regel sehr viel kleiner sind als die herkömmlichen deutschen Parochien – deren auf pastorale Vollversorgung von Territorien ausgerichteter Umfang weltweit einzigartig ist.[4] Die sich – im Zuge des Ausbaus der Fachhochschulen sowie der Bologna-Reform vollziehende – Diversifizierung theologischer Studiengänge könnte bei arbeitsrechtlicher Flexibilität diesen Umstellungsprozess unterstützen. Denn deren Absolvent/innen sind in der Lage, neben der Leitung einer kleinen Gemeinde weitere Tätigkeiten qualifiziert zu übernehmen und so auch zu einer gemeinwesenorientierten Gemeindearbeit beizutragen. Dass dies pastoraltheologisch nichts grundsätzlich Neues ist, zeigt ein Blick zumindest auf die süddeutschen Landeskirchen. In ihnen ist bis heute der Beruf des Gemeindepfarrers/der Gemeindepfarrerin in der Regel mit einem Unterrichts-Deputat in der Schule verbunden. Ähnliches ist hinsichtlich sozialpädagogischer, erzieherischer oder pflegerischer sowie künstlerischer Tätigkeiten vorstellbar.

Ganz neue Aufbrüche zeigt eine kirchentheoretisch ausgerichtete Analyse der *pluriformen Kommunikationen im Internet* (s. § 24 2. und 3.). In diesem Kontext hilft ein auf verfasste Kirche beschränkter Blick nur wenig. Vielmehr begegnen hier vielfältig neue spirituelle Formen, für die die kirchenamtlichen Statistiken keine Rubriken haben und die deshalb in der Regel übersehen werden. Exemplarisch illustrieren dies Studien zur Gebetspraxis.[5] Solche neuen Formen der Kommunikation des Evangeliums lassen bisherige Unterscheidungen wie zwischen privatem und öffentlichem Bereich, zwischen den Konfessionen u. Ä. hinter sich. Vor allem bahnen sie eine neue *Balance zwischen Distanz und Intimität* an, wie sie Uwe Sanders in seiner Theorie der mediatisierten Kommunikation entwirft.

> „Mediatisierung und Distanz spielen auch innerhalb solcher intimen Beziehungen eine große Rolle. So können z. B. in Briefen oder auch in Telefonaten Themen behandelt werden, die im direkten Gespräch und, was noch gravierender ist: in kontext- und handlungsbelasteten Interaktionssituationen kaum angesprochen werden. Intimität braucht Befreiung von umgebender Lebenspraxis, braucht Ausnahmesituationen, braucht den Luxus der Exklusivität. Anonymität markiert nicht ihren Widerpart, sondern ermöglicht vielmehr soziale Nähe. In dieser Perspektive erscheint eine Eigenschaft von Anonymität, die in ihrer negativen Kritik als soziale Vereinzelung überdeckt wird: Anonymität erlaubt durch eine weitgehende Ausschließung vorstrukturierender Beziehungen, durch Ausklammern von Bedin-

---

[4] S. hierzu die instruktive Statistik zum zahlenmäßigen Verhältnis von Pfarrer/in zu Gemeindegliedern in den USA bei Karl-Wilhelm Dahm, Pfarrer/Pfarrerin VI. Statistisch, in: ⁴RGG 6 (2003), 1204–1212, 1211f.

[5] S. Anna-Katharina Lienau, Gebete im Internet. Eine praktisch-theologische Untersuchung (Studien zur Christlichen Publizistik XVII), Erlangen 2009.

gungen und Bedeutungen, wie es in der phänomenologischen Methode der Reduktion heißt, neue Variationen sozialer Beziehungen."[6]

Dadurch eröffnen sich in der Netzkommunikation z. B. neue Optionen für das Helfen zum Leben (s. § 25 2.1), auch abgesehen von kirchlich beauftragter Seelsorge. Von daher dürften – jenseits der verfassten Kirche mit ihren Verbindlichkeiten – Kommunikationen des Evangeliums, wie sie im vierten Teil exemplarisch vorgestellt wurden (s. § 24), an Bedeutung gewinnen.

Theologisch sind sie als Kirche zu identifizieren und ermöglichen so eine entspannte Sicht auf die Rückgänge und Marginalisierungen in den verfassten Kirchen und ihren Angeboten. Deren traditionsorientierte Kommunikationen sind auch heute für manche Menschen wichtig, verlieren aber insgesamt an Bedeutung. Demgegenüber entstehen neue kontextbezogene Formen der Kommunikation des Evangeliums. Christentumsgeschichtlich ist dies – wie der zweite Teil des vorliegenden Buchs zeigt – nichts Neues. *Der Kontext kirchlichen Handelns verändert sich und damit die Formen der Kommunikation des Evangeliums sowie dann auch der Kirche.* Dabei sind in der Regel bestehende Plausibilitäten und Sozialformen, nicht Traditionen verfasster Kirche und von ihren Bediensteten entworfene Angebote zur Aufrechterhaltung des sog. Gemeindelebens der Ausgangs- und Bezugspunkt. Heute bieten dazu Kunst (s. § 25 4.) und Pop-Kultur, aber auch vielfältige Netz-Kommunikationen, angefangen von Web-Sites über Blogs bis hin zu Youtube-Clips, wichtige Anregungen (s. z. B. § 25 2.1).

Das englische *Konzept der „mixed economy"* (s. § 24 2.) führt hier kirchentheoretisch weiter.[7] Es bricht Überkommenes nicht einfach ab, macht es aber auch nicht zum Maßstab für die Zukunft. Die staatsanaloge Struktur, welche das deutsche Evangelische Kirchenrecht in erheblichen Teilen bestimmt, steht dazu in Spannung, wenn nicht Widerspruch.[8] Doch gibt es auch hier – etwa in den sog. Kirchlichen Lebensordnungen – schon Umstellungen verwaltungsmäßiger Vorschriften auf die Form von Kommunikationsregeln, die auf ihre biblischen und situativen Voraussetzungen hin durchsichtig gemacht werden.[9] So formuliert die

---

[6] Uwe Sander, Die Bindung der Unverbindlichkeit. Mediatisierte Kommunikation in modernen Gesellschaften, Frankfurt 1998, 268 Anm. 198 (s. hierzu Lienau, Gebete 375–380).

[7] S. ähnlich – unter Rückgriff auf das ökumenische Konzept der Konziliarität – Ralf Kunz, Aufbau der Gemeinde im Umbau der Kirche (Theologische Stimmen 11), Zürich 2015, 94 (und 145).

[8] S. Christian Grethlein, Evangelische Kirche im Transformationsprozess – eine Herausforderung für Evangelisches Kirchenrecht, in: ZevKR 61 (2016), 376–390; ders., Kirchensteuer im Transformationsprozess heutiger evangelischer Landeskirchen in Deutschland, in: KuR 2/2016, 188–195.

[9] S. Christian Grethlein, Evangelisches Kirchenrecht. Eine Einführung, Leipzig 2015, 119–149.

Einleitung zu den „Leitlinien kirchlichen Lebens der Vereinigten Evangelisch-Lutherischen Kirche Deutschlands (VELKD)":

> „Christliche Glaubensüberzeugungen deuten auf biblischer Grundlage die Wirklichkeit der Welt. Die Leitlinien kirchlichen Lebens sollen auf dem Hintergrund dieser Deutung Entscheidungshilfen für christliches Handeln und für die Praxis der Kirche geben. Sie können das immer nur für die jeweilige Gegenwart tun ... Der Gegenwartsbezug bringt es mit sich, dass jeder derartige Versuch geprägt ist von den soziokulturellen und rechtlichen Gegebenheiten seiner Zeit. ...
> Aufgrund ihrer unterschiedlichen Situation können die Gliedkirchen den nachfolgenden Text, auch hinsichtlich seines rechtlichen Status, je nach ihren spezifischen Erfordernissen rezipieren. Dabei dient die ‚Wahrnehmung der Situation' dazu, eigene Analysen zu überprüfen und gegebenenfalls zu ergänzen. ‚Biblische Grundlagen und theologische Orientierung' stellen die entscheidenden Kriterien der lutherischen Urteilsfindung heraus. Für rechtliche Folgerungen wird in den ‚Regelungen' ein Rahmen vorgegeben."[10]

Ein solcher die überkommene Form staatsanaloger Rechtsbestimmungen sprengender Text entspricht der Aufgabe von evangelischer Kirche als Assistenzsystem zur Förderung der Kommunikation des Evangeliums.

Kirchenpolitisch sollte das Wissen darum, dass die staatsanaloge Struktur von Kirche zum Ende kommt und die Form der Kommunikation des Evangeliums sich von der Autorität zur Authentizität wandelt (s. § 22 2), für neue Organisationsformen öffnen. Eine Voraussetzung hierfür ist der Abschied vom selbstverständlichen Gebrauch von Formeln wie „presbyterial-synodal" oder „volkskirchlich". Sie verdanken sich früheren Kontexten und hatten in ihnen wichtige innovative Funktionen. Heute werden sie jedoch vom Verhalten der großen Mehrheit der Kirchenmitglieder nicht mehr gedeckt. Sie haben ihre Relevanz verloren und verstellen den Blick für die Realität. Praktisch bedeutet dies, dass in der gegenwärtig offenen Situation von Kirche und ihrer weiteren organisatorischen Entwicklung langfristige, den gegenwärtigen Status quo festschreibende Festlegungen möglichst vermieden werden sollten. Ein Gegenbeispiel hierfür ist das Festhalten an öffentlich-rechtlichen Dienstverhältnissen, vor allem bei Pfarrer/innen. Auch abgesehen von der theologischen Schwierigkeit unterschiedlicher Dienstverhältnisse in einer grundsätzlich solidarischen Gemeinschaft besteht hier ein schwerwiegendes ökonomisches Problem, das aus den damit gegebenen Pensions-Verpflichtungen resultiert. Angesichts der derzeitigen Lebenserwartung – die bei Pfarrern und Pfarrwitwen noch höher liegt als beim Durchschnitt der Bevölkerung – legt sich Kirche heute bei der Einstellung junger Vikar/innen bis in die siebziger Jahre des 21. Jahrhunderts fest. Ist

---

10 Leitlinien kirchlichen Lebens der Vereinigten Evangelisch-Lutherischen Kirche Deutschlands (VELKD). Handreichung für eine kirchliche Lebensordnung, Gütersloh 2003, 9.

dies in der gegenwärtigen Situation verantwortbar? Warum wird hier nicht auf das Instrument der privatrechtlichen Dienstverhältnisse zurückgegriffen wie sonst bei den in Kirche und Diakonie Beschäftigten – mit der damit verbundenen solidarischen Renten-Versicherung, deren Höhe durch eine Betriebsrente aufgebessert werden kann? Das Beibehalten öffentlich-rechtlicher Dienstverhältnisse mit ihren potenziell Jahrzehnte umfassenden Pensionsverpflichtungen stellt den staatsanalogen Status quo von Kirche auf Dauer und behindert heute und zukünftig notwendige Kontextualisierungen. Vielmehr gilt es zunehmend, projektbezogen mit Menschen die Perspektiven zu entdecken, die das Evangelium eröffnet. Überlegungen zu einer neuen Profilierung des Diakonats (s. § 23 3.) weisen in eine solche Richtung, insofern hier konkrete Herausforderungen gegenwärtiger Lebenswelt den Ausgangspunkt bilden.[11]

Insgesamt gilt es, Kirchen und Gemeinden sowie deren Funktionsträger/innen stärker auf eine *Assistenzfunktion bei sich lebensweltlich ereignenden Kommunikationen* auszurichten. Der Religionssoziologe Stefan Huber entwickelt im Zusammenhang mit der 5. EKD-Mitgliedschaftsumfrage und der sich daran anschließenden kontroversen Diskussion aus den Ergebnissen der „Allgemeinen Bevölkerungsumfrage der Sozialwissenschaften" (ALLBUS) weiterführende Handlungsanregungen. Gegenüber einem defensiven kirchlichen Selbstverständnis der Absicherung und damit des Rückbaus weist er auf „die fortwährende Präsenz von Transzendenzerfahrungen, die aus anthropologischen Gründen fast zwangsläufig auftreten,"[12] hin:

> „Für die Orientierung kirchlicher Praxis folgt daraus, dass sie sich nicht nur auf die Belebung von Prozessen religiöser Sozialisation und Traditionsvermittlung abstützen, sondern verstärkt auch auf die Stimulierung und Reflexion religiöser und spiritueller Erfahrungen setzen sollte. Ideal wäre es, wenn es gelänge, dass Kirchen und Gemeinden in der Bevölkerung als Räume wahrgenommen würden, an denen sich die autonome religiöse und spirituelle Produktivität der Subjekte frei entfalten kann. Kirche als Schutz- und Deutungsraum für religiöse Selbst-Erfahrung!"[13]

---

11 S. Werner Baur/Dieter Hödl/Ellen Eidt/Annette Noller/Claudia Schulz/Heinz Schmidt (Hg.), Diakonat für die Kirche der Zukunft (Diakonat – Theoriekonzept und Praxisentwicklung 1), Stuttgart 2016.
12 Stefan Huber, Kommentar: Gott ist tot! Tatsächlich? – Transzendenzerfahrungen und Transzendenzglaube im ALLBUS 2012, in: Heinrich Bedford-Strohm/Volker Jung (Hg.), Vernetzte Vielfalt. Kirche angesichts von Individualisierung und Säkularisierung. Die fünfte EKD-Erhebung über Kirchenmitgliedschaft, Gütersloh 2015, 267–276, 276.
13 Ebd.

Den hier eventuell erhobenen Vorwurf der theologischen Unterbestimmung entkräftet er sogleich:

> „Das schließt eine kritische Begleitung im Sinne der paulinischen ‚Unterscheidung der Geister' nicht aus, ganz im Gegenteil. Sie würde jedoch weitgehend an die Gemeinschaft der Glaubenden delegiert. Kirchlichen Funktionsträgern käme dabei vorwiegend eine dienende Funktion zu."[14]

Theologisch formuliert geht es um ein Verständnis von *Kirche, die ihr Fundament im Allgemeinen Priestertum aller Getauften bzw. Glaubenden,* nicht in einem sog. Schlüsselberuf[15] hat, der sich letztlich dem Kontext einer vergangenen Standesgesellschaft verdankt. Schon bisher nahmen Vorschläge zur Reform der Kirche dies jedenfalls programmatisch auf:

> „die Reformation voran und innerhalb der reformatorischen Kirchen der Pietismus und die Erweckung des 19. Jahrhunderts, im Bereich des Katholizismus der Aufbruch des II. Vatikanums und die Entstehung der lateinamerikanischen Basisgemeinden."[16]

Offenkundig konnte sich aber ein solcher Ansatz bis jetzt noch nicht allgemein durchsetzen. Die neuen Formen digitalisierter Kommunikation eröffnen jedoch hierzu neue vielfältige Möglichkeiten und geben auch schon entsprechende Impulse. Es ist vielleicht die größte gegenwärtige Herausforderung an evangelische Kirche, Menschen für entsprechende Kommunikationen des Evangeliums auch in den digitalen Medien vorzubereiten und sie dabei, wenn erforderlich, zu begleiten. Nur so wird es gelingen, eine „personalized theology" (s. § 22 4.) aufzubauen, die einer durch Authentizität geprägten Kommunikationskultur entspräche. Dass dies auch eine kulturkritische Dimension umfasst, zeigt der Seitenblick auf den Zukunfts-Prospekt der Data Religion, wie sie Harari skizziert (s. § 22 8.) *Kirche wird dabei zu einem Assistenzsystem für die Kommunikationen der „Allgemeinen Priesterinnen und Priester", also zu einer diakonischen Kirche für andere.*

---

14 Ebd.
15 S. zu dem dahinter stehenden problematischen Konzept Christian Grethlein, Kirchenreform und Pfarrberuf – vom „Schlüsselproblem" zum „Schlüsselberuf" und wieder zurück, in: PTh 106 (2017), 13–19.
16 Hans-Martin Barth, Einander Priester sein. Allgemeines Priestertum in ökumenischer Perspektive, Göttingen 1990, 191.

Sachregister

Das Sachregister dient zur Erschließung von Zusammenhängen und zum Auffinden vertiefter Darstellungen. Es ist an Themen, nicht an Stichworten orientiert und strebt keine Vollständigkeit an.

Abendmahl   36, 38f., 55, 56ff., 60f., 67ff., 75ff., 88f., 101ff., 104, 117ff., 122, 140ff., 150, 250ff.
Agape   58, 103f.
Alleinerziehende (Mütter)   101, 139
Altar   61
Amt (s. auch Bischofsamt)   20
Anni discretionis   80, 87f.
Antimodernismus   7
Arbeitsrecht   152f., 162, 291, 293f.
Augenkommunion   101f.
Authentizität   195, 213f., 219, 233f., 296
Atheismus   5
Aufklärung   97f., 100, 103

Behinderte   117
Beichte   65, 73, 95
Benediktionen   61, 71
Berneuchener Bewegung   119
Berührung   XIV
Beschleunigung   219, 285
Beten   220, 272ff., 291
Betriebswirtschaft   25, 179, 184
Bewegung   14, 28, 245
Bibel   91, 104
Biografie-Bezug   150, 219
Bischofsamt   53, 58, 64, 66, 98, 109, 188f., 195
Buße   53

Confessio Augustana   8, 11, 23, 35, 95, 217, 291

Dataismus   224ff.
Demografie   181
Diakon/in   236ff.
Diakonische Dimension   20, 58, 68, 81, 183, 194, 252, 256, 277f., 286
Dienstverhältnis, öffentlich-rechtlich/privatrechtlich s. Arbeitsrecht

Digitalisierte Kommunikation s. Internet(kommunikation)
Dominikaner   85

Ehrenamt   136, 192, 230f., 238
Eigenkirchenwesen   72
Ekklesia   20, 31, 33ff.
Ekklesiologie   3f., 173, 184
Elevation   81, 101f.
Emanzipationsbewegungen   107
Emergents   243ff., 286
Epiklese   75
Erbsünde(nlehre)   65, 87
Erlebnisgesellschaft   214f., 238
Erwachsenentaufen   117
Erwerbstätigkeit   207f.
Eucharistie (s. auch Abendmahl)   53, 58, 63, 75, 191, 195, 197, 240
Eucharistiegebet   68
Evangelium   36ff., 95
Event   139, 249, 286
Exklusion   55f., 59, 68

Familie   167ff., 206
Familiengottesdienst   267
Feierabendmahl   119, 147, 196
Festkalender   61
Film   282ff.
Finanzierung (von Kirche) s. auch Kirchensteuer   72, 105, 120, 185, 231ff.
Firmung   66, 86, 88
Franziskaner   84, 90
Frauen   53, 59, 110, 144, 187, 193, 195
Fresh expressions of Church   21, 241ff., 245, 285ff.
Fronleichnam   88
Fundraising   234, 238

Gabenorientierung   22, 192, 240, 290
Gemeindeaufbau   172ff.

Gemeindeleben 109
Gemeinschaftlich Feiern 38f., 44, 123, 247ff.
Gemeinwesenorientierung 182f.
Generationendifferenz 221f., 238, 267f., 285
Germanen 70, 74ff.
Gewalt 71
Glaubenstaufen 100
Gottesdienst 42, 71, 75, 80, 135f., 150, 180, 209, 252ff.
Grundgesetz 151f.

Hausabendmahl 142
Heiligkeit 61, 192
Heilungen 39
Helfen zum Leben 39, 44, 69, 96, 112f., 123, 160ff., 256ff., 291f.
Herrnhuter Brüdergemeine 103f.
Historismus 107
Hospizarbeit 263ff.
Hostien 80
Humanismus 92
Humiliaten 78
Hybrid(modell) 13f.

Individualisierung 107, 212ff., 218f., 225, 238
Inkarnation(slehre) 182f., 242
Inklusion 20f., 28, 36, 44, 59, 68, 270, 291f.
Innere Mission 112f., 123
Institution XIII, 9, 11, 13, 15f., 28, 60, 149f., 202, 217, 223f., 245
Interkulturelle Theologie 41
Internet(kommunikation) s. auch Medien 115, 178, 185, 195, 197, 202, 217f., 224ff., 243, 245, 273, 292
Internet-Kommunion 243, 294f.

Juden(tum) 51f., 79

Kasualien 177f.
Katechismus, Kleiner 93f.
Katharer 85f.
Katholizismus 21ff., 110f., 186ff.
Kinder 146, 220

Kindergottesdienst 113f.
Kindertagesstätte/-garten 157f.
Kindertaufe 65, 73, 99
Kirche 3f., 31, 41, 95, 288, 295
Kirche für andere 163ff., 194, 197, 298
Kirchenaustritte 116, 130ff., 133f., 181
Kircheneintritte 130f.
Kirchenjahr 178
Kirchenkreise 166
Kirchenmitgliedschaft 116, 120, 127, 129ff., 134f., 153ff., 168ff., 176, 184, 196f.
Kirchenmusik 278ff.
Kirchenordnung, synodal-presbyterial 34, 108, 201, 229f., 238, 296
Kirchenpädagogik 275ff.
Kirchenrecht 16, 23f., 156, 162, 195, 231, 295f.
Kirchensteuer 16, 153f., 196f., 232ff.
Kirchentag, Deutscher Evangelischer 115
Kirchentheorie 7f.
Kirchenzucht 96, 104
Kirchenzugehörigkeit 55f., 155
Kirchweihe 61
Kleine Christliche Gemeinschaften 21f.
Kleriker 63, 68f., 74, 77, 96, 193
Kloster 78f., 81
Kommunikation des Evangeliums 12, 15f., 24, 26, 165, 197, 284
Kommunikationsmodi 37
Konfirmation 100, 139
Konsekration 67, 71, 102
Kontext(ualisierung) XIV, 28, 35, 40ff., 44, 50f., 76, 197, 210, 241, 245, 255, 285f., 291
Krankenabendmahl 142
Krise XI,. 19, 201
Kunst 245, 274ff., 286
Kybernetik 8

Laien 63, 68, 193
Landesherrliches Kirchenregiment 98, 104f., 109, 122, 151, 223
Landeskirche 72, 98, 229ff., 292f.
Lebenserwartung 206
Lehren und Lernen 38, 44, 65, 69, 72, 92ff., 114, 123, 266ff., 284
Lieder 94

Literatur 280 ff.
Liturgie s. Gottesdienst
Loyalitätsrichtlinie 152 f.
Luther-Kampagne 181 f., 185

Macht(verlust) XV
Mahlgemeinschaft s. Abendmahl
Märtyrer 52, 55, 61
Medien (s. auch Internet(kommunikation))
    26, 114, 166, 182, 216 ff., 219, 226, 237
Metamorphose XII, 202, 222 ff.
Milieutheorie 215
Milieuverengung 166
Mission 170, 175, 179 f., 286
Missionarische Doppelstrategie 168 ff., 179
Missionswissenschaft 41
Mobilität 156, 206 f.
Moral 101
Mysterienreligionen 59

Nationalsozialismus 114, 130
Nebenfolgen 43, 50, 223, 284, 292
Netzwerk 244
Non-Profit-Organisationen 25, 177, 231
Notfallseelsorge 260 ff.

Öffentlichkeit 60
Ökumene 34, 145, 164, 181, 188, 227
Online-Seelsorge 217, 258 ff.
Opfer 75, 101 f., 144
Orden 83
Ordination(sgottesdienst) 110
Organisation 11, 13, 28, 176 f., 202, 217, 245
Orte, kirchliche 14, 177
Ostern(acht) 55, 61, 79, 117

Palliative Care 263 f.
Papstamt 71, 77, 83 f., 92, 96, 189, 195
Parochien 72, 242
Paschamysterium 119 f.
Pastoralkonstitution 6, 188 f.
Patenamt 65
Pest 83
Pfarrberuf/Pfarrerbild 167, 180, 185, 235 f., 241
Photizomenat 64
Pietismus 97, 100

Pluralismus 147 ff.
Pluriformität 44, 116
Poitiers 21, 240 f., 245, 285
Präsenz 161
Predigt 96, 180
Priestermangel 187, 193, 201, 239, 293
Priestertum, allgemeines XIV, 35, 110, 115, 123, 196, 217, 238, 274, 285, 290, 298
Problemgeschichte 49
Projektorientierter Gemeindeaufbau 171 f.

Reform(paradigma) 22, 112
Reformation 95, 216
Reinheit 53, 61, 63, 69, 75, 80, 121
Relevanz 14 f., 149, 218
Religion(sbegriff) 26, 52, 148 f.
Religionen, nichtchristliche 5 f., 252 ff.
Religionssoziologie 18
Religionsunterricht 157 ff.
Resonanz 220, 227
Risikogesellschaft 210 ff., 238

Säkularisierung 25, 98 f., 148, 205
Säuglingstaufe s. Kindertaufe
Sakrament 5, 67, 89, 146
Scholastik 78, 83
Schule 92 f., 104, 268 ff.
Sicherheit 211 f., 215
Solidarität 36, 44, 292
Spiritual Care 264 f.
Staatskirchenvertrag 156 f.
Staatsreligion 60

Taufalter 138 f.
Taufaufschub 64
Taufe 54 ff., 64 ff., 73 ff., 79 ff., 86 f., 99 ff., 104, 116 f., 120 f., 136 ff., 155, 162, 193, 197, 240, 247 ff.
Tauffeste 248 ff., 286
Taufformel 74
Taufkatechumenat 54 f.
Taufkommunion 79
Taufsymbole 248
Taufwasser 87, 100
Telefonseelsorge 257 f.
Theologische Fakultäten 157, 159 f., 230

Transsubstantiationslehre 88, 101, 104
Tridentinisches Konzil 97, 104

Universität 82, 91

Verbalisierung 37 f.
Verein 108 f., 112, 167, 177
Vesperkirche 251 f.
Viatikum 76
Volkskirche 63, 170, 174, 185, 296
Vorkonfirmandenunterricht 266 ff., 274

Waldenser 85
Weihnachten 61, 150
Wikichurch 244 f.
Wochenende 208 f.

Zölibat 63, 68
Zombie-Kategorien 223
Zwangstaufe 74 f., 153
Zweites Vatikanisches Konzil 5, 111, 120, 186 ff., 190 ff., 195

Personenregister

Dieses Register umfasst alle erwähnten Personen und Autoren außer Herausgeber/innen, biblischen Personen und Autoren sowie dem Verfasser.

Abaelard, P.   78
Aegidius Romanus   84
Affolderbach, M.   275
Ahrens, P.-A.   279
Albert, A.   249f.
Albrecht, Ch.   163
Albrecht, K.   221
Alkuin   73
Ambrosius   67
Ammermann, N.   156
Angenendt, A.   62, 68, 70ff., 75ff., 80ff., 84ff., 88
Anke, U.   157
Anselm   78
Auer, A.   273
Auf der Maur, H.   117
Augustin   62, 65, 67

Bäuerle, S.   248
Barth, H.-M.   110, 112, 298
Barth, K.   116
Barthel, St.   136
Baumgartner, J.   71
Beck, U.   XII, 43, 202, 210ff., 222ff., 227
Becker, D.   7, 10
Becker, J.   37ff.
Begrich, Th.   232
Béguiere, Ph.   267
Beintker, M.   3
Benedict, H.-J.   236
Berg, C.   113f.
Berger-Zell, C.   258f.
Bernstorf, M.   273
Bethge, C.   277
Beutel, A.   92, 94, 235
Biemer, H.   115
Bieritz, K.-H.   6
Bismarck, K. v.   166
Bloss, L.   239, 241
Boeckmann, K. v.   114
Böhlemann, P.   175

Böttrich, Ch.   36
Bonhoeffer, D.,   194
Bonifatius   73
Bonifatius VIII.   83
Boone, E.   239f., 246
Bosse-Huber, P.   278
Brauer-Noss, St.   25
Breit-Kessler, S.   231
Brosi, U.   189, 195
Browe, P.   68, 75, 88f.
Brunner, E.   173
Bubmann, P.   278
Büchsel, C.   118
Bugenhagen, J.   182f.

Calvin, J.   11, 96, 100
Campenhausen, H. v.   275
Chilton, B.   57
Christof, A.   18, 136
Clapton, E.   259
Cohen, J.   217f.
Collins, J.   236
Cornehl, P.   57f., 61, 109, 255f.
Côtés, G.   22
Cukier, K.   217

Dahm, K.-W.   7, 209, 294
Dalferth, I.   33
Dehmel, S.   186, 189
Demmrich, S.   272
Dessoy, V.   22, 201f.
Dietz, A.   161
Döttinger, I.   270
Dominikus   85
Domsgen, M.   25, 150

Eberhard, O.   113
Eberhardt, M.   133f.
Ebertz, M.   133ff.
Eckstein, H.-J.   34
Eco, U.   85

Ehrenfeuchter, F.   41
Elhaus, Ph.   202
Ellwardt, K.   101
Engemann, W.   24
Evers, D.   26

Faulstich, W.   216
Feige, A.   133, 232
Feiter, R.   111, 240
Finney, J.   XIII
Fore, W.   115
Franz, A.   87, 89
Franziskus   84
Frey, J.   20, 34 f.
Friedrich Wilhelm III.   118
Friedrichs, L.   10, 180, 249 f., 281
Fromm, E.   38
Fürst, A.   64
Fugmann, H.   283

Gäbler, Ch.   117, 247
Galerius   60
Garcia, T.   38
Geißler, K.   219
Gemeinhardt, P.   51 f., 62 f., 72, 95, 109
Gerhards, A.   275
Gohde, J.   161
Goldhahn-Müller, I.   250
Gräb, W.   216, 228, 235
Gramzow, Ch.   270
Gratian   82
Gregor I.   73
Grimm, J.   273
Grimm, W.   273
Gronemeyer, M.   83
Großbölting, Th.   111
Grümbel, U.   143 f.
Grünewald, E.   276 f.

Haberer, J.   181 f.
Habermas, J.   281
Härle, W.   9, 215
Hahn, F.   37
Hamm, B.   90
Hammer, F.   109, 154, 231
Handke, E.   150
Hannig, Ch.   262

Hannig-Grethlein, B.   XV
Harari, Y. N.   63, 202, 224 ff., 227, 286
Hardecker, G.   268
Hareide, B.   100
Harnack, A. v.   7
Hastedt   266
Haudel, M.   50
Hauschild, W.-D.   53, 64, 108
Hauschildt, E.   12 ff., 24, 28, 41, 218, 265, 291
Heinrich III.   77
Heller, A.   263
Heller, B.   263
Hempelmann, H.   215
Herbst, M.   174 ff., 241
Hermelink, J.   5, 10 ff., 16, 18 f., 24, 28, 116, 155, 234, 291
Herms, E.   9
Hildegard   78
Hinschius, P.   232
Hippolyt   54 f.
Hirsch, E.   4
Hödl, D.   236
Hofmann, B.   172
Hollenbach-Biele, N.   270
Holze, E.   XV
Horstmann, M.   161
Huber, St.   18, 25, 297 f.
Hubert, H.   116
Hücker, F.-J.   257 f.
Hurrelmann, K.   221
Hus, J.   86
Husmann, B.   271

Ignatius   53
Ilg, W.   268
Irenäus   51

Jähnichen, T.   112 f.
Joachim-Storch, D.   248
Johannes Chrysostomus   63
Johannes Paul II.   186
Jones, T.   XIV, 243 f.
Jost, G.   279
Josuttis, M.   273
July, F. O.   237

Justin 51, 59, 82
Justinian 62

Kant, I. 97 f.
Karl d. Gr. 49, 72, 77, 185
Karle, I. 25, 237
Kasper, W. 190
Kerner, H. 279
Kleinheyer, B. 66, 80
Kling, M. 22
Knatz, B. 258
Knoblauch, H. 19, 70, 148 f., 155, 210
Koerrenz, R. 269
Kötter, R. XIV, 163, 182 f., 185, 246
Koll, J. 278 f.
Konstantin 60 f., 64, 77
Korsch, D. 235
Koschorke, K. 56
Kraemer, F. 165
Kreplin, M. 137 ff.
Kretzschmar, G. 25
Krückeberg, S. 26, 245
Kühn, U. 5
Kuhl, L. 267 f.
Kuntze, J. 155
Kunz, R. 19, 21, 36, 103, 174, 240, 295
Kuschel, K.-J. 280

Lätzel, M. 201
Lang, A. 133 f.
Lange, E. 15, 119, 163 ff., 166 ff., 185, 194
Langenhorst, G. 282
Latour, B. 211
Laube, B. 279
Laube, M. 4, 283 f.
Leder, K. 93
Lehmann, K. 6
Leo d. Gr. 68
Leonhard, C. XIV, 58
Leppin, V. 70, 73, 76, 81, 89
Liedke, U. 21
Lienau, A.-K. XV, 294
Lienemann, W. 65, 74
Lienhardt, F. 19
Lindner, H. 163, 176 ff., 185
Lißmann, K. 268
Löhe, W. 268

Löhr, H. 53
Lorenz, W. 108
Lück, Ch. 158 f.
Lückhoff, M. 10, 180
Lüdecke, N. 188
Luther, K. 282
Luther, M. 11, 93 ff., 96, 99, 102, 104, 112, 215, 268
Luz, U. XIV

Maaß, Ch. 268
Mai, H. 80
Mannheim, K. 221
Manterfeld, N. 24, 160
Marchlowitz, B. 116
Marcion 51
Markschies, Ch. 3, 63
Marquard, M. 155
Marsilius 84
Marx, R. 191
Maurer, W. 86
Mayer-Schönberger, V. 217
McGowan, A. 56
Melanchthon, Ph. 94 f.
Melito 51
Meßner, R. 80, 117
Merton, R. 210
Mette, N. 6, 194
Meyer, H. B. 80, 101 f., 120
Meyer-Blanck, M. 41, 267 f.
Meyns, Ch. 179
Möller, Ch. 174
Moynagh, M. 242 f.
Muckel, St. 155, 189
Müller, A. 3, 55, 64 f., 116 f.
Müller, S. 242 f.
Munsonius, H. 151 f., 157

Närger, N. 230
Nagler, N. 22
Napoleon 106
Nassehi, A. 195, 212 ff.
Nauer, D. 263 f.
Niebergall, A. 119
Nikolaus II. 81
Nipkow, K. E. 269
Nipperdey, Th. 106 f.

Nowak, K.   99, 107
Nüssel, Fr.   144 ff.

Ohlemacher, J.   174
Otto, M.   24

Pahl, I.   120
Paul, E.   54
Peng-Keller, S.   264
Peters, D.   170
Petrus Lombardus   82
Petrus Waldes   85
Pickel, G.   18, 136
Pinggéra, K.   100
Pirner, M.   273
Pius X.   119
Plüss, D.   172
Pötzl, W.   87
Pohl-Patalong, U.   12 ff., 24, 28, 218, 291
Pollack, D.   18 f., 136
Preul, R.   8 f.,
Price, R.   63

Ratzinger, J.   6
Ratzmann, W.   41
Rein, M.   171
Reller, H.   170
Rendtorff, T.   169 f.
Reuschke, D.   207
Richter, K.   187
Rieske, U.   260 f.
Rinn, A.   262
Risch, Ch.   36
Roessler, D.   169, 179
Roloff, J.   39
Roosen, R.   55, 100
Rosa, H.   219 f., 227
Rosenstock, R.   114
Roser, T.   87, 263 ff.
Roth, Ph.   280
Rüdiger, C.   XV
Rumsfeld, D.   223
Ruschke, W.   161

Sajak, C.-P.   XV
Sander, U.   294 f.
Sanders, W.   114

Sattler, D.   144 ff.
Schäfer-Streckenbach, U.   275
Schaufelberger, Th.   241
Schilling, H.   91 f., 97 f.
Schilling, J.   95
Schlag, Th.   19, 25, 246, 255
Schlarb, C.   110
Schleiermacher, F.   11
Schließer, B.   215
Schlink, E.   119
Schmal, B.   116, 129
Schmid, Ch.   117, 247
Schmidt, E.   217 f.
Schmidt, K. L.   34
Schmidt-Lauber, H.-Ch.   67 f., 75
Schmitt, E.-E.   281
Schneider, Th.   53
Schröter, J.   31, 33 f., 35, 58
Schroeter-Wittke, H.   115, 273
Schrupp, A.   217 f.
Schubert, C.   215
Schulze, G.   214 f.
Schulze, R.   148
Schwarz, Ch.   163, 172 ff., 185
Schwarz, Fr.   163, 172 ff., 185
Schwarz, R.   102
Schweitzer, Fr.   268
Schwendemann, H.   188
Seiferlein, A.   170 ff.
Seitz, M.   174
Serres, M.   XIII, 202
Siber, P.   117, 247
Sigrist, Ch.   251 f.
Silver, N.   223
Simpfendörfer, W.   164, 166
Smit, P.-B.   39
Sobottke, I.   251 f.
Sölle, D.   280
Sommer, R.   249 f.
Spalding, J.   103
Stauffer, A.   42
Steck, W.   279
Stegmann, A.   105
Stein, H. J.   57
Steiner, B.   43, 50
Stetter, M.   14
Stoellger, Ph.   4

Strauß, D. Fr. 107
Stringer, M. 49, 51, 53, 60 ff., 70, 74, 77
Stückelberger, J. 275
Sulze, E. 108
Sundermeier, Th. 286

Taylor, Ch. 84, 148, 205
Tebartz-van-Elst, F.-P. 117
Thadden-Trieglaff, R. v. 115
Theobald, M. 56
Thomas 89
Thomas, K. 257
Tobler, St. 188
Tröger, G. 98

Varah, Ch. 257
Viecens, G. 22
Visarius, K. 283
Volp, R. 275
Vorländer, M. 231

Waibel, A. 117
Wall, H. de 23, 155, 189
Weimer, M. 215, 242
Wendebourg, D. 31, 102
Wenz, G. 5, 31
Weyel, B. 18 f.
Weyen, F. 16, 166, 233 f.
Wicliff, J. 89
Wichern, J. H. 112 f., 268
Wilhelm I. 108
Williams, R. 242
Wischmeyer, W. 52
Wöhrmann, M. 202
Wüstenberg, M. 21

Young, W. P. 282

Zimmermann, D. 267
Zwingli, H. 96, 100, 102

www.ingramcontent.com/pod-product-compliance
Lightning Source LLC
Chambersburg PA
CBHW031326230426
43670CB00006B/247